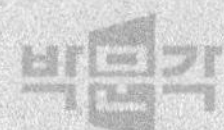

임병주

포인트 행정쟁송법

임병주 편저

2차 | 기본서 제1판

합격
노하우가
다르다

Since 1972

박문각 공인노무사

1. 진도별 사례쟁점에 대해 답안 작성 분량으로 서술하였습니다.
공인노무사 수험교재의 특성을 살려 너무 학문적이지 않게, 그렇지만 요약집 수준의 기본서는 아니도록 정리했습니다. 알아야 할 부분을 정확히 알 수 있도록 설명하되 답안 작성을 고려하여 그 분량을 조절하였습니다.

2. 진도별로 출제된 부분의 기출문제를 제시하였습니다.
범위에 대한 내용과 이론을 숙지한 후 문제를 보고 어떤 내용이 들어가는가에 대해 대략적 감을 잡는 식으로 복습을 한다면 실력 향상에 일조할 것입니다. 처음 시작하는 수험생분들은 답안지 작성이 막막하겠지만 반복하다 보면 써야 할 내용이 보이게 됩니다. 그때까지 반복해서 이론과 논리 전개의 흐름을 익히도록 합시다.

3. 출제 가능한 중요 판례 중심으로 편성하였습니다.
판례의 중요성을 알면서도 판례의 어느 부분을 정리해야 하는지에 대해 혼돈스러움을 막기 위해 판례의 요지를 문장화하여 미리 제시해 드렸습니다. 수많은 판례를 다 알아야 할 필요는 없습니다. 쟁점에 대해 방향성을 잡는 판례를 익힌다면 사례해결을 얼마든지 할 수 있습니다. 시험은 판례를 서술하라고 출제하지 않습니다.

4. 전체적인 회독수를 늘려나가기 편하게 적정량의 분량으로 줄여드렸습니다.
너무 한 지문에 얽매이는 형식의 학습은 좋은 방법이 아닙니다. 주관식 행정쟁송법의 특성상 전체적인 흐름에 따라 쟁점과 이론을 큰 틀부터 이해하듯이 학습을 하여야 합니다. 이를 위해 많은 회독수가 필요한데 이를 위해 적정 분량으로 줄이는 데 주안을 두었습니다.

5. 요약서로서 충분한 기능을 하도록 서술하였습니다.
기본서가 아닌 수험교재로 적합하게 하기 위해서 불필요한 부분은 최대한 배제하고 읽기 편하게 서술하는 것에 주안을 두었습니다. 기본서 하나, 본 요약서 하나, 이렇게만 정리해도 충분할 것입니다. 양을 늘리지 말고 줄여가면서 답안 작성에 필요한 분량들을 만들어 가는 것이 시험에서는 가장 중요할 것입니다.

6. 강의와 연결하여 학습하면 더욱 효과적입니다.
실강의나 동영상을 통해 본 교재를 학습한다면 내용을 이해해서 끝낼 부분과 암기할 부분이 어디인가를 정리할 수 있고 그만큼 많은 시간이 절약될 것입니다. 강의와 연결하여 더욱 효과적으로 정리해 둔다면 시험일이 다가올수록 본 교재의 매력을 느끼시게 될 것입니다.

임병주 올림

차례

CONTENTS | PREFACE |

차례

CONTENTS

01

행정쟁송법

01 | 행정소송개요

제1절 행정소송의 한계

Ⅰ 행정소송의 한계 일반

1. 문제의 소재

현행 행정소송법은 행정소송사항의 개괄주의를 취하고 있으나 행정에 관련된 모든 분쟁해결을 행정소송에 의존할 수 없다는 점에서 행정소송의 한계를 인정할 수 있다.

2. 한계논의의 분설

행정소송은 "구체적인 법률상의 분쟁이 있는 경우에 당사자의 소송제기를 전제로 하여 그 사건에 무엇이 법인가를 판단·선언하는 작용"인 사법작용의 일부이다. 행정소송도 당연히 사법권이 미치는 한계 내에서만 인정될 수 있다. 행정소송에 대한 사법심사의 한계는 ① '사법권의 본질'에서 나오는 한계와 ② '권력분립원리'에서 나오는 한계로 나누어진다.

Ⅱ 사법본질상의 한계

1. 개요

행정소송도 민·형사소송과 마찬가지로 사법작용으로서의 성질을 갖고 있으므로, 소의 이익이 있는 당사자 간의 법률상의 쟁송이 있는 경우에만 사법권이 발동될 수 있다. 법률상 쟁송은 ① 권리주체 간의 구체적인 법률관계(권리·의무관계)를 둘러싼 특정인의 법률상 이익에 관한 분쟁이라는 '구체적 사건성'과 ② '법령의 해석·적용'상의 문제로 구별할 수 있다.

2. 구체적 사건성에 따른 한계

(1) 의의

사법권의 발동대상이 되기 위해서는 당사자 간의 구체적이고 현실적인 권리·의무에 관한 분쟁, 즉 구체적 사건성이 있어야 한다. 구체적 권리·의무에 관한 분쟁이 아닌 것은 행정소송의 대상이 되지 않음이 원칙이다. 문제가 되는 것들은 다음과 같다.

(2) 사실행위

1) 원칙

사실행위는 권리·의무의 변동을 의도하지 않는 행위를 총칭하는 것이다. 사실행위는 현실적으로 권리·의무에 관한 사항이 아닌 사실관계에 관한 확인을 대상으로 하는 것으로 행정소송의 대상이 되지 아니한다.

2) 예외

권력적 사실행위의 경우에는 권력적 작용의 성질상 상대방에게 법률규정에 의한 일정한 수인의무가 발생하므로 행정소송의 대상이 된다.

(3) 객관적 소송

1) 원칙

객관적 소송은 개인의 권리 또는 이익의 구제의 측면보다는 오직 법규의 적정한 적용만을 목적으로 하는 소송이므로 행정소송의 대상이 될 수 없다.

2) 예외

법률의 특별한 규정에 의하여 인정되는 경우에는 행정소송을 제기할 수 있다. 현행 「행정소송법」상 민중소송과 기관소송이 그 예이다. 민중소송과 기관소송은 법률이 정한 경우에 법률에서 정한 자에 한하여 제기할 수 있다.

(4) 반사적 이익의 침해

1) 의의

반사적 이익이란 법규가 공익적 견지에서 행정주체에게 일정한 의무를 부과한 결과, 개인이 간접적으로 얻는 이익을 뜻한다. 반사적 이익은 법적으로 보호받는 이익이 아니므로 반사적 이익의 침해를 이유로 행정소송을 제기하지 못한다.

2) 현행법 태도

행정소송법은 법률상 이익이 있는 경우에만 원고적격을 인정하고 있다. 법률상의 이익이 침해되지 않는 반사적 이익 내지 사실상 이익의 침해는 행정소송의 대상이 되지 못한다.

(5) 법령의 일반적·추상적인 효력 내지 해석(추상적 규범통제)

1) 원칙

법령의 일반적·추상적인 효력 내지 그 해석에 관한 분쟁은 구체적 권리·의무관계에 관한 쟁송이 아니므로 행정소송의 대상이 되지 않는다. 현행법상 법령의 규범통제에 대해서는 구체적 사건에 대해 재판의 전제가 되었을 경우에 재판의 대상이 되는 구체적 규범통제를 취하고 있다.

2) 처분적 법령

법령 그 자체가 행정청의 행위를 매개로 하지 않고 직접·구체적으로 국민의 권리·의무에 영향을 미치는 법령을 처분적 법령이라 한다. 이러한 처분적 법령은 항고소송의 대상이 될 수 있다.

관련 판례 **처분적 법규인 조례는 항고소송의 대상이 되는 처분에 해당한다.**

1. 조례가 집행행위의 개입 없이도 그 자체로서 직접 국민의 구체적인 권리의무나 법적 이익에 영향을 미치는 등의 법률상 효과를 발생하는 경우 그 조례는 항고소송의 대상이 되는 행정처분에 해당한다(대판 1996.9.20, 95누8003).

> 2. 어떠한 고시가 일반적·추상적 성격을 가질 때에는 법규명령 또는 행정규칙에 해당할 것이지만, 다른 집행행위의 매개 없이 그 자체로서 직접 국민의 구체적인 권리의무나 법률관계를 규율하는 성격을 가질 때에는 처분에 해당한다고 할 것이다(대결 2003.10.9, 2003무23).

3. 법적용상의 한계

(1) 의의

행정소송은 행정법상 권리·의무에 관한 분쟁을 대상으로 하며, 그것도 법률을 적용하여 분쟁을 해결할 수 있어야 한다.

(2) 행정상 훈시규정 또는 방침규정

훈시규정은 행정에 대한 하나의 기준에 불과하다. 행정주체에게 직접적 의무를 부과하거나 직접 개인의 권리나 이익의 보호를 목적으로 하는 것은 아니다. 개인은 그 규정의 준수와 실현을 소송으로써 주장할 수 없다.

(3) 재량처분

1) 의의

재량처분이란 법령의 해석상 행정청에 대해 행정권 발동의 여부나 행위내용에 관한 선택의 가능성을 부여하고 있어, 행정청이 여러 처분 중 하나를 선택할 수 있는 자유가 인정되는 처분을 말한다.

2) 부당한 재량권의 행사

행정청의 부당한 재량권 행사에 대해 행정심판에서는 취소가 가능하나, 행정소송에서는 법원이 이를 취소하지 못한다.

3) 위법한 재량권의 행사

재량권의 행사가 부당의 문제를 떠나 한계를 벗어난 경우 이를 재량권의 일탈·남용이라 한다. 행정청의 재량권의 일탈·남용은 위법한 권한행사가 되어 법원이 이를 취소할 수 있다.

행정소송법

제27조(재량처분의 취소)

행정청의 재량에 속하는 처분이라도 재량권의 한계를 넘거나 그 남용이 있는 때에는 법원은 이를 취소할 수 있다.

---

(4) 판단여지

1) 원칙

행정법령의 요건에 규정된 불확정개념의 해석에 대해 행정청의 판단여지가 인정되는 경우 사법심사가 제한된다는 것이 다수설이다.

2) 예외

판단여지가 인정되는 경우에도 명백히 절차규정과 같은 법을 위반하였거나 또는 판단기관
의 구성이 적합하게 구성되지 않은 경우, 사실의 인정을 잘못하였거나, 명백히 판단을 잘
못한 경우 등 판단여지의 한계를 넘은 경우에는 사법부가 위법을 심사할 수 있다.

(5) 특별권력관계에서의 분쟁

1) 전통적 특별권력관계론

특별권력관계 내부질서유지를 위한 행위에 대해서는 외부법인 법률의 적용대상이 되지 않
는다는 이유로 법률적 쟁송을 전제로 하는 사법심사가 허용되지 않는다고 보았다.

2) 현대적 의미의 특별권력관계론

오늘날은 특별권력관계라 하더라도 일반권력관계와 마찬가지로 법적 통제하에 놓인다는
것이 다수설이다. 따라서 행정처분의 성질을 갖는 한 소위 특별권력관계에서의 행위도 사
법심사가 된다. 다만 특별한 행정목적달성을 위해 행정주체에 비교적 광범위한 재량이 인
정된다.

(6) 통치행위

1) 의의

국가작용 중 고도의 정치성을 갖는 국가행위로서 성질상 법적 심사를 통한 사법심사가 곤
란한 국가작용을 통치행위라 한다. 통치행위의 이론적 근거로는 사법자제설, 권력분립설,
재량행위설 등이 있다.

2) 판례

① **대법원** : 계엄선포행위의 당·부판단이나 남북정상회담개최의 당·부판단과 관련해서
고도의 정치적·군사적 성격을 지니는 행위는 특별한 사정이 없는 한 그 당·부판단의
권한이 사법부에 없지만, 명백히 헌법이나 법률을 위반하여 범죄행위(내란죄)를 구성
하는 경우에는 사법심사가 허용된다 하였다.

② **헌법재판소** : 주류적 입장은 고도의 정치적 결단에 의해 발동되는 통치행위라 하더라도
그것이 국민의 기본권 침해와 직접 관련되는 경우에는 당연히 헌법재판소의 심판대상
이 된다고 본다. 그러나 정부와 국회의 이라크파병결정에 대해서는 대통령과 국회의 판
단을 존중하여 사법심사가 자제된다고 하였다.

Ⅲ 권력분립상의 한계

1. 개요

「행정소송법」 제4조가 항고소송의 소송형식으로 취소소송, 무효등확인소송 및 부작위위법확인
소송만 인정하고 있지만 현실적으로 그것만으로 국민의 권리구제가 충분하지 않다는 점에서 법
률이 정한 소송 외의 이른바 무명항고소송을 인정할 수 있는지 권력분립상의 한계와 관련해서
문제된다.

행정소송법

제4조(항고소송)

항고소송은 다음과 같이 구분한다.

1. 취소소송 : 행정청의 위법한 처분등을 취소 또는 변경하는 소송
2. 무효등 확인소송 : 행정청의 처분등의 효력 유무 또는 존재여부를 확인하는 소송
3. 부작위위법확인소송 : 행정청의 부작위가 위법하다는 것을 확인하는 소송

2. 의무이행소송

(1) 의의

당사자의 일정한 행정처분의 신청에 대하여 행정청이 거부하거나 부작위로 대응한 경우, 행정청을 피고로 일정한 행정처분을 해 줄 것을 청구하는 내용의 행정소송을 의무이행소송이라 한다.

(2) 학설

1) 부정설

행정소송법 제4조는 항고소송의 유형을 열거적·제한적으로 규정한 것이고, 행정에 대한 제1차적 판단권은 행정기관에 있으므로 법원이 행정청에 대해 어떠한 처분을 명하는 것은 권력분립에 반한다.

2) 긍정설

행정소송법 제4조는 예시규정으로 봐야 하고, 권력분립의 원칙을 내세워 의무이행소송을 부정하는 것은 행정구제제도로서의 행정소송의 일반적인 기능 및 행정소송법이 의도하는 행정소송의 취지에 맞지 않으므로 인정해야 한다.

3) 제한적 허용설

행정청이 제1차적 판단권을 행사할 수 없도록 처분요건이 일의적으로 정해져 있고, 사전에 구제하지 않으면 회복할 수 없는 손해가 발생할 수 있으며, 다른 구제방법이 없는 경우에만 제한적으로 인정된다.

(3) 판례

현행 행정소송법상 행정청으로 하여금 일정한 행정처분을 하도록 명하는 이행판결을 구하는 소송이나 법원으로 하여금 행정청이 일정한 행정처분을 행한 것과 같은 효과가 있는 행정처분을 직접 행하도록 하는 형성판결을 구하는 소송은 허용되지 않는다고 하여 일관되게 부정하고 있다.

> **관련 판례**
>
> **1. 의무이행소송과 적극적 형성판결을 구하는 소송은 허용되지 않는다.**
>
> 현행 행정소송법상 행정청으로 하여금 일정한 행정처분을 하도록 명하는 이행판결을 구하는 소송이나 법원으로 하여금 행정청이 일정한 행정처분을 행한 것과 같은 효과가 있는 행정처분을 직접 행하도록 하는 형성판결을 구하는 소송은 허용되지 아니한다(대판 1997.9.30, 97누3200).

> **2. 검사에게 압수물 환부를 이행하라는 청구는 허용되지 않는다.**
>
> 검사에게 압수물 환부를 이행하라는 청구는 행정청의 부작위에 대하여 일정한 처분을 하도록 하는 <u>의무이행소송으로</u> 현행 행정소송법상 허용되지 아니한다(대판 1995.3.10, 94누14018).

3. 예방적 부작위청구소송

(1) 의의

행정청이 장래 특정한 행정행위나 그 밖의 행정작용을 하지 않을 것을 구하는 내용의 소송을 예방적 부작위청구소송이라 한다. 행정청의 행정처분으로 장래에 권리침해를 대비하여 사전에 이를 예방하기 위해 청구하는 소송유형이다.

(2) 학설

1) 부정설

행정소송법 제4조의 항고소송 유형은 열거적·제한적 규정이고 이를 인정할 실정법의 규정이 존재하지 않는다.

2) 긍정설

행정소송법 제4조는 예시규정으로 보아야 하고 개인의 권리구제의 폭을 확대하는 입장에서 이를 긍정한다.

3) 제한적 허용설

처분이 이루어질 개연성이 절박하며, 처분요건이 일의적으로 정해져 있고, 미리 이를 방지하지 않으면 회복하기 힘든 손해발생의 우려가 있으며 다른 권리구제방법이 없는 경우에는 허용된다.

(3) 판례

건축건물의 준공처분을 하여서는 안된다는 행정청의 부작위를 구하는 청구는 허용되지 않는다고 하여 부정하고 있다.

> **관련 판례 예방적 부작위청구소송은 허용되지 않는다.**
>
> 1. 건축건물의 준공처분을 하여서는 아니된다는 내용의 부작위를 구하는 청구는 행정소송에서 허용되지 아니하는 것이므로 부적법하다(대판 1987.3.24, 86누182).
> 2. 행정소송법상 행정청이 일정한 처분을 하지 못하도록 그 부작위를 구하는 청구는 허용되지 않는 부적법한 소송이라 할 것이므로, 피고 국민건강보험공단은 이 사건고시를 적용하여 요양급여비용을 결정하여서는 아니된다는 내용의 원고들의 위 피고에 대한 이 사건 청구는 부적법하다 할 것이다(대판 2006.5.25, 2003두11988).

4. 그 밖의 무명항고소송

(1) 적극적 형성소송

처분의 적극적 변경을 구하는 소송을 뜻한다.

(2) 작위의무확인소송

행정청에게 일정한 작위의무가 있음의 확인을 구하는 소송을 뜻한다.

(3) 부작위의무확인소송

행정청이 어떤 처분을 하지 않을 의무가 있음의 확인을 구하는 소송을 뜻한다.

● 제31회 2022년 기출

【문제 1】 채석업자 丙은 P산지(山地)에서 토석채취를 하기 위하여 관할행정청 군수 乙에게 토석채취허가신청을 하였다. 乙은 丙의 신청서류를 검토한 후 적정하다고 판단하여 토석채취허가(이하 '이 사건 처분'이라 한다.)를 하였다. 한편, P산지 내에는 과수원을 운영하여 거기에서 재배된 과일로 만든 잼 등을 제조·판매하는 영농법인 甲이 있는데, 그곳에서 제조하는 잼 등은 청정지역에서 재배하여 품질 좋은 제품이라는 명성을 얻어 인기리에 판매되고 있다. 그런데, 甲은 과수원 인근에서 토석채취가 이루어지면 비산먼지 등으로 인하여 과수원에 악영향을 미친다고 판단하여, 이 사건 처분의 취소를 구하는 소를 제기하였다. 다음 물음에 답하시오. 50점

물음 2) 위 사안에서 丙이 토석채취허가신청을 하였으나, 乙이 이 사건 처분을 하기 전이라면, 甲은 乙이 이 사건 처분을 하여서는 안 된다는 소의 제기가 허용되는가? 30점

● 제20회 2011년 기출

【문제 1】 관할 행정청은 甲의 어업면허의 유효기간이 만료됨에 따라 동 어업면허의 연장을 허가하여 새로이 어업면허를 함에 있어서 관련법령에 따라 면허면적을 종전의 어업면허보다 축소하였다. 甲이 자신의 재산권을 침해하는 면허면적축소와 관련된 법령의 취소를 청구하는 행정소송을 제기하거나, 어업면허면적을 종전으로 환원하여 주는 처분을 청구하는 행정소송을 제기하는 것이 적법하게 인정될 수 있는가? 50점

● 제13회 2004년 기출

【문제 3】 의무이행소송에 대해서 설명하시오. 25점

제2절   행정소송의 종류

행정소송법

제3조(행정소송의 종류)

행정소송은 다음의 네가지로 구분한다.

1. 항고소송 : 행정청의 처분등이나 부작위에 대하여 제기하는 소송
2. 당사자소송 : 행정청의 처분등을 원인으로 하는 법률관계에 관한 소송 그 밖에 공법상의 법률관계에 관한 소송으로서 그 법률관계의 한쪽 당사자를 피고로 하는 소송
3. 민중소송 : 국가 또는 공공단체의 기관이 법률에 위반되는 행위를 한 때에 직접 자기의 법률상 이익과 관계없이 그 시정을 구하기 위하여 제기하는 소송
4. 기관소송 : 국가 또는 공공단체의 기관상호간에 있어서의 권한의 존부 또는 그 행사에 관한 다툼이 있을 때에 이에 대하여 제기하는 소송. 다만, 헌법재판소법 제2조의 규정에 의하여 헌법재판소의 관장사항으로 되는 소송은 제외한다.

제4조(항고소송)

항고소송은 다음과 같이 구분한다.

1. 취소소송 : 행정청의 위법한 처분등을 취소 또는 변경하는 소송
2. 무효등 확인소송 : 행정청의 처분등의 효력 유무 또는 존재여부를 확인하는 소송
3. 부작위위법확인소송 : 행정청의 부작위가 위법하다는 것을 확인하는 소송

Ⅰ 개요

행정소송을 분류하면 그 내용에 따라 주관적 소송·객관적 소송으로, 법률관계의 변동의 형태에 따라 형성소송·이행소송·확인소송으로, 행정소송법상 분류에 따라 항고소송·당사자소송·민중소송·기관소송으로 분류할 수 있다.

Ⅱ 「행정소송법」상 분류

1. 항고소송

(1) 의의

행정청의 공권력 행사로서의 처분에 대한 불복소송을 항고소송이라 한다.

(2) 항고소송의 종류

1) 「행정소송법」상 종류

행정소송법상 법정항고소송은 취소소송, 무효등확인소송, 부작위위법확인소송이 있다(행정소송법 제4조).

2. 당사자소송

(1) 의의

공법상 법률관계의 주체가 당사자가 되어 다투는 공법상 법률관계에 관한 소송을 뜻한다. 당사자소송은 공법상 법률관계를 다투는 소송인 점에서 공권력의 행사 또는 불행사를 다투는 항고소송과 구별되고, 공법상 법률관계에 관한 소송인 점에서 사법상 법률관계에 관한 민사소송과 구별된다.

(2) 종류

공법상 당사자소송은 실질적 당사자소송과 형식적 당사자소송으로 구별된다. (자세한 내용은 후술)

3. 민중소송

(1) 의의

국가 또는 공공단체의 기관이 법률에 위반되는 행위를 한 경우 직접 자기의 법률상의 이익에 관계없이 그 시정을 구하기 위하여 제기하는 소송을 민중소송이라 한다.

(2) 성질

항고소송이나 당사자소송은 개인의 권리·이익 보호를 목적으로 하는 이른바 주관적 소송이지만 민중소송은 개인의 법률상 이익이 없는 경우에도 일반공익을 위하여 인정되는 객관적 소송이다.

(3) 종류

민중소송은 법률의 규정으로 인정되는 소송으로 법률의 규정이 없다면 이를 제기할 수 없다. 민중소송의 제기를 인정한 법률규정으로는 ① 선거에 관한 소송으로 대통령선거, 국회의원선거, 지방의회선거 및 지방자치단체의 장의 선거의 효력에 관한 민중소송과 ② 국민투표의 효력에 관한 민중소송, ③ 지방자치법상 주민소송 등이 그 전형적인 예이다.

4. 기관소송

(1) 의의

국가나 공공단체의 기관 상호 간에 권한의 존부 또는 그 행사에 관한 다툼이 있을 때에 제기하는 소송을 뜻한다. 다만 행정소송법 제3조 제4호 단서에 의해 헌법재판소의 관할로 되는 소송은 행정소송으로서의 기관소송으로부터 제외된다.

(2) 종류

지방자치단체의 장의 지방의회의 재의결에 대한 무효확인소송(지방자치법 제192조 제4항), 시·도의회 또는 교육위원회의 재의결에 대한 교육감의 소송(지방교육자치에 관한 법률 제28조 제3항)이 이에 속한다. (자세한 내용은 후술)

◉ 제34회 2025년 기출

【문제 1】 직업능력개발 훈련비용 지원금과 관련한 아래 질문에 답하시오. 50점

<사례 2>
근로자 乙은 B지방고용노동청장(이하 'B청장')에게 '직업능력개발 훈련비용 지원금(이하 '지원금')'을 신청하여 이를 지급받았다. 그 후 B청장은 내부 규정에 따라 지원금의 지급 및 환수 권한을 소속 담당부서장에게 내부위임하였다. 한편, 지원금 수급현황 정기실태조사를 실시한 담당부서장은 부정한 방법으로 수령한 지원금을 환수한다는 내용의 환수처분을 자신의 명의로 乙에게 발령하였고, 乙은 이를 반환하였다. 그런데 乙은 지원금의 반환 후 위 환수처분에 발령 주체 상의 하자가 있음을 알게되었다.

물음 2) 乙은 환수처분의 발령 주체 상의 하자를 이유로, 환수처분에 대한 항고소송을 제기하여 담당부서장이 환수한 지원금을 다시 반환받고자 한다. ⅰ) 乙이 제기할 수 있는 구체적인 소송유형과 그 피고, ⅱ) 해당 소송의 인용판결을 통하여 乙이 지원금을 반환받을 수 있는 논거를 각각 설명하시오. 25점

【문제 3】 A지방고용노동청장(이하 'A청장')은 민원인의 이용 편의를 위하여 청사 지하 1층에 편의점을 위탁운영하기로 결정하고, '청사 내 편의시설(편의점) 운영자 선정 입찰 공고'를 하였다. 입찰 결과 甲이 낙찰자로 결정되었고, A청장은 2022.12.20. 甲과 계약기간은 2023.1.1.부터 2024.12.31.까지(2년간), 연 사용료 1억 원 등을 내용으로 하는 '청사 편의점 운영권 위탁계약(이하 '위탁운영계약')'을 체결하여 편의점 운영자 선정 절차가 완료되었다. 그 후 甲은 편의점을 1년 이상 운영하면서 납부기한까지 사용료를 납부하지 않았고, 이에 A청장은 2024.2.29. 「국유재산법」의 규정을 근거로 위탁운영계약을 해지하였다. 甲은 위탁운영계약 해지에 무효사유에 해당하는 하자가 있음을 발견하여, 이를 소송상 다투고자 한다. 甲이 제기하여야 하는 소송을 설명하시오. (단, 위탁운영계약 체결 관련 사항은 A청장에게 위임되어 있음) 25점

◉ 제32회 2023년 기출

【문제 3】 甲은 자기 소유 토지에 전원주택을 신축하고자 건축업자인 乙과 전원주택 신축공사에 관하여 도급계약을 체결하였고, 乙은 근로복지공단에 고용보험·산재보험관계성립신고를 하면서 신고서에 위 신축공사 사업장의 사업주를 甲으로 기재하여 제출하였다. 甲은 위 사업장에 관한 고용보험료와 산재 보험료 중 일부만 납부하였고, 국민건강보험공단은 甲에게 체납된 고용보 험료 및 산재보험료를 납부할 것을 독촉하였다. 관련 법령상 보험료의 신고 또는 납부 등 산재보험 및 고용보험에 관한 사업의 주요 업무는 고용노동부 장관으로부터 위탁받은 근로복지공단이 수행하고, 다만 보험료 체납관리등 징수업무는 국민건강보험공단이 위탁받아 수행하고 있다. 甲은 건축주가 직접 공사를 하지 않고 공사 전부를 수급인에게 도급을 준 경우에는 근로자를 사용하여 공사를 수

행하는 수급인이 원칙적으로 그 공사에 관한 사업주로서 고용보험 및 산재보험의 가입자가 되어 고용보험료 및 산재보험료를 납부할 의무를 부담한다는 것을 알게 되었다. 이에 甲은 국민건강보험공단이 납부를 독촉하는 보험료채무에 대해 그 부존재확인을 구하는 소송과 이미 근로복지공단에 납부한 보험료에 대해 부당이득으로서 반환을 구하는 소송을 제기하고자 한다. 甲은 누구를 상대로 어떤 유형의 소송을 제기하여야 하는지 설명하시오. 25점

● 제28회 2019년 기출

【문제 3】 甲은 부동산의 취득으로 인한 취득세 및 농어촌특별세의 납세의무부존재 확인소송을 제기하려고 한다. 이러한 납세의무부존재확인소송의 법적 성질에 관하여 설명하시오. 25점

02 | 취소소송

제1절   취소소송의 대상적격

행정소송법

제19조(취소소송의 대상)

취소소송은 처분등을 대상으로 한다. 다만, 재결취소소송의 경우에는 재결 자체에 고유한 위법이 있음을 이유로 하는 경우에 한한다.

제2조(정의)

① 이 법에서 사용하는 용어의 정의는 다음과 같다.

  1. "처분등"이라 함은 행정청이 행하는 구체적 사실에 관한 법집행으로서의 공권력의 행사 또는 그 거부와 그 밖에 이에 준하는 행정작용(이하 "처분"이라 한다) 및 행정심판에 대한 재결을 말한다.

Ⅰ 처분의 판단기준

판례는 ① 행정청의 공권력 발동으로서의 행위라야 한다는 것, ② 국민에 대해 권리설정 또는 의무부담을 명하거나 기타 법률상의 효과를 발생해야 한다는 것, ③ 국민의 권리·의무와 직접 관계가 있는 행위 즉 최종적으로 직접 효과를 발생하는 행위단계라야 한다는 것을 중심으로 처분개념을 인정하는 입장이다. 다만 처분개념을 확대해 가고 있다.

> **관련 판례** 항고소송의 대상이 되는 처분성 인정에 대한 판단기준
>
> 1. 행정청의 어떤 행위를 행정처분으로 볼 것이냐의 문제는 추상적, 일반적으로 결정할 수 없고, 구체적인 경우 행정처분은 행정청이 공권력의 주체로서 행하는 구체적 사실에 관한 법집행으로서 국민의 권리의무에 직접적으로 영향을 미치는 행위라는 점을 염두에 두고, 관련 법령의 내용 및 취지와 그 행위가 주체·내용·형식·절차 등에 있어서 어느 정도로 행정처분으로서의 성립 내지 효력요건을 충족하고 있는지 여부, 그 행위와 상대방 등 이해관계인이 입는 불이익과의 실질적 견련성, 그리고 법치행정의 원리와 당해 행위에 관련한 행정청 및 이해관계인의 태도 등을 참작하여 개별적으로 결정하여야 할 것이다(대판 2007.10.11, 2007두1316).
> 2. 항고소송의 대상이 되는 행정처분은 행정청의 공법상 행위로서 특정사항에 대하여 법규에 의한 권리의 설정 또는 의무의 부담을 명하거나, 기타 법률상 효과를 발생하게 하는 등 국민의 권리의무에 직접 관계가 있는 행위를 가리키는 것이고, 상대방 또는 기타 관계자들의 법률상 지위에 직접적인 영향을 미치지 않는 행위는 항고소송의 대상이 되는 행정처분이 아니다(대판 2007.11.15, 2007두10198).

Ⅱ 처분개념의 구체적 분석

1. '행정청'의 행위

조직법상 행정청이란 행정주체의 의사를 결정하여 외부에 표시할 수 있는 권한을 가진 기관을 뜻한다. 행정소송법상 행정청의 의미는 행정조직법상의 행정청과 일치하는 것이 아니라 기능적으로 이해되는 개념이다.

2. 구체적 사실에 관한 법집행으로서 공권력의 행사와 그 거부

(1) 구체적 사실에 대한 법집행

불특정 다수인을 대상으로 하는 처분이라 하더라도 시간적으로나 장소적으로 한정된 사안을 규율하는 경우에는 구체성이 인정된다. 이를 일반처분이라 한다. 그러나 입법작용처럼 일반·추상적 사실에 대한 규율은 원칙적으로 포함되지 않는다.

(2) 공권력의 행사

행정청의 행사는 사경제작용이나 사인과의 대등한 관계에서 이루어지는 공법상 계약 등은 공권력의 행사라 볼 수 없다.

(3) 직접적인 법적 효과

1) 외부적 행위

국민에 대해 직접적 효과가 발생하지 않는 행정조직 내부행위는 원칙적 법적 행위가 아니다.

2) 직접적인 법적 효과

국민에 대한 법적 효과 없는 단순 사실행위는 처분에 해당하지 않는다. 사실행위라도 상대방의 수인의무를 발생하게 하는 권력적 사실행위의 경우 처분에 해당한다.

(4) 공권력 행사의 거부(별도 상술)

1) 거부처분의 의의

거부처분이란 사인의 공권력 행사의 신청에 대해 처분의 발령을 거절하는 행정청의 의사작용을 말한다. 행정소송법상 처분으로서 거부는 사인이 신청한 내용이 공권력 행사인 경우의 그 거부만을 의미한다. 거부는 처분의 신청에 대한 명백한 거절의 의사표시라는 점에서 처음부터 아무런 의사표시를 하지 않는 부작위와 구별된다.

2) 판례상 거부처분의 성립요건

신청한 행위가 공권력의 행사 또는 이에 준하는 행정작용이어야 하고, 그 거부행위가 신청인의 법률관계에 어떤 변동을 일으키는 것이어야 하며, 그 국민에게 그 행위발동을 요구할 법규상 또는 조리상의 신청권이 있어야 한다. 법규상·조리상의 신청권의 존재를 처분의 성립요건으로 인정할 것인가에 대해서는 견해의 대립이 있다. (자세한 내용 후술)

3. 그 밖의 이에 준하는 작용

그 밖의 이에 준하는 작용의 해석과 관련해서는 개별사건에 따라 이를 정할 수밖에 없다고 본다.

Ⅲ 처분성 인정 여부에 대한 판례

1. 행정청의 행위

> **관련 판례**
>
> **1. 상대방의 권리를 제한하는 행위라 하더라도 행정청 또는 그 소속기관이나 권한을 위임받은 공공단체 등의 행위가 아닌 한 이를 행정처분이라고 할 수 없다.**
>
> 한국마사회가 조교사 또는 기수의 면허를 부여하거나 취소하는 것은 경마를 독점적으로 개최할 수 있는 지위에서 우수한 능력을 갖추었다고 인정되는 사람에게 경마에서의 일정한 기능과 역할을 수행할 수 있는 자격을 부여하거나 이를 박탈하는 것에 지나지 아니하므로, 이는 국가 기타 행정기관으로부터 위탁받은 행정권한의 행사가 아니라 일반 사법상의 법률관계에서 이루어지는 단체 내부에서의 징계 내지 제재처분이다(대판 2008.1.31. 2005두8269).
>
> **2. 군의관의 신체등위판정은 행정처분이라 볼 수 없다.**
>
> 병역법상 신체등위판정은 행정청이라고 볼 수 없는 군의관이 하도록 되어 있으며, 그 자체만으로 바로 병역법상의 권리의무가 정하여지는 것이 아니라 그에 따라 지방병무청장이 병역처분을 함으로써 비로소 병역의무의 종류가 정하여지는 것이므로 항고소송의 대상이 되는 행정처분이라 보기 어렵다(대판 1993.8.27. 93누3356).
>
> **3. 지방의회의 의원제명의결은 항고소송의 대상되는 처분이 된다.**
>
> 지방자치법의 규정에 의거한 지방의회의 의원징계의결(제명)은 그로 인해 의원의 권리에 직접 법률효과를 미치는 행정처분의 일종으로서 행정소송의 대상이 된다(대판 1993.11.26. 93누7341).
>
> **4. 지방의회의 의장에 대한 불신임의결은 항고소송의 대상이 된다.**
>
> 지방의회를 대표하고 의사를 정리하며 회의장 내의 질서를 유지하고 의회의 사무를 감독하며 위원회에 출석하여 발언할 수 있는 등의 직무권한을 가지는 지방의회 의장에 대한 불신임의결은 의장으로서의 권한을 박탈하는 행정처분의 일종으로서 항고소송의 대상이 된다(대결 1994.10.11. 94두23).
>
> **5. 공법인인 총포 · 화약안전기술협회의 '회비납부통지'는 항고소송의 대상이 된다.**
>
> 공법인인 총포 · 화약안전기술협회가 자신의 공행정활동에 필요한 재원을 마련하기 위하여 회비납부의무자에 대하여 한 '회비납부통지'는 납부의무자의 구체적인 부담금액을 산정 · 고지하는 '부담금 부과처분'으로서 항고소송의 대상이 된다고 보아야 한다(대판 2021.12.30. 2018다241458).

2. 사법(민사)행위

관련 판례

1. **국유재산 중 일반재산을 대부하는 행위는 사법상 계약이고 이에 기한 대부료의 납부고지는 사법상 이행청구에 해당하여 행정처분이라 볼 수 없다.**

   국유재산법 제31조, 제32조 제3항, 산림법 제75조 제1항의 규정 등에 의하여 국유잡종재산에 관한 관리처분의 권한을 위임받은 기관이 국유잡종재산을 대부하는 행위는 국가가 사경제 주체로서 상대방과 대등한 위치에서 행하는 사법상의 계약이고, 행정청이 공권력의 주체로서 상대방의 의사 여하에 불구하고 일방적으로 행하는 행정처분이라고 볼 수 없으며, 국유잡종재산에 관한 대부료의 납부고지 역시 사법상의 이행청구에 해당하고, 이를 행정처분이라고 할 수 없다(대판 2000.2.11, 99다61675).

2. **구 「산림법」에 따라 국유임야(일반재산)를 대부하거나 매각·양여하는 행위는 사법상 행위이고 행정처분이라고 볼 수 없다.**

   산림청장이 산림법이나 구 산림법 또는 구 산림령 등의 정하는 바에 따라 국유임야를 대부하거나 매각 또는 양여하는 행위는 사경제 주체로서 하는 사법상의 행위이고 행정청이 공권력을 행사하는 주체로서 행하는 행정처분이라고 볼 수 없으므로 산림청장의 국유임야 무상양여거부처분도 단순한 사법상의 행위일 뿐이며 따라서 위 거부처분은 행정소송의 대상이 되지 아니한다(대판 1983.9.27, 83누292).

3. **기부채납받은 공유재산의 무상사용을 허용하는 행위와 사용허가기간 연장신청 거부행위는 사법상의 행위일 뿐 행정처분 기타 공법상 법률관계에 있어서의 행위는 아니다.**

   지방자치단체가 구 지방재정법시행령의 규정에 따라 기부채납받은 공유재산을 무상으로 기부자에게 사용을 허용하는 행위는 사경제주체로서 상대방과 대등한 입장에서 하는 사법상 행위이지 행정청이 공권력의 주체로서 행하는 공법상 행위라고 할 수 없으므로, 기부자가 기부채납한 부동산을 일정기간 무상 사용한 후에 한 사용허가기간 연장신청을 거부한 행정청의 행위도 단순한 사법상의 행위일 뿐 행정처분 기타 공법상 법률관계에 있어서의 행위는 아니다(대판 1994.1.25, 93누7365).

   > **비교판례**
   >
   > 국유재산 무단점유자에 대한 변상부과처분(대판 1988.2.23, 87누1046·1047), 행정재산의 사용허가나 사용료부과처분(대판 1998.2.27, 97누1105)은 항고소송의 대상되는 처분이다.

4. **지방자치단체가 음식물류 폐기물의 수집·운반, 가로 청소, 재활용품의 수집·운반업무의 대행을 위탁하고 그에 대한 대행료를 지급하는 것을 내용으로 하는 용역계약은 민사계약에 해당한다.**

   이 사건 최초계약과 변경계약은 피고가 원고들에게 음식물류 폐기물의 수집·운반, 가로 청소, 재활용품의 수집·운반업무의 대행을 위탁하고 그에 대한 대행료를 지급하는 것을 내용으로 하는 용역계약으로서 이 사건 변경계약에 따른 대행료 정산의무의 존부는 민사 법률관계에 해당하므로 이를 소송물로 다투는 소송은 민사소송에 해당하는 것으로 보아야 한다(대판 2018.2.13, 2014두11328).

5. **사립학교 교원에 대한 학교법인의 해임처분은 민사소송절차에 의할 것이다.**

   사립학교 교원은 학교법인 또는 사립학교 경영자에 의하여 임면되는 것으로서 사립학교 교원과 학교법인의 관계를 공법상의 권력관계라고는 볼 수 없으므로 사립학교 교원에 대한 학교법인의 해임처분을 취소소송의 대상이 되는 행정청의 처분으로 볼 수 없고, 따라서 학교법인을 상대로 한 불복은 행정소송에 의할 수 없고 민사소송절차에 의할 것이다(대판 1993.2.12, 92누13707).

6. 공익사업을 위한 토지협의취득은 사법상 매매계약의 성격

도시계획사업의 시행자가 그 사업에 필요한 토지를 협의취득하는 행위는 사경제주체로서 행하는 사법상의 법률행위에 지나지 않는다(대판 1992.10.27, 91누3871).

7. 「국가를 당사자로 하는 계약에 관한 법률」이나 「공공기관의 운영에 관한 법률」에 따른 국가나 공기업이 일방당사자가 되는 계약은 사법상 계약과 다를 바가 없다.

국가를 당사자로 하는 계약이나 공공기관의 운영에 관한 법률의 적용 대상인 공기업이 일방 당사자가 되는 계약은 국가 또는 공기업이 사경제의 주체로서 상대방과 대등한 지위에서 체결하는 사법상의 계약으로서 본질적인 내용은 사인 간의 계약과 다를 바가 없으므로, 법령에 특별한 정함이 있는 경우를 제외하고는 서로 대등한 입장에서 당사자의 합의에 따라 계약을 체결하여야 하고 당사자는 계약의 내용을 신의성실의 원칙에 따라 이행하여야 하는 등 사적 자치와 계약자유의 원칙을 비롯한 사법의 원리가 원칙적으로 적용된다(대판(전합) 2017.12.21, 2012다74076).

8. 지방자치단체가 자원회수시설에 관한 위·수탁 운영 협약을 체결하는 것은 사법상 계약에 해당한다.

갑 지방자치단체가 을 주식회사 등 4개 회사로 구성된 공동수급체를 자원회수시설과 부대시설의 운영·유지관리 등을 위탁할 민간사업자로 선정하고 을 회사 등의 공동수급체와 위 시설에 관한 위·수탁 운영 협약을 체결하는 것은 사법상 계약에 해당한다(대판 2019.10.17, 2018두60588).

3. 법률규정에 따라 직접 효과가 발생되는 경우

법률규정에 따라 직접 발생되는 권리·의무는 행정청의 처분에 의한 것이 아니므로 항고소송의 대상이 되지 않는다.

> **관련 판례** 국세환급금결정이나 이 결정을 구하는 신청에 대한 환급거부결정은 항고소송의 대상되는 행정처분이라 할 수 없다.
>
> 국세기본법 제51조 제1항, 제52조 및 같은법 시행령 제30조에 따른 세무서장의 국세환급금(국세환급가산금 포함)에 대한 결정은 이미 납세의무자의 환급청구권이 확정된 국세환급금에 대하여 내부적인 사무처리절차로서 과세관청의 환급절차를 규정한 것에 지나지 않고 그 규정에 의한 국세환급금의 결정에 의하여 비로소 환급청구권이 확정되는 것이 아니므로, 국세환급금결정이나 그 결정을 구하는 신청에 대한 환급거부결정 등은 항고소송의 대상이 되는 처분이라고 볼 수 없다(대판 1994.12.2, 92누14250).

4. 법규명령이나 조례

(1) 원칙

법령이나 조례의 제정·개정·폐지는 법령등의 목적을 실현하기 위한 행정청의 구제적 조치를 필요로 하기 때문에 그 자체로는 처분성이 인정되지 않는다.

> **관련 판례** 법령 자체는 원칙적 항고소송의 대상되는 처분이 아니다.
>
> 의료기관의 명칭표시판에 진료과목을 함께 표시하는 경우 글자 크기를 제한하고 있는 구 의료법 시행규칙 제31조가 그 자체로서 국민의 구체적인 권리의무나 법률관계에 직접적인 변동을 초래하지 아니하므로 항고소송의 대상이 되는 행정처분이라고 할 수 없다(대판 2007.4.12, 2005두15168).

(2) 처분법규

법령이 행정청의 집행행위를 매개로 하지 않고 법령등 그 자체에 의해 특정인의 권리·의무에 직접적인 영향을 미치는 경우에는 취소소송의 대상이 된다. 이를 처분법규라 한다.

> **관련 판례**
>
> **1. 조례가 집행행위의 개입 없이도 그 자체로서 직접 국민의 구체적인 권리·의무나 법적 이익에 영향을 미치는 경우 항고소송의 대상되는 처분에 해당한다.**
>
> 조례가 집행행위의 개입 없이도 그 자체로서 직접 국민의 구체적인 권리·의무나 법적 이익에 영향을 미치는 등의 법률상 효과를 발생하는 경우, 그 조례는 항고소송의 대상이 되는 행정처분에 해당한다(대판 1996.9.20, 95누8003 : 일명 두밀분교폐교조례).
>
> **2. 고시의 법적 성격**
>
> 어떠한 고시가 일반적·추상적 성격을 가질 때에는 법규명령 또는 행정규칙에 해당할 것이지만, 다른 집행행위의 매개 없이 그 자체로서 직접 국민의 구체적인 권리의무나 법률관계를 규율하는 성격을 가질 때에는 처분에 해당한다고 할 것이다(대결 2003.10.9, 2003무23).
>
> **3. 청소년유해매체물 결정 및 고시는 항고소송의 대상이 되는 처분이다.**
>
> 구 청소년보호법(2001.5.24. 법률 제6479호로 개정되기 전의 것)에 따른 청소년유해매체물 결정 및 고시처분은 당해 유해매체물의 소유자 등 특정인만을 대상으로 한 행정처분이 아니라 일반 불특정 다수인을 상대방으로 하여 일률적으로 표시의무, 포장의무, 청소년에 대한 판매·대여 등의 금지의무 등 각종 의무를 발생시키는 행정처분이다(대판 2007.6.14, 2004두619).
>
> **4. 항정신병 치료제의 요양급여에 관한 보건복지부 고시는 항고소송의 대상되는 행정처분에 해당한다.**
>
> 이 사건 고시가 불특정의 항정신병 치료제 일반을 대상으로 한 것이 아니라 특정 제약회사의 특정 의약품을 규율 대상으로 하는 점 및 의사에 대하여 특정 의약품을 처방함에 있어서 지켜야 할 기준을 제시하면서 만일 그와 같은 처방기준에 따르지 않은 경우에는 국민건강보험공단에 대하여 그 약제비용을 보험급여로 청구할 수 없고 환자 본인에 대하여만 청구할 수 있게 한 점 등에 비추어 볼 때, 이 사건 고시는 다른 집행행위의 매개 없이 그 자체로서 제약회사, 요양기관, 환자 및 국민건강보험공단 사이의 법률관계를 직접 규율하는 성격을 가진다고 할 것이므로, 이는 항고소송의 대상이 되는 행정처분으로서의 성격을 갖는다(대결 2003.10.9, 2003무23).
>
> **5. 보건복지부 고시인 구 약제급여·비급여목록 및 급여상한금액표는 항고소송의 대상되는 처분에 해당한다.**
>
> ① 약제급여·비급여목록 및 급여상한금액표(보건복지부 고시 제2002-46호로 개정된 것, 이하 '이 사건 고시'라 한다)는 특정 제약회사의 특정 약제에 대하여 국민건강보험가입자 또는 국민건강보

험공단이 지급하여야 하거나 요양기관이 상환받을 수 있는 약제비용의 구체적 한도액을 특정하여 설정하고 있는 점, ② 약제의 지급과 비용의 청구행위가 있기만 하면 달리 행정청의 특별한 집행행위의 개입 없이 이 사건 고시가 적용되는 점, ③ 특정 약제의 상한금액의 변동은 곧바로 국민건강보험가입자 또는 국민건강보험공단이 지급하여야 하거나 요양기관이 상환받을 수 있는 약제비용을 변동시킬 수 있다는 점 등에 비추어 보면, 이 사건 고시는 다른 집행행위의 매개 없이 그 자체로서 국민건강보험가입자, 국민건강보험공단, 요양기관 등의 법률관계를 직접 규율하는 성격을 가진다고 할 것이므로, 항고소송의 대상이 되는 행정처분에 해당한다(대판 2006.9.22. 2005두2506).

5. 행정규칙

행정규칙은 행정내부에만 효력이 미치는 내부규범으로 그 자체로서 국민의 법적 지위에 직접적인 영향을 미치지 않으므로 원칙적 취소소송의 대상되는 처분으로 볼 수 없다.

> **관련 판례** **교육부장관의 내신성적 산정기준은 행정조직 내부의 사무처리준칙에 불과하다.**
>
> 교육부장관이 내신성적 산정기준의 통일을 기하기 위해 대학입시기본계획의 내용에서 내신성적 산정기준에 관한 시행지침을 마련하여 시·도 교육감에서 통보한 것은 행정조직 내부에서 내신성적 평가에 관한 내부적 심사기준을 시달한 것에 불과하며, 그것만으로는 현실적으로 특정인의 구체적인 권리의무에 직접적으로 변동을 초래케 하는 것은 아니라 할 것이어서 내신성적 산정지침을 항고소송의 대상이 되는 행정처분으로 볼 수 없다(대판 1994.9.10. 94두33).

6. 일반처분

일반처분은 구체적인 사실에 관하여 불특정 다수인을 대상으로 하는 구체적 명령을 내용으로 하는 것이다. 처분성이 인정된다.

> **관련 판례** **지방경찰청장이 횡단보도를 설치하는 것은 행정처분이다.**
>
> 지방경찰청장이 횡단보도를 설치하여 보행자의 통행방법 등을 규제하는 것은 행정청이 특정사항에 대하여 의무의 부담을 명하는 행위이고 이는 국민의 권리의무에 직접 관계가 있는 행위로서 행정처분이라고 보아야 한다(대판 2000.10.27. 98두8964).

7. 사실행위

(1) 권력적 사실행위

> **관련 판례**
>
> **1. 단수처분은 항고소송의 대상이 된다.**
>
> 단수처분은 항고소송의 대상이 되는 행정처분에 해당한다(대판 1979.12.28. 79누218).

2. 미결수용 중인 자에 대한 이송은 취소소송의 대상이 되고 집행정지신청이 가능하다.

미결수용 중 다른 교도소로 이송된 피고인이 그 이송처분의 취소를 구하는 행정소송을 제기하고 아울러 그 효력정지를 구하는 신청을 제기한 데 대하여 법원에서 위 이송처분의 효력정지신청을 인용하는 결정을 하였고 이에 따라 신청인이 다시 이송되어 현재 위 이송처분이 있기 전과 같은 교도소에 수용중이라 하여도 이는 법원의 효력정지 결정에 의한 것이어서 그로 인하여 효력정지신청이 그 신청의 이익이 없는 부적법한 것으로 되는 것은 아니다(대결 1992.8.7, 92두30).

3. 교도소장이 수형자 접견시 교도관 참여대상자를 지정한 행위는 항고소송의 대상되는 처분에 해당한다.

교도소장이 수형자 갑을 '접견내용 녹음·녹화 및 접견 시 교도관 참여대상자'로 지정한 사안에서, 위 지정행위는 수형자의 구체적 권리의무에 직접적 변동을 가져오는 행정청의 공법상 행위로서 항고소송의 대상이 되는 '처분'에 해당한다(대판 1994.8.26, 94누3223).

4. 병역의무 기피자에 대한 병무청장의 공개결정은 항고소송의 대상되는 처분이다.

병무청장이 병역법에 따라 병역의무 기피자의 인적사항 등을 인터넷 홈페이지에 게시하는 등의 방법으로 공개하는 경우 병무청장의 공개결정은 항고소송의 대상이 되는 처분으로 보아야 한다(대판 2019.6.27, 2018두49130).

5. 도지사의 지방의료원 폐업결정은 항고소송의 대상에 해당한다.

갑 도지사가 도에서 설치·운영하는 을 지방의료원을 폐업하겠다는 결정을 발표하고 그에 따라 폐업을 위한 일련의 조치가 이루어진 후 을 지방의료원을 해산한다는 내용의 조례를 공포하고 을 지방의료원의 청산절차가 마쳐진 사안에서, 갑 도지사의 폐업결정은 항고소송의 대상에 해당하지만 취소를 구할 소의 이익을 인정하기 어렵다(대판 2016.8.30, 2015두60617).

(2) 비권력적 사실행위

관련 판례

1. 건설부장관이 행한 국립공원지정처분에 따라 공원관리청이 행한 경계측량 및 표지의 설치 등은 행정처분에 해당하지 않는다.

건설부장관이 행한 국립공원지정처분은 그 결정 및 첨부된 도면의 공고로써 그 경계가 확정되는 것이고, 시장이 행한 경계측량 및 표지의 설치 등은 공원관리청이 공원구역의 효율적인 보호, 관리를 위하여 이미 확정된 경계를 인식, 파악하는 사실상의 행위로 봄이 상당하며, 위와 같은 사실상의 행위를 가리켜 공권력 행사로서의 행정처분의 일부라고 볼 수 없다(대판 1992.10.13, 92누2325).

2. 납세의무자가 세금을 자진신고납세방식에 의하여 납부하면서 과세관청이 이를 수령한 행위는 단순한 사실행위에 불과하고 과세처분으로 볼 수 없다.

납세의무자가 특별소비세 및 방위세를 자진신고납세방식에 의하여 납부하였다면 과세관청이 이를 수령한 행위는 단순한 사실행위에 불과하고 확인적 과세처분으로 볼 수 없다(대판 1993.10.26, 93누6331).

8. 의사결정단계별 행정행위

(1) 부분허가

전체허가에 앞선 일부분에 대한 허가를 부분허가라 한다. 부분허가는 항고소송의 대상이 되는 처분에 해당한다. 다만 전체허가가 나온 뒤에는 전체허가의 내용에 흡수되어 부분허가만을 다툴 소의 이익이 없다.

> **관련 판례** 원자력발전소부지사전승인은 처분성이 인정되나 원자력발전소건설허가가 있는 경우 이에 흡수된다.
>
> 원자력법 제11조 제3항 소정의 부지사전승인제도는 원자로 및 관계 시설을 건설하고자 하는 자가 … 건설허가 전에 미리 승인을 받는 제도로서, 원자로 및 관계 시설의 부지사전승인처분은 그 자체로서 건설부지를 확정하고 사전공사를 허용하는 법률효과를 지닌 독립한 행정처분이기는 하지만, 건설허가 전에 신청자의 편의를 위하여 미리 그 건설허가의 일부 요건을 심사하여 행하는 사전적 부분 건설허가처분의 성격을 갖고 있는 것이어서 나중에 건설허가처분이 있게 되면 그 건설허가처분에 흡수되어 독립된 존재가치를 상실함으로써 그 건설허가처분만이 쟁송의 대상이 되는 것이므로, 부지사전승인처분의 취소를 구하는 소는 소의 이익을 잃게 되고, 따라서 부지사전승인처분의 위법성은 나중에 내려진 건설허가처분의 취소를 구하는 소송에서 이를 다투면 된다(대판 1998.9.4, 97누19588).

(2) 예비결정 또는 사전결정

장기간·대규모 공사에 있어서 다수의 요건이 충족되어야 하는 경우에 그 개개인의 요건에 대한 행정청의 종국적·완결적 구속력이 있는 행정행위를 예비결정이라 한다. 예비결정에 대해 법률상 이익을 침해받은 자는 소송을 제기할 수 있다.

> **관련 판례**
>
> **1. 폐기물처리업사업계획에 대한 부적정통보는 처분성이 인정된다.**
>
> 폐기물관리법 관계 법령의 규정에 의하면 폐기물처리업의 허가를 받기 위하여는 먼저 사업계획서를 제출하여 허가권자로부터 사업계획에 대한 적정통보를 받아야 하고, 그 적정통보를 받은 자만이 일정기간 내에 시설, 장비, 기술능력, 자본금을 갖추어 허가신청을 할 수 있으므로, 결국 부적정통보는 허가신청 자체를 제한하는 등 개인의 권리 내지 법률상의 이익을 개별적이고 구체적으로 규제하고 있어 행정처분에 해당한다(대판 1998.4.28, 97누21086).
>
> **2. 항공노선에 대한 운수권배분은 항고소송의 대상이 되는 처분에 해당한다.**
>
> 이 사건 각 노선에 대한 운수권배분처분은 이 사건 잠정협정 등과 행정규칙인 이 사건 지침에 근거하는 것으로서 상대방에게 권리의 설정 또는 의무의 부담을 명하거나 기타 법적 효과를 발생하게 하는 등으로 원고의 권리의무에 직접 영향을 미치는 행위로서 항고소송의 대상이 되는 행정처분에 해당한다고 할 것이다(대판 2004.11.26, 2003두10251).

(3) 가행정행위

확정적·종국적 결정 이전에 잠정적으로 행해지는 특수한 행정행위의 일종을 가행정행위라
한다. 가행정행위도 행정행위의 일종으로 보이므로 이에 대해서는 항고소송의 대상이 되는
처분성이 인정된다.

> **관련 판례**
>
> **1. 과징금 부과처분을 한 뒤 자진신고 등을 이유로 한 과징금 감면처분을 하였다면 과징금 부과처분은 과징금 감면처분에 흡수된다.**
>
> 공정거래위원회가 부당한 공동행위를 행한 사업자로서 구 독점규제 및 공정거래에 관한 법률 제22조의 2에서 정한 자진신고자나 조사협조자에 대하여 과징금 부과처분(이하 '선행처분'이라 한다)을 한 뒤, 독점규제 및 공정거래에 관한 법률 시행령 제35조 제3항에 따라 다시 자진신고자 등에 대한 사건을 분리하여 자진신고 등을 이유로 한 과징금 감면처분(이하 '후행처분'이라 한다)을 하였다면, 후행처분은 자진신고 감면까지 포함하여 처분 상대방이 실제로 납부하여야 할 최종적인 과징금액을 결정하는 종국적 처분이고, 선행처분은 이러한 종국적 처분을 예정하고 있는 일종의 잠정적 처분으로서 후행처분이 있을 경우 선행처분은 후행처분에 흡수되어 소멸한다. 따라서 위와 같은 경우에 선행처분의 취소를 구하는 소는 이미 효력을 잃은 처분의 취소를 구하는 것으로 부적법하다(대판 2015.2.12, 2013두987).
>
> **2. 과징금 등 처분과 감면기각처분은 독립적인 별개의 처분으로서 사업자로서는 두 처분의 취소를 모두 구할 실익이 인정된다.**
>
> 과징금 등 처분과 감면기각처분은 근거 규정, 요건과 절차가 구별되는 독립적인 별개의 처분으로서 두 처분에 고유한 위법사유가 구별되고 법적 성격도 다르므로, 사업자로서는 두 처분의 취소를 모두 구할 실익이 인정된다. 따라서 공정거래위원회가 시정명령 및 과징금 부과와 감면 여부를 분리 심리하여 별개로 의결한 다음 과징금 등 처분과 별도의 처분서로 감면기각처분을 하였다면, 원칙적으로 2개의 처분, 즉 과징금 등 처분과 감면기각처분이 각각 성립한 것이고, 처분의 상대방으로서는 각각의 처분에 대하여 함께 또는 별도로 불복할 수 있다. 그러므로 사업자인 원고가 과징금 등 처분과 감면기각처분의 취소를 구하는 소를 함께 제기한 경우에도, 특별한 사정이 없는 한 감면기각처분의 취소를 구할 소의 이익이 인정된다(대판 2017.1.12, 2016두35199).

(4) 공시지가결정

판례는 개별공지시가결정과 표준지공시지가결정은 항고소송의 대상되는 처분으로 보고 있다.

> **관련 판례**
>
> **1. 시장, 군수, 구청장이 한 개별토지가액의 결정은 행정소송의 대상이 되는 행정처분에 해당한다.**
>
> 시장, 군수, 구청장이 산정하여 한 개별토지가액의 결정은 토지초과이득세, 택지초과소유부담금 또는 개발부담금 산정 등의 기준이 되어 국민의 권리, 의무 내지 법률상 이익에 직접적으로 관계된다고 할 것이고, 따라서 이는 행정소송법 제2조 제1항 제1호 소정의 행정청이 행하는 구체적 사실에 관한 법집행으로서의 공권력 행사이어서 행정소송의 대상이 되는 행정처분으로 보아야 할 것이다(대판 1993.1.15, 92누12407).

2. 표준지공시지가결정은 취소소송의 대상되는 처분이다.

지가공시 및 토지 등의 평가에 관한 법률 제4조 제1항에 의하여 표준지로 선정되어 공시지가가 공시된 토지의 공시지가에 대하여 불복을 하기 위하여는 같은 법 제8조 제1항 소정의 이의절차를 거쳐 처분청인 건설부장관을 피고로 하여 위 공시지가 결정의 취소를 구하는 행정소송을 제기하여야 한다(대판 1994.3.8, 93누10828).

(5) 확약

본처분을 하기 전에 행정청의 자기구속력 있는 약속을 확약이라 한다. 판례는 확약의 처분성을 부정한다.

> **관련 판례**
>
> **1. 어업권면허에 선행하는 우선순위 결정은 강학상 확약으로 행정처분이 아니다.**
>
> 어업권면허에 선행하는 우선순위결정은 행정청이 우선권자로 결정된 자의 신청이 있으면 어업권면허처분을 하겠다는 것을 약속하는 행위로서 강학상 확약에 불과하고 행정처분은 아니므로, 우선순위결정에 공정력이나 불가쟁력과 같은 효력은 인정되지 아니하며, 따라서 우선순위결정이 잘못되었다는 이유로 종전의 어업권면허처분이 취소되면 행정청은 종전의 우선순위결정을 무시하고 다시 우선순위를 결정한 다음 새로운 우선순위결정에 기하여 새로운 어업권면허를 할 수 있다(대판 1995.1.20, 94누6529).
>
> **2. 내인가를 한 후 그 본인가신청에 대해 내인가를 취소하는 경우 본인가신청을 거부하는 처분으로 봐야 한다.**
>
> 내인가를 한 후 그 본인가신청이 있음에도 내인가를 취소함으로써 다시 본인가에 대하여 따로이 인가 여부의 처분을 한다는 사정이 보이지 않는 경우 내인가취소를 인가신청거부처분으로 볼 수 있다(대판 1991.6.28, 90누4402).

9. 준법률행위적 행정행위

(1) 확인의 처분성 여부

① 특정한 법률사실 또는 법률관계에 관하여 의문이나 다툼이 있는 경우 행정청이 이를 공적으로 판단 및 확정하는 행정행위를 확인이라 한다.
② 확인은 실정법상으로 재결·결정·사정·검정 등의 용어가 혼용되고 있다.

> **관련 판례**
>
> **1. 친일반민족행위자재산조사위원회의 재산조사개시결정은 항고소송의 대상이 되는 처분에 해당한다.**
>
> 친일반민족행위자재산조사위원회의 재산조사개시결정은 조사대상자의 권리·의무에 직접 영향을 미치는 독립한 행정처분으로서 항고소송의 대상이 된다고 봄이 상당하다(대판 2009.10.15, 2009두6513).

2. **세무조사결정은 납세의무자에게 일정한 권리의무에 직접 영향을 미치는 것으로 처분성이 긍정된다.**

   세무조사결정은 납세의무자의 권리·의무에 직접 영향을 미치는 공권력의 행사에 따른 행정작용으로서 항고소송의 대상이 된다(대판 2011.3.10, 2009두23617·23624).

3. **진실·화해를 위한 과거사정리위원회의 진실규명결정은 항고소송의 대상되는 처분에 해당한다.**

   진실규명결정이 이루어지면 그 결정에서 규명된 진실에 따라 국가가 피해자 등에 대하여 피해 및 명예회복 조치를 취할 법률상 의무를 부담하게 되는 점, … 여러 사정을 종합하여 보면, 법이 규정하는 진실규명결정은 국민의 권리의무에 직접적으로 영향을 미치는 행위로서 항고소송의 대상이 되는 행정처분이라고 보는 것이 타당하다(대판 2013.1.16, 2010두22856).

4. **근로복지공단이 사업주에 대하여 하는 '개별사업장의 사업종류 변경결정'은 항고소송의 대상되는 처분에 해당한다.**

   근로복지공단이 사업주에 대하여 하는 '개별사업장의 사업종류 변경결정'은 행정청이 행하는 구체적 사실에 관한 법집행으로서의 공권력의 행사인 '처분'에 해당한다(대판 2020.4.9, 2019두61137 판결).

5. **장해급여 지급을 위한 장해등급 결정은 항고소송의 대상이 되는 처분이다.**

   산업재해보상보험법상 장해급여는 근로자가 업무상의 사유로 부상을 당하거나 질병에 걸려 치료를 종결한 후 신체 등에 장해가 있는 경우 그 지급 사유가 발생하고, 그때 근로자는 장해급여 지급청구권을 취득하므로, 장해급여 지급을 위한 장해등급 결정 역시 장해급여 지급청구권을 취득할 당시, 즉 그 지급사유 발생 당시의 법령에 따르는 것이 원칙이다(대판 2007.2.22, 2004두12957).

(2) 공증의 처분성 여부

특정한 사실 또는 법률관계의 존재를 공적으로 증명하는 행정행위이다. 각종 공적 장부의 기재가 행정사무집행의 편의와 사실증명의 자료일 뿐인 경우에는 처분성이 부정되나, 국민의 실체적 권리관계의 변동을 가져오는 경우에는 처분성이 인정된다고 본다.

관련 판례 **처분성을 부정한 판례**

1. **운전면허대장상의 등재행위는 당해 운전면허 취득자에게 새로이 어떤 권리가 부여되거나 변동 또는 상실되는 효력이 발생하는 것이 아니다.**

   자동차운전면허대장상 일정한 사항의 등재행위는 운전면허행정사무집행의 편의와 사실증명의 자료로 삼기 위한 것일 뿐 그 등재행위로 인하여 당해 운전면허 취득자에게 새로이 어떠한 권리가 부여되거나 변동 또는 상실되는 효력이 발생하는 것은 아니므로 이는 행정소송의 대상이 되는 독립한 행정처분으로 볼 수 없고, 운전경력증명서상의 기재행위 역시 당해 운전면허 취득자에 대한 자동차운전면허대장상의 기재사항을 옮겨 적는 것에 불과할 뿐이므로 운전경력증명서에 한 등재의 말소를 구하는 소는 부적법하다 할 것이다(대판 1991.9.24, 91누1400).

2. **무허가건물을 무허가건물관리대장에서 삭제하는 행위는 항고소송의 대상이 되는 행정처분이 아니다.**

   무허가건물관리대장은, 행정관청이 지방자치단체의 조례 등에 근거하여 무허가건물 정비에 관한 행정상 사무처리의 편의와 사실증명의 자료로 삼기 위하여 작성, 비치하는 대장으로서 무허가건물을 무허가건물관리대장에 등재하거나 등재된 내용을 변경 또는 삭제하는 행위로 인하여 당해 무허가 건물에 대한 실체상의 권리관계에 변동을 가져오는 것이 아니고, 무허가건물의 건축시기, 용도, 면적 등이 무허가건물관리대장의 기재에 의해서만 증명되는 것도 아니므로, 관할관청이 무허가건물의 무허가건물관리대장 등재 요건에 관한 오류를 바로잡으면서 당해 무허가건물을 무허가건물관리대장에서 삭제하는 행위는 다른 특별한 사정이 없는 한 항고소송의 대상이 되는 행정처분이 아니다(대판 2009.3.12, 2008두11525).

3. 지적공부의 복구신청을 거부하거나 그 등재사항에 대한 변경신청을 거부한 것이 항고소송의 대상이 되는 행정처분에 해당하지 않는다.

멸실된 지적공부를 복구하거나 지적공부에 기재된 일정한 사항을 변경하는 행위는 행정사무집행의 편의와 사실증명의 자료로 삼기 위한 것으로 이로 인하여 당해 토지에 대한 실체상의 권리관계에 어떤 변동을 가져오는 것이 아니므로 소관청이 지적공부의 복구신청을 거부하거나 그 등재사항에 대한 변경신청을 거부한 것을 가리켜 항고소송의 대상이 되는 행정처분이라고 할 수 없다(대판 1991.12.24, 91누8357).

4. 과세관청이 사업자등록을 관리하는 과정에서 위장사업자의 사업자명의를 직권으로 실사업자의 명의로 정정하는 행위는 항고소송의 대상이 되는 행정처분에 해당하지 않는다.

과세관청이 사업자등록을 관리하는 과정에서 위장사업자의 사업자명의를 직권으로 실사업자의 명의로 정정하는 행위 또한 당해 사업사실 중 주체에 관한 정정기재일 뿐 그에 의하여 사업자로서의 지위에 변동을 가져오는 것이 아니므로 항고소송의 대상이 되는 행정처분으로 볼 수 없다(대판 2011.1.27, 2008두2200).

5. 토지대장상의 소유자명의변경신청을 거부하는 것은 항고소송의 대상이 되는 행정처분이 아니다.

토지대장에 기재된 일정한 사항을 변경하는 행위는, 그것이 지목의 변경이나 정정 등과 같이 토지소유권 행사의 전제요건으로서 토지소유자의 실체적 권리관계에 영향을 미치는 사항에 관한 것이 아닌 한 행정사무집행의 편의와 사실증명의 자료로 삼기 위한 것일 뿐이어서, 소관청이 토지대장상의 소유자명의변경신청을 거부한 행위는 이를 항고소송의 대상이 되는 행정처분이라고 할 수 없다(대판 2012.1.12, 2010두12354).

6. 상표권자인 법인에 대한 청산종결등기가 되었음을 이유로 한 상표권의 말소등록행위는 항고소송의 대상되는 처분이라 할 수 없다.

상표원부에 상표권자인 법인에 대한 청산종결등기가 되었음을 이유로 상표권의 말소등록이 이루어졌다고 해도 이는 상표권이 소멸하였음을 확인하는 사실적·확인적 행위에 지나지 않고, 말소등록으로 비로소 상표권 소멸의 효력이 발생하는 것이 아니어서, 상표권의 말소등록은 국민의 권리의무에 직접적으로 영향을 미치는 행위라고 할 수 없다(대판 2015.10.29, 2014두2362).

7. 법무법인의 공정증서 작성행위는 항고소송의 대상이 되는 행정처분이 아니다.

행정소송 제도의 목적 및 기능 등에 비추어 볼 때, 행정청이 한 행위가 단지 사인 간의 법률관계의 존부를 공적으로 증명하는 공증행위에 불과하여 그 효력을 둘러싼 분쟁의 해결이 사법원리에 맡겨져 있거나 그 행위의 근거 법률에서 행정소송 이외의 다른 절차에 의하여 불복할 것을 예정하고 있는 경우에는 항고소송의 대상이 될 수 없다고 봄이 타당하다(대판 1991.8.13, 90누9414, 대판 2000.3.28, 99두11264 등 참조). 같은 취지에서 원심이, 이 사건 공정증서의 작성행위를 항고소송의 대상이 되는 행정처분이라고 볼 수 없다고 판단한 것은 정당하다(대판 2012.6.14, 2010두19720).

8. 인감증명행위는 구체적인 사실을 증명하는 것에 불과하다.

인감증명행위는 인감증명청이 적법한 신청이 있는 경우에 인감대장에 이미 신고된 인감을 기준으로 출원자의 현재 사용하는 인감을 증명하는 것으로서 구체적인 사실을 증명하는 것일 뿐, 나아가 출원자에게 어떠한 권리가 부여되거나 변동 또는 상실되는 효력을 발생하는 것이 아니다(대판 2001.7.10, 2000두2136).

9. 외국인에게는 사증발급 거부처분의 취소를 구할 법률상 이익이 인정되지 않는다.

사증발급 거부처분을 다투는 외국인은, 아직 대한민국에 입국하지 않은 상태에서 대한민국에 입국하게 해달라고 주장하는 것으로, 대한민국과의 실질적 관련성 내지 대한민국에서 법적으로 보호가치 있는 이해관계를 형성한 경우는 아니어서, 해당 처분의 취소를 구할 법률상 이익을 인정하여야 할 법정책적 필요성도 크지 않다(대판 2018.5.15, 2014두42506).

관련 판례 **처분성을 긍정한 판례**

1. 지목변경신청 반려행위는 항고소송의 대상이 되는 행정처분에 해당한다.

구 지적법(2001.1.26. 법률 제6389호로 전문 개정되기 전의 것) 제20조, 제38조 제2항의 규정은 토지소유자에게 지목변경신청권과 지목정정신청권을 부여한 것이고, 한편 지목은 토지에 대한 공법상의 규제, 개발부담금의 부과대상, 지방세의 과세대상, 공시지가의 산정, 손실보상가액의 산정 등 토지행정의 기초로서 공법상의 법률관계에 영향을 미치고, 토지소유자는 지목을 토대로 토지의 사용·수익·처분에 일정한 제한을 받게 되는 점 등을 고려하면, 지목은 토지소유권을 제대로 행사하기 위한 전제요건으로서 토지소유자의 실체적 권리관계에 밀접하게 관련되어 있으므로 지적공부 소관청의 지목변경신청 반려행위는 국민의 권리관계에 영향을 미치는 것으로서 항고소송의 대상이 되는 행정처분에 해당한다(대판(전합) 2004.4.22, 2003두9015).

2. 토지분할신청에 대한 거부행위는 항고소송의 대상이 되는 행정처분에 해당한다.

토지소유자가 지적법 제17조 제1항, 같은 법 시행규칙 제20조 제1항 제1호의 규정에 의하여 1필지의 일부가 소유자가 다르게 되었음을 이유로 토지분할을 신청하는 경우, 1필지의 토지를 수필로 분할하여 등기하려면 반드시 같은 법이 정하는 바에 따라 분할절차를 밟아 지적공부에 각 필지마다 등록되어야 하고 이러한 절차를 거치지 아니하는 한 1개의 토지로서 등기의 목적이 될 수 없기 때문에 만약 이러한 토지분할신청을 거부한다면 토지소유자는 자기소유 부분을 등기부에 표창할 수 없고 처분도 할 수 없게 된다는 점을 고려할 때, 지적 소관청의 위와 같은 토지분할신청에 대한 거부행위는 국민의 권리관계에 영향을 미친다고 할 것이므로 항고소송의 대상이 되는 처분으로 보아야 한다(대판 1993.3.23, 91누8968).

3. 사업시행자인 한국도로공사가 고속도로 건설공사에 편입되는 토지소유자들을 대위하여 토지면적등록 정정신청을 하였으나 관할 행정청이 이를 반려한 행위는 항고소송 대상이 되는 행정처분에 해당한다.

한국도로공사가 토지소유자의 같은 법 제24조 제1항에 규정된 지적공부 등록사항 정정신청권을 대위하여 피고에게 한 이 사건 토지면적등록 정정신청을 피고가 반려한 것은 공공사업의 원활한 수행을 위하여 부여된 원고의 위 관계 법령상의 권리 또는 이익에 영향을 미치는 공권력의 행사 또는 그 거부에 해당하는 것으로서 항고소송의 대상이 되는 행정처분이라고 봐야 한다(대판 2011.8.25, 2011두3371).

4. 건축물대장상의 용도변경신청거부는 항고소송의 대상이 되는 행정처분에 해당한다.

구 건축법 제14조 제4항의 규정은 건축물의 소유자에게 건축물대장의 용도변경신청권을 부여한 것이고, 한편 건축물의 용도는 토지의 지목에 대응하는 것으로서 건물의 이용에 대한 공법상의 규제, 건축법상의 시정명령, 지방세 등의 과세대상 등 공법상 법률관계에 영향을 미치고, 건물소유자는 용도를 토대로 건물의 사용·수익·처분에 일정한 영향을 받게 된다. 이러한 점 등을 고려해 보면, 건축물대장의 용도는 건축물의 소유권을 제대로 행사하기 위한 전제요건으로서 건축물 소유자의 실체적 권리관계에 밀접하게 관련되어 있으므로, 건축물대장 소관청의 용도변경신청 거부행위는 국민의 권리관계에 영향을 미치는 것으로서 항고소송의 대상이 되는 행정처분에 해당한다(대판 2009.1.30, 2007두7277).

5. 건축물대장 소관청의 작성신청반려행위는 항고소송의 대상이 되는 행정처분에 해당한다.

건축물대장은 건축물에 대한 공법상의 규제, 지방세의 과세대상, 손실보상가액의 산정 등 건축행정의 기초자료로서 공법상의 법률관계에 영향을 미칠 뿐만 아니라, 건축물에 관한 소유권보존등기 또는 소유권이전등기를 신청하려면 이를 등기소에 제출하여야 하는 점 등을 종합해 보면, 건축물대장의 작성은 건축물의 소유권을 제대로 행사하기 위한 전제요건으로서 건축물 소유자의 실체적 권리관계에 밀접하게 관련되어 있으므로 건축물대장 소관청의 작성신청 반려행위는 국민의 권리관계에 영향을 미치는 것으로서 항고소송의 대상이 되는 행정처분에 해당한다(대판 2009.2.12, 2007두17359).

6. 행정청이 건축물에 관한 건축물대장을 직권말소한 행위는 항고소송의 대상이 되는 행정처분에 해당한다.

건축물대장은 건축물의 소유권을 제대로 행사하기 위한 전제요건으로서 건축물 소유자의 실체적 권리관계에 밀접하게 관련되어 있으므로, 이러한 건축물대장을 직권말소한 행위는 국민의 권리관계에 영향을 미치는 것으로서 항고소송의 대상이 되는 행정처분에 해당한다(대판 2010.5.27, 2008두22655).

7. 지적공부 소관청이 토지대장을 직권말소한 행위는 항고소송의 대상이 되는 행정처분에 해당한다.

토지대장은 토지의 소유권을 제대로 행사하기 위한 전제요건으로서 토지 소유자의 실체적 권리관계에 밀접하게 관련되어 있으므로, 이러한 토지대장을 직권으로 말소한 행위는 국민의 권리관계에 영향을 미치는 것으로서 항고소송의 대상이 되는 행정처분에 해당한다(대판 2013.10.24, 2011두13286).

8. 주민등록번호가 불법 유출되었음을 이유로 주민등록번호 변경신청을 하였으나 관할 구청장이 이를 거부한 것은 항고소송의 대상이 되는 처분에 해당한다.

주민등록번호를 관리하는 국가로서는 주민등록번호가 유출된 경우 그로 인한 피해가 최소화되도록 제도를 정비하고 보완해야 할 의무가 있으며, 일률적으로 주민등록번호를 변경할 수 없도록 할 것이 아니라 만약 주민등록번호 변경이 필요한 경우가 있다면 그 변경에 관한 규정을 두어서 이를 허용해야 하는 점 등을 종합하면, 피해자의 의사와 무관하게 주민등록번호가 유출된 경우에는 조리상 주민등록번호의 변경을 요구할 신청권을 인정함이 타당하고, 구청장의 주민등록번호 변경신청 거부행위는 항고소송의 대상이 되는 행정처분에 해당한다(대판 2017.6.15, 2013두2945).

9. 대한민국에 적법하게 입국하여 상당한 기간을 체류한 외국인에게는 사증발급 거부처분의 취소를 구할 법률상 이익이 인정된다.

국적법상 귀화불허가처분이나 출입국관리법상 체류자격변경 불허가처분, 강제퇴거명령 등을 다투는 외국인은 대한민국에 적법하게 입국하여 상당한 기간을 체류한 사람이므로, 이미 대한민국과의 실질적 관련성 내지 대한민국에서 법적으로 보호가치 있는 이해관계를 형성한 경우이어서, 해당 처분의 취소를 구할 법률상 이익이 인정된다고 보아야 한다(대판 2018.5.15, 2014두42506).

(3) 통지의 처분성 인정 여부

통지로 인해 아무런 법적효과를 발생하지 않은 경우에는 처분성을 인정하지 않으나 일정한 법률관계와 밀접한 관련을 가져오는 경우에는 처분성이 인정된다.

관련 판례

1. 대집행계고는 처분성이 긍정된다.

대집행의 계고는 … 계고가 있음으로 인하여 대집행이 실행되어 상대방의 권리·의무에 변동을 가져오는 것이라 할 것이므로, 상대방은 계고절차의 단계에서 이의 취소를 소구할 법률상 이익이 있다 할 것이고 계고는 행정소송법 소정처분에 포함된다(대판 1966.10.31, 66누25).

2. 구 「농지법」상 농지처분의무통지는 항고소송의 대상이 되는 처분성이 인정된다.

시장 등 행정청은 위 제7호에 정한 사유의 유무, 즉 농지의 소유자가 위 농업경영계획서의 내용을 이행하였는지 여부 및 그 불이행에 정당한 사유가 있는지 여부를 판단하여 그 사유를 인정한 때에는 반드시 농지처분의무통지를 하여야 하는 점, 위 통지를 전제로 농지처분명령, 같은 법 제65조에 의한 이행강제금부과 등의 일련의 절차가 진행되는 점 등을 종합하여 보면, 농지처분의무통지는 단순한 관념의 통지에 불과하다고 볼 수는 없고, 상대방인 농지소유자의 의무에 직접 관계되는 독립한 행정처분으로서 항고소송의 대상이 된다(대판 2003.11.14, 2001두8742).

3. 임용기간이 만료된 조교수에 대한 임용기간만료의 통지는 처분성이 인정된다.

기간제로 임용되어 임용기간이 만료된 국·공립대학의 조교수는 교원으로서의 능력과 자질에 관하여 합리적인 기준에 의한 공정한 심사를 받아 위 기준에 부합되면 특별한 사정이 없는 한 재임용되리라는 기대를 가지고 재임용 여부에 관하여 합리적인 기준에 의한 공정한 심사를 요구할 법규상 또는 조리상 신청권을 가진다고 할 것이니, 임용권자가 임용기간이 만료된 조교수에 대하여 재임용을 거부하는 취지로 한 임용기간만료의 통지는 위와 같은 대학교원의 법률관계에 영향을 주는 것으로서 행정소송의 대상이 되는 처분에 해당한다(대판 2004.4.22, 2000두7735).

4. 원천징수의무자인 법인에 대한 소득금액변동통지는 항고소송의 대상되는 처분이다.

과세관청의 소득처분과 그에 따른 소득금액변동통지가 있는 경우 원천징수의무자인 법인은 소득금액변동통지서를 받은 날에 그 통지서에 기재된 소득의 귀속자에게 당해 소득금액을 지급한 것으로 의제되어 그 때 원천징수하는 소득세의 납세의무가 성립함과 동시에 확정되고, 원천징수의무자인 법인으로서는 소득금액변동통지서에 기재된 소득처분의 내용에 따라 원천징수세액을 그 다음달 10일까지 관할 세무서장 등에게 납부하여야 할 의무를 부담하며, 만일 이를 이행하지 아니하는 경우에는 가산세의 제재를 받게 됨은 물론이고 형사처벌까지 받도록 규정되어 있는 점에 비추어 보면, 소득금액변동통지는 원천징수의무자인 법인의 납세의무에 직접 영향을 미치는 과세관청의 행위로서, 항고소송의 대상이 되는 조세행정처분이라고 봄이 상당하다(대판 2006.4.20, 2002두1878).

5. 소득의 귀속자에 대한 소득금액변동통지는 항고소송의 대상되는 처분이 아니다.

소득의 귀속자가 소득세 부과처분에 대한 취소소송 등을 통하여 소득처분에 따른 원천납세의무의 존부나 범위를 충분히 다툴 수 있는 점 등에 비추어 보면, 구 소득세법 시행령 제192조 제1항 단서에 따른 소득의 귀속자에 대한 소득금액변동통지는 원천납세의무자인 소득의 귀속자에 대한 법률상 지위에 직접적인 변동을 가져오는 것이 아니므로 항고소송의 대상이 되는 행정처분에 해당하지 않는다(대판 2015.1.29, 2013두4118).

6. 당연퇴직의 인사발령은 법률상 당연히 발생하는 퇴직사유를 공적으로 확인하여 알려주는 이른바 관념의 통지에 불과하고 처분성이 부정된다.

국가공무원법 제69조에 의하면 공무원이 제33조 각 호의 1에 해당할 때에는 당연히 퇴직한다고 규정하고 있으므로, 국가공무원법상 당연퇴직은 결격사유가 있을 때 법률상 당연히 퇴직하는 것이지 공무원관계를 소멸시키기 위한 별도의 행정처분을 요하는 것이 아니며, 당연퇴직의 인사발령은 법률상 당연히 발생하는 퇴직사유를 공적으로 확인하여 알려주는 이른바 관념의 통지에 불과하고 공무원의 신분을 상실시키는 새로운 형성적 행위가 아니므로 행정소송의 대상이 되는 독립한 행정처분이라고 할 수 없다(대판 1995.11.14, 95누2036).

7. 공무원연금관리공단이 공무원연금법령의 개정사실과 퇴직연금 수급자가 퇴직연금 중 일부 금액의 지급정지대상자가 되었다는 사실의 통보는 항고소송의 대상되는 처분으로 볼 수 없다.

공무원연금관리공단의 인정에 의하여 퇴직연금을 지급받아 오던 중 구 공무원연금법령의 개정 등으로 퇴직연금 중 일부 금액의 지급이 정지된 경우에는 당연히 개정된 법령에 따라 퇴직연금이 확정되는 것이지 같은 법 제26조 제1항에 정해진 공무원연금관리공단의 퇴직연금 결정과 통지에 의하여 비로소 그 금액이 확정되는 것이 아니므로, 공무원연금관리공단이 퇴직연금 중 일부 금액에 대하여 지급거부의 의사표시를 하였다고 하더라도 그 의사표시는 퇴직연금 청구권을 형성·확정하는 행정처분이 아니라 공법상의 법률관계의 한쪽 당사자로서 그 지급의무의 존부 및 범위에 관하여 나름대로의 사실상·법률상 의견을 밝힌 것일 뿐이어서, 이를 행정처분이라고 볼 수는 없고, 이 경우 미지급퇴직연금에 대한 지급청구권은 공법상 권리로서 그의 지급을 구하는 소송은 공법상의 법률관계에 관한 소송인 공법상 당사자소송에 해당한다(대판 2004.7.8, 2004두244).

8. 「공무원연금법」상 과다지급된 급여의 환수통지는 항고소송의 대상되는 처분에 해당한다.

공무원연금법 제47조 각호 소정의 급여제한사유가 있음에도 불구하고 수급자에게 퇴직연금이 잘못 지급되었으면 이는 공무원연금법 제31조 제1항 제3호의 '기타 급여가 과오급된 경우'에 해당하고, 이때 과다하게 지급된 급여의 환수를 위한 행정청의 환수통지는 당사자에게 새로운 의무를 과하거나 권익을 제한하는 것으로서 행정처분에 해당한다(대판 2009.5.14, 2007두16202).

(4) 수리

① 수리를 요하지 않는 신고의 경우 그 수리거부에 대해서는 처분성을 인정하지 않지만, 수리를 요하는 신고의 수리거부는 처분성을 인정한다.

② 건축법상 건축신고는 수리를 요하지 않지만 수리거부에 대해서는 항고소송을 인정할 수 있다고 하여 수리거부의 처분성 인정범위를 넓히고 있다.

관련 판례

1. 「부가가치세법」상의 사업자등록은 단순한 사업사실의 신고로서 사업자가 사업자등록신청서를 제출함으로써 성립되는 것이다.

「부가가치세법」상의 사업자등록은 과세관청으로 하여금 부가가치세의 납세의무자를 파악하고 그 과세자료를 확보케 하려는 데 입법취지가 있는 것으로서, 이는 단순한 사업사실의 신고로서 사업자가 소관 세무서장에서 소정의 사업자등록신청서를 제출함으로써 성립되는 것이고, 사업자등록증의 교부는 이와 같은 등록사실을 증명하는 증서의 교부행위에 불과한 것이며, 부가가치세법 제5조 제5항에 의하면 사업자가 폐업하거나 또는 신규로 사업을 개시하고자 하여 사업개시일 전에 등록한 후 사실상 사업을 개시하지 아니하게 되는 때에는 과세관청이 직권으로 이를 말소하도록 하고 있는데, 사업자등록의 말소 또한 폐업사실의 기재일 뿐 그에 의하여 사업자로서의 지위에 변동을 가져오는 것이 아니라는 점에서 과세관청의 사업자등록 직권말소행위는 불복의 대상이 되는 행정처분으로 볼 수가 없다(대판 2000.12.22, 99두6903).

2. 건축주명의변경신고는 수리를 요하는 신고이다.

건축주명의변경신고수리거부행위는 행정청이 허가대상건축물 양수인의 건축주명의변경신고라는 구체적인 사실에 관한 법집행으로서 그 신고를 수리하여야 할 법령상의 의무를 지고 있음에도 불구하고 그 신고의 수리를 거부함으로써, 양수인이 건축공사를 계속하기 위하여 또는 건축공사를 완료한 후 자신의 명의로 소유권보존등기를 하기 위하여 가지는 구체적인 법적 이익을 침해하는 결과가 되었다고 할 것이므로, 비록 건축허가가 대물적 허가로서 그 허가의 효과가 허가대상건축물에 대한 권리변동에 수반하여 이전된다고 하더라도, 양수인의 권리의무에 직접 영향을 미치는 것으로서 취소소송의 대상이 되는 처분이라고 하지 않을 수 없다(대판 1992.3.31, 91누4911).

3. 사업양수에 의한 지위승계신고는 수리를 요하는 신고이다.

액화석유가스의안전및사업관리법 제7조 제2항에 의한 사업양수에 의한 지위승계신고를 수리하는 허가관청의 행위는 단순히 양도, 양수자 사이에 발생한 사법상의 사업양도의 법률효과에 의하여 양수자가 사업을 승계하였다는 사실의 신고를 접수하는 행위에 그치는 것이 아니라 실질에 있어서 양도자의 사업허가를 취소함과 아울러 양수자에게 적법히 사업을 할 수 있는 법규상 권리를 설정하여 주는 행위로서 사업허가자의 변경이라는 법률효과를 발생시키는 행위이므로 허가관청이 법 제7

조 제2항에 의한 사업양수에 의한 지위승계신고를 수리하는 행위는 행정처분에 해당한다(대판 1993.6.8, 91누11544).

4. 「건축법」상 건축신고 반려는 항고소송의 대상되는 처분에 해당한다.

건축주 등으로서는 신고제하에서도 건축신고가 반려될 경우 당해 건축물의 건축을 개시하면 시정명령, 이행강제금, 벌금의 대상이 되거나 당해 건축물을 사용하여 행할 행위의 허가가 거부될 우려가 있어 불안정한 지위에 놓이게 된다. 그러므로 이 사건 건축신고 반려행위는 항고소송의 대상이 된다고 보는 것이 옳다(대판(전합) 2010.11.18, 2008두167).

10. 변경처분

(1) 감액처분

행정청이 금전부과처분을 한 후 감액처분을 한 경우에는 감액처분에 의하여 취소되지 않고 남은 부분이 항고소송의 대상이 된다. 제소기간의 산정도 당초 처분을 기준으로 산정한다.

> **관련 판례** 감액처분의 소송대상은 감액처분에 의하여 취소되지 않고 남은 부분이고 감액처분이 항고소송의 대상이 되는 것은 아니다.
>
> 과징금 부과처분에서 행정청이 납부의무자에 대하여 부과처분을 한 후 그 부과처분의 하자를 이유로 과징금의 액수를 감액하는 경우에 그 감액처분은 감액된 과징금 부분에 관하여만 법적 효과가 미치는 것으로서 처음의 부과처분과 별개 독립의 과징금 부과처분이 아니라 그 실질은 당초 부과처분의 변경이고, 그에 의하여 과징금의 일부취소라는 납부의무자에게 유리한 결과를 가져오는 처분이므로 처음의 부과처분이 전부 실효되는 것은 아니며, 그 감액처분으로도 아직 취소되지 않고 남아 있는 부분이 위법하다고 하여 다투는 경우 항고소송의 대상은 처음의 부과처분 중 감액처분에 의하여 취소되지 않고 남은 부분이고 감액처분이 항고소송의 대상이 되는 것은 아니다(대판 2008.2.15, 2006두3957).

(2) 증액처분

원처분은 증액처분에 흡수되므로 증액처분만이 소송대상이 된다.

> **관련 판례**
>
> **1. 과세처분 후 증액경정처분이 있는 경우 증액경정처분만이 항고소송의 대상이 된다는 판례**
>
> 국세기본법 제22조의2의 시행 이후에도 증액경정처분이 있는 경우, 당초 신고나 결정은 증액경정처분에 흡수됨으로써 독립한 존재가치를 잃게 된다고 보아야 하므로, 원칙적으로는 당초 신고나 결정에 대한 불복기간의 경과 여부 등에 관계없이 증액경정처분만이 항고소송의 심판대상이 되고, 납세의무자는 그 항고소송에서 당초 신고나 결정에 대한 위법사유도 함께 주장할 수 있다고 해석함이 타당하다(대판 2009.5.14, 2006두17390).
>
> **2. 증액경정처분이 있는 경우 당초처분의 절차적 하자는 증액경정처분에 승계되지 않는다.**
>
> 증액경정처분이 있는 경우 당초처분은 증액경정처분에 흡수되어 소멸하고, 소멸한 당초처분의 절차적 하자는 존속하는 증액경정처분에 승계되지 아니한다(대판 2010.6.24, 2007두16493).

11. 금전급부 등에 관한 소송

(1) 행정청의 결정에 의해 지급청구권이 구체적으로 확정되는 경우

판례는 행정청의 지급결정 거부에 대해 항고소송을 제기하여 다투어야 한다는 입장이다. 이 경우 당사자소송을 인정하지 않는다.

관련 판례

1. 급부를 받을 권리가 신청에 따라 관할 행정청이 지급결정을 함으로써 구체적인 권리가 발생하는 경우 곧바로 당사자소송으로 급부의 지급을 소구하는 것은 허용되지 않는다.

급부를 받을 권리가 법령의 규정에 의하여 직접 발생하는 것이 아니라 급부를 받으려고 하는 자의 신청에 따라 관할 행정청이 지급결정을 함으로써 구체적인 권리가 발생하는 경우, 구체적인 권리가 발생하지 않은 상태에서 곧바로 행정청이 속한 국가나 지방자치단체 등을 상대로 한 당사자소송이나 민사소송으로 급부의 지급을 소구하는 것은 허용되지 않는다(대판 2020.10.15, 2020다222382).

2. '민주화운동관련자 명예회복 및 보상 심의위원회'의 보상금 등의 지급 대상자에 관한 결정은 행정처분에 해당한다

[가] '민주화운동관련자 명예회복 및 보상 등에 관한 법률' 규정들만으로는 바로 법상의 보상금 등의 지급 대상자가 확정된다고 볼 수 없고, '민주화운동관련자 명예회복 및 보상 심의위원회'에서 심의·결정을 받아야만 비로소 보상금 등의 지급 대상자로 확정될 수 있다. 따라서 그와 같은 심의위원회의 결정은 국민의 권리의무에 직접 영향을 미치는 행정처분에 해당하므로, 관련자 등으로서 보상금 등을 지급받고자 하는 신청에 대하여 심의위원회가 관련자 해당 요건의 전부 또는 일부를 인정하지 아니하여 보상금 등의 지급을 기각하는 결정을 한 경우에는 신청인은 심의위원회를 상대로 그 결정의 취소를 구하는 소송을 제기하여 보상금 등의 지급대상자가 될 수 있다.

[나] '민주화운동관련자 명예회복 및 보상 등에 관한 법률' 제17조는 보상금 등의 지급에 관한 소송의 형태를 규정하고 있지 않지만, 위 규정 전단에서 말하는 보상금 등의 지급에 관한 소송은 '민주화운동관련자 명예회복 및 보상 심의위원회'의 보상금 등의 지급신청에 관하여 전부 또는 일부를 기각하는 결정에 대한 불복을 구하는 소송이므로 취소소송을 의미한다고 보아야 한다(대판(전합) 2008.4.17, 2005두16185).

3. 공무원연금법령상 급여를 받으려고 하는 자가 구체적 권리가 발생하지 않은 상태에서 곧바로 공무원연금공단을 상대로 한 당사자소송으로 권리의 확인이나 급여의 지급을 소구할 수 없다.

공무원연금법령상 급여를 받으려고 하는 자는 우선 관계 법령에 따라 공무원연금공단에 급여지급을 신청하여 공무원연금공단이 이를 거부하거나 일부 금액만 인정하는 급여지급결정을 하는 경우 그 결정을 대상으로 항고소송을 제기하는 등으로 구체적 권리를 인정받아야 하고, 구체적인 권리가 발생하지 않은 상태에서 곧바로 공무원연금공단을 상대로 한 당사자소송으로 권리의 확인이나 급여의 지급을 소구하는 것은 허용되지 아니한다. 이러한 법리는 구체적인 급여를 받을 권리의 확인을 구하기 위하여 소를 제기하는 경우뿐만 아니라, 구체적인 급여수급권의 전제가 되는 지위의 확인을 구하는 경우에도 마찬가지로 적용된다(대판 2017.2.9, 2014두43264).

4. 구 군인연금법령상 퇴역연금 등의 급여청구권을 인정받기 위한 항고소송 등의 절차를 거치지 아니하고 곧바로 국가를 상대로 한 당사자소송으로 급여의 지급을 소구하는 것이 허용되지 아니한다.

구 군인연금법과 같은 법 시행령의 관계 규정을 종합하면, 같은 법에 의한 퇴역연금 등의 급여를 받을 권리는 법령의 규정에 의하여 직접 발생하는 것이 아니라 각 군 참모총장의 확인을 거쳐 국방부장관이 인정함으로써 비로소 구체적인 권리가 발생하고, 위와 같은 급여를 받으려고 하는 자는 우선 관계 법령에 따라 국방부장관에게 그 권리의 인정을 청구하여 국방부장관이 그 인정 청구를 거부하거나 청구 중의 일부만을 인정하는 처분을 하는 경우 그 처분을 대상으로 항고소송을 제기하는 등으로 구체적 권리를 인정받은 다음 비로소 당사자소송으로 그 급여의 지급을 구하여야 할 것이고, 구체적인 권리가 발생하지 않은 상태에서 곧바로 국가를 상대로 한 당사자소송으로 그 권리의 확인이나 급여의 지급을 소구하는 것은 허용되지 아니한다(대판 2003.9.5, 2002두3522).

(2) 법령에 의해서 지급청구권이나 지위가 직접 발생하는 경우(당사자소송편 참조)

판례는 금전급부청구권이 공권이면 당사자소송, 사권이면 민사소송을 제기하여야 한다는 입장이다.

> **관련 판례**
>
> **1. 법령의 개정에 따른 국방부장관의 퇴역연금액 감액조치에 대하여 이의가 있는 퇴역연금수급권자는 직접 국가를 상대로 공법상 당사자소송을 제기할 수 있다.**
>
> 국방부장관의 인정에 의하여 퇴역연금을 지급받아 오던 중 군인보수법 및 공무원보수규정에 의한 호봉이나 봉급액의 개정 등으로 퇴역연금액이 변경된 경우에는 법령의 개정에 따라 당연히 개정규정에 따른 퇴역연금액이 확정되는 것이지 구 군인연금법(2000.12.30. 법률 제6327호로 개정되기 전의 것) 제18조 제1항 및 제2항에 정해진 국방부장관의 퇴역연금액 결정과 통지에 의하여 비로소 그 금액이 확정되는 것이 아니므로, 법령의 개정에 따른 국방부장관의 퇴역연금액 감액조치에 대하여 이의가 있는 퇴역연금수급권자는 항고소송을 제기하는 방법으로 감액조치의 효력을 다툴 것이 아니라 직접 국가를 상대로 정당한 퇴역연금액과 결정, 통지된 퇴역연금액과의 차액의 지급을 구하는 공법상 당사자소송을 제기하는 방법으로 다툴 수 있다 할 것이고, 같은 법 제5조 제1항에 그 법에 의한 급여에 관하여 이의가 있는 자는 군인연금급여재심위원회에 그 심사를 청구할 수 있다는 규정이 있다 하여 달리 볼 것은 아니다(대판 2003.9.5, 2002두3522).
>
> **2. 「광주민주화운동관련자 보상 등에 관한 법률」 규정상 보상심의위원회의 결정은 취소소송의 대상이 되는 행정처분이라고 볼 수 없고, 같은 법에 의해서 관련자 및 유족들이 갖게 되는 보상 등에 관한 권리는 공법상 권리로서 당사자소송에 의한다.**
>
> 광주보상법에 의거하여 관련자 및 그 유족들이 갖게 되는 보상 등에 관한 권리는 헌법 제23조 제3항에 따른 재산권침해에 대한 손실보상청구나 국가배상법에 따른 손해배상청구와는 그 성질을 달리하는 것으로서 동법이 특별히 인정하고 있는 공법상의 권리라고 하여야 할 것이므로 그에 관한 소송은 행정소송법 제3조 제2호 소정의 당사자소송에 의하여야 할 것이다(대판 1992.12.24, 92누3335).

12. 행정행위의 부관

(1) 의의

행정행위의 부관은 부관이 부가된 본 행정행위와 밀접·불가분적 관련이 있는 행위라는 점에서 부관만 독립하여 항고소송의 대상으로 삼을 수 있을 것인가가 문제된다.

(2) 판례

부관 중에서 부담만은 독립하여 항고소송의 대상이 되지만 나머지 부관은 부관부행정행위 전체가 쟁송대상이 되고 부관만의 독립쟁송은 허용되지 않는다는 입장이다.

관련 판례

1. 행정행위 부관은 그 자체만을 독립된 쟁송의 대상으로 할 수 없는 것이 원칙이나 부관 중 부담은 그 자체로 항고소송의 대상이 된다.

행정행위의 부관은 행정행위의 일반적인 효력이나 효과를 제한하기 위하여 의사표시의 주된 내용에 부가되는 종된 의사표시이지 그 자체로서 직접 법적 효과를 발생하는 독립된 처분이 아니므로 현행 행정쟁송제도 아래서는 부관 그 자체만을 독립된 쟁송의 대상으로 할 수 없는 것이 원칙이나 행정행위의 부관 중에서도 행정행위에 부수하여 그 행정행위의 상대방에게 일정한 의무를 부과하는 행정청의 의사표시인 부담의 경우에는 다른 부관과는 달리 행정행위의 불가분적인 요소가 아니고 그 존속인 본체인 행정행위의 존재를 전제로 하는 것일 뿐이므로 부담 그 자체로서 행정쟁송의 대상이 될 수 있다(대판 1992.1.21, 91누1264).

2. 기부채납 받은 행정재산의 사용·수익허가의 기간은 독립하여 행정소송을 제기할 수 없다.

행정행위의 부관은 부담인 경우를 제외하고는 독립하여 행정소송의 대상이 될 수 없는 바, 기부채납 받은 행정재산에 대한 사용·수익허가에서 공유재산의 관리청이 정한 사용·수익허가의 기간은 그 허가의 효력을 제한하기 위한 행정행위의 부관으로서 이러한 사용·수익허가의 기간에 대해서는 독립하여 행정소송을 제기할 수 없다(대판 2001.6.15, 99두509).

3. 개발제한구역 내 허가기간 연장신청 거부는 독립쟁송의 대상이 된다.

원고의 위 허가기간 연장신청을 허가함으로 인하여 예상되는 공익의 침해보다도 위 신청을 불허함으로 인하여 초래되는 원고의 불이익이 매우 중대하여, 피고가 위 허가기간 연장신청을 반려하는 것이 원고가 입게 되는 불이익을 희생시키더라도 부득이하다고 할 정도의 공익상의 필요가 있다고 할 수 없으므로, 이 사건 처분은 재량권을 남용하였거나 재량권의 범위를 일탈한 위법한 처분이라고 판단하였다(대판 1991.8.27, 90누7920).

4. 공유수면매립지준공인가를 하면서 일부 매립지에 대한 국가귀속결정은 독립하여 행정소송의 대상이 될 수 없다.

지방국토관리청장이 일부 공유수면매립지에 대하여 한 국가 또는 직할시 귀속처분은 매립준공인가를 함에 있어서 매립의 면허를 받은 자의 매립지에 대한 소유권취득을 규정한 공유수면매립법의 효과 일부를 배제하는 부관을 붙인 것이고, 이러한 행정행위의 부관은 독립하여 행정소송 대상이 될 수 없다(대판 1993.10.8, 93누2032).

---

13. 공법상 계약

공법상 계약은 공법적 효과를 발생시키는 계약을 말한다. 공법상 계약에 관한 소송은 당사자소송에 의한다.

(1) 공법상의 계약으로 당사자소송에 해당한다는 판례

> **관련 판례**
>
> **1. 중소기업 정보화지원사업에 따른 지원금 출연을 위하여 중소기업청장이 체결하는 협약은 공법상 계약이고 협약의 해지 및 그에 따른 환수통보는 공권력 행사로서 처분에 해당한다고 볼 수 없다.**
>
> 중소기업 정보화지원사업에 따른 지원금 출연을 위하여 중소기업청장이 체결하는 협약은 공법상 대등한 당사자 사이의 의사표시의 합치로 성립하는 공법상 계약에 해당하는 점, 달리 지원금 환수에 관한 구체적인 법령상 근거가 없는 점 등을 종합하면, 협약의 해지 및 그에 따른 환수통보는 공법상 계약에 따라 행정청이 대등한 당사자의 지위에서 하는 의사표시로 보아야 하고, 이를 행정청이 우월한 지위에서 행하는 공권력의 행사로서 행정처분에 해당한다고 볼 수는 없다(대판 1992.1.21, 91누1264).
>
> **2. 서울특별시립무용단 단원의 위촉은 공법상의 계약이라고 할 것이고, 따라서 그 단원의 해촉에 대하여는 공법상의 당사자소송으로 그 무효확인을 청구할 수 있다.**
>
> 서울특별시립무용단원의 공연 등 활동은 지방문화 및 예술을 진흥시키고자 하는 서울특별시의 공공적 업무수행의 일환으로 이루어진다고 해석될 뿐 아니라, 단원으로 위촉되기 위하여는 일정한 능력요건과 자격요건을 요하고, 계속적인 재위촉이 사실상 보장되며, 공무원연금법에 따른 연금을 지급받고, 단원의 복무규율이 정해져 있으며, 정년제가 인정되고, 일정한 해촉사유가 있는 경우에만 해촉되는 등 서울특별시립무용단원이 가지는 지위가 공무원과 유사한 것이라면, 서울특별시립무용단 단원의 위촉은 공법상의 계약이라고 할 것이고, 따라서 그 단원의 해촉에 대하여는 공법상의 당사자소송으로 그 무효확인을 청구할 수 있다(대판 1995.12.22, 95누4636).
>
> **3. 광주광역시문화예술회관장의 단원 위촉은 공법상 근로계약에 해당한다고 보아야 할 것이다.**
>
> 광주광역시문화예술회관장의 단원 위촉은 광주광역시문화예술회관장이 행정청으로서 공권력을 행사하여 행하는 행정처분이 아니라 공법상의 근무관계의 설정을 목적으로 하여 광주광역시와 단원이 되고자 하는 자 사이에 대등한 지위에서 의사가 합치되어 성립하는 공법상 근로계약에 해당한다고 보아야 할 것이므로, 광주광역시립합창단원으로서 위촉기간이 만료되는 자들의 재위촉 신청에 대하여 광주광역시문화예술회관장이 실기와 근무성적에 대한 평정을 실시하여 재위촉을 하지 아니한 것을 항고소송의 대상이 되는 불합격처분이라고 할 수는 없다(대판 2001.12.11, 2001두7794).
>
> **4. 공중보건의사채용계약 해지의 의사표시에 대하여는 대등한 당사자간의 소송형식인 공법상의 당사자소송으로 그 의사표시의 무효확인을 청구할 수 있다.**
>
> 현행 실정법이 전문직공무원인 공중보건의사의 채용계약 해지의 의사표시는 일반공무원에 대한 징계처분과는 달라서 항고소송의 대상이 되는 처분 등의 성격을 가진 것으로 인정되지 아니하고, 일정한 사유가 있을 때에 관할 도지사가 채용계약 관계의 한쪽 당사자로서 대등한 지위에서 행하는 의사표시로 취급하고 있는 것으로 이해되므로, 공중보건의사 채용계약 해지의 의사표시에 대하여는 대등한 당사자간의 소송형식인 공법상의 당사자소송으로 그 의사표시의 무효확인을 청구할 수 있는 것이지, 이를 항고소송의 대상이 되는 행정처분이라는 전제하에서 그 취소를 구하는 항고소송을 제기할 수는 없다(대판 1996.5.31, 95누10617).

> 5. 지방전문직공무원 채용계약 해지의 의사표시에 대하여는 대등한 당사자간의 소송형식인 공법상 당
>   사자소송으로 그 의사표시의 무효확인을 청구할 수 있다.
>
> 현행 실정법이 지방전문직공무원 채용계약 해지의 의사표시를 일반공무원에 대한 징계처분과는 달
> 리 항고소송의 대상이 되는 처분 등의 성격을 가진 것으로 인정하지 아니하고, 지방전문직공무원규
> 정 제7조 각호의 1에 해당하는 사유가 있을 때 지방자치단체가 채용계약관계의 한쪽 당사자로서
> 대등한 지위에서 행하는 의사표시로 취급하고 있는 것으로 이해되므로, 지방전문직공무원 채용계약
> 해지의 의사표시에 대하여는 대등한 당사자간의 소송형식인 공법상 당사자소송으로 그 의사표시의
> 무효확인을 청구할 수 있다(대판 1993.9.14, 92누4611).

(2) 행정처분으로 항고소송에 해당한다는 판례

> **관련 판례**
>
> 1. 재단법인 한국연구재단이 갑 대학교 총장에게 연구개발비의 부당집행을 이유로 2단계 두뇌한국
>   (BK)21 사업' 협약을 해지하는 것은 항고소송의 대상되는 행정처분에 해당한다.
>
> 학술진흥법 등과 과학기술기본법령의 입법 취지 및 규정 내용 등과 아울러 ① 학술진흥법 등과 과
> 학기술기본법령의 해석상 국가가 두뇌한국(BK)21 사업의 주관연구기관인 대학에 연구개발비를 출
> 연하는 것은, … 나아가 과학기술기본법령상 사업 협약의 해지 통보는 단순히 대등 당사자의 지위
> 에서 형성된 공법상계약을 계약당사자의 지위에서 종료시키는 의사표시에 불과한 것이 아니라 행
> 정청이 우월적 지위에서 연구개발비의 회수 및 관련자에 대한 국가연구개발사업 참여제한 등의 법
> 률상 효과를 발생시키는 행정처분에 해당한다(대판 2014.12.11, 2012두28704).
>
> 2. 국립의료원 부설 주차장에 관한 위탁관리용역운영계약의 실질은 행정재산의 사용수익허가로서 민
>   사소송으로 가산금지급채무에 관한 소송을 제기하는 것은 부적법하다.
>
> 국립의료원 부설 주차장에 관한 운영계약의 실질은 행정재산인 위 부설주차장에 대한 국유재산법 제
> 24조 제1항에 의한 사용·수익 허가로서 이루어진 것임을 알 수 있으므로, 이는 위 국립의료원이 원고
> 의 신청에 의하여 공권력을 가진 우월적 지위에서 행한 행정처분으로서 특정인에게 행정재산을 사용
> 할 수 있는 권리를 설정하여 주는 강학상 특허에 해당한다 할 것이고 순전히 사경제주체로서 원고와
> 대등한 위치에서 행한 사법상의 계약으로 보기 어렵다고 할 것이다(대판 2006.3.9, 2004다31074).
>
> 3. 「사회기반시설에 대한 민간투자법」상 민간투자사업의 사업시행자 지정은 행정처분으로 항고소송의
>   대상이 된다.
>
> 「사회기반시설에 대한 민간투자법」상 민간투자사업의 사업시행자 지정은 행정처분으로 항고소송
> 의 대상이 되며 선행처분인 서울－춘천간 고속도로 민간투자시설사업의 사업시행자 지정처분의 무
> 효를 이유로 그 후행처분인 도로구역결정처분의 취소를 구하는 소송에서, 선행처분인 사업시행자
> 지정처분을 무효로 할 만큼 중대하고 명백한 하자가 없다(대판 2009.4.23, 2007두13159).

14. 공공기관의 입찰참가자격 제한조치

(1) 판례의 판단기준

판례는 공공기관이 행한 입찰참가자격 제한조치의 처분성에 대해서 입찰참가자격 제한조치
를 한 기관이 행정청에 해당하는지를 먼저 판단한 후 ① 행정청에 해당하지 않는다고 판단되

면 그 기관이 행한 입찰참가자격 제한조치는 사법상의 효력만 가진다고 하고, ② 행정청에 해당되면 법령 또는 계약에 근거하여 선택적으로 입찰참가자격 제한조치를 할 수 있는 경우에는 계약상대방에게 통지한 문서의 내용과 해당 조치에 이르기까지의 과정을 객관적·종합적으로 고찰하여 판단하여야 한다고 판시하고 있다.

> **관련 판례** 공공기관운영법 제39조 제2항과 그 하위법령에 따른 입찰참가자격제한 조치는 행정처분에 해당한다.
>
> 공공기관의 운영에 관한 법률 제39조는 공기업·준정부기관은 공정한 경쟁이나 계약의 적정한 이행을 해칠 것이 명백하다고 판단되는 사람·법인 또는 단체 등에 대하여 2년의 범위 내에서 일정 기간 입찰참가자격을 제한할 수 있고(제2항), 그에 따른 입찰참가자격의 제한기준 등에 관하여 필요한 사항은 기획재정부령으로 정하도록 규정하고 있다(제3항). 그 위임에 따른 '공기업·준정부기관 계약사무규칙' 제15조는 기관장은 공정한 경쟁이나 계약의 적정한 이행을 해칠 것이 명백하다고 판단되는 자에 대해서는 '국가를 당사자로 하는 계약에 관한 법률' 제27조에 따라 입찰참가자격을 제한할 수 있다고 규정하고 있다. 이와 같이 공공기관운영법 제39조 제2항과 그 하위법령에 따른 입찰참가자격제한 조치는 '구체적 사실에 관한 법집행으로서의 공권력의 행사'로서 행정처분에 해당한다(대판 2020.5.28, 2017두66541).

(2) 처분성을 인정한 판례

> **관련 판례**
>
> **1. 한국수력원자력 주식회사가 「공공기관운영에 관한 법률」에 근거해서 행한 부정당업자 입찰참가자격제한 조치는 항고소송의 대상되는 처분이다.**
>
> 한국수력원자력주식회사는 「한국전력공사법」에 의하여 설립된 공법인인 한국전력공사가 종래 수행하던 발전사업 중 수력·원자력 발전사업 부문을 전문적·독점적으로 수행하기 위하여 2000.12.23. 법률 제6282호로 제정된 「전력산업 구조개편 촉진에 관한 법률」에 의하여 한국전력공사에서 분할되어 설립된 회사로서, 한국전력공사가 그 주식 100%를 보유하고 있으며, 공공기관운영법 제5조 제3항 제1호에 따라 '시장형 공기업'으로 지정·고시된 '공공기관'이다. 피고는 공공기관운영법에 따른 '공기업'으로 지정됨으로써 공공기관운영업 제39조 제2항에 따라 입찰참가자격제한처분을 할 수 있는 권한을 부여받았으므로 '법령에 따라 행정처분권한을 위임받은 공공기관'으로서 행정청에 해당한다(대판 2020.5.28, 2017두66541).
>
> **2. 조달청장이 「국가를 당사자로 하는 계약에 관한 법률」에 근거해서 한 부정당업자 입찰참가자격제한은 항고소송의 대상되는 처분성 인정**
>
> 이러한 법리와 관련 규정의 내용 및 취지에 비추어 보면, 중앙관서의 장인 국토교통부장관으로부터 국가계약법 제6조 제3항에 따라 요청조달계약의 형식으로 계약에 관한 사무를 위탁받은 조달청장은 국가계약법 제27조 제1항에 따라 입찰참가자격제한 처분을 할 수 있는 권한이 있다고 봄이 타당하다(대판 2019.12.27, 2017두48307).
>
> **3. 구 하도급거래 공정화에 관한 법률 제26조 제2항에 따른 공정거래위원회의 입찰참가자격제한 등 요청 결정은 항고소송의 대상되는 처분에 해당한다.**
>
> 구 하도급거래 공정화에 관한 법률(2022.1.11. 법률 제18757호로 개정되기 전의 것, 이하 '구 하

도급법'이라 한다) 제26조 제2항은 입찰참가자격제한 등 요청의 요건을 시행령으로 정한 기준에 따라 부과한 벌점의 누산점수가 일정 기준을 초과하는 경우로 구체화하고, 위 요건을 충족하는 경우 공정거래위원회는 구 하도급법 제26조 제2항 후단에 따라 관계 행정기관의 장에게 해당 사업자에 대한 입찰참가자격제한 등 요청 결정을 하게 되며, 이를 요청받은 관계 행정기관의 장은 특별한 사정이 없는 한 그 사업자에 대하여 입찰참가자격제한 등의 처분을 해야 하므로, 사업자로서는 입찰참가자격제한 등 요청 결정이 있으면 장차 후속 처분으로 입찰참가자격이 제한되고 영업이 정지될 수 있는 등의 법률상 불이익이 존재한다. 이때 입찰참가자격제한 등 요청 결정이 있음을 알고 있는 사업자로 하여금 입찰참가자격제한처분 등에 대하여만 다툴 수 있도록 하는 것보다는 그에 앞서 직접 입찰참가자격제한 등 요청 결정의 적법성을 다툴 수 있도록 함으로써 분쟁을 조기에 근본적으로 해결하도록 하는 것이 법치행정의 원리에도 부합하므로, 공정거래위원회의 입찰참가자격제한 등 요청 결정은 항고소송의 대상이 되는 처분에 해당한다(대판 2023.4.27, 2020두47892).

(3) 처분성을 부정한 판례

> **관련 판례**
>
> **1. 수도권매립지관리공사가 한 입찰참가자격을 제한하는 내용의 부정당업자제재처분은 사법상의 효력을 가지는 통지에 불과하다.**
>
> 수도권매립지관리공사가 갑에게 입찰참가자격을 제한하는 내용의 부정당업자제재처분을 하자, 갑이 제재처분의 무효확인 또는 취소를 구하는 행정소송을 제기하면서 제재처분의 효력정지신청을 한 사안에서, 수도권매립지관리공사는 행정소송법에서 정한 행정청 또는 그 소속기관이거나 그로부터 제재처분의 권한을 위임받은 공공기관에 해당하지 않으므로, 수도권매립지관리공사가 한 위 제재처분은 행정소송의 대상이 되는 행정처분이 아니라 단지 갑을 자신이 시행하는 입찰에 참가시키지 않겠다는 뜻의 사법상의 효력을 가지는 통지에 불과하다(대결 2010.11.26, 2010무137).
>
> **2. 구 예산회계법(현 국가를 당사자로 하는 계약에 관한 법률)상 입찰보증금의 국고귀속조치는 민사소송의 대상이다.**
>
> 예산회계법에 따라 체결되는 계약은 사법상의 계약이라고 할 것이고 동법 제70조의5의 입찰보증금은 낙찰자의 계약체결의무이행의 확보를 목적으로 하여 그 불이행시에 이를 국고에 귀속시켜 국가의 손해를 전보하는 사법상의 손해배상 예정으로서의 성질을 갖는 것이라고 할 것이므로 입찰보증금의 국고귀속조치는 국가가 사법상의 재산권의 주체로서 행위하는 것이지 공권력을 행사하는 것이거나 공권력작용과 일체성을 가진 것이 아니라 할 것이므로 이에 관한 분쟁은 행정소송이 아닌 민사소송의 대상이 될 수밖에 없다고 할 것이다(대판 1983.12.27, 81누366).

15. 행정계획

판례는 행정계획이 그 자체로 국민의 권리·의무에 구체적이고 개별적인 영향을 미치게 되는 경우 그 처분성을 인정하고 있다. 반대로 행정계획이 그에 후속되는 일정한 처분이나 다른 계획의 근거만 되는 경우 처분성을 부정한다.

(1) 행정계획의 처분성을 긍정한 판례

> **관련 판례**
>
> **1. 도시계획결정은 항고소송의 대상되는 처분이다.**
>
> 도시계획법 제12조 소정의 도시계획결정이 고시되면 도시계획구역안의 토지나 건물 소유자의 토지형질변경, 건축물의 신축, 개축 또는 증축 등 권리행사가 일정한 제한을 받게 되는바 이런 점에서 볼 때 고시된 도시계획결정은 특정 개인의 권리 내지 법률상의 이익을 개별적이고 구체적으로 규제하는 효과를 가져오게 하는 행정청의 처분이라 할 것이고, 이는 행정소송의 대상이 되는 것이라 할 것이다(대판 1982.3.9, 80누105).
>
> **2. 재건축조합이 행정주체의 지위에서 수립하는 관리처분계획은 행정처분에 해당한다.**
>
> 재건축조합이 행정주체의 지위에서 도시정비법 제74조에 따라 수립하는 관리처분계획은 정비사업의 시행 결과 조성되는 대지 또는 건축물의 권리귀속에 관한 사항과 조합원의 비용 분담에 관한 사항 등을 정함으로써 조합원의 재산상 권리·의무 등에 구체적이고 직접적인 영향을 미치게 되므로, 이는 구속적 행정계획으로서 재건축조합이 행하는 독립된 행정처분에 해당한다(대판 2022.7.14, 2022다206391).
>
> **3. 지방문화재에 대한 보호구역 지정처분은 행정처분에 해당한다.**
>
> 지방문화재에 대한 보호구역 지정처분도 보호구역 내에 있는 토지소유자에 대하여 권리행사의 제한 또는 의무부담을 주는 행정처분에 해당한다(대판 1993.6.29, 91누6986).

(2) 행정계획의 처분성을 부정한 판례

> **관련 판례**
>
> **1. 도시기본계획은 행정처분에 해당하지 않는다.**
>
> 도시기본계획은 도시의 기본적인 공간구조와 장기발전방향을 제시하는 종합계획으로서 그 계획에는 토지이용계획, 환경계획, 공원녹지계획 등 장래의 도시개발의 일반적인 방향이 제시되지만, 그 계획은 도시계획입안의 지침이 되는 것에 불과하여 일반 국민에 대한 직접적인 구속력은 없는 것이므로 행정소송의 대상되는 처분에 해당하지 않는다(대판 2002.10.11, 2000두8226).
>
> **2. 하수도정비기본계획은 항고소송의 대상되는 행정처분에 해당하지 아니한다.**
>
> 구 하수도법 제5조의2의 규정에 따라 기존의 하수도정비기본계획을 변경하여, 제주 남제주군 (주소 생략) 일대에 광역하수종말처리시설을 설치하는 등의 내용으로 새로이 하수도정비기본계획을 수립하였으나, 위 하수도정비기본계획은 항고소송의 대상이 되는 행정처분에 해당하지 아니한다(대판 2002.5.17, 2001두10578).
>
> **3. '4대강 살리기 마스터플랜' 등은 행정처분에 해당하지 않는다.**
>
> 국토해양부, 환경부, 문화체육관광부, 농림수산부, 식품부가 합동으로 2009.6.8. 발표한 '4대강 살리기 마스터플랜' 등은 4대강 정비사업과 주변 지역의 관련 사업을 체계적으로 추진하기 위하여 수립한 종합계획이자 '4대강 살리기 사업'의 기본방향을 제시하는 계획으로서, 행정기관 내부에서 사

업의 기본방향을 제시하는 것일 뿐, 국민의 권리·의무에 직접 영향을 미치는 것이 아니어서 행정
처분에 해당하지 않는다(대결 2011.4.21, 2010무111).

4. 환지예정지 지정이나 환지처분은 항고소송의 대상되는 처분이나, 환지계획은 항고소송의 대상되는 처분으로 볼 수 없다.

토지구획정리사업법 제57조, 제62조 등의 규정상 환지예정지 지정이나 환지처분은 그에 의하여 직접 토지소유자 등의 권리의무가 변동되므로 이를 항고소송의 대상이 되는 처분이라고 볼 수 있으나, 환지계획은 위와 같은 환지예정지 지정이나 환지처분의 근거가 될 뿐 그 자체가 직접 토지소유자 등의 법률상의 지위를 변동시키거나 또는 환지예정지 지정이나 환지처분과는 다른 고유한 법률효과를 수반하는 것이 아니어서 이를 항고소송의 대상이 되는 처분에 해당한다고 할 수가 없다(대판 1999.8.20, 97누6889).

16. 행정지도

(1) 의의

일정한 행정목적을 실현하기 위하여 특정인에게 일정한 행위를 하거나 아니하도록 지도·권고·조언 등을 하는 비권력적 사실행위를 행정지도라 한다. 행정지도의 상대방은 이를 이행할 것인가 여부가 임의적이다.

(2) 원칙

행정지도는 비권력적 사실행위라는 점에서 공권력의 행사로 볼 수 없으므로 원칙적으로 항고소송의 대상이 되는 처분으로 볼 수 없다.

관련 판례

1. 세무당국이 소외 회사에 대해 원고와의 주류거래를 일정기간 중지해 줄 것을 요청한 행위는 항고소송의 대상이 될 수 없다.

세무당국이 소외 회사에 대하여 원고와의 주류거래를 일정기간 중지하여 줄 것을 요청한 행위는 권고 내지 협조를 요청하는 권고적 성격의 행위로서 소외 회사나 원고의 법률상의 지위에 직접적인 법률상의 변동을 가져오는 행정처분이라고 볼 수 없는 것이므로 항고소송의 대상이 될 수 없다(대판 1980.10.27, 80누395).

2. 재단법인 한국연구재단이 갑 대학교 총장에게 을에 대한 대학 자체징계를 요구한 것은 법률상 구속력이 없는 권유 또는 사실상의 통지로서 항고소송의 대상인 처분에 해당하지 않는다.

재단법인 한국연구재단이 갑 대학교 총장에게 연구개발비의 부당집행을 이유로 '해양생물유래 고부가식품·향장·한약 기초소재 개발 인력양성사업에 대한 2단계 두뇌한국(BK)21 사업' 협약을 해지하고 연구팀장 을에 대한 대학자체 징계 요구 등을 통보한 사안에서, 재단법인 한국연구재단이 갑 대학교 총장에게 을에 대한 대학 자체징계를 요구한 것은 법률상 구속력이 없는 권유 또는 사실상의 통지로서 을의 권리, 의무 등 법률상 지위에 직접적인 법률적 변동을 일으키지 않는 행위에 해당하므로, 항고소송의 대상인 행정처분에 해당하지 않는다(대판 2014.12.11, 2012두28704).

3. 소속장관의 서면경고는 항고소송의 대상이 될 수 없다.

공무원이 소속 장관으로부터 받은 "직상급자와 다투고 폭언하는 행위 등에 대하여 엄중 경고하니 차후 이러한 사례가 없도록 각별히 유념하기 바람"이라는 내용의 서면에 의한 경고가 공무원의 신분에 영향을 미치는 국가공무원법상의 징계의 종류에 해당하지 아니하고, 근무충실에 관한 권고행위 내지 지도행위로서 그 때문에 공무원으로서의 신분에 불이익을 초래하는 법률상의 효과가 발생하는 것도 아니므로, 경고가 국가공무원법상의 징계처분이나 행정소송의 대상이 되는 행정처분이라고 할 수 없어 그 취소를 구할 법률상의 이익이 없다(대판 1991.11.12, 91누2700).

4. 재개발조합이 조합원들에게 정해진 기한까지 분양계약에 응해 줄 것을 안내하는 '조합원 분양계약에 대한 안내서'를 보낸 행위는 안내에 불과하여 항고소송의 대상이 되는 행정처분에 해당하지 않는다.

이 사건 통보는 원고 등 조합원들에 대하여 위 기한까지 분양계약에 응해 줄 것을 안내하는 것일 뿐이어서, 조합원들에게 분양계약의 체결 또는 분양금의 납부를 명하거나 기타 법률상 효과를 발생하게 하는 등 조합원들의 구체적인 권리의무에 직접적 변동을 초래하는 행정처분에 해당한다고 할 수 없고, 또한 이 사건 통보로 인하여 원고들의 권리 또는 법률상 지위에 현존하는 불안·위험이 있다고 할 수 없으므로 그 부존재확인을 구할 법률상 이익도 없다(대판 2002.12.27, 2001두2799).

(3) 예외

행정지도가 한계를 넘어 규제적·구속적 성격을 상당히 강하게 갖는 경우 항고소송의 대상되는 처분 또는 헌법소원의 대상되는 공권력 행사에 해당한다.

관련 판례

1. 불문경고조치는 항고소송의 대상이 되는 처분에 해당한다.

행정규칙에 의한 '불문경고조치'가 비록 법률상의 징계처분은 아니지만 위 처분을 받지 아니하였다면 차후 다른 징계처분이나 경고를 받게 될 경우 징계감경사유로 사용될 수 있었던 표창공적의 사용가능성을 소멸시키는 효과와 1년 동안 인사기록카드에 등재됨으로써 그 동안은 장관표창이나 도지사표창 대상자에서 제외시키는 효과 등이 있다는 이유로 항고소송의 대상이 되는 행정처분에 해당한다(대판 2002.7.26, 2001두3532).

2. 문책경고장(상당)을 보낸 행위는 항고소송의 대상이 되는 처분에 해당하지 않는다.

금융감독원장이 종합금융주식회사의 전 대표이사에게 재직 중 위법·부당행위 사례를 첨부하여 금융관련법규를 위반하고 신용질서를 심히 문란하게 한 사실이 있다는 내용으로 '문책경고장(상당)'을 보낸 행위는 문책경고의 제재처분자체와는 다르므로 이사건 서면통보행위는 항고소송의 대상이 되는 행정처분에 해당하지 않는다(대판 2005.2.17, 2003두10312).

3. 금융기관의 임원에 대한 금융감독원장의 문책경고는 항고소송의 대상이 된다.

금융기관의 임원에 대한 금융감독원장의 문책경고는 그 상대방에 대한 직업선택의 자유를 직접 제한하는 효과를 발생하게 하는 등 상대방의 권리의무에 직접 영향을 미치는 행위로서 항고소송의 대상이 되는 행정처분에 해당한다(대판 2005.2.17, 2003두14765).

4. 검사에 대한 경고조치는 항고소송의 대상이 된다.

검사에 대한 경고조치 관련 규정을 위 법리에 비추어 살펴보면, 검찰총장이 사무검사 및 사건평정을 기초로 대검찰청 자체감사규정 제23조 제3항, 검찰공무원의 범죄 및 비위 처리지침 제4조 제2항 제2호 등에 근거하여 검사에 대하여 하는 '경고조치'는 일정한 서식에 따라 검사에게 개별 통지를 하고 이의신청을 할 수 있으며, 검사가 검찰총장의 경고를 받으면 1년 이상 감찰관리 대상자로 선정되어 특별관리를 받을 수 있고, 경고를 받은 사실이 인사자료로 활용되어 복무평정, 직무성과금 지급, 승진·전보인사에서도 불이익을 받게 될 가능성이 높아지며, 향후 다른 징계사유로 징계처분을 받게 될 경우에 징계양정에서 불이익을 받게 될 가능성이 높아지므로, 검사의 권리 의무에 영향을 미치는 행위로서 항고소송의 대상이 되는 처분이라고 보아야 한다(대판 2021.2.10, 2020두47564).

5. 시정조치에 대한 결과를 문서로 보고하도록 하는 것은 항고소송의 대상되는 처분에 해당한다.

교육감이 학교법인에 대한 감사 실시 후 처리지시를 하고 그와 함께 그 시정조치에 대한 결과를 증빙서를 첨부한 문서로 보고하도록 한 것은, 의무의 부담을 명하거나 기타 법률상 효과를 발생하게 하는 것으로서 항고소송의 대상이 되는 행정처분에 해당한다(대판 2008.9.11, 2006두18362).

6. 국가인권위원회의 성희롱 결정과 이에 따른 시정조치의 권고는 항고소송의 대상이 되는 처분에 해당한다.

구 남녀차별금지 및 구제에 관한 법률 제28조에 의하면, 국가인권위원회의 성희롱 결정과 이에 따른 시정조치의 권고는 불가분의 일체로 행하여지는 것인데 국가인권위원회의 이러한 결정과 시정조치의 권고는 성희롱 행위자로 결정된 자의 인격권에 영향을 미침과 동시에 공공기관의 장 또는 사용자에게 일정한 법률상의 의무를 부담시키는 것이므로 국가인권위원회의 성희롱 결정 및 시정조치권고는 행정소송의 대상이 되는 행정처분에 해당한다고 보지 않을 수 없다(대판 2005.7.8, 2005두487).

7. 공정거래위원회의 '표준약관 사용권장행위'는 항고소송의 대상이 되는 처분에 해당한다.

공정거래위원회의 '표준약관 사용권장행위'는 그 통지를 받은 해당 사업자 등에게 표준약관과 다른 약관을 사용할 경우 표준약관과 다르게 정한 주요내용을 고객이 알기 쉽게 표시하여야 할 의무를 부과하고, 그 불이행에 대해서는 과태료에 처하도록 되어 있으므로, 이는 사업자 등의 권리·의무에 직접 영향을 미치는 행정처분으로서 항고소송의 대상이 된다(대판 2010.10.14, 2008두23184).

8. 교육인적자원부장관의 대학총장들에 대한 이 사건 학칙시정요구는 헌법소원의 대상이 되는 공권력의 행사라 볼 수 있다.

교육인적자원부장관의 대학총장들에 대한 이 사건 학칙시정요구는 고등교육법 제6조 제2항, 동법 시행령 제4조 제3항에 따른 것으로서 그 법적 성격은 대학총장의 임의적인 협력을 통하여 사실상의 효과를 발생시키는 행정지도의 일종이지만, 그에 따르지 않을 경우 일정한 불이익조치를 예정하고 있어 사실상 상대방에게 그에 따를 의무를 부과하는 것과 다를 바 없으므로 단순한 행정지도로서의 한계를 넘어 규제적·구속적 성격을 상당히 강하게 갖는 것으로서 헌법소원의 대상이 되는 공권력의 행사라고 볼 수 있다(헌재결 2003.6.26, 2002헌마337).

9. 방송통신심의위원회의 시정요구는 단순한 행정지도로서의 한계를 넘어 규제적·구속적 성격을 갖는 것으로서 헌법소원 또는 항고소송의 대상이 되는 공권력의 행사라고 봄이 상당하다.

> 행정기관인 방송통신심의위원회의 시정요구는 정보통신서비스제공자 등에게 조치결과 통지의무를 부과하고 있고, 정보통신서비스제공자 등이 이에 따르지 않는 경우 방송통신위원회의 해당 정보의 취급거부·정지 또는 제한명령이라는 법적 조치가 예정되어 있으며, 행정기관인 방송통신심의위원회가 표현의 자유를 제한하게 되는 결과의 발생을 의도하거나 또는 적어도 예상하였다 할 것이므로, 이는 단순한 행정지도로서의 한계를 넘어 규제적·구속적 성격을 갖는 것으로서 헌법소원 또는 항고소송의 대상이 되는 공권력의 행사라고 봄이 상당하다(헌재 2012.2.23, 2011헌가13).

17. 「행정소송법」 이외의 특별불복절차가 마련된 처분

통고처분, 검사의 공소제기·불기소처분, 형집행정지처분, 「질서위반행위규제법」에 따라 부과되는 과태료 부과 처분 등과 같이 개별 법률에서 별도의 불복절차를 규정하고 있는 경우에는 행정심판의 대상이 되는 처분이 아니다.

관련 판례

1. 통고처분은 행정심판이나 행정소송의 대상에서 제외되며 이러한 통고처분제도는 합헌

1. 통고처분은 상대방의 임의의 승복을 그 발효요건으로 하기 때문에 그 자체만으로는 통고이행을 강제하거나 상대방에게 아무런 권리의무를 형성하지 않으므로 행정심판이나 행정소송의 대상으로서의 처분성을 부여할 수 없고, 통고처분에 대하여 이의가 있으면 통고내용을 이행하지 않음으로써 고발되어 형사재판절차에서 통고처분의 위법·부당함을 얼마든지 다툴 수 있기 때문에 관세법 제38조 제3항 제2호가 법관에 의한 재판을 받을 권리를 침해한다든가 적법절차의 원칙에 저촉된다고 볼 수 없다(헌재결 1998.5.28, 96헌바4).
2. 「도로교통법」 제118조에서 규정하는 경찰서장의 통고처분은 행정소송의 대상이되는 행정처분이 아니므로 그 처분의 취소를 구하는 소송은 부적법하다(대판 1995.6.29, 95누4674).

2. 과태료부과처분의 항고소송의 대상으로서 처분성 부정

1. 구 건축법 제56조의2 제1, 4, 5항 등에 의하면, 부과된 과태료처분에 대하여 불복이 있는 자는 그 처분이 있음을 안 날로부터 30일 이내에 당해 부과권자에게 이의를 제기할수 있고, 이러한 이의가 제기된 때에는 부과권자는 지체 없이 관할법원에 그 사실을 통보하여야 하며, 그 통보를 받은 관할법원은 비송사건절차법에 의하여 과태료의 재판을 하도록 규정되어 있어서, 건축법에 의하여 부과된 과태료처분의 당부는 최종적으로 비송사건절차법에 의한 절차에 의하여만 판단되어야 한다고 보아야 하므로, 그 과태료처분은 행정소송의 대상이 되는 행정처분이라고 볼 수 없다(대판 1995.7.28, 95누2623).
2. 수도조례 및 하수도사용조례에 기한 과태료의 부과 여부 및 그 당부는 최종적으로 질서위반행위규제법에 의한 절차에 의하여 판단되어야 한다고 할 것이므로, 그 과태료 부과처분은 행정청을 피고로 하는 행정소송의 대상이 되는 행정처분이라고 볼 수 없다(대판 2012.10.11, 2011두19369).

3. 농지법에 따른 이행강제금 부과처분에 대한 불복은 비송사건절차에 의하므로 행정소송법상의 항고소송의 대상이 될 수 없다.

「농지법」 제62조 제1항에 따른 이행강제금 부과처분에 대한 불복은 비송사건절차법에 따른 재판절차가 적용되어야 하고, 행정소송법상 항고소송의 대상은 될 수 없다(대판 2019.4.11, 2018두42955).

제 2 절 거부처분

Ⅰ 거부처분의 의의

1. 의의

거부처분이란 당사자의 처분에 대한 신청에 대해 처분의 발령을 거절하는 행정청의 의사작용을 말한다.

2. 부작위와 구별

거부는 처분의 신청에 대한 명백한 거절의 의사표시라는 점에서 처음부터 아무런 의사표시를 하지 않는 부작위와 구별된다.

Ⅱ 거부처분의 성립요건

1. 판례

(1) 거부처분의 성립요건

판례는 행정청의 거부가 항고소송의 대상이 되는 행정처분에 해당하는 것이라고 하려면, ① 그 신청한 행위가 공권력의 행사 또는 이에 준하는 행정작용이어야 하고, ② 그 거부행위가 신청인의 법률관계에 어떤 변동을 일으키는 것이어야 하며, ③ 그 국민에게 그 행위발동을 요구할 법규상 또는 조리상의 신청권이 있어야 한다고 한다.

(2) 신청권의 존부에 대한 판단

신청권은 구체적 사건에서 신청인이 누구인가를 고려하지 않고 관계법규의 해석에 의하여 일반 국민에게 그러한 신청권을 인정하고 있는가를 살펴 추상적으로 결정한다는 입장이다.

> **관련 판례** 신청권은 구체적 사건에서 신청인이 누구인가를 고려하지 않고 관계법규의 해석에 의하여 일반 국민에게 그러한 신청권을 인정하고 있는가를 살펴 추상적으로 결정된다.
>
> 거부처분의 처분성을 인정하기 위한 전제요건이 되는 신청권의 존부는 구체적 사건에서 신청인이 누구인가를 고려하지 않고 관계 법규의 해석에 의하여 일반 국민에게 그러한 신청권을 인정하고 있는가를 살펴 추상적으로 결정되는 것이고, 신청인이 그 신청에 따른 단순한 응답을 받을 권리를 넘어서 신청의 인용이라는 만족적 결과를 얻을 권리를 의미하는 것은 아니다. 따라서 국민이 어떤 신청을 한 경우에 그 신청의 근거가 된 조항의 해석상 행정발동에 대한 개인의 신청권을 인정하고 있다고 보여지면 그 거부행위는 항고소송의 대상이 되는 처분으로 보아야 할 것이고, 구체적으로 그 신청이 인용될 수 있는가 하는 점은 본안에서 판단하여야 할 사항인 것이다(대판 1996.6.11, 95누12460).

2. 신청권에 대한 학설

(1) 문제의 소재

거부처분의 성립요건으로 신청권의 존재에 대해서는 학설대립이 있다.

(2) 학설

① 거부처분의 성립요건으로 행정청이 처분의무가 있어야 하므로 신청권을 거부처분의 성립요건으로 봐야 한다는 견해(대상적격설)

② 거부행위가 처분에 해당하는가의 문제는 '행정소송법 제2조 제1항 제1호에서 정의한 처분'에 해당하는가의 여부에 따라 판단하고 신청권의 존부는 원고적격의 문제로 보는 견해(원고적격설)

③ 신청권의 존재를 소송대상의 문제로 보면 행정소송법상의 처분개념을 부당하게 제한함으로써 국민의 권익구제의 길을 부당히 축소시키는 결과를 가져오므로 신청권은 본안의 문제로 봐야한다는 견해(본안판단설)

3. 검토

거부처분은 부작위개념과 연결되어 있고 현행 「행정소송법」은 신청권에 대응하는 처분 의무를 부작위의 요소로 규정하고 있다는 점, 신청권이 없는 경우 소송을 조기에 종결하여 법원의 소송부담을 줄일 수 있다는 점을 보면 대상적격으로 보는 것이 타당하다.

Ⅲ 판례상 신청권의 존부

1. 조리상 행정계획 등 변경신청권

(1) 일반적 부정

일반주민에 대해서는 원칙적 계획변경청구권이 부정된다.

> **관련 판례** **일반지역주민의 계획변경청구권은 부정된다.**
>
> 국민의 신청에 대한 행정청의 거부처분이 항고소송의 대상이 되는 행정처분이 되기 위하여는, 국민이 행정청에 대하여 그 신청에 따른 행정행위를 해줄 것을 요구할 수 있는 법규상 또는 조리상의 권리가 있어야 하는 바, 도시계획법상 주민이 도시계획 및 그 변경에 대하여 어떤 신청을 할 수 있음에 관한 규정이 없을 뿐만 아니라, 도시계획과 같이 장기성·종합성이 요구되는 행정계획에 있어서는 그 계획이 일단 확정된 후에 어떤 사정의 변동이 있다고 하여 지역주민에게 일일이 그 계획의 변경을 청구할 권리를 인정해 줄 수도 없는 이치이므로 도시계획시설변경신청을 불허한 행위는 항고소송의 대상이 되는 행정처분이라고 볼 수 없다(대판 1984.10.23, 84누227).

(2) 예외적 인정

특별한 지위에 있는 자에게는 법규상·조리상의 신청권이 인정될 수 있다.

> **관련 판례**
>
> ### 1. 일정한 행정처분을 구하는 신청을 할 수 있는 법률상 지위에 있는 자
>
> 국토건설종합계획의 효율적인 추진과 국토이용질서를 확립하기 위한 국토이용계획은 장기성, 종합성이 요구되는 행정계획이어서 원칙적으로는 그 계획이 일단 확정된 후에 어떤 사정의 변동이 있다고 하여 그러한 사유만으로는 지역주민이나 일반 이해관계인에게 일일이 그 계획의 변경을 신청할 권리를 인정하여 줄 수는 없을 것이지만, 장래 일정한 기간 내에 관계 법령이 규정하는 시설 등을 갖추어 일정한 행정처분을 구하는 신청을 할 수 있는 법률상 지위에 있는 자의 국토이용계획변경신청을 거부하는 것이 실질적으로 당해 행정처분 자체를 거부하는 결과가 되는 경우에는 예외적으로 그 신청인에게 국토이용계획변경을 신청할 권리가 인정된다고 봄이 상당하므로, 이러한 신청에 대한 거부행위는 항고소송의 대상이 되는 행정처분에 해당한다(대판 2003.9.23, 2001두10936).
>
> ### 2. 도시계획구역내 토지 등 소유자
>
> 헌법상 개인의 재산권 보장의 취지에 비추어 보면, 도시계획구역내의 토지 등을 소유하고 있는 주민이 도시계획입안권자에게 도시계획입안을 신청하는 경우(대판 2004.4.28, 2003두1806).

2. 조리상 임용신청권

판례는 검사임용사안에서 검사임용여부에 대한 응답신청권을 인정하여 임용거부의 처분성을 인정하였고, 기간제 임용된 국·공립대학 교수에 대한 재임용거부의 처분성을 인정한 바 있다.

> **관련 판례**
>
> ### 1. 검사의 임용여부는 자유재량이나, 그 임용 여부의 응답을 해줄 의무는 있다.
>
> 검사의 임용 여부는 임용권자의 자유재량에 속하는 사항이나, 임용권자가 동일한 검사신규임용의 기회에 원고를 비롯한 다수의 검사 지원자들로부터 임용신청을 받아 전형을 거쳐 자체에서 정한 임용기준에 따라 이들 중 일부만을 선정하여 검사로 임용하는 경우에 있어서, 법령상 검사임용신청 및 그 처리의 제도에 관한 명문규정이 없다고 하여도 조리상 임용권자는 임용신청자들에게 전형의 결과인 임용 여부의 응답을 해줄 의무가 있다고 보아야 하고, 원고로서는 그 임용신청에 대하여 임용 여부의 응답을 받을 권리가 있다고 할 것이며, 응답할 것인지 여부조차 임용권자의 편의재량사항이라고는 할 수 없다. 검사의 임용에 있어서 임용권자가 임용여부에 관하여 어떠한 내용의 응답을 할 것인지는 임용권자의 자유재량에 속하므로, 일단 임용 거부라는 응답을 한 이상 설사 그 응답내용이 부당하다고 하여도 사법심사의 대상으로 삼을 수 없는 것이 원칙이나, 적어도 재량권의 한계일탈이나 남용이 없는 위법하지 않는 응답을 할 의무가 임용권자에게 있고 이에 대응하여 임용신청권자로서도 재량권의 한계일탈이나 남용이 없는 적법한 응답을 요구할 권리가 있다고 할 것이며, 이러한 응답신청권에 기하여 재량권남용의 위법한 거부처분에 대하여는 항고소송으로서 그 취소를 구할 수 있다고 보아야 하므로, 임용신청권자가 임용거부처분이 재량권을 남용한 위법한 처분이라고 주장하면서 그 취소를 구하는 경우에는 법원은 재량권남용 여부를 심리하여 본안에 관한 판단으로서 청구의 인용 여부를 가려야 한다(대판 1991.2.12, 90누5825).
>
> ### 2. 임용기간이 만료된 조교수에 대한 재임용 거부취지의 임용기간만료의 통지는 대학교원의 법률관계에 영향을 주는 것으로 항고소송의 대상이 된다.

기간제로 임용되어 임용기간이 만료된 국·공립대학의 조교수는 교원으로서의 능력과 자질에 관하여 합리적인 기준에 의한 공정한 심사를 받아 위 기준에 부합되면 특별한 사정이 없는 한 재임용되리라는 기대를 가지고 재임용여부에 관하여 합리적인 기준에 의한 공정한 심사를 요구할 법규상 또는 조리상 신청권을 가진다고 할 것이니, 임용권자가 임용기간이 만료된 조교수에 대하여 재임용을 거부하는 취지로 한 임용기간만료의 통지는 위와 같은 대학교원의 법률관계에 영향을 주는 것으로서 행정소송의 대상이 되는 처분에 해당한다(대판 2004.4.22, 2000두7735).

3. 대학교원임용지원자 중 유일한 유일한 면접심사 대상자로 선정되는 등으로 장차 나머지 일부의 심사단계를 거쳐 대학교원으로 임용될 것을 상당한 정도로 기대할 수 있는 지위에 이르렀다면 임용신청권 인정

임용지원자가 당해 대학의 교원임용규정 등에 정한 심사단계 중 중요한 대부분의 단계를 통과하여 다수의 임용지원자 중 유일한 면접심사 대상자로 선정되는 등으로 장차 나머지 일부의 심사단계를 거쳐 대학교원으로 임용될 것을 상당한 정도로 기대할 수 있는 지위에 이르렀다면, 그러한 임용지원자는 임용에 관한 법률상 이익을 가진 자로서 임용권자에 대하여 나머지 심사를 공정하게 진행하여 그 심사에서 통과되면 대학교원으로 임용해 줄 것을 신청할 조리상의 권리가 있다고 보아야 할 것이다(대판 2004.6.11, 2001두7053).

3. 직권취소·철회신청권

직권취소나 철회할 사유가 있다는 사정만으로 이해관계인에게 처분청에 대하여 그 취소를 요구할 신청권이 부여된 것은 아니라는 것이 판례이다. 예외적으로 공사중지명령의 상대방은 그 원인사유가 소멸한 경우 철회를 요구할 신청권이 인정된다.

관련 판례

1. 직권취소를 요구할 신청권이 부정된다는 판례

원래 행정처분을 한 처분청은 그 처분에 하자가 있는 경우에는 원칙적으로 별도의 법적 근거가 없더라도 스스로 이를 직권으로 취소할 수 있지만, 그와 같이 직권취소를 할 수 있다는 사정만으로 이해관계인에게 처분청에 대하여 그 취소를 요구할 신청권이 부여된 것으로 볼 수는 없으므로, 처분청이 위와 같이 법규상 또는 조리상의 신청권이 없이 한 이해관계인의 복구준공통보 등의 취소신청을 거부하더라도, 그 거부행위는 항고소송의 대상이 되는 처분에 해당하지 않는다(대판 2006.6.30, 2004두701).

2. 공사중지명령의 상대방은 그 원인사유가 소멸한 경우 철회를 요구할 신청권이 인정된다.

지방자치단체장이 공장시설을 신축하는 회사에 대하여 사업승인 내지 건축허가 당시 부가하였던 조건을 이행할 때까지 신축공사를 중지하라는 명령을 한 경우, 위 회사에게는 중지명령의 원인사유가 해소되었음을 이유로 당해 공사중지명령의 해제를 요구할 수 있는 권리가 조리상 인정된다(대판 2007.5.11, 2007두1811).

3. 행정청에 대해 제3자에 대한 건축허가의 취소나 준공검사의 취소 또는 건축물의 철거 등 필요한 조치를 명할 조리상 권리가 인정되지 않는다.

구 건축법및 기타 관계 법령에 국민이 행정청에 대하여 제3자에 대한 건축허가의 취소나 준공검사의 취소 또는 제3자 소유의 건축물에 대한 철거 등의 조치를 요구할 수 있다는 취지의 규정이 없고, 같은 법 제69

> 조 제1항 및 제70조 제1항은 각 조항 소정의 사유가 있는 경우에 시장·군수·구청장에게 건축허가 등을
> 취소하거나 건축물의 철거 등 필요한 조치를 명할 수 있는 권한 내지 권능을 부여한 것에 불과할 뿐, 시장
> ·군수·구청장에게 그러한 의무가 있음을 규정한 것은 아니므로 위 조항들도 그 근거 규정이 될 수 없으
> 며, 그 밖에 조리상 이러한 권리가 인정된다고 볼 수도 없다(대판 1999.12.7, 97누17568).

Ⅳ 반복된 거부처분

거부처분 후 사유를 추가하여 거부처분을 반복하는 것은 새로운 신청에 의한 거부가 아니므로
효력이 없으나, 거부처분 후 신청이 새로운 내용의 신청이라면 이를 거부하는 것은 처분성이 긍
정된다.

관련 판례

1. 행정행위 중 신청에 의한 처분의 경우, 신청에 대하여 일단 거부처분이 행하여진 후 그 거부처분이 적법한 절차에 의하여 취소되지 않은 상태에서 사유를 추가하여 반복하여 행한 거부처분의 효력(무효)

행정행위의 취소라 함은 일단 유효하게 성립한 행정처분이 위법 또는 부당함을 이유로 소급하여 그 효력을 소멸시키는 별도의 행정처분을 말하고, 행정청은 종전 처분과 양립할 수 없는 처분을 함으로써 묵시적으로 종전 처분을 취소할 수도 있으나, 행정행위 중 당사자의 신청에 의하여 인·허가 또는 면허 등 이익을 주거나 그 신청을 거부하는 처분을 하는 것을 내용으로 하는 이른바 신청에 의한 처분의 경우에는 신청에 대하여 일단 거부처분이 행해지면 그 거부처분이 적법한 절차에 의하여 취소되지 않는 한, 사유를 추가하여 거부처분을 반복하는 것은 존재하지도 않는 신청에 대한 거부처분으로서 당연 무효이다(대판 1999.12.28, 98두1895).

2. 거부처분 취소의 확정판결을 받은 행정청이 사실심 변론종결 이후 발생한 새로운 사유를 내세워 다시 이전의 신청에 대하여 거부처분을 한 경우, 행정소송법 제30조 제2항 소정의 재처분에 해당하는지 여부(적극)

행정소송법 제30조 제2항에 의하면, 행정청의 거부처분을 취소하는 판결이 확정된 경우에는 그 처분을 행한 행정청은 판결의 취지에 따라 이전의 신청에 대하여 재처분할 의무가 있고, 이 경우 확정판결의 당사자인 처분 행정청은 그 행정소송의 사실심 변론종결 이후 발생한 새로운 사유를 내세워 다시 이전의 신청에 대하여 거부처분을 할 수 있으며, 그러한 처분도 이 조항에 규정된 재처분에 해당한다(대판 1999.12.28, 98두1895).

3. 새로운 신청에 대한 반복된 거부처분은 처분성이 인정된다.

거부처분은 당사자의 신청에 대하여 관할 행정청이 이를 거절하는 의사를 대외적으로 명백히 표시함으로써 성립되는 것인바, 당사자가 한 신청에 대하여 거부처분이 있은 후 당사자가 다시 신청을 한 경우에 그 신청의 제목 여하에 불구하고 그 내용이 새로운 신청을 하는 취지라면 관할 행정청이 이를 다시 거절한 이상 새로운 거부처분이 있은 것으로 보아야 할 것이다(대판 1992.10.27, 92누1643).

제 3 절   재결의 대상적격

행정소송법

제19조(취소소송의 대상)

취소소송은 처분 등을 대상으로 한다. 다만, 재결취소소송의 경우에는 재결 자체에 고유한 위법이 있음을 이유로 하는 경우에 한한다.

제2조(정의)

① 이 법에서 사용하는 용어의 정의는 다음과 같다.

  1. "처분등"이라 함은 행정청이 행하는 구체적 사실에 관한 법집행으로서의 공권력의 행사 또는 그 거부와 그 밖에 이에 준하는 행정작용(이하 "처분"이라 한다) 및 행정심판에 대한 재결을 말한다.

Ⅰ 서설

1. 재결의 의의

행정심판에 의한 행정심판위원회의 심리·판단을 재결이라 한다.

2. 재결의 소송대상에 대한 입법주의

(1) 원처분주의

항고소송의 대상으로 원처분과 재결에 대하여 다같이 소송을 제기할 수 있는 제도를 말한다. 원처분에 대한 행정심판 재결이 있는 경우 원처분의 위법을 이유로 다시 행정소송을 제기할 수 있고, 재결 자체에 고유한 위법이 있으면 재결을 소송대상으로 소를 제기할 수 있다.

(2) 재결주의

행정심판을 거친 경우 재결에 대해서만 항고소송의 대상으로 하는 제도이다. 재결에 대한 행정소송에서 재결 자체의 위법뿐만 아니라 원처분의 위법도 소송에서 주장할 수 있다.

(3) 현행 행정소송법의 태도

행정소송법 제19조는 "취소소송은 처분을 대상으로 한다. 다만, 재결취소소송의 경우에는 재결 자체에 고유한 위법이 있음을 이유로 한다."고 규정하여 원처분주의를 택하고 있다. 예외적으로 개별법에서 재결주의를 택하고 있는 경우도 있다.

> **관련 판례**
>
> **1. 토지소유자 등이 수용재결에 불복하여 이의신청을 거친 후 취소소송을 제기하는 경우 피고적격(=수용재결을 한 토지수용위원회) 및 소송대상(=수용재결)**
>
> 공익사업을 위한 토지 등의 취득 및 보상에 관한 법률 제85조 제1항 전문의 문언 내용과 같은 법 제83조, 제85조가 중앙토지수용위원회에 대한 이의신청을 임의적 절차로 규정하고 있는 점, 행정소송법 제19조 단서가 행정심판에 대한 재결은 재결 자체에 고유한 위법이 있음을 이유로 하는 경우

> 에 한하여 취소소송의 대상으로 삼을 수 있도록 규정하고 있는 점 등을 종합하여 보면, 수용재결에
> 불복하여 취소소송을 제기하는 때에는 이의신청을 거친 경우에도 수용재결을 한 중앙토지수용위원
> 회 또는 지방토지수용위원회를 피고로 하여 수용재결의 취소를 구하여야 하고, 다만 이의신청에 대
> 한 재결 자체에 고유한 위법이 있음을 이유로 하는 경우에는 그 이의재결을 한 중앙토지수용위원회
> 를 피고로 하여 이의재결의 취소를 구할 수 있다고 보아야 한다(대판 2010.1.28, 2008두1504).
>
> **2. 재결 자체의 고유한 위법이 없는 경우 재결취소소송은 이를 기각하여야 한다.**
>
> 재결취소소송의 경우 재결 자체에 고유한 위법이 있는지 여부를 심리할 것이고, 재결 자체에 고유
> 한 위법이 없는 경우에는 원처분의 당부와는 상관없이 당해 재결취소소송은 이를 기각하여야 한다
> (대판 1994.1.25, 93누16901).

Ⅱ 재결 자체의 고유한 위법

1. 재결 자체의 고유한 위법의 의미

원처분에는 없고 재결에만 있는 위법을 의미한다. 재결 자체의 주체·절차·내용·형식에 위법
이 있음을 의미한다.

2. 재결의 내용상의 하자

(1) 포함여부

내용의 위법은 재결 자체의 고유한 위법에 포함되지 않는다는 견해도 있지만 다수설과 판례
는 포함된다고 본다.

(2) 구체적 검토

1) 각하재결

행정심판청구가 적법함에도 부적법 각하하거나 반대로 부적법 각하하여야 함에도 그 청구
를 인용한 경우 재결 자체의 고유한 위법으로 취소소송이 가능하다.

2) 기각재결

① **원칙적 부정** : 원처분이 정당하다고 본 기각재결에 대해서는 원칙적으로 재결 자체의
내용상 위법을 인정할 수 없어 항고소송의 대상이 되지 않는다.

② **예외적 인정** : 예외적으로 심판청구의 대상이 되지 아니한 사항에 대한 재결이나 원처
분보다 청구인에게 불리한 재결은 재결 자체의 고유한 하자가 있으므로 취소소송제기
가 가능하다.

③ **사정재결** : 사정재결에 대하여는 원처분을 취소하더라도 현저히 공공복리에 적합하지
않는 것이 아니라는 등의 이유로 재결의 취소소송을 제기할 수 있다.

3) 인용재결

행정심판청구인은 인용재결의 경우 이를 불복할 이유가 없겠지만 고유한 위법이 인정되는
경우도 있다.

① **제3자효 행정행위에 대한 인용재결** : 제3자효를 발생하는 행정행위에 있어서 인용재결로 불이익을 입은 자는 그 인용재결을 다툴 필요가 있다. 이에 대해서는 제3자에 대해서는 실질적으로 인용재결이 최초의 처분으로서의 성질을 갖는 것이므로 원처분으로서 소를 제기하는 것이라는 비판이 있다.

관련 판례 **제3자효 행정행위에서 인용재결은 재결 자체 고유한 하자를 주장하는 것**

이른바 복효적 행정행위, 특히 제3자효를 수반하는 행정행위에 대한 행정심판청구에 있어서 그 청구를 인용하는 내용의 재결로 인하여 비로소 권리이익을 침해받게 되는 자는 그 인용재결에 대하여 다툴 필요가 있고, 그 인용재결은 원처분과 내용을 달리하는 것이므로 그 인용재결의 취소를 구하는 것은 원처분에는 없는 재결에 고유한 하자를 주장하는 셈이어서 당연히 항고소송의 대상이 된다(대판 2001.5.29, 99두10292).

---

② **형성재결** : 형성재결에 의하여 행정청의 별도의 처분이 없이 재결의 형성력으로 처분의 효력이 소멸되는 경우 재결 자체를 항고소송의 대상으로 해야 한다(형성재결로 권리침해가 있는 제3자가 소송제기 가능).

관련 판례 **형성재결을 원처분의 상대방이 다투는 경우 재결 자체의 고유한 위법**

당해 사안에서와 같이 원처분의 상대방이 아닌 제3자가 행정심판을 청구하여 재결청이 원처분을 취소하는 형성재결을 한 경우에 그 원처분의 상대방은 그 재결에 대하여 항고소송을 제기할 수밖에 없고, 이 경우 재결은 원처분과 내용을 달리하는 것이어서 재결의 취소를 구하는 것은 원처분에 없는 재결 고유의 위법을 주장하는 것이 된다(대판 1998.4.24, 97누17131).

---

③ **처분명령재결** : 이행재결은 처분청에게 이행을 명하는 경우 재결에 따른 행정청의 처분이 있게 되므로 처분명령재결과 행정청의 처분 중 어느 것이 항고소송의 대상이 되는지 문제된다. 학설은 ㉠ 처분명령재결과 그에 따른 처분이 각각 소송의 대상이 되고 별도로 판단할 수 있다는 견해, ㉡ 처분명령재결취소가 선행되어야 하고 처분명령재결을 놔둔 채 그에 따른 처분만의 취소는 구할 수 없다는 견해가 있다. 판례는 처분명령재결과 행정청의 처분 모두가 독자적인 항고소송의 대상이 된다는 입장이다.

관련 판례 **이행명령재결의 경우 소송대상**

행정심판법 제37조 제1항의 규정에 의하면 재결은 행정청을 기속하는 효력을 가지므로 재결청이 취소심판의 청구가 이유있다고 인정하여 처분청에게 처분의 취소를 명하면 처분청으로서는 그 재결의 취지에 따라 처분을 취소하여야 하지만, 그렇다고 하여 그 재결의 취지에 따른 취소처분이 위법할 경우 그 취소처분의 상대방이 이를 항고소송으로 다툴 수 없는 것은 아니다(대판 1993.9.28, 92누15093).

Ⅲ 일부취소재결과 적극적 변경재결

1. 문제의 소재

불이익처분에 대한 취소심판에서 일부취소재결이나 적극적 변경재결이 내려진 경우 원처분이 대상이 되는지 아니면 재결이 소송대상이 되는지 문제가 된다.

2. 학설

(1) 원처분이 대상이 된다는 견해

원처분이 변경되어 남아 있는 것이므로 원처분주의에 의해 원처분의 행정청을 피고로 소송을 제기해야 한다는 견해이다.

(2) 재결이 대상이 된다는 견해

행정심판위원회의 재결은 원처분을 대체하는 것이므로 행정심판위원회의 결정을 대상으로 취소소송을 제기해야 한다는 견해이다.

(3) 적극적 변경재결의 경우 적극적 변경재결이 대상이 된다는 견해

일부취소의 경우에는 일부취소되고 남은 원처분이 항고소송의 대상이 되지만, 적극적 변경재결의 경우에는 재결이 원처분을 완전히 대체하는 새로운 처분이므로 위원회가 피고가 되고, 적극적 변경재결이 취소소송의 대상이 되어야 한다는 견해이다.

3. 판례

일부취소 또는 적극적 변경재결로 인해 감경되고 남은 원처분을 상대로 원처분청을 피고로 소송을 제기해야 한다는 입장이다.

> **관련 판례** 행정청이 식품위생법령에 따라 영업자에게 행정제재처분을 한 후 당초 처분을 영업자에게 유리하게 변경하는 처분을 한 경우, 취소소송의 대상 및 제소기간 판단 기준이 되는 처분(= 당초 처분)
>
> 행정청이 식품위생법령에 기하여 영업자에 대하여 행정제재처분을 한 후 그 처분을 영업자에게 유리하게 변경하는 처분을 한 경우(이하 처음의 처분을 '당초처분', 나중의 처분을 '변경처분'이라 한다), 변경처분에 의하여 당초처분은 소멸하는 것이 아니고 당초부터 유리하게 변경된 내용의 처분으로 존재하는 것이므로, 변경처분에 의하여 유리하게 변경된 내용의 행정제재가 위법하다 하여 그 취소를 구하는 경우 그 취소소송의 대상은 변경된 내용의 당초처분이지 변경처분은 아니고, 제소기간의 준수 여부도 변경처분이 아닌 변경된 내용의 당초처분을 기준으로 판단하여야 한다.
>
> 원심이 확정한 사실관계 및 기록에 의하면, 피고는 2002.12.26. 원고에 대하여 3월의 영업정지처분이라는 이 사건 당초처분을 하였고, 이에 대하여 원고가 행정심판청구를 하자 재결청은 2003.3.6. "피고가 2002.12.26. 원고에 대하여 한 3월의 영업정지처분을 2월의 영업정지에 갈음하는 과징금부과처분으로 변경하라"는 일부기각(일부인용)의 이행재결을 하였으며, 2003.3.10. 그 재결서 정본이 원고에게 도달한 사실, 피고는 위 재결취지에 따라 2003.3.13.(원심은 2003.3.12.이라고 하고 있으나 이는 착오로 보인다) "3월의 영업정지처분을 과징금 560만 원으로 변경한다"는 취지의 이 사건 후속 변경처분을 함으로써 이 사건 당초처분을 원고에게 유리하게 변경하는 처분을 하였으며, 원고는 2003.6.12. 이 사건 소를 제

기하면서 청구취지로써 2003.3.13. 자 과징금부과처분의 취소를 구하고 있음을 알 수 있다.

앞서 본 법리에 비추어 보면, 이 사건 후속 변경처분에 의하여 유리하게 변경된 내용의 행정제재인 과징금 부과가 위법하다 하여 그 취소를 구하는 이 사건 소송에 있어서 위 청구취지는 이 사건 후속 변경처분에 의하여 당초부터 유리하게 변경되어 존속하는 2002.12.26. 자 과징금부과처분의 취소를 구하고 있는 것으로 보아야 할 것이고, 일부기각(일부인용)의 이행재결에 따른 후속 변경처분에 의하여 변경된 내용의 당초처분의 취소를 구하는 이 사건 소 또한 행정심판재결서 정본을 송달받은 날로부터 90일 이내 제기되어야 하는데 원고가 위 재결서의 정본을 송달받은 날로부터 90일이 경과하여 이 사건 소를 제기하였다는 이유로 이 사건 소가 부적법하다고 판단한 원심판결은 정당하고, 상고이유는 받아들일 수 없다(대판 2007.4.27, 2004두9302).

Ⅳ 원처분주의에 대한 예외(재결주의)

1. 예외적 재결주의

원처분주의에 대한 예외로서 개별법에 재결주의를 채택하고 있는 경우가 있다. 이 경우에는 취소소송의 대상은 재결이 된다.

2. 원처분의 위법성 주장여부

재결주의를 채택하는 경우에는 취소소송의 대상은 재결이지만 행정소송법 제19조 단서와 같은 제한이 없으므로 재결취소소송에서 재결 고유의 위법뿐만 아니라 원처분의 위법을 주장할 수 있다. 판례도 마찬가지이다.

재결주의가 적용되는 경우

① 감사원의 변상판정에 대한 재심의 판정(재결)은 재심의 판정을 대상으로 행정소송을 제기할 수 있다(감사원법 제40조 제2항).

② 노동위원회의 처분에 대해 행정소송을 제기하는 경우 중앙노동위원회의 재심판정을 대상으로 중앙노동위원회위원장을 피고로 행정소송을 제기하여야 한다(노동위원회법 제27조 제1항).

③ 특허출원에 대한 불복은 특허심판원에 심판청구를 한 후 소송을 제기할 수 있고 특허심판원의 심결을 소송대상으로 하여 소를 제기하여야 한다(특허법 제186조, 제187조).

관련 판례

1. 지방노동위원회의 처분에 대해서는 중앙노동위원회에 재심을 신청하고 중앙노동위원회의 재심판정서 송달일로부터 15일 이내에 중앙노동위원장을 피고로 재심판정취소소송을 제기하여야 한다.

노동위원회법 제19조의2 제1항의 규정은 행정처분의 성질을 가지는 지방노동위원회의 처분에 대하여 중앙노동위원장을 상대로 행정소송을 제기할 경우의 전치요건에 관한 규정이라 할 것이므로 당사자가 지방노동위원회의 처분에 대하여 불복하기 위하여는 처분 송달일로부터 10일 이내에 중앙노동위원회에 재심을 신청하고 중앙노동위원회의 재심판정서 송달일로부터 15일 이내에 중앙노동위원장을 피고로 하여 재심판정취소의 소를 제기하여야 할 것이다(대판 1995.9.15, 95누6724).

2. 사립학교 교원에 대한 징계처분과 국·공립학교 교원에 대한 징계처분

1. <u>국·공립학교 교원에</u> 대한 징계처분의 경우에는 원 징계처분 자체가 행정처분이므로 그에 대하여 위원회에 소청심사를 청구하고 위원회의 결정이 있은 후 그에 불복하는 행정소송이 제기되더라도 그 심판대상은 교육감 등에 의한 원 징계처분이 되는 것이 원칙이다. 다만 위원회의 심사절차에 위법사유가 있다는 등 고유의 위법이 있는 경우에 한하여 위원회의 결정이 소송에서의 심판대상이 된다.
2. <u>사립학교 교원에</u> 대한 징계처분의 경우에는 학교법인 등의 징계처분은 행정처분성이 없는 것이고 그에 대한 소청심사청구에 따라 위원회가 한 결정이 행정처분이 된다. 교원이나 학교법인 등은 그 결정에 대하여 행정소송으로 다투는 구조가 된다.
3. 교원소청심사위원회의 결정은 처분청에 대하여 기속력을 가지고 이는 그 결정의 주문에 포함된 사항뿐 아니라 그 전제가 된 요건사실의 인정과 판단, 즉 처분 등의 구체적 위법사유에 관한 판단에까지 미친다(대판 2013.7.25, 2012두12297).

● 제34회 2025년 기출

【문제 2】 개업노무사로 업무를 수행하고 있는 甲은 2024.3. 한 달 동안 3차례에 걸쳐 노동 관계 법령에 위반되는 행위에 관한 지도·상담을 하다가 관할 지방 고용노동청에 적발되었다. 이에 고용노동부장관 A는 공인노무사자격심의·징계위원회의 징계의결에 따라 2024.8.26. 甲에게 6월의 직무정지처분을 하였고, 甲은 다음 날 그 처분서를 수령하였다. 甲은 2024.9.30. 6월의 직무정지처분이 재량권을 일탈·남용하였다며 관할 행정심판위원회에 6월의 직무정지처분의 취소심판을 청구하였다. 행정심판위원회는 2024.11.4. "A가 甲에 대하여 한 6월의 직무정지처분을 3월의 직무정지처분으로 변경하라"는 일부인용의 이행재결을 하였으며, 2024.11.18. 그 재결서 정본이 甲에게 도달하였다. A는 재결의 취지에 따라 2024.11.25. 甲에게 "6월의 직무정지처분을 3월의 직무정지처분으로 변경한다"는 취지의 후속 변경 처분을 하였으나, 甲은 이 또한 과도한 제재처분이라면서 2024.11.25.자 3월의 직무정지처분을 대상으로 관할 행정심판위원회를 피고로 하여 2024.12.10. 취소소송을 제기하였다. 이 경우 甲이 제기한 취소소송의 대상 적격과 피고적격 그리고 제소기간의 준수 여부에 관하여 각각 검토하시오. 25점

【문제 3】 A지방고용노동청장(이하 'A청장')은 민원인의 이용 편의를 위하여 청사 지하 1층에 편의점을 위탁운영하기로 결정하고, '청사 내 편의시설(편의점) 운영자 선정 입찰 공고'를 하였다. 입찰 결과 甲이 낙찰자로 결정되었고, A청장은 2022.12.20. 甲과 계약기간은 2023.1.1.부터 2024.12.31.까지(2년간), 연 사용료 1억 원 등을 내용으로 하는 '청사 편의점 운영권 위탁계약(이하 '위탁운영계약')'을 체결하여 편의점 운영자 선정 절차가 완료되었다. 그 후 甲은 편의점을 1년 이상 운영하면서 납부기한까지 사용료를 납부하지 않았고, 이에 A청장은 2024.2.29.「국유재산법」의 규정을 근거로 위탁운영계약을 해지하였다. 甲은 위탁운영계약 해지에 무효사유에 해당하는 하자가 있음을 발견하여,

이를 소송상 다투고자 한다. 甲이 제기하여야 하는 소송을 설명하시오. (단, 위탁운영 계약 체결 관련 사항은 A청장에게 위임되어 있음) 25점

● 제33회 2024년 기출

【문제 3】 A시장은 「감염병의 예방 및 관리에 관한 법률」에 근거한 집합금지명령을 2024.5.1.공고하면서 관내 다중이용시설을 대상으로 2024.5.6.부터 매일 22시에서 다음날 06시 사이의 영업을 제한하였는바, 그에 대하여 유흥주점 업주 甲은 2024.5.27. 취소소송을 제기하였고 2024.9.5. 현재 소송 계속 중이다. 한편, 예방조치에도 불구하고 감염병 확산세가 급등하자 A시장은 2024.5.31.부터 관내 다중이용시설의 영업제한 시간을 매일 20시에서 다음날 07시까지로 늘리는 내용의 집합금지명령을 2024.5.29.공고하였다. 음식점 업주 乙은 해외에 체류하다가 귀국하여 2024.6.8. 자신의 업소에 부착된 공고문 및 안내문을 보고 비로소 그 명령을 알게 되었고, 2024.8.30. 그에 대하여 취소소송을 제기하였다. 甲의 소송이 대상적격을 갖춘 것인지와 乙의 소송이 적법한 기간 내 제소된 것인지를 검토하시오. 25점

● 제32회 2023년 기출

【문제 1】 A시는 택지개발예정지구 지정 공람공고가 이루어진 P사업지구에서 택지 개발사업을 시행하고 있으며, 甲은 P사업지구에 주택을 소유하고 있는 자이다. A시는 택지개발사업과 관련한 이주대책을 수립·공고하였는데, 이에 의하면 이주대책 대상자 요건을 '택지개발예정지구 지정 공람공고일 1년 이전부터 보상계약체결일 또는 수용재결일까지 계속하여 P사업지구 내주택을 소유하고 계속 거주한 자로, A시로부터 그 주택에 대한 보상을 받고 이주하는 자'로 정하고 있다. 甲은 A시에 이주대책 대상자 선정 신청을 하였으나, A시는 '기준일 이후 주택 취득'을 이유로 甲을 이주대책 대상에서 제외하는 결정을 하였고, 이 결정은 2023.6.28. 甲에게 통보되었다(이하 '1차 결정'이라 함). 이에 甲은 A시에 이의신청을 하면서, 이의신청서에 이주대책 대상자 선정요건을 충족함을 증명할 수 있는 마을주민확인서, 수도개설 사용, 전력 개통사용자 확인 등 증빙서류를 새롭게 추가로 첨부 하여 제출하였다. 그러나 A시는 추가된 증빙자료만으로 법적 소유관계를 확인할 수 없다는 이유로 甲의 이의신청을 기각하고 甲을 이주대책 대상 에서 제외한다는 결정을 하였으며, 이 결정은 2023.8.31. 甲에게 통보되 었다(이하 '2차 결정'이라 함). 다음 각 물음에 답하시오. (각 물음은 상호 관련성이 없는 별개의 상황임) 50점

물음 1) 甲이 자신을 이주대책 대상에서 제외한 A시의 결정에 대해 취소소송으로 다투려는 경우, 소의 대상 및 제소기간의 기산점에 대해 설명하시오. 25점

● 제30회 2021년 기출

【문제 2】 X시장의 환지예정지지정처분(이하 '이 사건 처분'이라 함)으로 불이익을 입은 甲은 이 사건 처분이 위법하다는 이유로 취소심판을 청구하였고 행정심판위원회는 처분의 위법을 인정하였다. 다만 행정심판위원회는 이 사건 처분이 취소될 경우 다수의 이해관계인에 대한 환지예정지지정처분까지도 변경됨으로써 기존의 사실관계가 뒤집어지고 새로운 사실관계가 형성되는 혼란이 발생될 수 있다는 이유로 이 사건 처분을 취소하는 것이 공공복리에 크게 위배된다고 인정하여 위 심판청구를 기각하는 재결을 하였다. 甲이 이에 불복하여 취소소송을 제기할 경우 그 대상에 대하여 설명하시오. 25점

● 제29회 2020년 기출

【문제 1】 甲은 2018.11.1.부터 A시 소재의 3층 건물의 1층에서 일반음식점을 운영해 왔는데, 관할 행정청인 A시의 시장 乙은 2019.12.26. 甲이 접대부를 고용하여 영업을 했다는 이유로 甲에 대하여 3월의 영업정지처분을 하였다. 이에 대하여 甲은 문제가 된 여성은 접대부가 아니라 일반 종업원이라는 점을 주장하면서 3월의 영업정지처분의 취소를 구하는 행정심판을 청구했다. 관할 행정심판위원회는 2020.3.6. 甲에 대한 3월의 영업정지처분을 1월의 영업정지처분으로 변경하라는 일부인용재결을 하였고, 2020.3.10. 그 재결서 정본이 甲에게 도달하였다. 乙은 행정심판위원회의 재결내용에 따라 2020.3.17. 甲에 대하여 1월의 영업정지처분을 하였고, 향후 같은 위반사유로 제재처분을 받을 경우 식품위생법 시행규칙 별표의 행정처분기준에 따라 가중적 제재처분이 내려진다는 점까지 乙은 甲에게 안내했다. 행정심판을 통해서 구제를 받지 못했다고 생각한 甲은 2020.6.15. 취소소송을 제기하고자 한다. 다음 물음에 답하시오. 50점

물음 1) 甲이 제기하는 취소소송의 대상적격, 피고적격, 제소기간에 대하여 논하시오. 30점

● 제26회 2017년 기출

【문제 1】 건설회사에 근무하는 甲은 건설현장 불법행위 단속을 나온 공무원 乙의 중과실로 인하여 공사현장에서 업무 중 골절 등 산재사고로 인한 상해를 입었고, 이를 이유로 2014년 2월경 근로복지공단으로부터 휴업급여와 장해급여 등을 지급받았다. 그런데 이후 甲이 회사가 가입하고 있던 보험회사로부터 별도로 장해보상금을 지급받자 근로복지공단은 甲이 이중으로 보상받았음을 이유로 2016년 3월경 이미 지급된 급여의 일부에 대한 징수결정을 하고 이를 甲에게 고지하였다. 그러나 甲이 이 같은 징수결정에 대해서 민원을 제기하자 2016년 11월경 당초의 징수결정 금액의 일부를 감액하는 처분을 하였는데, 그 처분 고지서에는 "이의가 있는 경우 행정심판법 제27조의 규정에 의한 기간 내에 행정심판을 청구하거나 행정소송법 제20조의 규정에 의한 기간 내에 행정소송을 제기할 수 있습니다."라고 기재되어 있었다. 한편 공무원 乙은 공직기강확립 감찰

기간 중 중과실로 甲에 대한 산재사고를 야기하였음을 이유로 해임처분을 받자 이에 대해서 소청심사를 거쳐 취소소송을 제기하였다. 다음 물음에 답하시오. 50점

물음 1) 甲은 감액처분에 불복하여 행정심판을 청구하였고 각하재결을 받은 후 재결서를 송달받은 즉시 2017년 5월경 근로복지공단을 상대로 위 감액처분의 취소를 구하는 행정소송을 제기하였다. 이 경우 당해 취소소송의 적법 여부를 검토하시오. 25점

● 제25회 2016년 기출

【문제 1】 다음 질문에 답하시오. 50점
(단, 행정쟁송법과 무관한 노동법적인 쟁점에 대해서는 서술하지 말 것)

물음 1) A회사에 근무하는 근로자 甲은 사용자와의 임금인상에 관한 문제를 해결하고 근로조건의 개선을 도모하고자 A회사에 노동조합을 조직하고 관할 시장 乙에게 설립신고서를 제출하였다. 이에 관할시장 乙은 A회사 노동조합설립신고에는 'A회사로부터 해고되어 노동위원회에 부당노동행위의 구제신청을 하고 중앙노동위원회의 재심판정이 있기 전의 자'를 조합원으로 가입시킬 수 있다고 명시되어 있어, 이는 「노동조합 및 노동관계조정법」 제2조 제4호 라목의 '근로자가 아닌 자의 가입을 허용하는 경우'에 해당한다는 이유로 甲의 설립신고서를 반려하였다. 관할시장 乙의 설립신고서 반려행위에 대하여 취소소송을 통한 권리구제 방안을 논하시오. 35점

물음 2) 취소소송의 인용판결확정으로 A회사노동조합은 적법하게 설립신고를 완료하였다. 이후 A회사 사용자는 임금인상을 요구하는 근로자 丙에 대하여 업무정지를 명하고, 수일 후에 해고를 명하였다. A회사노동조합은 이에 대해 관할 지방노동위원회에 구제신청을 하였다. 관할 지방노동위원회는 A회사에게 "丙을 원직에 복직시키고 업무정지 및 해고기간 동안 정상적으로 근무하였다면 받을 수 있었던 임금상당액을 지급하라"는 구제명령을 내렸다. A회사는 丙에 대한 업무정지 및 해고는 정당하고 임금상당액도 지급할 의무가 없다는 취지로 중앙노동위원회에 재심을 신청하였다. 이에 대해 중앙노동위원회는 "해고는 부당노동행위에 해당하나 업무정지는 부당노동행위에 해당하지 않으며, A회사는 해고기간 동안의 임금상당액만을 지급하라"는 재심판정을 하였다. 이때 A회사가 취소소송을 제기하는 경우 취소소송의 대상은? 15점

● 제23회 2014년 기출

【문제 1】 A회사의 근로자 甲은 노동조합을 설립하고자 「노동조합 및 노동관계조정법」 제10조에 따라 설립신고를 하였으나, 甲이 설립하려는 노동조합은 경비의 주된 부분을 사용자로부터 원조받는 조직으로, 동법 제2조 제4호에 의해 노동조합으로 보지 아니하는 것이다. 그럼에도 불구하고 관할 행정청은 甲의 조합설립신고를 수리하였고, 이에 A회사는

甲의 조합은 무자격조합임을 이유로 신고수리에 대해 취소심판을 제기하였다. 다음 물음에 답하시오. 50점

물음 1) A회사가 제기한 심판청구의 적법성에 관한 법적 쟁점을 설명하시오. 30점

물음 2) 만약 A회사의 취소심판이 인용되어 취소명령재결이 행해진다면, 甲은 이러한 인용재결에 대해 취소소송으로 다툴 수 있는가? 20점

● 제21회 2012년 기출

【문제 1】 다음 질문에 답하시오(단, 행정쟁송법과 무관한 노동법적인 쟁점에 대해서는 서술하지 말 것). 50점

물음 1) 근로자 A는 甲노동조합을 조직해서 그 설립신고를 하였으나 乙시장은 "설립신고서에서 근로자가 아닌 구직 중에 있는 자의 가입을 허용하고 있다."(「노동조합 및 노동관계조정법」 제2조 제4호 라목)는 사유로 설립신고서를 반려하였다. 이에 甲노동조합은 취소소송을 제기하고자 하는바, 乙시장의 설립 신고서 반려는 취소소송의 대상이 될 수 있는가? 25점

제4절　취소소송의 원고적격

행정소송법

제12조(원고적격)
취소소송은 처분등의 취소를 구할 법률상 이익이 있는 자가 제기할 수 있다. 처분등의 효과가 기간의 경과, 처분등의 집행 그 밖의 사유로 인하여 소멸된 뒤에도 그 처분등의 취소로 인하여 회복되는 법률상 이익이 있는 자의 경우에는 또한 같다.

Ⅰ 원고적격과 소의 이익

1. 소의 이익의 개념

소의 이익은 3가지 문제가 있다. 첫째 어떠한 청구가 소송의 대상이 되는가라는 소의 대상문제, 둘째 누가 청구를 할 만한 정당한 이익을 가지고 있는가라는 원고적격의 문제, 셋째 원고의 청구가 소송을 통하여 해결할 구체적 실익 내지 현실적 필요성이 있는가의 문제이다. 일반적으로 소의 이익은 권리보호의 필요의 의미로 사용되는데 이를 협의의 소익이라 한다.

2. 원고적격과 소의 이익

취소소송에서의 원고적격은 처분 등의 취소를 구할 수 있는 자격을 의미하는데 이는 광의로는 소의 이익의 문제의 일부에 해당한다.

Ⅱ 원고적격

1. 원고적격의 의의

원고적격이란 구체적 소송에서 원고로서 소송을 수행하여 본안판결을 받을 수 있는 자격을 말한다. 취소소송은 처분 등의 취소를 구할 법률상 이익이 있는 자가 제기할 수 있다. 원고적격은 소송요건이므로 사실심 변론종결시뿐만 아니라 상고심에서도 구비되어야 한다.

2. 법률상 이익의 범위에 대한 학설

(1) 문제의 소재

행정소송법 규정상의 법률상 이익의 범위에 대해에 대한 학설의 대립이 있다.

(2) 학설

① 위법한 처분 등으로 인하여 실체적 권리를 침해당한 자만이 소를 제기할 수 있다고 보는 견해(권리구제설)

② 법령이 개인을 보호하고 있는 이익이 있다면 이를 침해당한 자가 제기할 수 있다는 견해(법률상 보호이익설)

③ 침해된 이익이 법률상 보호되는 이익이건 사실상의 이익이건 재판상 실질적으로 보호할 가치가 있는 이익이면, 그 침해에 대하여 취소소송을 제기할 수 있다는 견해(보호가치이익구제설)

④ 해당 처분의 적법성을 다툼에 있어 가장 적합한 이해관계를 가진 자에게 원고적격을 인정
하는 견해(적법성 보장설)

(3) 판례

판례는 "법률상 보호되는 이익이라 함은 당해 처분의 근거법규 및 관련법규에 의하여 보호되
는 개별적·직접적·구체적 이익이 있는 경우를 말하고, 다만, 공익보호의 결과로 일반 국민
의 일반적·간접적·추상적 이익과 같이 사실적·경제적 이해관계를 가지는 데 불과한 경우
는 여기에 포함되지 않는다."고 하여 법률상 이익구제설을 취하면서, 법률상 이익의 범위를
계속 확대시키는 경향에 있다.

(4) 검토

행정소송법 제12조가 법률상 이익이라고 명시한 점, 보호가치라는 것은 명확한 기준이 없다
는 점, 적법성 보장설은 항고소송이 주관적 소송이라는 점을 간과하고 있다는 점에서 법률상
보호이익설이 타당하다.

3. 법률상 이익의 판단근거

판례는 당해 처분의 근거법규 외에 일련의 단계적인 관련처분들의 근거법규의 규정과 해석에 의
해 보호되는 법률상 이익을 인정한다. 원칙적 헌법상 기본권이나 기본원리는 이를 고려하지 않지
만도 자유권의 경우 헌법의 기본권만으로 구체적 권리성을 인정한다. 판례는 거부처분이나 부작
위를 다투는 소송에서 신청권과 관련하여 조리(행정법의 일반원칙)를 활용하기도 한다.

Ⅲ 판례상 법률상 이익의 구체적 검토

1. 행정기관의 원고적격

판례는 행정기관은 일반적 취소소송의 원고적격이 인정되지 않지만 예외적으로 다른 행정기관이
내린 처분에 대해 기관소송이나 권한쟁의와 같은 별도의 구제수단이 없는 경우 상대방 행정기관
의 당사자능력과 원고적격을 인정하여 항고소송으로 이를 다툴 수 있도록 하고 있다.

> **관련 판례**
>
> **1. 국가가 지방자치단체의 장의 기관위임사무의 처리에 관하여 지방자치단체의 장을 상대로 취소소송을
> 제기하는 것은 허용되지 않는다.**
>
> 건설교통부장관은 지방자치단체의 장이 기관위임사무인 국토이용계획 사무를 처리함에 있어 자신과 의
> 견이 다를 경우 행정협의조정위원회에 협의·조정 신청을 하여 그 협의·조정 결정에 따라 의견불일치
> 를 해소할 수 있고, 법원에 의한 판결을 받지 않고서도 행정권한의 위임 및 위탁에 관한 규정이나 구
> 지방자치법에서 정하고 있는 지도·감독을 통하여 직접 지방자치단체의 장의 사무처리에 대하여 시정
> 명령을 발하고 그 사무처리를 취소 또는 정지할 수 있으며, 지방자치단체의 장에게 기간을 정하여 직무
> 이행명령을 하고 지방자치단체의 장이 이를 이행하지 아니할 때에는 직접 필요한 조치를 할 수도 있으
> 므로, 국가가 국토이용계획과 관련한 지방자치단체의 장의 기관위임사무의 처리에 관하여 지방자치단
> 체의 장을 상대로 취소소송을 제기하는 것은 허용되지 않는다(대판 2007.9.20, 2005두6935).

2. 국민권익위원회가 시·도선거관리위원회 위원장에게 조치요구를 한 경우 시·도선거관리위원회 위원장은 조치요구의 취소를 구할 법률상 이익이 있다.

국민권익위원회가 갑의 소속기관 장인 을 시·도선거관리위원회 위원장에게 '갑에 대한 중징계요구를 취소하고 향후 신고로 인한 신분상 불이익처분 및 근무조건상의 차별을 하지 말 것을 요구'하는 내용의 조치요구를 한 사안에서, 국가기관 일방의 조치요구에 불응한 상대방 국가기관에 국민권익위원회법상의 제재규정과 같은 중대한 불이익을 직접적으로 규정한 다른 법령의 사례를 찾아보기 어려운 점, 그럼에도 을이 국민권익위원회의 조치요구를 다툴 별다른 방법이 없는 점 등에 비추어 보면, 처분성이 인정되는 위 조치요구에 불복하고자 하는 을로서는 조치요구의 취소를 구하는 항고소송을 제기하는 것이 유효·적절한 수단이므로 비록 을이 국가기관이더라도 당사자능력 및 원고적격을 가진다고 보는 것이 타당하고, 을이 위 조치요구 후 갑을 파면하였다고 하더라도 조치요구가 곧바로 실효된다고 할 수 없고 을은 여전히 조치요구를 따라야 할 의무를 부담하므로 을에게는 위 조치요구의 취소를 구할 법률상 이익도 있다(대판 2013.7.25, 2011두1214).

3. 국민권익위원회가 소방청장에게 인사와 관련하여 부당한 지시를 한 사실이 인정된다며 이를 취소할 것을 요구하기로 의결하고 그 내용을 통지하는 조치요구를 한 경우 소방청장이 국민권익위원회 조치요구의 취소를 구하는 소송을 제기할 원고적격이 인정된다.

국민권익위원회가 소방청장에게 인사와 관련하여 부당한 지시를 한 사실이 인정된다며 이를 취소할 것을 요구하기로 의결하고 그 내용을 통지하자 소방청장이 국민권익위원회 조치요구의 취소를 구하는 소송을 제기한 사안에서, 행정기관인 국민권익위원회가 행정기관의 장에게 일정한 의무를 부과하는 내용의 조치요구를 한 것에 대하여 그 조치요구의 상대방인 행정기관의 장이 다투고자 할 경우에 법률에서 행정기관 사이의 기관소송을 허용하는 규정을 두고 있지 않으므로 이러한 조치요구를 이행할 의무를 부담하는 행정기관의 장으로서는 기관소송으로 조치요구를 다툴 수 없고, 위 조치요구에 관하여 정부조직 내에서 그 처분의 당부에 대한 심사·조정을 할 수 있는 다른 방도도 없으며, 국민권익위원회는 헌법 제111조 제1항 제4호에서 정한 '헌법에 의하여 설치된 국가기관'이라고 할 수 없으므로 그에 관한 권한쟁의심판도 할 수 없고, 별도의 법인격이 인정되는 국가기관이 아닌 소방청장은 질서위반행위규제법에 따른 구제를 받을 수도 없는 점, 부패방지 및 국민권익위원회의 설치와 운영에 관한 법률은 소방청장에게 국민권익위원회의 조치요구에 따라야 할 의무를 부담시키는 외에 별도로 그 의무를 이행하지 않을 경우 과태료나 형사처벌까지 정하고 있으므로 위와 같은 조치요구에 불복하고자 하는 '소속기관 등의 장'에게는 조치요구를 다툴 수 있는 소송상의 지위를 인정할 필요가 있는 점에 비추어, 처분성이 인정되는 국민권익위원회의 조치요구에 불복하고자 하는 소방청장으로서는 조치요구의 취소를 구하는 항고소송을 제기하는 것이 유효·적절한 수단으로 볼 수 있으므로 소방청장은 예외적으로 당사자능력과 원고적격을 가진다(대판 2018.8.1, 2014두35379).

4. 지방자치단체는 건축물 소재지 관할 허가권자인 지방자치단체의 장을 상대로 항고소송을 통해 건축협의 취소의 취소를 구할 수 있다.

구 건축법 제29조 제1항, 제2항, 제11조 제1항 등의 규정 내용에 의하면, 건축협의의 실질은 지방자치단체 등에 대한 건축허가와 다르지 않으므로, 지방자치단체 등이 건축물을 건축하려는 경우 등에는 미리 건축물의 소재지를 관할하는 허가권자인 지방자치단체의 장과 건축협의를 하지 않으면, 지방자치단체라 하더라도 건축물을 건축할 수 없다. 그리고 구 지방자치법 등 관련 법령을 살펴보아도 지방자치단체의 장이 다른 지방자치단체를 상대로 한 건축협의 취소에 관하여 다툼이 있는 경우에 법적 분쟁을 실효적으로 해결할 구제수단을 찾기도 어렵다. 지방자치단체인 원고가 이를 다툴 실효적 해결 수단이 없는 이상, 원고는 건축물 소재지 관할 허가권자인 지방자치단체의 장을 상대로 항고소송을 통해 건축협의 취소의 취소를 구할 수 있다(대판 2014.2.27, 2012두22980).

2. 경업자소송

(1) 의의

행정청의 일정한 신규 인·허가에 대하여, 그와 경쟁관계에 있는 기존업자에게 추가적인 경쟁을 부담시키는 경우 기존업자가 신규업자에 대한 인·허가 처분의 취소를 구하는 소송을 말한다.

(2) 판례

일반적으로 영업허가에 있어서는 영업자 사이에 경쟁관계에 있더라도 기존업자가 그 허가로 받은 경제적 이익은 반사적 이익으로 보아 원고적격을 부정하나, 특허기업에 있어서는 기존업자가 그 특허로 받은 이익은 법률상 이익이기 때문에 원고적격을 인정하는 것이 일반적이다. 다만, 허가업이라 하더라도 근거법이 업체수를 제한하여 해당 업자들 사이의 과당경쟁으로 인한 경영의 불합리를 방지하고 있는 경우 기존업자의 이익은 법률상 이익으로 인정하고 있다.

관련 판례 **원고적격을 인정한 판례**

1. 여객자동차운송사업면허처분에 대한 기존업자

행정소송에서 소송의 원고는 행정처분에 의하여 직접 권리를 침해당한 자임을 보통으로 하나 직접 권리의 침해를 받은 자가 아닐지라도 소송을 제기할 법률상의 이익을 가진 자는 그 행정처분의 효력을 다툴 수 있다고 해석되는 바, 자동차운수사업법 제6조 제1호에서 당해 사업계획이 당해 노선 또는 사업구역의 수송수요와 수송력공급에 적합할 것을 면허의 기준으로 한 것은 주로 자동차운수사업에 관한 질서를 확립하고 자동차운수의 종합적인 발달을 도모하여 공공복리의 증진을 목적으로 하고 있으며, 동시에 한편으로는 <u>업자간의 경쟁으로 인한 경영의 불합리를 미리 방지하는 것이 공공의 복리를 위하여 필요하므로, 면허조건을 제한하여 기존업자의 경영상의 합리화를 보호하자는 데도 그 목적이 있다 할 것이다.</u> 따라서 이러한 기존업자의 이익은 단순한 사실상의 이익이 아니고, 법에 의하여 보호되는 이익이라고 해석된다(대판 1974.4.9, 73누173).

2. 다른 약사에 대한 약국개설등록처분으로 처방약 조제기회를 전부 또는 일부 상실하게 된 기존 약국개설자에게 해당 처분의 취소를 구할 법률상 이익이 있는지 여부(원칙적 적극)

약국개설등록과 관련하여 약사법 제20조 제5항 제2호, 제3호, 제4호는 의료기관과 약국 사이에 일정한 장소적 관련성이 있는 경우 약국을 개설하지 못하도록 하고 있다. 이는 약사법 제23조, 제23조의2, 제24조, 제24조의2, 제26조 등 관련 규정의 체계나 내용 등에 비추어, 의료기관과 담합행위를 할 가능성이 큰 약국의 개설을 금지함으로써 의료기관의 처방전에 대한 인근 약국개설자들의 접근 기회가 공정하게 배분되도록 하고, 나아가 인근 약국개설자가 약사법이 정하는 바에 따라 의료기관으로부터 독립하여 조제업무를 수행할 수 있도록 하는 취지도 있다. 따라서 '의료기관의 처방약 조제기회를 공정하게 배분받을 기존 약국개설자의 이익'은 약국개설등록처분의 근거 법규

및 관련 법규에 의하여 보호되는 개별적·직접적·구체적 이익이라고 할 수 있다. 그러므로 다른 약사에 대한 약국개설등록처분으로 인하여 조제기회를 전부 또는 일부라도 상실하게 된 기존 약국 개설자는 특별한 사정이 없는 한 해당 처분의 취소를 구할 법률상 이익이 있다(대판 2025.9.11, 2024두34276).

3. 약종상허가를 받아 허가지역 내에서 약종상영업을 경영하고 있는 기존 업자는 타인에 대하여 허가 지역이 아닌 영업허가지역내 영업소이전허가처분의 취소를 구할 법률상 이익이 있다.

갑이 적법한 약종상허가를 받아 허가지역 내에서 약종상영업을 경영하고 있음에도 불구하고 행정 관청이 구 약사법시행규칙을 위배하여 같은 약종상인 을에게 을의 영업허가지역이 아닌 갑의 영업 허가지역내로 영업소를 이전하도록 허가하였다면 갑으로서는 이로 인하여 기존업자로서의 법률상 이익을 침해받았음이 분명하므로 갑에게는 행정관청의 영업소이전허가처분의 취소를 구할 법률상 이익이 있다(대판 1988.6.14, 87누873).

4. 담배 일반소매업자의 법률상 이익(담배 일반소매업자간 거리제한이 있는 경우와 구내소매인에 대한 경우 구별)

1. 구 담배사업법과 그 시행령 및 시행규칙의 관계 규정에 의하면, 담배소매인을 일반소매인과 구 내소매인으로 구분하여, 일반소매인 사이에서는 그 영업소 간에 군청, 읍·면사무소가 소재하는 리 또는 동지역에서는 50m, 그 외의 지역에서는 100m 이상의 거리를 유지하도록 규정하는 등 일반소매인의 영업소 간에 일정한 거리제한을 두고 있는데, 이는 담배유통구조의 확립을 통하여 국민의 건강과 관련되고 국가 등의 주요 세원이 되는 담배산업 전반의 건전한 발전 도모 및 국민 경제에의 이바지라는 공익목적을 달성하고자 함과 동시에 일반소매인 간의 과당경쟁으로 인한 불합리한 경영을 방지함으로써 일반소매인의 경영상 이익을 보호하는 데에도 그 목적이 있다고 보이므로, 일반소매인으로 지정되어 영업을 하고 있는 기존업자의 신규 일반소매인에 대한 이익 은 단순한 사실상의 반사적 이익이 아니라 법률상 보호되는 이익으로서 기존 일반소매인이 신규 일반소매인 지정처분의 취소를 구할 원고적격이 있다고 보아야 할 것이나(대판 2008.3.27, 2007두23811 참조),

2. 한편 구내소매인과 일반소매인 사이에서는 구내소매인의 영업소와 일반소매인의 영업소 간에 거리제한을 두지 아니할 뿐 아니라 건축물 또는 시설물의 구조·상주인원 및 이용인원 등을 고 려하여 동일 시설물 내 2개소 이상의 장소에 구내소매인을 지정할 수 있으며, …, 일반소매인으 로 지정되어 영업을 하고 있는 기존업자의 신규 구내소매인에 대한 이익은 법률상 보호되는 이 익이 아니라 단순한 사실상의 반사적 이익이라고 해석함이 상당하므로, 기존 일반소매인은 신규 구내소매인 지정처분의 취소를 구할 원고적격이 없다(대판 2008.4.10, 2008두402).

> **관련 판례** 원고적격을 부정한 판례
>
> **1. 공중목욕장영업허가에 대한 기존영업자의 영업상 이익은 반사적 이익에 불과하다.**
>
> 원고에 대한 공중목욕장업경영허가는 경찰금지의 해제로 인한 영업자유의 회복이라고 볼 것이므로, 이 영업의 자유는 법률이 직접 공중목욕장업 피허가자의 이익을 보호함을 목적으로 한 경우에 해당되는 것이 아니고 법률이 공중위생이라는 공공의 복리를 보호하는 결과로서 영업의 자유가 제한됨으로 인하여 간접적으로 관계자인 영업자유의 제한이 해제된 피허가자에게 이익을 부여하게 되는 경우에 해당되는 것이고, 거리의 제한과 같은 위의 시행세칙이나 도지사의 지시가 모두 무효인 이상 원고가 이 사건허가처분에 의하여 목욕장업에 의한 이익이 사실상 감소된다하여도 이 불이익은 본 건 허가처분의 단순한 사실상의 반사적 결과에 불과하고 이로 말미암아 원고의 권리를 침해하는 것이라고는 할 수 없으므로, 원고는 … 목욕장업허가처분에 대하여 그 취소를 구할 법률상 이익이 없다(대판 1963.8.31, 63누101).
>
> **2. 숙박업구조변경허가처분을 받은 건물의 인근에서 여관을 경영하는 자들에게 숙박업구조변경허가처분의 취소를 구할 법률상 이익이 없다.**
>
> 피고는 원고들이 경영하는 여관이 있는 곳에서 50미터 내지 700미터 정도의 거리에 있는 원판시 이 사건 건물의 4, 5층 일부에 객실을 설비할 수 있도록 숙박업구조변경허가를 함으로써 원고들에게 중대한 손해를 입게 하였으므로 위 숙박업구조변경처분의 무효확인 또는 취소를 구한다는 것이나 원고들이 위 숙박업구조변경허가로 인하여 받게 될 불이익은 간접적이거나 사실적, 경제적인 불이익에 지나지 아니하여 그것만으로는 원고들에게 위 숙박업구조변경허가처분의 무효확인 또는 취소를 구할 소익이 있다고 할 수 없다(대판 1990.8.14, 89누7900).
>
> **3. 약사들에 대한 한약제조권 인정에 대한 한의사의 영업상 이익**
>
> 한의사 면허는 경찰금지를 해제하는 명령적 행위(강학상 허가)에 해당하고, 한약조제시험을 통하여 약사에게 한약조제권을 인정함으로써 한의사들의 영업상 이익이 감소되었다고 하더라도, 이러한 이익은 사실상의 이익에 불과하고 약사법이나 의료법 등의 법률에 의하여 보호되는 이익이라고는 볼 수 없으므로, 한의사들이 한약조제시험을 통하여 한약조제권을 인정받은 약사들에 대한 합격처분의 무효확인을 구하는 당해 소는 원고적격이 없는 자들이 제기한 소로서 부적법하다(대판 1998.3.10, 97누4289).

(3) 경원자 소송

1) 의의

경원관계란 인·허가 등에 있어서 서로 법규상 또는 성질상 양립할 수 없는 출원을 제기한 자로서 일방에 대한 허가가 타방에 대한 불허가로 귀결될 수밖에 없는 관계에 있는 자가 다른 경쟁업자에게 발해진 수익적 처분을 취소하여 궁극적으로 그러한 수익적 처분을 자신에게 발급해 줄 것을 구하는 소송을 말한다.

2) 원고적격의 인정 여부

경원관계에 있는 각 경원자에 대한 인·허가 등이 배타적 관계에 있으므로 자신의 권리를 구제하기 위해서는 타인에 대한 인·허가 등을 취소할 수 있는 법률상 이익을 갖는다고 보는 것이 일반적이다.

> **관련 판례** **경원자관계에서의 원고적격**
>
> 1. 인·허가 등의 수익적 행정처분을 신청한 여러 사람이 서로 경쟁관계에 있어 일방에 대한 허가 등의 처분이 타방에 대한 불허가 등으로 될 수밖에 없는 때에는 허가 등의 처분을 받지 못한 사람은 처분의 상대방이 아니라 하더라도 당해 처분의 취소를 구할 당사자적격이 있고, 다만 구체적인 경우에 있어서 그 처분이 취소된다 하더라도 허가 등의 처분을 받지 못한 불이익이 회복된다고 볼 수 없을 때에는 당해 처분의 취소를 구할 정당한 이익이 없다(대판 1998.9.8, 98두6772).
> 2. 인가·허가 등 수익적 행정처분을 신청한 여러 사람이 서로 경원관계에 있어서 한 사람에 대한 허가 등 처분이 다른 사람에 대한 불허가 등으로 귀결될 수밖에 없을 때 허가 등 처분을 받지 못한 사람은 신청에 대한 거부처분의 직접 상대방으로서 원칙적으로 자신에 대한 거부처분의 취소를 구할 원고적격이 있다(대판 2015.10.29, 2013두27517).

3. 인인소송

(1) 의의

인인소송 또는 이웃소송이란 특정주민에 대한 수익적 처분이 이웃하는 주민에게는 불이익하게 되는 경우 이로 인해 침해를 받는 인근주민이 그 침해를 다투는 소송을 말한다. 특히 건축법이나 환경법 분야에서 문제된다.

(2) 원고적격 인정 여부

인근주민의 생명·건강상의 이익이 근거법률에 의해 보호받는 이익이 된다거나 환경침해를 받지 아니하고 쾌적한 환경에서 생활할 수 있는 환경상 이익이 근거법률에 의해서 보호되는 경우 원고적격을 인정한다. 그러나 건축법상의 규제가 공익을 보호하기 위한 것으로 규제로 얻는 반사적 또는 간접적으로 얻는 사실상·경제상의 이익의 침해에 대해서는 원고적격을 부정한다.

(3) 판례

1) 건축법 관련

도시계획법과 건축법의 규정취지에 비춰 주거지역 내에서의 일정한 건축을 금지하는 취지가 공공복리의 증진을 도모하는 데 그 목적이 있는 동시에 한편으로 주거지역 내에 거주하는 사람의 주거안녕과 생활환경을 보호하고자 하는 데도 목적이 있다고 해석되는 경우에는 주거지역내 주민의 원고적격을 인정한다.

> **관련 판례** **주거지역내에 거주하는 사람의 주거의 안녕과 생활환경을 보호하고자 하는 것은 법률상 보호되는 이익이다.**
>
> 도시계획법과 건축법의 규정 취지에 비추어 볼 때 이 법률들이 주거지역 내에서의 일정한 건축을 금지하고 또는 제한하고 있는 것은 도시계획법과 건축법이 추구하는 공공복리의 증진을 도모하고자 하는데 그 목적이 있는 동시에 한편으로는 주거지역내에 거주하는 사람의 "주거의 안녕과 생활환경을 보호"하고자 하는 데도 그 목적이 있는 것으로 해석이 된다. 그러므로 주거지역내에 거주하는 사람이 받는 위와 같은 보호이익은 단순한 반사적 이익이나 사실상의 이익이 아니라 바로 법률에 의하여 보호되는 이익이라고 할 것이다(대판 1975.5.13, 73누96·97).

2) 환경관련 소송

판례는 환경영향평가대상지역 안의 주민은 개발사업에 의해 발생하는 환경침해를 받지 아니하고 쾌적한 환경에서 생활할 수 있는 개별적 이익이 있고 특단의 사정이 없는 한 환경침해 또는 침해우려가 있는 것으로 추정되어 원고적격을 인정하나, 환경영향평가대상 지역 밖의 주민에 대해서는 이러한 사실상의 추정이 인정되지 않고 환경상 이익에 대한 침해 또는 침해우려가 있다는 것을 입증함으로써 원고적격을 인정받을 수 있다고 한다.

관련 판례

1. 환경영향평가 대상지역 안의 주민들은 특단의 사정이 없는 한 환경상의 이익에 대한 침해 또는 침해우려가 있는 것으로 사실상 추정되어 공유수면매립면허처분 등의 무효확인을 구할 원고적격이 인정된다.

각 관련 규정의 취지는, 공유수면매립과 농지개량사업시행으로 인하여 직접적이고 중대한 환경피해를 입으리라고 예상되는 환경영향평가 대상지역 안의 주민들이 전과 비교하여 수인한도를 넘는 환경침해를 받지 아니하고 쾌적한 환경에서 생활할 수 있는 개별적 이익까지도 이를 보호하려는 데에 있다고 할 것이므로, 위 주민들이 공유수면매립면허처분 등과 관련하여 갖고 있는 위와 같은 환경상의 이익은 주민 개개인에 대하여 개별적으로 보호되는 직접적·구체적 이익으로서 그들에 대하여는 특단의 사정이 없는 한 환경상의 이익에 대한 침해 또는 침해우려가 있는 것으로 사실상 추정되어 공유수면매립면허처분 등의 무효확인을 구할 원고적격이 인정된다(대판(전합) 2006.3.16, 2006두330).

2. 환경영향평가 대상지역 밖의 주민이라 할지라도 공유수면매립면허처분 등으로 인하여 환경상 이익에 대한 침해 또는 침해우려가 있다는 것을 입증함으로써 그 처분 등의 무효확인을 구할 원고적격을 인정받을 수 있다.

환경영향평가 대상지역 밖의 주민이라 할지라도 공유수면매립면허처분 등으로 인하여 그 처분 전과 비교하여 수인한도를 넘는 환경피해를 받거나 받을 우려가 있는 경우에는, 공유수면매립면허처분 등으로 인하여 환경상 이익에 대한 침해 또는 침해우려가 있다는 것을 입증함으로써 그 처분 등의 무효확인을 구할 원고적격을 인정받을 수 있다(대판(전합) 2006.3.16, 2006두330).

3. 환경상 침해를 받으리라고 예상되는 영향권 내의 주민은 특단의 사정이 없는 한 환경상 이익에 대한 침해 또는 침해 우려가 있는 것으로 사실상 추정되어 법률상 보호되는 이익으로 인정됨으로써 원고적격이 인정된다.

행정처분의 직접 상대방이 아닌 자로서 그 처분에 의하여 자신의 환경상 이익이 침해받거나 침해받을 우려가 있다는 이유로 취소나 무효확인을 구하는 제3자는, 자신의 환경상 이익이 그 처분의 근거 법규 또는 관련 법규에 의하여 개별적·직접적·구체적으로 보호되는 이익, 즉 법률상 보호되는 이익임을 입증하여야 원고적격이 인정된다. 다만, 그 행정처분의 근거 법규 또는 관련 법규에 그 처분으로써 이루어지는 행위 등 사업으로 인하여 환경상 침해를 받으리라고 예상되는 영향권의 범위가 구체적으로 규정되어 있는 경우에는, 그 영향권 내의 주민들에 대하여는 당해 처분으로 인하여 직접적이고 중대한 환경피해를 입으리라고 예상할 수 있고, 이와 같은 환경상의 이익은 주민 개개인에 대하여 개별적으로 보호되는 직접적·구체적 이익으로서 그들에 대하여는 특단의 사정이 없는 한 환경상 이익에 대한 침해 또는 침해 우려가 있는 것으로 사실상 추정되어 법률상 보호되는 이익으로 인정됨으로써 원고적격이 인정되며, 그 영향권 밖의 주민들은 당해 처분으로 인하여 그 처분 전과 비교하여 수인한도를 넘는 환경피해를 받거나 받을 우려가 있다는 자신의 환경상 이익에 대한 침해 또는 침해 우려가 있음을 입증하여야만 법률상 보호되는 이익으로 인정되어 원고적격이 인정된다(대판 2009.9.24, 2009두2825).

4. 환경권 내의 건물토지를 소유하거나 환경상 이익을 일시적으로 향유하는 데 그치는 자의 환경상 이익은 포함되지 않는다.

환경상 이익에 대한 침해 또는 침해 우려가 있는 것으로 사실상 추정되어 원고적격이 인정되는 자는 환경상 침해를 받으리라고 예상되는 영향권 내의 주민들을 비롯하여 그 영향권 내에서 농작물을 경작하는 등 현실적으로 환경상 이익을 향유하는 자도 포함된다고 할 것이나, 단지 그 영향권 내의 건물·토지를 소유하거나 환경상 이익을 일시적으로 향유하는 데 그치는 자는 포함되지 않는다고 할 것이다(대판 2009.9.24, 2009두2825).

5. 수돗물을 공급받아 이를 마시는 주민들은 환경상 침해를 증명하여 공장설립승인처분의 취소를 구할 법률상 이익이 있다.

수돗물을 공급받아 이를 마시거나 이용하는 주민들로서는 위 근거 법규 및 관련 법규가 환경상 이익의 침해를 받지 않은 채 깨끗한 수돗물을 마시거나 이용할 수 있는 자신들의 생활환경상의 개별적 이익을 직접적·구체적으로 보호하고 있음을 증명하여 원고적격을 인정받을 수 있다(대판 2010.4.15, 2007두16127).

6. 광업권설정허가처분과 그에 따른 광산 개발로 인하여 재산상·환경상 이익의 침해를 받거나 받을 우려가 있는 토지나 건축물의 소유자와 점유자 또는 이해관계인 및 주민들은 그 처분 전과 비교하여 수인한도를 넘는 재산상·환경상 이익의 침해를 받거나 받을 우려가 있다는 것을 증명함으로써 그 처분의 취소를 구할 원고적격을 인정받을 수 있다.

광업권설정허가처분의 근거 법규 또는 관련 법규의 취지는 광업권설정허가처분과 그에 따른 광산 개발과 관련된 후속 절차로 인하여 직접적이고 중대한 재산상·환경상 피해가 예상되는 토지나 건축물의 소유자나 점유자 또는 이해관계인 및 주민들이 전과 비교하여 수인한도를 넘는 재산상·환경상 침해를 받지 아니한 채 토지나 건축물 등을 보유하며 쾌적하게 생활할 수 있는 개별적 이익까지도 보호하려는 데 있으므로, 광업권설정허가처분과 그에 따른 광산 개발로 인하여 재산상·환경상 이익의 침해를 받거나 받을 우려가 있는 토지나 건축물의 소유자와 점유자 또는 이해관계인 및 주민들은 그 처분 전과 비교하여 수인한도를 넘는 재산상·환경상 이익의 침해를 받거나 받을 우려가 있다는 것을 증명함으로써 그 처분의 취소를 구할 원고적격을 인정받을 수 있다(대판 2008.9.11, 2006두7577).

7. 공장설립을 승인한 처분이 위법하다는 이유로 쟁송취소되었다고 하더라도 그 승인처분에 기초한 공장건축허가처분이 잔존하는 이상 인근 주민들은 여전히 공장건축허가처분의 취소를 구할 법률상 이익이 있다고 보아야 한다.

개발제한구역 안에서의 공장설립을 승인한 처분이 위법하다는 이유로 쟁송취소되었다고 하더라도 그 승인처분에 기초한 공장건축허가처분이 잔존하는 이상, 공장설립승인처분이 취소되었다는 사정만으로 인근 주민들의 환경상 이익이 침해되는 상태나 침해될 위험이 종료되었다거나 이를 시정할 수 있는 단계가 지나버렸다고 단정할 수는 없고, 인근 주민들은 여전히 공장건축허가처분의 취소를 구할 법률상 이익이 있다고 보아야 한다(대판 2018.7.12, 2015두3485).

8. **방사성물질에 의하여 보다 직접적이고 중대한 피해를 입으리라고 예상되는 지역 내의 주민들은 원자력발전소 부지사전승인처분의 취소를 구할 원고적격이 있다.**

> 원자력법 제12조 제2호의 취지는 방사성물질에 의하여 보다 직접적이고 중대한 피해를 입으리라고 예상되는 지역 내의 주민들의 위와 같은 이익을 직접적·구체적 이익으로서도 보호하려는 데에 있다 할 것이므로, 위와 같은 지역 내의 주민들에게는 방사성물질 등에 의한 생명·신체의 안전침해를 이유로 부지사전승인처분의 취소를 구할 원고적격이 있다(대판 1998.9.4, 97누19588).

3) 일정한 거리제한으로 인근 주민들이 보호되는 경우

> **관련 판례**
>
> 1. **공설화장장설치결정에 대해 거리제한으로 얻게 되는 주민들의 이익은 법률상 이익이다.**
>
>   같은법 시행령 제4조 제2호가 공설화장장은 20호 이상의 인가가 밀집한 지역, 학교 또는 공중이 수시 집합하는 시설 또는 장소로부터 1,000m 이상 떨어진 곳에 설치하도록 제한을 가하고, 같은법 시행령 제9조가 국민보건상 위해를 끼칠 우려가 있는 지역, 도시계획법 제17조의 규정에 의한 주거지역, 상업지역, 공업지역 및 녹지지역 안의 풍치지구 등에의 공설화장장 설치를 금지함에 의하여 보호되는 부근 주민들의 이익은 위 도시계획결정처분의 근거 법률에 의하여 보호되는 법률상 이익이다(대판 1995.9.26, 94누14544).
>
> 2. **납골당설치결정에 대해 거리제한으로 얻게 되는 주민들의 이익은 법률상 이익이다.**
>
>   납골당 설치장소에서 500m 내에 20호 이상의 인가가 밀집한 지역에 거주하는 주민들에게는 납골당이 누구에 의하여 설치되는지를 따질 필요 없이 납골당 설치에 대하여 환경 이익 침해 또는 침해 우려가 있는 것으로 사실상 추정되어 원고적격이 인정된다고 보는 것이 타당하다(대판 2011.9.8, 2009두6766).

4. 공물의 일반사용과 법률상 이익

(1) 의의

일반인이 행정청의 특별한 허락을 받지 않고도 공공용물을 그 본래의 목적에 따라 자유로이 사용하는 것을 말한다.

(2) 일반주민의 일반사용

1) 학설

공물의 일반사용에 대해서는 이를 반사적 이익이라고 보는 견해도 있으나 공권 또는 법률상 보호되는 이익에 속한다고 보는 것이 다수설이다.

2) 판례

판례는 도로의 용도폐지에 대해 취소소송과 관련하여 일반적으로 도로는 일반국민이 이를 자유로이 이용할 수 있는 것이나, 그렇다고 하여 그 이용관계로부터 당연히 그 도로에 관한 특정한 권리나 법령에 의하여 보호되는 이익이 개인에게 부여되는 것은 아니라고 한다.

(3) 인접주민의 강화된 일반사용권

1) 의의

공물의 부근에 거주하는 인접주민들에게는 보통사람들에게 인정되지 않는 강화된 일반사용권이 보장된다고 보는 것이 다수설적 견해이다.

2) 판례

판례는 공물주체의 공용폐지에 대하여 일반사용자에게는 공용폐지를 다툴 원고적격 부정하지만 공물이용에 특별한 생활상 밀접한 관련이 있는 인접주민에게는 공용폐지를 다툴 법률상 이익을 인정하고 있다. 그러나 구체적으로 그 공물을 사용하지 않고 있는 이상 그 공물의 인접주민이라는 사정만으로는 그러한 권리관계가 인정될 수 없다고 한다.

관련 판례

1. 일반적인 시민생활에 있어 도로를 이용만 하는 사람은 그 용도폐지를 다툴 법률상의 이익이 없으나, 도로의 용도폐지처분에 관하여 이러한 직접적인 이해관계를 가지는 사람이 그와 같은 이익을 현실적으로 침해당한 경우에는 그 취소를 구할 법률상의 이익이 있다.

일반적으로 도로는 국가나 지방자치단체가 직접 공중의 통행에 제공하는 것으로서 일반국민은 이를 자유로이 이용할 수 있는 것이기는 하나, 그렇다고 하여 그 이용관계로부터 당연히 그 도로에 관하여 특정한 권리나 법령에 의하여 보호되는 이익이 개인에게 부여되는 것이라고까지는 말할 수 없으므로, 일반적인 시민생활에 있어 도로를 이용만 하는 사람은 그 용도폐지를 다툴 법률상의 이익이 있다고 말할 수 없지만, 공공용재산이라고 하여도 당해 공공용재산의 성질상 특정개인의 생활에 개별성이 강한 직접적이고 구체적인 이익을 부여하고 있어서 그에게 그로 인한 이익을 가지게 하는 것이 법률적인 관점으로도 이유가 있다고 인정되는 특별한 사정이 있는 경우에는 그와 같은 이익은 법률상 보호되어야 할 것이고, 따라서 도로의 용도폐지처분에 관하여 이러한 직접적인 이해관계를 가지는 사람이 그와 같은 이익을 현실적으로 침해당한 경우에는 그 취소를 구할 법률상의 이익이 있다(대판 1992.9.22, 91누13212).

2. 구체적으로 공물을 사용하지 않고 있는 이상 그 공물의 인접주민이라는 사정만으로는 공물에 대한 고양된 일반사용권이 인정될 수 없다.

공물의 인접주민은 다른 일반인보다 인접공물의 일반사용에 있어 특별한 이해관계를 가지는 경우가 있고, 그러한 의미에서 다른 사람에게 인정되지 아니하는 이른바 "고양된 일반사용권"이 보장될 수 있으나 구체적으로 공물을 사용하지 않고 있는 이상 그 공물의 인접주민이라는 사정만으로는 공물에 대한 고양된 일반사용권이 인정될 수 없다(대판 2006.12.22, 2004다68311·68328).

3. 횡단보도설치에 대해 도로 인근에서 영업활동을 하는 자는 횡단보도의 설치행위를 다툴 법률상 이익이 없다.

횡단보도가 설치된 도로 인근에서 영업활동을 하는 자에게 횡단보도의 설치에 관하여 특정한 권리나 법령에 의하여 보호되는 이익이 부여되어 있다고 말할 수 없으므로, 이와 같은 사람은 횡단보도의 설치행위를 다툴 법률상 이익이 있다고 할 수 없다(대판 2000.10.27, 98두896).

5. 법인에 대한 처분과 그 구성원

(1) 법인에 대한 처분에 대해 구성원의 원고적격

법인이나 법인이 아닌 사단에 대한 처분에 있어서 해당 법인 등의 명의로 처분의 위법이나 부당을 다투어야 한다. 법인 등의 대표이사·이사·주주·대표자·관리자 등은 사실적·간접적인 이해관계만을 가지므로 그 개인 명의로는 해당 처분의 취소를 구할 법률상 이익이 없다.

> **관련 판례**
>
> 1. **사단법인 대한의사협회가 보건복지부 고시인 '건강보험요양급여행위 및 그 상대가치점수 개정'의 취소를 구할 원고적격이 없다.**
>
>   사단법인 대한의사협회는 의료법에 의하여 의사들을 회원으로 하여 설립된 사단법인으로서, 국민건강보험법상 요양급여행위, 요양급여비용의 청구 및 지급과 관련하여 직접적인 법률관계를 갖지 않고 있으므로, 보건복지부 고시인 '건강보험요양급여행위 및 그 상대가치점수 개정'으로 인하여 자신의 법률상 이익을 침해당하였다고 할 수 없다는 이유로 위 고시의 취소를 구할 원고적격이 없다(대판 2006.5.25, 2003두11988).
>
> 2. **운수회사에 대하여 한 과징금부과처분에 대하여 운전 기사가 그 처분의 취소를 구할 직접적이고 구체적인 이익이 있다고 볼 수 없다.**
>
>   회사의 노사 간에 임금협정을 체결함에 있어 운전기사의 합승행위 등으로 회사에 대하여 과징금이 부과되면 당해 운전기사에 대한 상여금지급시 그 금액상당을 공제하기로 함으로써 과징금의 부담을 당해 운전기사에게 전가하도록 규정하고 있고 이에 따라 당해 운전기사의 합승행위를 이유로 회사에 대하여 한 과징금부과처분으로 말미암아 당해 운전기사의 상여금지급이 제한되었다고 하더라도, 과징금부과처분의 직접 당사자 아닌 당해 운전기사로서는 그 처분의 취소를 구할 직접적이고 구체적인 이익이 있다고 볼 수 없다(대판 1994.4.12, 93누24247).
>
> 3. **경원자관계에서 허가 등의 처분을 받지 못한 자가 비법인 사단일 경우 그 구성원에 불과한 자는 경원자에 대하여 이루어진 처분의 취소를 구할 원고적격이 없다. (종합유선방송 허가처분에 대하여 허가받지 못한 경원자인 회사의 출자자가 상대방 회사에 대한 허가처분의 취소를 구하는 경우)**
>
>   수익적 행정처분을 신청한 수인이 서로 경쟁관계에 있어서 일방에 대한 허가 등의 처분이 타방에 대한 불허가 등으로 귀결될 수밖에 없는 때에는 허가 등의 처분을 받지 못한 자는 비록 경원자(경원자)에 대하여 이루어진 허가 등 처분의 상대방이 아니라 하더라도 당해 처분의 취소를 구할 당사자적격이 있다 할 것이나, 그 허가 등의 처분을 받지 못한 자가 비법인 사단일 경우 그 구성원에 불과한 자는 경원자에 대하여 이루어진 처분에 의하여 법률상 직접적이고 구체적인 이익을 침해당하였다 할 수 없으므로 당해 처분의 취소를 구할 당사자적격이 없다(대판 1996.6.28, 96누3630).

(2) 구성원만이 직접적 이익을 가지는 경우 단체

반대로 근거 법령의 해석상 어떠한 단체 등의 구성원만이 해당 처분에 관하여 직접적인 이익을 가진다고 해석되는 경우에는 해당 구성원이 소속한 단체 등은 청구인 적격이 인정되지 않는다.

> **관련 판례**
>
> 1. **재단법인인 수녀원은 수녀 등의 쾌적한 환경에서 생활할 수 있는 환경상 이익을 이유로 공유수면매립목적 변경 승인처분의 무효확인을 구할 법률상 이익이 인정되지 않는다.**
>
>   공유수면매립목적 변경 승인처분으로 갑 수녀원에 소속된 수녀 등이 쾌적한 환경에서 생활할 수 있는 환경상 이익을 침해받는다고 하더라도 이를 가리켜 곧바로 갑 수녀원의 법률상 이익이 침해된다고 볼 수 없고, 자연인이 아닌 갑 수녀원은 쾌적한 환경에서 생활할 수 있는 이익을 향수할 수 있는 주체가 아니므로 위 처분으로 위와 같은 생활상의 이익이 직접적으로 침해되는 관계에 있다고 볼 수도 없다(대판 2012.6.28, 2010두2005).
>
> 2. **전국고속버스운송사업조합이 도지사의 시외버스운송사업자에 대한 사업계획변경인가처분의 취소를 구할 원고적격이 없다.**
>
>   도지사가 시외버스운송사업자에게 행한 시외버스운송사업계획 변경인가처분에 대하여 그 노선에 관계가 있는 고속버스운송 사업자의 경제적 이익이 침해됨은 별론으로 하고 그 사업자가 조합원으로 되어 있는 고속버스운송사업조합은 이 건 처분에 관하여 직접적이고 구체적인 이해관계를 가진다고는 볼 수 없으므로 행정소송을 제기할 원고 적격은 없다(대판 1990.2.9, 89누4420).

(3) 법인에 대한 처분에 특별한 이해관계가 있는 구성원

판례는 법인 등의 구성원이 특별한 이해관계가 있거나 법인에 대한 처분이 법인의 존속 자체를 직접 좌우하는 처분인 경우에는 그 주주나 임원 또는 구성원이라 할지라도 해당 처분에 관하여 직접적이고 구체적인 법률상 이해관계를 가진다고 하여 원고적격을 인정하고 있다.

> **관련 판례**
>
> 1. **처분으로 인해 주주의 지위에 중대한 영향을 초래하게 되는 경우 주주도 법인에 대한 처분의 취소를 구할 원고적격이 있다.**
>
>   일반적으로 법인의 주주는 당해 법인에 대한 처분에 관하여 사실상이나 간접적인 이해관계를 가질 뿐이어서 스스로 그 처분의 취소를 구할 원고 적격이 없는 것이 원칙이라고 할 것이지만, 그 처분으로 인하여 궁극적으로 주식이 소각되거나 주주의 법인에 대한 권리가 소멸하는 등 주주의 지위에 중대한 영향을 초래하게 되는데도 그 처분의 성질상 당해 법인이 이를 다툴 것을 기대할 수 없고 달리 주주의 지위를 보전할 구제방법이 없는 경우에는 주주도 그 처분에 관하여 직접적이고 구체적인 법률상 이해관계를 가진다고 보이므로 그 취소를 구할 원고적격이 있다(대판 2004.12.23, 2000두2648).
>
> 2. **당해 법인의 존속자체를 직접 좌우하는 처분인 경우에는 그 주주나 임원은 법인에 대한 처분의 취소를 구할 원고적격이 있다.**
>
>   이와 같이 법인에 대한 처분이 당해 법인의 존속자체를 직접 좌우하는 처분인 경우에는 그 주주나 임원이라 할지라도 당해 처분에 관하여 직접 적이고 구체적인 법률상 이해관계를 가진다고 할 것이므로 그 취소를 구할 원고적격이 있다고 할 것이다(대판 1997.12.12, 96누4602).

3. **교육부장관의 해당 대학교 학교법인의 임시이사선임처분의 취소에 대해 <u>대학교수협의회와 총학생</u><u>회</u>는 임시이사선임처분의 취소를 구할 법률상 이익이 인정된다(학교직원들로 구성된 전국노동조합 대학지부는 원고적격 없음)**

교육부장관이 사학분쟁조정위원회의 심의를 거쳐 갑 대학교를 설치·운영하는 을 학교법인의 이사 8인과 임시이사 1인을 선임한 데 대하여 갑 대학교 교수협의회와 총학생회 등이 이사선임처분의 취소를 구하는 소송을 제기한 사안에서, 구 사립학교법과 구 사립학교법 시행령 및 을 법인 정관 규정은 헌법 제31조 제4항에 정한 교육의 자주성과 대학의 자율성에 근거한 갑 <u>대학교 교수협의회</u><u>와 총학생회의 학교운영참여권을 구체화하여 이를 보호하고 있다고 해석되므로</u>, 갑 대학교 교수협의회와 총학생회는 이사선임처분을 다툴 법률상 이익을 가지지만, 고등교육법령은 교육받을 권리나 학문의 자유를 실현하는 수단으로서 학생회와 교수회와는 달리 학교의 직원으로 구성된 노동조합의 성립을 예정하고 있지 아니하고, 노동조합은 근로자가 주체가 되어 자주적으로 단결하여 근로조건의 유지·개선 기타 근로자의 경제적·사회적 지위의 향상을 도모하기 위하여 조직된 단체인 점 등을 고려할 때, 학교의 직원으로 구성된 노동조합이 교육받을 권리나 학문의 자유를 실현하는 수단으로서 직접 기능한다고 볼 수는 없으므로, 개방이사에 관한 구 사립학교법과 구 사립학교법 시행령 및 을 법인 정관 규정이 학교직원들로 구성된 <u>전국대학노동조합 을 대학교지부의 법률상</u> <u>이익까지 보호하고 있는 것으로 해석할 수는 없다</u>(대판 2015.7.23, 2012두19496).

4. **임차인대표회의는 행정청의 분양전환승인처분에 대해 취소소송을 제기할 원고적격이 있다.**

구 임대주택법 규정의 내용과 입법 경위 및 취지 등에 비추어 보면, 임차인대표회의도 당해 주택에 거주하는 임차인과 마찬가지로 임대주택의 분양전환과 관련하여 그 승인의 근거 법률인 구 임대주택법에 의하여 보호되는 구체적이고 직접적인 이익이 있다고 봄이 상당하다. 따라서 <u>임차인대표회</u><u>의</u>는 행정청의 분양전환승인처분이 승인의 요건을 갖추지 못하였음을 주장하여 그 취소소송을 제기할 원고적격이 있다고 보아야 한다(대판 2010.5.13, 2009두19168).

6. 외국인의 사증발급

관련 판례 원칙적으로 외국인은 사증발급거부처분을 다툴 원고적격이 인정되지 않으나 대한민국에 적법하게 입국하여 상당한 기간을 체류한 외국인은 이를 다툴 법률상 이익이 인정된다.

사증발급 거부처분을 다투는 외국인은, 아직 대한민국에 입국하지 않은 상태에서 대한민국에 입국하게 해달라고 주장하는 것으로, 대한민국과의 실질적 관련성 내지 대한민국에서 법적으로 보호가치 있는 이해관계를 형성한 경우는 아니어서, 해당 처분의 취소를 구할 법률상 이익을 인정하여야 할 법정책적 필요성도 크지 않다. 반면, 국적법상 귀화불허가처분이나 출입국관리법상 체류자격변경 불허가처분, 강제퇴거명령 등을 다투는 외국인은 대한민국에 적법하게 입국하여 상당한 기간을 체류한 사람이므로, 이미 대한민국과의 실질적 관련성 내지 대한민국에서 법적으로 보호가치 있는 이해관계를 형성한 경우이어서, 해당 처분의 취소를 구할 법률상 이익이 인정된다고 보아야 한다(대판 2018.5.15, 2014두42506).

제5절　협의의 소익

행정소송법

제12조(원고적격)

취소소송은 처분등의 취소를 구할 법률상 이익이 있는 자가 제기할 수 있다. 처분등의 효과가 기간의 경과, 처분등의 집행 그 밖의 사유로 인하여 소멸된 뒤에도 그 처분등의 취소로 인하여 회복되는 법률상 이익이 있는 자의 경우에는 또한 같다.

Ⅰ 협의 소익의 의의

1. 개념

취소소송은 쟁송대상인 처분 등의 취소를 구할 자격이 있는 원고적격을 가진 자가 소를 제기할 수 있지만, 원고의 관념적 만족만으로는 부족하고 취소판결로 인해 권리구제가 현실로 실현될 수 있는 상황 즉 권리보호의 필요성이 존재해야 한다. 예를 들면 위법한 처분을 취소한다 하더라도 원상회복이 불가능한 경우에는 그 취소의 이익은 없는 것이 된다.

2. 인정의 필요성

협의의 소익을 소송요건으로 인정하는 것은 사인의 남소방지와 이로 인한 법원과 행정청의 부담경감, 그리고 원활한 행정작용을 위하여 필요하다.

Ⅱ 「행정소송법」상 관련규정

1. 「행정소송법」 제12조 후단

행정소송법 제12조는 취소소송의 원고적격에 대해 "취소소송은 행정청의 위법한 처분이나 재결의 취소 또는 변경을 구할 법률상 이익이 있는 자가 제기할 수 있다. 처분 등의 효과가 기간의 경과, 처분 등의 집행 그 밖의 사유로 인하여 소멸된 뒤에도 그 처분 등의 취소로 인하여 회복되는 법률상 이익이 있는 자의 경우에는 또한 같다"고 규정하고 있다.

2. 「행정소송법」 제12조 후단의 성격

행정소송법 제12조의 후단은 원고적격에 관한 규정이라는 견해가 있지만, 다수설과 판례는 취소소송에서의 협의의 소익에 관한 규정으로 보고 있다.

3. 회복되는 법률상 이익의 범위

(1) 문제의 소재

행정소송법 제12조 후단의 회복되는 법률상 이익의 해석과 관련하여 전단의 법률상 이익과 같이 볼 것인지 아니면 더 넓게 해석하여 명예·신용 등의 인격적·사회적 이익을 회복되는 법률상 이익의 해석에 포함시킬 것인가가 논의된다.

(2) 학설

① 회복되는 법률상 이익은 전단의 법률상 이익과 동일하게 보고 명예·신용 등의 인격적 이익은 법률상 이익에 포함되지 않는다는 견해(부정설)

② 협의의 소익에서의 법률상 이익의 개념을 처분의 위법확인에 대한 '정당한 이익'으로 보고 법률상 이익보다 넓은 것으로서 보호가치 있는 인격적 이익도 포함하는 것으로 보는 견해(긍정설)

(3) 판례

판례는 행정소송법 제12조 소정의 '법률상 이익'을 전단과 후단을 구별하지 않고 모두 "당해 처분의 근거 법률에 의하여 보호되는 직접적이고 구체적인 이익"을 의미하고, 간접적이거나 사실적, 경제적 이해관계를 가지는 데 불과한 경우에는 여기에 해당되지 않는다고 보고 있다(대판 1995.10.17, 94누14148). 다만, 개별 사건에서는 신분과 명예를 회복되는 법률상 이익으로 본 경우도 있다.

(4) 검토

원고적격으로서 법률상 이익과 협의의 소익을 동일하게 볼 필요는 없다는 점에서 후단의 회복되는 법률상 이익의 범위를 전단의 법률상 이익보다 넓게 인정하는 것이 타당하다고 본다.

관련 판례

1. 사실적 · 경제적 이익에 불과한 것은 법률상 이익에 해당하지 않는다.

원고가 이 사건 처분이 위법하다는 점에 대한 판결을 받아 피고에 대한 손해배상청구소송에서 이를 원용할 수 있다거나 위 배출시설을 다른 지역으로 이전하는 경우 행정상의 편의를 제공받을 수 있는 이익이 있다 하더라도, 그러한 이익은 사실적 · 경제적 이익에 불과하여 이 사건 처분의 취소를 구할 법률상 이익에 해당하지 않는다(대판 2002.1.11, 2000두2457).

2. 고등학교 퇴학처분 후 검정고시에 합격하였다 해도 퇴학처분의 취소를 다툴 이익이 있다.

고등학교졸업이 대학입학자격이나 학력인정으로서의 의미밖에 없다고 할 수 없으므로 고등학교졸업학력검정고시에 합격하였다 하여 고등학교 학생으로서의 신분과 명예가 회복될 수 없는 것이니 퇴학처분을 받은 자로서는 퇴학처분의 위법을 주장하여 그 취소를 구할 소송상의 이익이 있다(대판 1992.7.14, 91누4737).

Ⅲ 권리보호 필요성의 인정 여부

1. 처분의 효력이 소멸한 경우

일반적으로는 처분의 효력이 소멸한 경우 법원의 취소판결을 구할 법률상 이익이 인정되지 않는다. 다만, 예외적으로 인정되는 경우가 있다.

(1) 소송 계속 중 처분행정청이 대상처분을 직권취소한 경우

소송 계속 중 처분행정청이 대상처분을 직권취소 또는 철회한 경우 그 처분은 효력을 상실하여 더 이상 존재하지 않으므로 항고소송은 원칙적 소의 이익이 소멸한다.

관련 판례

1. 소송계속 중 처분청이 다툼의 대상이 되는 행정처분을 직권으로 취소한 경우

행정처분을 다툴 소의 이익은 개별·구체적 사정을 고려하여 판단하여야 한다. 행정처분의 무효확인 또는 취소를 구하는 소가 제소 당시에는 소의 이익이 있어 적법하였더라도, 소송 계속 중 처분청이 다툼의 대상이 되는 행정처분을 직권으로 취소하면 그 처분은 효력을 상실하여 더 이상 존재하지 않는 것이므로, 존재하지 않는 처분을 대상으로 한 항고소송은 원칙적으로 소의 이익이 소멸하여 부적법하다고 보아야 한다.

다만 처분청의 직권취소에도 완전한 원상회복이 이루어지지 않아 무효확인 또는 취소로써 회복할 수 있는 다른 권리나 이익이 남아 있거나 또는 동일한 소송 당사자 사이에서 그 행정처분과 동일한 사유로 위법한 처분이 반복될 위험성이 있어 행정처분의 위법성 확인 내지 불분명한 법률문제에 대한 해명이 필요한 경우 행정의 적법성 확보와 그에 대한 사법통제, 국민의 권리구제의 확대 등의 측면에서 예외적으로 그 처분의 취소를 구할 소의 이익을 인정할 수 있다(대판 2020.4.9, 2019두49953).

2. 행정청이 공무원에 대하여 직위해제처분을 한 후 새로운 사유로 직위해제 한 경우 이전 직위해제처분은 취소를 구할 소의 이익이 없다.

행정청이 공무원에 대하여 새로운 직위해제사유에 기한 직위해제처분을 한 경우 그 이전에 한 직위해제처분은 이를 묵시적으로 철회하였다고 봄이 상당하므로, 그 이전 처분의 취소를 구하는 부분은 존재하지 않는 행정처분을 대상으로 한 것으로서 그 소의 이익이 없어 부적법하다(대판 2003.10.10, 2003두5945).

3. 행정청이 당초 영업 허가신청 반려처분의 취소를 구하는 중 이를 직권취소하고 동시에 신청을 재반려하는 경우 당초 반려처분의 취소를 구할 소의 이익이 없다.

행정청이 당초의 분뇨 등 관련영업 허가신청 반려처분의 취소를 구하는 소의 계속중, 사정변경을 이유로 위 반려처분을 직권취소함과 동시에 위 신청을 재반려하는 내용의 재처분을 한 경우, 당초의 반려처분의 취소를 구하는 소는 더 이상 소의 이익이 없게 된다(대판 2006.9.28, 2004두5317).

4. 과징금부과처분 후 부과처분의 하자를 이유로 과징금의 액수를 감액하는 경우 감액처분에 의하여 감액된 부분에 대한 부과처분 취소청구는 이미 소멸하고 없는 부분에 대한 것으로서 소의 이익이 없다.

행정처분을 한 처분청은 처분에 하자가 있는 경우에는 별도의 법적 근거가 없더라도 스스로 이를 취소하거나 변경할 수 있는바, 과징금 부과처분에서 행정청이 납부의무자에 대하여 부과처분을 한 후 부과처분의 하자를 이유로 과징금의 액수를 감액하는 경우에 감액처분은 감액된 과징금 부분에 관하여만 법적 효과가 미치는 것으로서 당초 부과처분과 별개 독립의 과징금 부과처분이 아니라 실질은 당초 부과처분의 변경이고, 그에 의하여 과징금의 일부취소라는 납부의무자에게 유리한 결과를 가져오는 처분이므로 당초 부과처분이 전부 실효되는 것은 아니다. 따라서 감액처분에 의하여 감액된 부분에 대한 부과처분 취소청구는 이미 소멸하고 없는 부분에 대한 것으로서 소의 이익이 없어 부적법하다(대판 2017.1.12, 2015두2352).

(2) 예외적 인정

처분청의 직권취소에도 취소로써 회복되는 다른 법률상 이익이 있거나, 동일한 사유로 위법한 처분이 반복될 위험성이 있어 처분의 위법확인이나 불분명한 법률문제에 대한 해명이 필요한 경우 예외적으로 그 처분의 취소를 구할 법률상 이익이 인정된다. 반드시 '해당 사건의 동일한 소송 당사자 사이에서' 반복될 위험이 있는 경우만을 의미하는 것은 아니다.

> **관련 판례**
>
> **1. 조합설립인가처분을 받은 후 조합설립변경인가처분을 받은 경우 기존의 조합설립인가처분을 다툴 소의 이익이 없지만 예외적 인정되는 경우**
>
> 주택재건축사업조합이 새로 조합설립인가처분을 받는 것과 동일한 요건과 절차를 거쳐 조합설립변경인가처분을 받는 경우 당초 조합설립인가처분의 유효를 전제로 당해 주택재건축사업조합이 매도청구권 행사, 시공자 선정에 관한 총회 결의, 사업시행계획의 수립, 관리처분계획의 수립 등과 같은 후속 행위를 하였다면 당초 조합설립인가처분이 무효로 확인되거나 취소될 경우 그것이 유효하게 존재하는 것을 전제로 이루어진 위와 같은 후속 행위 역시 소급하여 효력을 상실하게 되므로, 특별한 사정이 없으면 위와 같은 형태의 조합설립변경인가가 있다고 하여 당초 조합설립인가처분의 무효확인을 구할 소의 이익이 소멸된다고 볼 수는 없다(대판 2012.10.25, 2010두25107).
>
> **2. 사업시행계획 인가처분의 유효를 전제로 한 일련의 후속행위가 이루어진 경우, 당초 사업시행계획을 실질적으로 변경하는 내용으로 새로운 사업시행계획을 수립하여 시장 · 군수로부터 인가를 받았다고 하여 당초 사업시행계획의 무효확인을 구할 소의 이익이 소멸한다고 할 수 없다.**
>
> 사업시행계획의 경우 그 인가처분의 유효를 전제로 분양공고 및 분양신청 절차, 분양신청을 하지 않은 조합원에 대한 수용절차, 관리처분계획의 수립 및 그에 대한 인가 등 후속 행위가 있었다면, 당초 사업시행계획이 무효로 확인되거나 취소될 경우 그것이 유효하게 존재하는 것을 전제로 이루어진 위와 같은 일련의 후속 행위 역시 소급하여 효력을 상실하게 되므로, 당초 사업시행계획을 실질적으로 변경하는 내용으로 새로운 사업시행계획이 수립되어 시장 · 군수로부터 인가를 받았다는 사정만으로 일률적으로 당초 사업시행계획의 무효확인을 구할 소의 이익이 소멸된다고 볼 수는 없고, 위와 같은 후속 행위로 토지 등 소유자의 권리 · 의무에 영향을 미칠 정도의 공법상의 법률관계를 형성시키는 외관이 만들어졌는지 또는 존속되고 있는지 등을 개별적으로 따져 보아야 한다(대판 2013.11.28, 2011두30199).
>
> **3. 수형자의 영치품에 대한 사용신청불허처분 후 수형자가 다른 교도소로 이송된 경우 영치품 사용신청 불허처분의 취소를 구할 소익이 있다.**
>
> 원심판결 이유와 기록에 의하여 알 수 있는 다음과 같은 사정, 즉 원고의 긴 팔 티셔츠 2개(앞 단추가 3개 있고 칼라가 달린 것, 이하 '이 사건 영치품'이라 한다)에 대한 사용신청 불허처분(이하 '이 사건 처분'이라 한다) 이후 이루어진 원고의 다른 교도소로의 이송이라는 사정에 의하여 원고의 권리와 이익의 침해 등이 해소되지 아니한 점, 원고의 형기가 만료되기까지는 아직 상당한 기간이 남아 있을 뿐만 아니라, 진주교도소가 전국 교정시설의 결핵 및 정신질환 수형자들을 수용 · 관리하는 의료교도소인 사정을 감안할 때 원고의 진주교도소로의 재이송 가능성이 소멸하였다고 단정하기 어려운 점 등을 종합하면, 원고로서는 이 사건 처분의 취소를 구할 이익이 있다(대판 2008.2.14, 2007두13203).

4. 임시이사 선임처분에 대하여 취소를 구하는 소송의 계속중 임기만료 등의 사유로 새로운 임시이사들로 교체된 경우에도 임시이사 선임처분의 취소를 구할 법률상 이익을 인정한다(반복가능성).

임시이사 선임처분에 대하여 취소를 구하는 소송의 계속중 임기만료 등의 사유로 새로운 임시이사들로 교체된 경우, 선행 임시이사 선임처분의 효과가 소멸하였다는 이유로 그 취소를 구할 법률상 이익이 없다고 보게 되면, 원래의 정식이사들로서는 계속 중인 소를 취하하고 후행 임시이사 선임처분을 별개의 소로 다툴 수밖에 없게 되며, 그 별소 진행 도중 다시 임시이사가 교체되면 또 새로운 별소를 제기하여야 하는 등 무익한 처분과 소송이 반복될 가능성이 있으므로, 이러한 경우 법원이 선행 임시이사 선임처분의 취소를 구할 법률상 이익을 긍정하여 그 위법성 내지 하자의 존재를 판결로 명확히 해명하고 확인하여 준다면 위와 같은 구체적인 침해의 반복 위험을 방지할 수 있을 뿐 아니라, 후행 임시이사 선임처분의 효력을 다투는 소송에서 기판력에 의하여 최초 내지 선행 임시이사 선임처분의 위법성을 다투지 못하게 함으로써 그 선임처분을 전제로 이루어진 후행 임시이사 선임처분의 효력을 쉽게 배제할 수 있어 국민의 권리구제에 도움이 된다. 그러므로 취임승인이 취소된 학교법인의 정식이사들로서는 그 취임승인취소처분 및 임시이사 선임처분에 대한 각 취소를 구할 법률상 이익이 있고, 나아가 선행 임시이사 선임처분의 취소를 구하는 소송 도중에 선행 임시이사가 후행 임시이사로 교체되었다고 하더라도 여전히 선행 임시이사 선임처분의 취소를 구할 법률상 이익이 있다(대판 2007.7.19, 2006두19297).

2. 원상회복이 불가능한 경우

(1) 원칙적 부정

처분이 취소되어도 원상회복이 불가능한 경우에는 그 취소를 구할 소익이 없다. 판례도 대집행이 완료된 경우에는 대집행계고처분의 취소를 구하는 소익이 없다거나, 건축공사가 완료된 경우에는 건축허가에 대한 취소를 구할 소익이 없다고 한다.

관련 판례

1. 건축허가가 건축법상 이격거리를 두지 않아 위법하더라도 건축공사가 완료되면 건축허가의 취소를 구할 법률상 이익이 없다.

건축허가가 건축법 소정의 이격거리를 두지 아니하고 건축물을 건축하도록 되어 있어 위법하다 하더라도 그 건축허가에 기하여 건축공사가 완료되었다면 그 건축허가를 받은 대지와 접한 대지의 소유자인 원고가 위 건축허가처분의 취소를 받아 이격거리를 확보할 단계는 지났으며 민사소송으로 위 건축물 등의 철거를 구하는 데 있어서도 위 처분의 취소가 필요한 것이 아니므로 원고로서는 위 처분의 취소를 구할 법률상의 이익이 없다(대판 1992.4.24, 91누11131).

2. 건물 사용검사처분에 대해 인접건물 소유자에게 그 처분의 취소를 구할 법률상 이익이 없다.

건물 사용검사처분(준공처분)은 건축허가를 받아 건축된 건물이 건축허가사항대로 건축행정목적에 적합한가 여부를 확인하고 사용검사필증을 교부하여 줌으로써 허가 받은 자로 하여금 건축한 건물을 사용, 수익할 수 있게 하는 법률효과를 발생시키는 것에 불과하고, … 건물이 이격거리를 유지하지 못하고 있고, 건축과정에서 인접주택 소유자에게 피해를 입혔다고 하더라도 인접주택 소유자는 그 건물에 대한 사용검사처분의 취소를 구할 법률상 이익이 있다고 볼 수 없다(대판 1994.1.14, 93누20481).

3. 지방의료원을 해산한다는 내용의 조례를 공포하고 지방의료원의 청산절차가 마쳐진 경우 도지사의 폐업결정은 항고소송의 대상에 해당하지만 취소를 구할 소의 이익을 인정하기 어렵다.

폐업결정 후 을 지방의료원을 해산한다는 내용의 조례가 제정·시행되었고 조례가 무효라고 볼 사정도 없어 을 지방의료원을 폐업 전의 상태로 되돌리는 원상회복은 불가능하므로 법원이 폐업결정을 취소하더라도 단지 폐업결정이 위법함을 확인하는 의미밖에 없고, 폐업결정의 취소로 회복할 수 있는 다른 권리나 이익이 남아있다고 보기도 어려우므로, 갑 도지사의 폐업결정이 법적으로 권한 없는 자에 의하여 이루어진 것으로서 위법하더라도 취소를 구할 소의 이익을 인정하기 어렵다(대판 2016.8.30, 2015두60617).

(2) 예외적 인정

1) 원상회복이 가능한 경우

처분의 집행이 종료되었다고 하더라도 원상회복이 가능한 경우에는 처분에 대한 취소소송을 제기할 소의 이익이 인정된다.

관련 판례

1. 현역입영대상자가 입영한 후에 현역병입영통지처분의 취소를 구할 소송상의 이익이 있다.

현역은 입영한 날부터 군부대에서 복무하도록 되어 있으므로 현역병입영통지처분에 따라 현실적으로 입영을 한 경우에는 그 처분의 집행은 종료되지만, 한편, 입영으로 그 처분의 목적이 달성되어 실효되었다는 이유로 다툴 수 없도록 한다면, 병역법상 현역입영대상자로서는 현역병입영통지처분이 위법하다 하더라도 법원에 의하여 그 처분의 집행이 정지되지 아니하는 이상 현실적으로 입영을 할 수밖에 없으므로 현역병입영통지처분에 대하여는 불복을 사실상 원천적으로 봉쇄하는 것이 되고, … 현역입영대상자로서는 현실적으로 입영을 하였다고 하더라도, 입영 이후의 법률관계에 영향을 미치고 있는 현역병입영통지처분 등을 한 관할지방병무청장을 상대로 위법을 주장하여 그 취소를 구할 소송상의 이익이 있다(대판 2003.12.26, 2003두1875).

2. 현역병입영대상자로 병역처분을 받은 자가 그 취소소송으로 이를 다투던 중 모병에 응하여 현역병으로 자진입대한 경우 소의 이익이 없다.

원고는 이 사건 처분의 위법을 주장하며 그 취소를 구하는 이 사건 소를 제기하였으나 소송 도중 모병에 응하여 현역병으로 자진 입대하였는바, 사실관계가 이와 같다면, 원고가 당초에 이 사건 소를 제기한 현실적인 필요는 현역병으로서의 복무가 강제되는 징집을 면하기 위한 데에 있었다고 할 것이나, 소송 도중 원고가 지원에 의하여 현역병으로 채용되었을 뿐만 아니라 이 사건 처분이 취소된다고 하더라도 현역병으로 채용된 효력이 상실되지 아니하여 계속 현역병으로 복무할 수밖에 없으므로 더 이상 재판으로 이 사건 처분의 위법을 다툴 실제적인 효용 내지 실익이 사라졌다고 할 것이어서 이 사건 소는 결국 소의 이익이 없는 부적법한 소라고 할 것이다(대판 1998.9.8, 98두9165).

3. 광업권의 존속기간이 만료하지 않은 상태에서 행정청이 토지형질변경허가거부처분을 하고 광업권의 존속기간이 만료된 경우 토지형질변경허가거부처분의 취소를 구할 법률상 이익이 있다.

행정청이 토지형질변경허가거부처분을 할 당시는 광업권의 존속기간이 만료되지 아니하였을 뿐만 아니라, 광업권자는 상공자원부장관의 허가를 받아 광업권의 존속기간을 연장할 수도 있는 것이므로, 행정청이 위 거부처분을 한 뒤에 광업권의 존속기간이 만료되었다고 하여 위 거부처분의 취소를 구할 법률상 이익이 있다(대판 1994.4.12, 93누21088).

4. 개발제한구역 안에서의 공장설립을 승인한 처분이 위법하다는 이유로 쟁송취소되었으나 그 승인처분에 기초한 공장건축허가처분이 잔존하는 경우, 인근 주민들에게 공장건축허가처분의 취소를 구할 법률상 이익이 있다.

구 산업집적활성화 및 공장설립에 관한 법률의 규정을 종합하면, 공장설립승인처분이 있고 난 뒤에 또는 그와 동시에 공장건축허가처분을 하는 것이 허용되므로, 공장설립승인처분이 취소된 경우에는 그 승인처분을 기초로 한 공장건축허가처분 역시 취소되어야 하고, 공장설립승인처분에 근거하여 토지의 형질변경이 이루어진 경우에는 원상회복을 해야 함이 원칙이다. 따라서 개발제한구역 안에서의 공장설립을 승인한 처분이 위법하다는 이유로 쟁송취소되었다고 하더라도 그 승인처분에 기초한 공장건축허가처분이 잔존하는 이상, 공장설립승인처분이 취소되었다는 사정만으로 인근 주민들의 환경상 이익이 침해되는 상태나 침해될 위험이 종료되었다거나 이를 시정할 수 있는 단계가 지나버렸다고 단정할 수는 없고, 인근 주민들은 여전히 공장건축허가처분의 취소를 구할 법률상 이익이 있다(대판 2018.7.12, 2015두3485).

2) 부수적 이익이 회복되는 경우

판결의 소급효에 의하여 당해 처분이 소급하여 취소됨으로써 원고의 법률상의 이익에 해당하는 부수적인 이익이 구제될 수 있는 경우에는 소의 이익을 인정할 수 있다.

관련 판례

1. 한국방송공사 사장에 대한 해임처분의 무효확인 또는 취소소송 계속 중 임기가 만료된 경우에도 해임처분을 다툴 법률상 이익이 인정된다(해임처분시부터 임기만료시까지 봉급 받을 권리 회복).

해임처분 무효확인 또는 취소소송 계속 중 임기가 만료되어 해임처분의 무효확인 또는 취소로 지위를 회복할 수는 없다고 할지라도, 그 무효확인 또는 취소로 해임처분일부터 임기만료일까지 기간에 대한 보수 지급을 구할 수 있는 경우에는 해임처분의 무효확인 또는 취소를 구할 법률상 이익이 있다. 해임권자와 보수지급의무자가 다른 경우에도 마찬가지이다(대판 2012.2.23, 2011두5001).

2. 지방의회 의원에 대한 제명의결 취소소송 계속 중 의원의 임기가 만료된 경우에도 제명의결을 다툴 법률상 이익이 인정된다(제명의결시부터 임기만료시까지 월초수당을 받을 권리 회복).

지방의회 의원에 대한 제명의결 취소소송 계속 중 의원의 임기가 만료된 경우 제명의결의 취소로 의원의 지위를 회복할 수는 없다 하더라도 제명의결시부터 임기만료일까지의 기간에 대한 월정수당의 지급을 구할 수 있는 등 여전히 그 제명의결의 취소를 구할 법률상 이익이 있다(대판 2009.1.30, 2007두13487).

3. 공장등록이 취소된 후 그 공장시설물이 철거되었다 하더라도 공장등록취소를 다툴 법률상 이익이 인정된다.

공장등록이 취소된 후 그 공장시설물이 철거되었다 하더라도 대도시 안의 공장을 지방으로 이전할 경우 조세특례제한법상의 세액공제 및 소득세 등의 감면혜택이 있고, 공업배치 및 공장설립에 관한 법률상의 간이한 이전절차 및 우선 입주의 혜택이 있는 경우, 그 공장등록취소처분의 취소를 구할 법률상의 이익이 있다(대판 2002.1.11, 2000두3306).

4. 도시개발사업의 공사 등이 완료된 후라도 도시개발사업의 시행에 따른 도시계획변경결정처분과 도시개발구역지정 처분 및 도시개발사업실시계획인가처분의 취소를 구할 법률상 이익이 인정된다.

도시개발사업의 공사 등이 완료되고 원상회복이 사회통념상 불가능하게 된 경우에도 위 각 처분이 취소된다면 그것이 유효하게 존재하는 것을 전제로 하여 이루어진 토지수용이나 환지 등에 따른 각종의 처분이나 공공시설의 귀속 등에 관한 법적 효력은 영향을 받게 되므로, 도시개발사업의 시행에 따른 도시계획변경결정처분과 도시개발구역지정처분 및 도시개발사업실시계획인가처분의 취소를 구할 법률상 이익이 있다(대판 2005.9.9, 2003두5402,5419).

5. 근로자가 중앙노동위원회 부당해고구제재심판정의 취소를 구하는 소송 중 정년이 된 경우 해고기간 중의 임금 상당액을 지급받을 필요가 있다면 중앙노동위원회 재심판정을 다툴 법률상 이익이 있다.

부당해고 구제명령제도에 관한 근로기준법의 규정 내용과 목적 및 취지, 임금 상당액 구제명령의 의의 및 법적 효과 등을 종합적으로 고려하면, 근로자가 부당해고 구제신청을 하여 해고의 효력을 다투던 중 정년에 이르거나 근로계약기간이 만료하는 등의 사유로 원직에 복직하는 것이 불가능하게 된 경우에도 해고기간 중의 임금 상당액을 지급받을 필요가 있다면 임금 상당액 지급의 구제명령을 받을 이익이 유지되므로 구제신청을 기각한 중앙노동위원회의 재심판정을 다툴 소의 이익이 있다(대판 2020.2.20, 2019두52386).

6. 이주대책업무가 종결되고 그 공공사업을 완료하여 사업지구 내에 더 이상 분양할 이주대책용 단독택지가 없는 경우에도 이주대책대상자 선정신청을 거부한 행정처분의 취소를 구할 법률상 이익이 있다.

공공용지의 취득 및 손실보상에 관한 특례법 제8조 제1항에 의하면 사업시행자는 이주대책의 수립, 실시의무가 있고, 그 의무이행에 따른 이주대책계획을 수립하여 공고하였다면, 이주대책대상자라고 하면서 선정신청을 한 자에 대해 대상자가 아니라는 이유로 거부한 행정처분에 대하여 그 취소를 구하는 것은 이주대책대상자라는 확인을 받는 의미도 함께 있는 것이며, 사업시행자가 하는 확인, 결정은 이주대책상의 택지분양권이나 아파트 입주권 등을 받을 수 있는 구체적인 권리를 취득하기 위한 요건에 해당하므로 현실적으로 이미 수립, 실시한 이주대책업무가 종결되었고, 그 사업을 완료하여 이 사건 사업지구 내에 더 이상 분양할 이주대책용 단독택지가 없다 하더라도 보상금청구권 등의 권리를 확정하는 법률상의 이익은 여전히 남아 있는 것이므로 그러한 사정만으로 이 거부처분의 취소를 구할 법률상 이익이 없다고 할 것은 아니다(대판 1999.8.20, 98두17043).

3. 가중적 제재규정과 소의 이익

(1) 제재처분의 효력기간이 경과한 경우

행정처분에 효력기간이 정하여져 있는 경우, 위 기간의 경과로 그 행정처분의 효력은 상실되므로 원칙적 그 처분의 취소를 구할 법률상 이익이 없다.

PART 01

> **관련 판례** 처분의 기간경과로 효력이 상실된 경우 특별한 사정이 없는 한 소익이 없다.
>
> 행정처분에 효력기간이 정하여져 있는 경우, 위 기간의 경과로 그 행정처분의 효력은 상실되므로 그 기간 경과 후에는 그 처분이 외형상 잔존함으로 인하여 어떠한 법률상 이익이 침해되었다고 볼 만한 별다른 사정이 없는 한 그 처분의 취소를 구할 법률상의 이익이 없다(대판 1999.2.23, 98두14471).

(2) 제재처분의 전력이 가중제재사유가 되는 경우

효력기간이 경과된 제재적 행정처분이 그 후 다른 제재적 행정처분의 가중요건이 되는 경우에는 소의 이익이 인정된다.

> **관련 판례**
>
> **1. 가중제재의 근거규정이 법규명령 행정규칙인가 여부를 떠나 현실적 가중된 제재처분을 받을 우려가 있는 경우 소익의 이익을 긍정한다.**
>
> 제재적 행정처분의 가중사유나 전제요건에 관한 규정이 법령이 아니라 규칙의 형식으로 되어 있다고 하더라도, 그러한 규칙이 법령에 근거를 두고 있는 이상 그 법적 성질이 대외적·일반적 구속력을 갖는 법규명령인지 여부와는 상관없이, 관할 행정청이나 담당공무원은 이를 준수할 의무가 있으므로 이들이 그 규칙에 정해진 바에 따라 행정작용을 할 것이 당연히 예견되고, 그 결과 행정작용의 상대방인 국민으로서는 그 규칙의 영향을 받을 수밖에 없다. 따라서 그러한 규칙이 정한 바에 따라 선행처분을 받은 상대방이 그 처분의 존재로 인하여 장래에 받을 불이익, 즉 후행처분의 위험은 구체적이고 현실적인 것이므로, 상대방에게는 선행처분의 취소소송을 통하여 그 불이익을 제거할 필요가 있다(대판(전합) 2006.6.22, 2003두1684).
>
> **2. 실제로 가중된 제재처분을 받을 우려가 없어졌다면 법률상 이익이 없다.**
>
> 업무정지처분을 받은 후 새로운 업무정지처분을 받음이 없이 1년이 경과하여 실제로 가중된 제재처분을 받을 우려가 없어졌다면 위 처분에서 정한 정지기간이 경과한 이상 특별한 사정이 없는 한 그 처분의 취소를 구할 법률상 이익이 없다(대판 2000.4.21, 98두10080).
>
> **3. 기간을 정한 제재처분 취소소송에서 집행정지결정이 있었으나 집행정지 중 처분이 정한 기간이 경과한 경우 그 처분을 다툴 법률상 이익이 인정된다.**
>
> 행정처분의 효력정지가처분결정은 일시 잠정적으로 그 처분의 집행 혹은 효력발생을 정지하는 것이므로 집행정지가처분으로 인하여 그 행정처분이 정한 기간이 그 집행정지중에 이미 지나갔다 하여도 그 행정처분의 당부에 대한 본안심판을 하여야 하고 본소를 각하하지 못한다(대판 1974.1.29, 73누202).

4. 실효적 권리구제수단

해당 취소소송보다 실효적인 권리구제절차가 있는 경우에는 법률상 이익이 부정되는 것이 원칙이지만, 다른 권리구제절차가 있는 경우에도 취소를 구할 현실적인 이익이 있어 해당 취소소송이 분쟁해결의 유효적절한 수단이라고 할 수 있는 경우에는 법률상 이익이 인정된다.

> **관련 판례** 해당 처분 등의 취소를 구하는 것보다 실효적이고 직접적인 구제수단이 있음에도 처분 등의 취소를 구하는 것은 특별한 사정이 없는 한 분쟁해결의 유효적절한 수단이라고 할 수 없어 법률상 이익이 있다고 할 수 없다.
>
> 행정청이 한 처분 등의 취소를 구하는 소송은 처분에 의하여 발생한 위법 상태를 배제하여 원래 상태로 회복시키고 처분으로 침해된 권리나 이익을 구제하고자 하는 것이다. 따라서 해당 처분 등의 취소를 구하는 것보다 실효적이고 직접적인 구제수단이 있음에도 처분 등의 취소를 구하는 것은 특별한 사정이 없는 한 분쟁해결의 유효적절한 수단이라고 할 수 없어 법률상 이익이 있다고 할 수 없다(대판 2017.10.31, 2015두45045).

(1) 거부처분 취소재결의 취소를 구하는 경우

> **관련 판례** 거부처분이 재결에서 취소된 경우 재결에 따른 후속처분이 아니라 그 재결의 취소를 구하는 것은 실효적이고 직접적인 권리구제수단이 될 수 없어 분쟁해결의 유효적절한 수단이라고 할 수 없으므로 법률상 이익이 없다.
>
> 그런데 당사자의 신청을 받아들이지 않은 거부처분이 재결에서 취소된 경우에 행정청은 종전 거부처분 또는 재결 후에 발생한 새로운 사유를 내세워 다시 거부처분을 할 수 있다. 그 재결의 취지에 따라 이전의 신청에 대하여 다시 어떠한 처분을 하여야 할지는 처분을 할 때의 법령과 사실을 기준으로 판단하여야 하기 때문이다. 또한 행정청이 재결에 따라 이전의 신청을 받아들이는 후속처분을 하였더라도 후속처분이 위법한 경우에는 재결에 대한 취소소송을 제기하지 않고도 곧바로 후속처분에 대한 항고소송을 제기하여 다툴 수 있다. 나아가 거부처분을 취소하는 재결이 있더라도 그에 따른 후속처분이 있기까지는 제3자의 권리나 이익에 변동이 있다고 볼 수 없고 후속처분 시에 비로소 제3자의 권리나 이익에 변동이 발생하며, 재결에 대한 항고소송을 제기하여 재결을 취소하는 판결이 확정되더라도 그와 별도로 후속처분이 취소되지 않는 이상 후속처분으로 인한 제3자의 권리나 이익에 대한 침해 상태는 여전히 유지된다. 이러한 점들을 종합하면, 거부처분이 재결에서 취소된 경우 재결에 따른 후속처분이 아니라 그 재결의 취소를 구하는 것은 실효적이고 직접적인 권리구제수단이 될 수 없어 분쟁해결의 유효적절한 수단이라고 할 수 없으므로 법률상 이익이 없다(대판 2017.10.31, 2015두45045).

(2) 인가와 기본행위

적법한 인가처분에 대해서는 인가의 기본행위에 하자가 있더라도 그 기본행위의 무효를 내세워 그에 대한 인가처분의 취소 또는 무효확인을 구할 법률상 이익이 없다는 것이 판례이다.

> **관련 판례**
>
> **1. 재단법인의 정관변경 결의에 하자를 이유로 행정청의 인가처분의 취소 또는 무효확인을 구할 법률상 이익이 없다.**
>
> 인가는 기본행위인 재단법인의 정관변경에 대한 법률상의 효력을 완성시키는 보충행위로서, 그 기본이 되는 정관변경 결의에 하자가 있을 때에는 그에 대한 인가가 있었다 하여도 기본행위인 정관변경 결의가 유효한 것으로 될 수 없으므로 기본행위인 정관변경 결의가 적법 유효하고 보충행위인

인가처분 자체에만 하자가 있다면 그 인가처분의 무효나 취소를 주장할 수 있지만, 인가처분에 하자가 없다면 기본행위에 하자가 있다 하더라도 따로 그 기본행위의 하자를 다투는 것은 별론으로 하고 기본행위의 무효를 내세워 바로 그에 대한 행정청의 인가처분의 취소 또는 무효확인을 소구할 법률상의 이익이 없다(대판(전합) 1996.5.16, 95누4810).

2. 임시이사들에 의한 이사선임결의의 내용 및 그 절차에 하자가 있다는 이유로 행정청의 인가처분의 취소 또는 무효확인을 구할 법률상 이익이 없다.

기본행위인 임시이사들에 의한 이사선임결의의 내용 및 그 절차에 하자가 있다는 이유로 이사선임결의의 효력에 관하여 다툼이 있는 경우에는 민사쟁송으로서 그 기본행위에 해당하는 위 이사선임결의의 무효확인을 구하는 등의 방법으로 분쟁을 해결할 것이지 그 이사선임결의에 대한 보충적 행위로서 그 자체만으로는 아무런 효력이 없는 승인처분만의 무효확인이나 그 취소를 구하는 것은 특단의 사정이 없는 한 분쟁해결의 유효적절한 수단이라 할 수 없으므로, 임원취임승인처분의 무효확인이나 그 취소를 구할 법률상 이익이 없다(대판 2002.5.24, 2000두3641).

3. 기본행위인 사업시행계획 작성행위의 하자를 이유로 행정청의 인가처분을 다툴 법률상 이익이 없다.

조합이 사업시행계획을 재건축결의에서 결정된 내용과 달리 작성한 경우 이러한 하자는 기본행위인 사업시행계획 작성행위의 하자이고, 이에 대한 보충행위인 행정청의 인가처분이 그 근거 조항인 위 법 제28조의 적법요건을 갖추고 있는 이상은 그 인가처분 자체에 하자가 있는 것이라 할 수 없다(대판 2008.1.10, 2007두16691).

(3) 재건축조합설립인가

판례는「도시 및 주거환경정비법」에 의한 재건축조합설립인가에 대해서는 인가로 보지 않고 특허로 보고 있다. 이 경우 조합설립결의에 하자가 있고 인가가 있는 경우 인가를 다투어야 하고 조합설립결의에 하자를 독립적으로 다툴 이익이 인정되지 않는다.

관련 판례 **재건축조합설립결의에 하자가 있으면 그 하자를 이유로 조합설립인가처분의 취소를 구해야 하고 별도로 조합설립결의 부분만을 따로 떼어내어 그 효력 유무를 다툴 확인의 이익이 인정되지 않는다.**

행정청이 도시 및 주거환경정비법 등 관련 법령에 근거하여 행하는 조합설립인가처분은 단순히 사인들의 조합설립행위에 대한 보충행위로서의 성질을 갖는 것에 그치는 것이 아니라 법령상 요건을 갖출 경우 도시 및 주거환경정비법상 주택재건축사업을 시행할 수 있는 권한을 갖는 행정주체(공법인)로서의 지위를 부여하는 일종의 설권적 처분의 성격을 갖는다고 보아야 한다. 그리고 그와 같이 보는 이상 조합설립결의는 조합설립인가처분이라는 행정처분을 하는 데 필요한 요건 중 하나에 불과한 것이어서, 조합설립결의에 하자가 있다면 그 하자를 이유로 직접 항고소송의 방법으로 조합설립인가처분의 취소 또는 무효확인을 구하여야 하고, 이와는 별도로 조합설립결의 부분만을 따로 떼어내어 그 효력 유무를 다투는 확인의 소를 제기하는 것은 원고의 권리 또는 법률상의 지위에 현존하는 불안·위험을 제거하는 데 가장 유효·적절한 수단이라 할 수 없어 특별한 사정이 없는 한 확인의 이익은 인정되지 아니한다(대판 2009.9.24, 2008다60568).

(4) 지위승계신고수리처분

사업양도에 따른 지위승계신고수리의 경우에는 사업양도의 무효를 주장하면서 지위승계신고
수리처분의 무효확인을 구할 법률상 이익이 인정된다.

> **관련 판례** 사업의 양도행위가 무효라고 주장하는 양도자는 민사쟁송으로 양도·양수행위의 무효를
> 구함이 없이 막바로 허가관청을 상대로 하여 행정소송으로 위 신고수리처분의 무효확인을 구할 법률
> 상 이익이 있다.
>
> 사업양도·양수에 따른 허가관청의 지위승계신고의 수리는 적법한 사업의 양도·양수가 있었음을 전
> 제로 하는 것이므로 그 수리대상인 사업양도·양수가 존재하지 아니하거나 무효인 때에는 수리를 하였
> 다 하더라도 그 수리는 유효한 대상이 없는 것으로서 당연히 무효라 할 것이고, 사업의 양도행위가
> 무효라고 주장하는 양도자는 민사쟁송으로 양도·양수행위의 무효를 구함이 없이 막바로 허가관청을
> 상대로 하여 행정소송으로 위 신고수리처분의 무효확인을 구할 법률상 이익이 있다(대판 2005.12.23,
> 2005두3554).

(5) 단계적 행정처분의 경우

선행처분의 효력이 소멸한 후에도 동일한 행정목적을 달성하거나 동일한 법률효과를 발생시
키기 위하여 선행처분과 후행처분이 단계적인 일련의 절차로 연속하여 행하여져 후행처분이
선행처분의 적법함을 전제로 이루어짐에 따라 선행처분의 하자가 후행처분에 승계된다고 볼 수
있어 이미 소를 제기하여 다투고 있는 선행처분의 위법성을 확인하여 줄 필요가 있는 경우 여전
히 그 선행처분의 취소를 구할 법률상 이익이 있다(대판(전합) 2007.7.19, 2006두19297).

> **관련 판례**
>
> **1. 원자로 및 관계시설의 부지사전승인처분은 사전적 부분 건설허가처분의 성격을 갖는다.**
>
> 원자로 및 관계시설의 부지사전승인처분은 그 자체로서 건설부지를 확정하고 사전공사를 허용하는
> 법률효과를 지닌 독립한 행정처분이기는 하지만, 건설허가 전에 신청자의 편의를 위하여 미리 그
> 건설허가의 일부 요건을 심사하여 행하는 사전적 부분 건설허가처분의 성격을 갖고 있는 것이어서
> 나중에 건설허가처분이 있게 되면 그 건설허가처분에 흡수되어 독립된 존재가치를 상실함으로써
> 그 건설허가처분만이 쟁송의 대상이 되는 것이므로, 부지사전승인처분의 취소를 구하는 소는 소의
> 이익을 잃게 되고, 따라서 부지사전승인처분의 위법성은 나중에 내려진 건설허가처분의 취소를 구
> 하는 소송에서 이를 다투면 된다(대판 1998.9.4, 97누19588).
>
> **2. 구 도시 및 주거환경정비법상 조합설립추진위원회 구성승인처분을 다투는 소송 계속 중 조합설립인
> 가처분이 이루어진 경우 조합설립추진위원회 구성승인처분에 대하여 취소 또는 무효확인을 구할
> 법률상 이익이 없다.**
>
> 구 도시 및 주거환경정비법 제13조 제1항, 제2항, 제14조 제1항, 제15조 제4항, 제5항 등 관계
> 법령의 내용, 형식, 체제 등에 비추어 보면, 조합설립추진위원회 구성승인처분은 조합의 설립을 위
> 한 주체인 추진위원회의 구성행위를 보충하여 그 효력을 부여하는 처분으로서 조합설립이라는 종

> 국적 목적을 달성하기 위한 중간단계의 처분에 해당하지만, 그 법률요건이나 효과가 조합설립인가처분의 그것과는 다른 독립적인 처분이기 때문에, 추진위원회 구성승인처분에 대한 취소 또는 무효확인 판결의 확정만으로는 이미 조합설립인가를 받은 조합에 의한 정비사업의 진행을 저지할 수 없다. 따라서 추진위원회 구성승인처분을 다투는 소송 계속 중에 조합설립인가처분이 이루어진 경우에는, 추진위원회 구성승인처분에 위법이 존재하여 조합설립인가 신청행위가 무효라는 점 등을 들어 직접 조합설립인가처분을 다툼으로써 정비사업의 진행을 저지하여야 하고, 이와는 별도로 추진위원회 구성승인처분에 대하여 취소 또는 무효확인을 구할 법률상의 이익은 없다고 보아야 한다 (대판 2013.1.31, 2011두11112·2011두11129).

5. 그 밖의 경우

> **관련 판례**
>
> **1. 치과의사국가시험 불합격처분 이후 새로 실시된 국가시험에 합격한 자가 불합격처분의 취소를 구할 법률상 이익이 없다.**
>
> 치과의사국가시험 합격은 치과의사 면허를 부여받을 수 있는 전제요건이 된다고 할 것이나 국가시험에 합격하였다고 하여 위 면허취득의 요건을 갖추게 되는 이외에 그 자체만으로 합격한 자의 법률상 지위가 달라지게 되는 것은 아니므로 불합격처분 이후 새로 실시된 국가시험에 합격한 자들로서는 더 이상 위 불합격처분의 취소를 구할 법률상의 이익이 없다(대판 1993.11.9, 93누6867).
>
> **2. 사법시험 제1차 시험 불합격처분 이후에 새로이 실시된 사법시험 제1차 시험에 합격한 자의 그 불합격처분의 취소를 구할 법률상 이익이 없다.**
>
> 사법시험령 제5조, 제6조, 제8조의 각 규정을 종합하여 보면, 사법시험 제1차 시험에 합격하였다고 할지라도 그것은 합격자가 사법시험령 제6조, 제8조 제1항의 각 규정에 의하여 당회의 제2차 시험과 차회의 제2차 시험에 응시할 자격을 부여받을 수 있는 전제요건이 되는 데 불과한 것이고, 그 자체만으로 합격한 자의 법률상의 지위가 달라지게 되는 것이 아니므로, 제1차 시험 불합격 처분 이후에 새로이 실시된 사법시험 제1차 시험에 합격하였을 경우에는 더 이상 위 불합격 처분의 취소를 구할 법률상 이익이 없다(대판 1996.2.23, 95누2685).

판례상 협의의 소익의 인정 여부(사례대비 참조)

협의 소익 부정 판례

① 영업정지의 기간이 경과한 후 영업정지의 취소
② 유효기간 만료 후 제기한 투전기업소갱신허가 신청을 거부한 처분의 취소
③ 중재재정 자체에 의하여 효력기간이 정하여져 있는 경우에 중재재정이 유효기간의 경과로 실효된 경우 중재재정의 취소
④ 환지처분 공고 후 환지예정지 지정처분의 취소
⑤ 원자로건설허가처분 후 원자로부지 사전승인처분의 취소
⑥ 기본행위의 하자를 이유로 적법한 인가처분의 취소를 구할 이익
⑦ 철거처분완료 후 대집행계고처분의 취소
⑧ 건축공사완료 후 이격거리 위반의 건축허가
⑨ 건축공사완료 후 준공검사 받은 후 준공처분의 취소
⑩ 건축사 업무정지처분 후 기간이 경과하여 실제로 가중된 제재처분을 받을 우려가 없는 경우 업무정지처분
⑪ 치과의사국가시험 불합격처분 이후 새로 실시된 국가시험에 합격한 자의 불합격처분의 취소
⑫ 행정청이 공무원에 대하여 새로운 직위해제사유에 기한 직위해제처분을 한 경우 그 이전 직위해제처분의 취소
⑬ 취소소송 제기 후 판결선고 전에 당해 처분을 취소한다는 내용의 형성적 재결이 이루어진 경우 당해처분의 취소
⑭ 사법시험 제1차 시험 불합격처분 이후에 새로이 실시된 사법시험 제1차 시험에 합격한 자의 그 불합격처분의 취소
⑮ 공익근무요원 소집해제신청을 거부당한 자가 계속하여 공익근무요원으로 복무한 후 복무기간 만료를 이유로 소집해제처분을 받은 후에 계속하여 소집해제신청거부처분을 다툰 경우
⑯ 상등병에서 병장으로의 진급요건을 갖춘 자에 대하여 진급처분을 행하지 아니한 상태에서 예비역편입처분
⑰ 현역병입영대상자로 병역처분을 받은 자가 그 취소소송 중 모병에 응하여 현역병으로 자진입대한 경우
⑱ 보충역편입처분 및 공익근무요원소집처분의 취소를 구하는 소의 계속 중 병역처분변경신청에 따라 제2국민역편입처분으로 병역처분이 변경된 경우
⑲ 허가신청의 반려처분의 취소를 구하는 소의 계속 중 반려처분을 직권취소하고 위 신청을 재반려하는 경우 당초 반려처분
⑳ 개발제한구역 중 일부 취락을 개발제한구역에서 해제하는 내용의 도시관리계획변경결정에 대하여, 개발제한구역 해제대상에서 누락된 토지의 소유자의 위 결정의 취소를 구할 이익
㉑ 과징금부과처분의 취소재결에 대한 동종업자의 취소소송을 제기할 이익
㉒ 재학 중인 대학생들의 전공이 다른 교수임용으로 인한 학습권 침해
㉓ 과세관청이 법인의 소득처분 상대방에 대한 소득처분을 경정하면서 증액과 감액을 동시에 한 결과 전체로서 소득처분금액이 감소된 경우
㉔ 거부처분을 취소하는 재결이 있는 경우 이에 대한 후속처분을 다투고 그 재결 자체의 취소를 구할 법률상 이익 부정
㉕ 구 「주택법」상 입주자나 입주예정자는 사용검사처분의 무효확인 또는 취소를 구할 법률상 이익 부정

협의 소익 긍정 판례

① 서울대학교 불합격처분의 취소를 구하는 소송계속 중 당해연도의 입학시기가 지난 경우에도 불합격처분의 취소를 구할 소익 인정(다음 연도 입학 가능성)

② 고등학교에서 퇴학처분을 받은 자가 고등학교졸업학력검정고시에 합격한 후라도 퇴학처분의 취소를 구할 소익 인정(정규 고등학교 졸업생으로서의 신분과 명예회복)

③ 일반사면이 있은 후 파면처분의 취소를 구할 소익 인정(공무원으로서의 신분회복)

④ 제재처분의 효력기간이 경과한 후라도 그 처분을 받은 전력이 장래 불이익하게 취급되는 것으로 법정 가중요건으로 되어 있는 경우(현실적 가중제재의 위험제거)

⑤ 현역병입영대상자로서 현실적으로 입영을 한 자가 입영 이후의 법률관계에 영향을 미치고 있는 현역병입영통지처분을 다툴 소익 인정(재신체 검사로 다른 병역처분 가능성)

⑥ 도시개발사업의 공사 등이 완료된 후라도 도시개발사업의 시행에 따른 도시계획변경결정처분과 도시개발구역지정 처분 및 도시개발사업실시계획인가처분의 취소를 구할 소익 긍정(도시계획변경결정을 근거로 한 환지처분이나 수용보상금 재평가 가능성)

⑦ 유효기간이 경과된 뒤 중앙노동위원회의 중재재심결정 중 임금인상 부분의 취소를 구할 소의 이익 긍정(회사의 인상된 임금지급 가능성 다툴 실익)

⑧ 공무원이 파면처분 후 당연퇴직된 경우라도 파면처분의 취소를 구할 소의 이익 긍정(파면 후 당연퇴직시까지 미지급된 봉급 받을 권리 회복)

⑧ 공무원이 감봉처분 후 자진퇴직된 경우라도 감봉처분의 취소를 구할 소의 이익 긍정(감봉 후 자진퇴직시까지 삭감된 봉급 받을 권리 회복)

⑨ 지방의회 의원에 대한 제명의결 취소소송 계속 중 의원의 임기가 만료된 경우에도 제명의결을 다툴 소익 긍정(제명의결시부터 임기만료시까지 월초수당을 받을 권리 회복)

⑩ 한국방송공사 사장에 대한 해임처분의 무효확인 또는 취소소송 계속 중 임기가 만료된 경우에도 소익 긍정(해임처분시부터 임기만료시까지 봉급 받을 권리 회복)

⑪ 근로자가 중앙노동위원회 부당해고구제재심판정의 취소를 구하는 소송 중 정년이 된 경우 중앙노동위원회 재심판정을 다툴 소익 긍정(해고기간 중의 임금 상당액을 지급받을 이익)

⑫ 이주대책업무가 종결되고 그 공공사업을 완료하여 사업지구 내에 더 이상 분양할 이주대책용 단독택지가 없는 경우에도 이주대책대상자 선정신청을 거부한 처분의 취소를 구할 소익 긍정(보상금청구권 등의 권리를 확정하는 법률상 이익)

⑬ 공장등록이 취소된 후 그 공장시설물이 철거되었다 하더라도 공장등록취소를 다툴 소익 긍정(공장등록이 되는 경우 대도시 안의 공장을 지방으로 이전할 경우 조세특례제한법상의 세액공제 및 소득세 등의 감면혜택이 있음)

⑭ 광업권의 존속기간이 만료되지 않은 상태에서 토지형질변경허가거부처분을 한 후 광업권의 존속기간이 만료된 경우라도 토지형질변경허가거부를 다툴 소익 긍정(광업권 존속기간이 연장될 가능성)

⑮ 개발제한구역 안에서의 공장설립을 승인한 처분이 위법하다는 이유로 쟁송취소되었다고 하더라도 그 승인처분에 기초한 공장건축허가처분이 잔존하는 경우 공장건축허가처분의 취소를 구할 소익 긍정(인근 주민들의 환경상 이익이 침해될 위험)

⑯ 수형자의 영치품에 대한 사용신청 불허처분 후 수형자가 다른 교도소로 이송된 경우 불허처분을 다툴 소익 긍정(영치품 신청에 대한 불허처분의 반복가능성)

⑰ 임원취임승인 취소처분 후 학교법인의 정식이사들에 대하여 원래 정해져 있던 임기가 만료된 경우(승인 취소처분이 위법해서 취소된 경우 후임이사 선임시까지 직무수행에 관한 긴급처리권을 가지게 됨)

⑱ 임시이사 선임처분에 대하여 취소를 구하는 소송의 계속 중 임기만료 등의 사유로 새로운 임시이사들로 교체된 경우(새로운 임시이사 선임이 반복될 가능성)

● 제32회 2023년 기출

【문제 2】 A시에서 여객자동차운송사업을 하고 있는 甲은 운송사업 중 일부 노선을 같은 지역 여객자동차운송사업자인 乙에게 양도하였고, A시의 시장 X는 위 양도·양수를 인가하였다. 이 노선에는 甲 이외에도 여객자동차운송사 업자 丙이 일부 중복된 구간을 운영하고 있으며, 위 인가처분으로 해당 구간의 사업자는 甲, 乙, 丙으로 증가한다. 이에 丙은 기존의 경쟁 사업자 외에 乙이 동일한 운행경로를 포함한 운행계통을 가지게 되어 그 중복운행 구간의 연고 있는 사업자 수가 증가하고, 그 결과 향후 운행횟수 증회, 운행 계통 신설 및 변경 등에 있어 장래 기대이익이 줄어들 것을 우려한다. 그런데 위 인가처분으로 인해 甲이 운행하던 일부 노선에 관한 운행계통, 차량 및 부대시설 등이 일체로 乙에게 양도된 것이어서, 이로 인하여 종전 노선 및 운행계통이나 그에 따른 차량수 및 운행횟수 등에 변동이 있는 것은 아니다. 丙이 위 인가처분의 취소를 구하는 소송을 제기할 경우, 원고 적격이 인정되는가? 25점

● 제31회 2022년 기출

【문제 1】 채석업자 丙은 P산지(山地)에서 토석채취를 하기 위하여 관할 행정청 군수 乙에게 토석채취허가신청을 하였다. 乙은 丙의 신청서류를 검토한 후 적정하다고 판단하여 토석채취허가(이하 '이 사건 처분'이라 한다.)를 하였다. 한편, P산지 내에는 과수원을 운영하여 거기에서 재배된 과일로 만든 잼 등을 제조·판매하는 영농법인 甲이 있는데, 그 곳에서 제조하는 잼 등은 청정지역에서 재배하여 품질 좋은 제품이라는 명성을 얻어 인기리에 판매되고 있다. 그런데, 甲은 과수원 인근에서 토석채취가 이루어지면 비산먼지 등으로 인하여 과수원에 악영향을 미친다고 판단하여, 이 사건 처분의 취소를 하는 소를 제기하였다. 다음 물음에 답하시오. 50점

물음 1) 위 취소소송에서 甲의 원고적격은 인정될 수 있는가? 20점

【문제 2】 甲은 교육사업을 영위하는 회사 乙과 기간의 정함이 없는 근로계약을 체결하고 근무하던 중 乙로부터 해고를 통보받았다. 이에 대해 甲은 서울지방노동위원회에 부당해고 구제를 신청하였고, 이후 원직에 복직하는 대신 금전보상명령을 구하는 것으로 신청취지를 변경하였다. 그러나 서울지방노동위원회에의 구제신청과 이어진 중앙노동위원회에의 재심 신청이 각각 기각됨에 따라, 甲은 2022.7.22. 서울행정법원에 재심판정의 취소를 구하는 소를 제기하였다. 한편, 乙은 2022.7.19. 정당한 절차에 의해 취업규칙을 개정하였고, 이 규칙은 이 사건 소가 계속 중이던 2022.8.1.부터 시행되었다. 종전 취업규칙에는 정년에 관한 규정이 없었으나 '개정 취업규칙'에는 근로자가 만 60세에 도달하는 날을 정년으로 정하고 있으며, 甲은 이미 2022.4.15. 만 60세에 도달하였다. 甲이 중앙노동위원회의 재심판정을 다툴 협의의 소의 이익이 인정되는지를 설명하시오. 25점

● 제29회 2020년 기출

【문제 1】 甲은 2018.11.1.부터 A시 소재의 3층 건물의 1층에서 일반음식점을 운영해 왔는데, 관할 행정청인 A시의 시장 乙은 2019.12.26. 甲이 접대부를 고용하여 영업을 했다는 이유로 甲에 대하여 3월의 영업정지처분을 하였다. 이에 대하여 甲은 문제가 된 여성은 접대부가 아니라 일반 종업원이라는 점을 주장하면서 3월의 영업정지처분의 취소를 구하는 행정심판을 청구했다. 관할 행정심판위원회는 2020.3.6. 甲에 대한 3월의 영업정지처분을 1월의 영업정지처분으로 변경하라는 일부인용재결을 하였고, 2020.3.10. 그 재결서 정본이 甲에게 도달하였다. 乙은 행정심판위원회의 재결내용에 따라 2020.3.17. 甲에 대하여 1월의 영업정지처분을 하였고, 향후 같은 위반사유로 제재처분을 받을 경우 식품위생법 시행규칙 별표의 행정처분기준에 따라 가중적 제재처분이 내려진다는 점까지 乙은 甲에게 안내했다. 행정심판을 통해서 구제를 받지 못했다고 생각한 甲은 2020.6.15. 취소소송을 제기하고자 한다. 다음 물음에 답하시오. 50점

물음 2) 甲은 乙의 영업정지처분 1월이 경과한 후에도 그 처분의 취소를 구할 소의 이익이 있는지 논하시오. 20점

● 제26회 2017년 기출

【문제 1】 건설회사에 근무하는 甲은 건설현장 불법행위 단속을 나온 공무원 乙의 중과실로 인하여 공사현장에서 업무 중 골절 등 산재사고로 인한 상해를 입었고, 이를 이유로 2014년 2월경 근로복지공단으로부터 휴업급여와 장해급여 등을 지급받았다. 그런데 이후 甲이 회사가 가입하고 있던 보험회사로부터 별도로 장해보상금을 지급받자 근로복지공단은 甲이 이중으로 보상받았음을 이유로 2016년 3월경 이미 지급된 급여의 일부에 대한 징수결정을 하고 이를 甲에게 고지하였다. 그러나 甲이 이 같은 징수결정에 대해서 민원을 제기하자 2016년 11월경 당초의 징수결정 금액의 일부를 감액하는 처분을 하였는데, 그 처분 고지서에는 "이의가 있는 경우 행정심판법 제27조의 규정에 의한 기간 내에 행정심판을 청구하거나 행정소송법 제20조의 규정에 의한 기간 내에 행정소송을 제기할 수 있습니다."라고 기재되어 있었다. 한편 공무원 乙은 공직기강확립 감찰기간 중 중과실로 甲에 대한 산재사고를 야기하였음을 이유로 해임처분을 받자 이에 대해서 소청심사를 거쳐 취소소송을 제기하였다. 다음 물음에 답하시오. 50점

물음 2) 해임처분취소소송의 계속 중 乙이 정년에 이르게 된 경우, 乙에게 해임처분의 취소를 구할 법률상 이익이 인정되는지 여부를 검토하시오. 25점

● 제22회 2013년 기출

【문제 1】 甲은 乙이 대표이사로 있는 A운수주식회사에서 운전기사로 근무하고 있는데, A회사의 노사간에 체결된 임금협정에는 운전기사의 법령위반행위로 회사에 과징금이 부과되면 추후 당해 운전기사에 대한 상여금 지급시 그 과징금 상당액을 공제하기로 하는 내용이 포함되어 있다. 다음 물음에 답하시오. 50점

물음 1) 甲의 법령위반행위로 인하여 A회사에 과징금이 부과된 경우, A회사에 갈음하여 대표이사인 乙이 스스로 당해 과징금부과 처분에 대한 취소소송을 제기한다면 이 소송은 적법한가? 또한 乙이 甲의 법령위반행위로 인한 과징금의 액수가 과다하지만 그 액수만큼 甲에 대한 상여금에서 공제할 수 있어 회사에 실질적인 손해가 없다고 생각하여 과징금부과처분에 대한 취소소송의 제기에 적극적인 태도를 보이지 않는 경우, 甲이 당해 과징금부과처분에 대한 취소소송을 제기한다면 이 소송은 적법한가? 30점

제6절　피고적격과 피고경정

행정소송법

제13조(피고적격)

① 취소소송은 다른 법률에 특별한 규정이 없는 한 그 처분등을 행한 행정청을 피고로 한다. 다만, 처분등이 있은 뒤에 그 처분등에 관계되는 권한이 다른 행정청에 승계된 때에는 이를 승계한 행정청을 피고로 한다.

② 제1항의 규정에 의한 행정청이 없게 된 때에는 그 처분등에 관한 사무가 귀속되는 국가 또는 공공단체를 피고로 한다.

Ⅰ 피고적격

1. 처분을 행한 행정청의 의의

처분 등을 행한 행정청이란 원칙적으로 소송의 대상인 행정처분 등을 외부적으로 그의 명의로 행한 행정청을 의미한다. 처분청과 통지자가 다른 경우 처분청이 피고가 된다.

관련 판례

1. 성업공사(현 한국자산관리공사)의 공매처분에 대한 피고는 실제로 공매를 행한 성업공사이다.

성업공사가 체납압류된 재산을 공매하는 것은 세무서장의 공매권한 위임에 의한 것으로 보아야 할 것이므로, 성업공사가 한 그 공매처분에 대한 취소 등의 항고소송을 제기함에 있어서는 수임청으로서 실제로 공매를 행한 성업공사를 피고로 하여야 하고, 위임청인 세무서장은 피고적격이 없다(대판 1997.2.28, 96누1757).

2. 처분청과 통지자가 다른 경우 처분청이 피고이다.

국무회의에서 건국훈장 독립장이 수여된 망인에 대한 서훈취소를 의결하고 대통령이 결재함으로써 서훈취소가 결정된 후 국가보훈처장이 망인의 유족 갑에게 '독립유공자 서훈취소결정 통보'를 하자 갑이 국가보훈처장을 상대로 서훈취소결정의 무효 확인 등의 소를 제기한 사안에서, 위 소는 피고를 잘못 지정한 경우에 해당하므로 법원으로서는 석명권을 행사하여 정당한 피고로 경정하게 하여 소송을 진행해야 한다(대판 2014.9.26, 2013두2518).

3. 대외적으로 의사를 표시할 수 있는 기관이 아닌 내부기관은 실질적인 의사가 그 기관에 의하여 결정되더라도 피고적격을 갖지 못한다.

여기서 '행정청'이라 함은 국가 또는 공공단체의 기관으로서 국가나 공공단체의 의견을 결정하여 외부에 표시할 수 있는 권한, 즉 처분권한을 가진 기관을 말하고, 대외적으로 의사를 표시할 수 있는 기관이 아닌 내부기관은 실질적인 의사가 그 기관에 의하여 결정되더라도 피고적격을 갖지 못한다(대판 2014.5.16, 2014두274).

---

2. 권한의 위임·위탁의 경우

(1) 권한의 위임

권한이 위임·위탁된 경우에는 그 수임·수탁행정청이 원칙적 피고가 된다. 공공단체 또는 사인도 행정권한의 위탁을 받은 경우 취소소송의 피고가 될 수 있다.

> **관련 판례**
>
> **1. 세무서장의 공매권한 위임에 의해 성업공사가 공매처분한 경우 실제로 공매를 행한 성업공사를 피고로 하여야 한다.**
>
> 성업공사가 체납압류된 재산을 공매하는 것은 세무서장의 공매권한 위임에 의한 것으로 보아야 할 것이므로, 성업공사가 한 그 공매처분에 대한 취소 등의 항고소송을 제기함에 있어서는 수임청으로서 실제로 공매를 행한 성업공사를 피고로 하여야 하고, 위임청인 세무서장은 피고적격이 없다(대판 1997.2.28, 96누1757).
>
> **2. 에스에이치공사가 택지개발사업 시행자인 서울특별시장으로부터 이주대책 수립권한을 포함한 택지개발사업에 따른 권한을 위임 또는 위탁받은 경우, 이주대책 대상자들이 에스에이치공사 명의로 이루어진 이주대책에 관한 처분에 대한 취소소송을 제기함에 있어 정당한 피고는 에스에이치공사가 된다.**
>
> 피고 공사는 서울특별시장으로부터 서울특별시가 사업시행자가 된 이 사건 택지개발사업지구 내에 거주하다가 사업시행에 필요한 가옥을 제공함으로 인하여 생활의 근거를 상실하게 되는 이주자들에게 택지개발촉진법과 구 공공용지의 취득 및 손실보상에 관한 특례법 및 주택공급에 관한 규칙 등의 법령에 따라서 위 택지개발사업의 시행으로 조성된 토지를 분양하여 주거나 분양아파트 입주권을 부여하는 내용의 이주대책 수립권한을 포함한 택지개발사업에 따른 권한을 위임 또는 위탁받았다고 할 것이므로, 서울특별시가 사업시행자가 된 이 사건 택지개발사업과 관련하여 이주대책 대상자라고 주장하는 자들이 피고 공사 명의로 이루어진 이주대책에 관한 처분에 대한 취소소송을 제기함에 있어 정당한 피고는 피고 공사가 된다고 할 것이다(대판 2007.8.23, 2005두3776).

(2) 권한의 내부위임

권한의 내부위임의 경우에는 처분권 자체가 이전되는 것은 아니지만 실제 처분을 행한 행정청이 피고가 된다는 것이 판례입장이다. 다만, 위임기관의 명의로 처분을 한 경우에는 위임기관이 피고가 된다.

> **관련 판례**
>
> **1. 수임관청이 내부위임에 따라 위임관청의 이름으로 행한 처분에 대한 피고적격은 위임관청이다.**
>
> 행정관청이 특정한 권한을 법률에 따라 다른 행정관청에 이관한 경우와 달리 내부적인 사무처리의 편의를 도모하기 위하여 그의 보조기관 또는 하급행정관청으로 하여금 그의 권한을 사실상 행하도록 하는 **내부위임의 경우에는 수임관청**이 그 위임된 바에 따라 위임관청의 이름으로 권한을 행사하였다면 그 처분청은 위임관청이므로 그 처분의 취소나 무효확인을 구하는 소송의 **피고는 위임관청**으로 삼아야 한다(대판 1991.10.8, 91누520).

2. 내부위임을 받은 데 불과한 하급행정청이 권한 없이 행한 행정처분의 피고적격은 하급행정청이다.

행정처분의 취소 또는 무효확인을 구하는 행정소송은 다른 법률에 특별한 규정이 없는 한 그 처분을 행한 행정청을 피고로 하여야 하며, 행정처분을 행할 적법한 권한있는 상급행정청으로부터 내부위임을 받은 데 불과한 하급행정청이 권한 없이 행정처분을 한 경우에도 실제로 그 처분을 행한 하급행정청을 피고로 할 것이지 그 상급행정청을 피고로 할 것은 아니다(대판 1989.11.14, 89누4765).

3. 권한의 대리

(1) 대리관계를 현명한 경우

대리관계를 밝히고 처분을 한 경우 피대리관청이 피고가 된다. 대리관계를 밝힘이 없이 대리관청명의로 처분한 경우 대리관청이 피고가 된다.

(2) 대리관계를 현명하지 않은 경우

대리관계를 밝히지 않은 경우 실제 처분을 행한 대리관청이 피고적격을 가지나 상대방이 그 행정처분이 피대리 행정청을 대리하여 한 것임을 알고서 이를 받아들인 예외적인 경우에는 피대리 행정청이 피고가 되어야 한다.

> **관련 판례** 대리권을 수여받은 행정청이 대리관계를 밝힘이 없이 자신의 명의로 행정처분을 한 경우, 그 행정처분에 대한 항고소송의 피고적격
>
> 대리권을 수여받은 데 불과하여 그 자신의 명의로는 행정처분을 할 권한이 없는 행정청의 경우 대리관계를 밝힘이 없이 그 자신의 명의로 행정처분을 하였다면 그에 대하여는 처분명의자인 당해 행정청이 항고소송의 피고가 되어야 하는 것이 원칙이지만, 비록 대리관계를 명시적으로 밝히지는 아니하였다 하더라도 처분명의자가 피대리 행정청 산하의 행정기관으로서 실제로 피대리 행정청으로부터 대리권한을 수여받아 피대리 행정청을 대리한다는 의사로 행정처분을 하였고 처분명의자는 물론 그 상대방도 그 행정처분이 피대리 행정청을 대리하여 한 것임을 알고서 이를 받아들인 예외적인 경우에는 피대리 행정청이 피고가 되어야 한다(대결 2006.2.23, 2005부4).

4. 지방의회 · 지방자치단체장

(1) 조례가 항고소송의 대상인 경우

조례가 항고소송의 대상이 되는 경우에는 조례를 공포한 지방자치단체의 장이 피고가 되고, 교육 · 학예에 관한 조례는 시 · 도교육감이 피고가 된다.

> **관련 판례** 조례가 처분법규인 경우에는 공포권자인 단체장이 피고가 된다.
>
> 1. 조례가 집행행위의 개입 없이도 그 자체로서 직접 국민의 구체적인 권리의무나 법적 이익에 영향을 미치는 등의 법률상 효과를 발생하는 경우 그 조례는 항고소송의 대상이 되는 행정처분에 해당하고, 이러한 조례에 대한 무효확인소송을 제기함에 있어서 행정소송법 제38조 제1항, 제13조에 의하여 피고적격이 있는 처분 등을 행한 행정청은, 행정주체인 지방자치단체 또는 지방자치단체

> 의 내부적 의결기관으로서 지방자치단체의 의사를 외부에 표시한 권한이 없는 지방의회가 아니라, 구 지방자치법에 의하여 지방자치단체의 집행기관으로서 조례로서의 효력을 발생시키는 공포권이 있는 지방자치단체의 장이다.
> 2. 구 지방교육자치에 관한 법률 제14조 제5항, 제25조에 의하면 시·도의 교육·학예에 관한 사무의 집행기관은 시·도 교육감이고 시·도 교육감에게 지방교육에 관한 조례안의 공포권이 있다고 규정되어 있으므로, 교육에 관한 조례의 무효확인소송을 제기함에 있어서는 그 집행기관인 시·도 교육감을 피고로 하여야 한다(대판 1996.9.20, 95누8003).

(2) 의장에 대한 불신임이나 의원에 대한 징계의결 등

의장에 대한불신임, 의원에 대한 징계의 의결이나 의장선출에 대해서는 지방의회가 행정청으로서 피고가 된다.

5. 대통령의 처분

대통령도 항고소송의 피고가 되지만, 공무원에 대한 징계·면직 기타 본인의 의사에 반하는 불이익 처분에 있어서 처분청이 대통령인 때에는 소속장관이 피고가 된다(국가공무원법 제16조).

6. 국회의장, 대법원장, 헌법재판소장, 중앙선거관리위원회위원장의 처분

국회사무총장, 법원행정처장, 헌법재판소 사무처장, 중앙선거관리위원회 사무총장이 피고가 된다.

7. 처분 등을 행한 행정청이 폐지된 경우

처분 등의 사무가 귀속되는 국가 또는 공공단체를 피고로 한다.

8. 처분청이 합의제기관인 경우

기관의 대표가 아닌 합의제기관 자체가 피고가 된다. 단, 법률의 규정이 있으면 합의제기관의 대표가 피고가 되는 경우가 있다(노동위원회법 제27조에 의해 위원장이 피고가 되는 중앙노동위원회의 결정).

노동위원회법

제27조(중앙노동위원회의 처분에 대한 소송)

① 중앙노동위원회의 처분에 대한 소송은 중앙노동위원회위원장을 피고(被告)로 하여 처분의 송달을 받은 날부터 15일 이내에 이를 제기하여야 한다.

---

9. 공동소송

수인의 청구 또는 수인에 대한 청구가 처분 등의 취소청구와 관련되는 청구인 경우에는 그 수인은 공동소송인이 될 수 있다(행정소송법 제15조).

Ⅱ 피고의 경정

1. 의의

① 피고의 경정이란 소송의 계속 중에 피고로 지정된 자를 다른 자로 변경하는 것을 뜻한다.
② 피고를 잘못지정한 때, 행정청의 권한변경 등으로 행정청이 변경되는 경우, 소의 변경으로 피고변경이 이루어지는 경우가 있다.
③ 피고경정은 법률에 다른 규정이 없는 한 사실심 변론종결시까지 가능하다.

행정소송법

제14조(피고경정)

① 원고가 피고를 잘못 지정한 때에는 법원은 <u>원고의 신청</u>에 의하여 결정으로써 피고의 경정을 허가할 수 있다.
② 법원은 제1항의 규정에 의한 결정의 정본을 새로운 피고에게 송달하여야 한다.
③ 제1항의 규정에 의한 신청을 각하하는 결정에 대하여는 즉시항고할 수 있다.
④ 제1항의 규정에 의한 결정이 있은 때에는 새로운 피고에 대한 소송은 처음에 소를 제기한 때에 제기된 것으로 본다.
⑤ 제1항의 규정에 의한 결정이 있은 때에는 종전의 피고에 대한 소송은 취하된 것으로 본다.
⑥ 취소소송이 제기된 후에 제13조 제1항 단서 또는 제13조 제2항에 해당하는 사유가 생긴 때에는 법원은 <u>당사자의 신청 또는 직권</u>에 의하여 피고를 경정한다. 이 경우에는 제4항 및 제5항의 규정을 준용한다.

행정소송규칙

제6조(피고경정)

법 제14조 제1항에 따른 피고경정은 사실심 변론을 종결할 때까지 할 수 있다.

제7조(명령·규칙 소관 행정청에 대한 소송통지)

① 법원은 명령·규칙의 위헌 또는 위법 여부가 쟁점이 된 사건에서 그 명령·규칙 소관 행정청이 피고와 동일하지 아니한 경우에는 해당 명령·규칙의 소관 행정청에 소송계속 사실을 통지할 수 있다.
② 제1항에 따른 통지를 받은 행정청은 법원에 해당 명령·규칙의 위헌 또는 위법 여부에 관한 의견서를 제출할 수 있다.

2. 피고경정이 인정되는 사례

(1) 피고를 잘못 지정한 때

① 피고의 잘못된 지정에 대한 고의·과실은 불문한다.
② 피고의 잘못 지정은 취소소송을 제기할 때를 기준으로 한다.
③ 원고의 신청이 있어야 한다. 법원이 직권(×)

> **관련 판례** 원고가 피고를 잘못 지정하였다면 법원은 원고로 하여금 피고를 경정하게 하여 소송을 진행하여야 한다.
>
> 행정소송에서 원고가 처분청이 아닌 행정관청을 피고로 잘못 지정하였다면 법원으로서는 석명권을 행사하여 원고로 하여금 피고를 처분청으로 경정하게 하여 소송을 진행케 하여야 할 것이다(대판 1990.1.12, 89누1032).

(2) 행정청의 권한변경 등

① 소를 제기한 후에 행정청의 권한변경 또는 행정조직상의 변경으로 권한이 다른 기관에 승계된 경우, 행정조직상의 개편으로 행정청이 없어지게 되는 경우 피고를 변경한다.
② 당사자의 신청 또는 법원이 직권에 의하여 경정할 수 있다.

(3) 소의 변경에 의한 경우

소의 변경은 원고·피고의 변경과 같은 당사자의 변경에 해당하지 않지만 「행정소송법」은 소의 변경이 있는 경우 피고의 변경을 인정한다.

> **관련 판례**
>
> **1. 소의 종류의 변경에 따른 피고변경은 교환적 변경에 한하고 예비적 청구만이 있는 피고의 추가경정 신청은 허용되지 않는다.**
>
> 소위 주관적, 예비적 병합은 행정소송법 제28조 제3항과 같은 예외적 규정이 있는 경우를 제외하고는 원칙적으로 허용되지 않는 것이고, 또 행정소송법상 소의 종류의 변경에 따른 당사자(피고)의 변경은 교환적 변경에 한 한다고 봄이 상당하므로 예비적 청구만이 있는 피고의 추가경정신청은 허용되지 않는다(대결 1989.10.27, 89두1).
>
> **2. 관련 청구병합의 경우 법원의 피고경정결정을 받을 필요가 없다.**
>
> 행정소송법 제10조 제2항의 관련청구의 병합은 그것이 관련청구에 해당하기만 하면 당연히 병합청구를 할 수 있으므로 법원의 피고경정결정을 받을 필요가 없다(대결 1989.10.27, 89두1).

3. 피고변경의 절차와 효력

(1) 절차

1) 당사자의 신청 또는 직권

① 피고를 잘못 지정한 경우에는 원고의 신청에 의해, 제소 후의 행정청의 권한변경 등의 경우에는 당사자의 신청 또는 직권에 의해 법원은 피고를 변경할 수 있다.
② 피고지정이 잘못된 경우, 법원이 석명권을 행사하지 않고 바로 소를 각하한 것은 판결의 위법사유에 해당한다(대판 2004.7.8, 2002두7852).

2) 법원의 결정

피고경정은 법원의 결정에 의하며 법원은 결정의 정본을 피고에게 송달하여야 한다.

3) 법원의 결정에 대한 불복

① 원고의 신청을 각하하는 결정에 대해서는 즉시항고할 수 있다. 피고경정은 사실심 변론 종결 시까지만 가능하고 상고심에서는 허용되지 않는다(대판 1996.1.23, 95누1378).

② 피고경정허가결정에 대하여는 종전의 피고는 불복을 신청할 수 없다(대결 1994.6.29, 93두48).

(2) 효력

피고경정의 허가결정이 있을 때에는 새로운 피고에 대한 소송은 처음에 소를 제기한 때에 제기한 것으로 보며, 종전 피고에 대한 소송은 취하된 것으로 본다. 피고가 변경된 경우 변경 전의 소송자료는 당사자의 주장이 있으면 그 승계가 인정된다.

● 제34회 2025년 기출

【문제 1】 직업능력개발 훈련비용 지원금과 관련한 아래 질문에 답하시오. 50점

〈사례 2〉

근로자 乙은 B지방고용노동청장(이하 'B청장')에게 '직업능력개발 훈련비용 지원금(이하 '지원금')'을 신청하여 이를 지급받았다. 그 후 B청장은 내부 규정에 따라 지원금의 지급 및 환수 권한을 소속 담당부서장에게 내부위임하였다. 한편, 지원금 수급현황 정기실태조사를 실시한 담당부서장은 부정한 방법으로 수령한 지원금을 환수한다는 내용의 환수처분을 자신의 명의로 乙에게 발령하였고, 乙은 이를 반환하였다. 그런데 乙은 지원금의 반환 후 위 환수처분에 발령 주체 상의 하자가 있음을 알게 되었다.

물음 2) 乙은 환수처분의 발령 주체 상의 하자를 이유로, 환수처분에 대한 항고소송을 제기하여 담당부서장이 환수한 지원금을 다시 반환받고자 한다. ⅰ) 乙이 제기할 수 있는 구체적인 소송유형과 그 피고, ⅱ) 해당 소송의 인용판결을 통하여 乙이 지원금을 반환받을 수 있는 논거를 각각 설명하시오. 25점

【문제 2】 개업노무사로 업무를 수행하고 있는 甲은 2024.3. 한 달 동안 3차례에 걸쳐 노동 관계 법령에 위반되는 행위에 관한 지도·상담을 하다가 관할 지방 고용노동청에 적발되었다. 이에 고용노동부장관 A는 공인노무사자격심의·징계위원회의 징계의결에 따라 2024.8.26. 甲에게 6월의 직무정지처분을 하였고, 甲은 다음 날 그 처분서를 수령하였다. 甲은 2024.9.30. 6월의 직무정지처분이 재량권을 일탈·남용하였다며 관할 행정심판위원회에 6월의 직무정지처분의 취소심판을 청구하였다. 행정심판위원회는 2024.11.4. "A가 甲에 대하여 한 6월의 직무정지처분을 3월의 직무정지처분으로 변경하라"는 일부인용의 이행재결을 하였으며, 2024.11.18. 그 재결서 정본이 甲에게 도달하였다. A는 재결의 취지에 따라 2024.11.25. 甲에게 "6월의 직무정지처분을 3월의 직무정지처분으로 변경한다"는 취지의 후속 변경 처분을 하였으나, 甲은 이 또한 과도한 제재처분이라면서 2024.11.25.자 3월의 직무정지처분을 대상으로 관할 행정심판위원회를 피고로 하여 2024.12.10. 취소소송을

제기하였다. 이 경우 甲이 제기한 취소소송의 대상 적격과 피고적격 그리고 제소기간의 준수 여부에 관하여 각각 검토하시오. 25점

● 제29회 2020년 기출

【문제 1】 甲은 2018.11.1.부터 A시 소재의 3층 건물의 1층에서 일반음식점을 운영해 왔는데, 관할 행정청인 A시의 시장 乙은 2019.12.26. 甲이 접대부를 고용하여 영업을 했다는 이유로 甲에 대하여 3월의 영업정지처분을 하였다. 이에 대하여 甲은 문제가 된 여성은 접대부가 아니라 일반 종업원이라는 점을 주장하면서 3월의 영업정지처분의 취소를 구하는 행정심판을 청구했다. 관할 행정심판위원회는 2020.3.6. 甲에 대한 3월의 영업정지처분을 1월의 영업정지처분으로 변경하라는 일부인용재결을 하였고, 2020.3.10. 그 재결서 정본이 甲에게 도달하였다. 乙은 행정심판위원회의 재결내용에 따라 2020.3.17. 甲에 대하여 1월의 영업정지처분을 하였고, 향후 같은 위반사유로 제재처분을 받을 경우 식품위생법 시행규칙 별표의 행정처분기준에 따라 가중적 제재처분이 내려진다는 점까지 乙은 甲에게 안내했다. 행정심판을 통해서 구제를 받지 못했다고 생각한 甲은 2020.6.15. 취소소송을 제기하고자 한다. 다음 물음에 답하시오. 50점

물음 1] 甲이 제기하는 취소소송의 대상적격, 피고적격, 제소기간에 대하여 논하시오. 30점

제 7 절　제소기간

Ⅰ 취소소송

1. 「행정소송법」 규정

행정소송법

제20조(제소기간)

① 취소소송은 처분등이 있음을 안 날부터 90일 이내에 제기하여야 한다. 다만, 제18조 제1항 단서에 규정한 경우와 그 밖에 행정심판청구를 할 수 있는 경우 또는 행정청이 행정심판청구를 할 수 있다고 잘못 알린 경우에 행정심판청구가 있은 때의 기간은 재결서의 정본을 송달받은 날부터 기산한다.

② 취소소송은 처분등이 있은 날부터 1년(제1항 단서의 경우는 재결이 있은 날부터 1년)을 경과하면 이를 제기하지 못한다. 다만, 정당한 사유가 있는 때에는 그러하지 아니하다.

③ 제1항의 규정에 의한 기간은 불변기간으로 한다.

2. 행정심판을 거치지 않은 경우

(1) '안 날'의 의미

① 처분 등이 있음을 안 날이란 통지·공고 기타의 방법에 의하여 당해 처분이 있었다는 사실을 현실적으로 안 날을 의미하며, 구체적으로 그 행정처분의 위법여부를 판단한 날을 가리키는 것은 아니라는 것이 판례이다.

② 처분서가 처분상대방의 주소지에 송달되는 등 사회통념상 처분이 있음을 처분상대방이 알 수 있는 상태에 놓인 때에는 반증이 없는 한 처분상대방이 처분이 있음을 알았다고 추정할 수 있다.

③ 특정인에 대한 행정처분을 「행정절차법」에 따른 공시송달의 방법으로 공고한 경우에는 공고가 있은 날부터 14일이 경과한 때에 그 행정처분이 있음을 알았다고 보아야 한다.

관련 판례

1. 처분이 있은 날이라 함은 상대방이 있는 행정처분의 경우 그 행정처분이 상대방에게 고지되어 효력이 발생한 날을 말한다.

행정심판을 제기하지 아니하거나 그 재결을 거치지 아니하는 사건에 대한 제소기간을 규정한 행정소송법 제20조 제2항에서 "처분이 있은 날"이라 함은 상대방이 있는 행정처분의 경우는 특별한 규정이 없는 한 의사표시의 일반적 법리에 따라 그 행정처분이 상대방에게 고지되어 효력이 발생한 날을 말한다고 할 것이다(대판 1990.7.13, 90누2284).

2. '처분이 있음을 안 날'이란 통지·공고 기타의 방법에 의하여 당해 처분이 있었다는 사실을 현실적으로 안 날을 의미한다.

행정소송법 제20조 제2항 소정의 제소기간 기산점인 '처분이 있음을 안 날'이란 통지·공고 기타의

방법에 의하여 당해 처분이 있었다는 사실을 현실적으로 안 날을 의미하고, 구체적으로 그 행정처분의 위법여부를 판단한 날을 가리키는 것은 아니다(대판 1991.6.28, 90누6521).

3. **불특정다수인에 대한 고시 또는 공고에 의한 처분의 경우에는 그 행정처분에 이해관계를 갖는 자는 고시 또는 공고가 있었다는 사실을 현실적으로 알았는지 여부에 관계없이 고시가 효력을 발생하는 날에 처분이 있음을 알았다고 봐야 한다.**

   통상 고시 또는 공고에 의하여 행정처분을 하는 경우에는 그 처분의 상대방이 불특정 다수인이고, 그 처분의 효력이 불특정 다수인에게 일률적으로 적용되는 것이므로, 그 행정처분에 이해관계를 갖는 자는 고시 또는 공고가 있었다는 사실을 현실적으로 알았는지 여부에 관계없이 고시가 효력을 발생하는 날에 행정처분이 있음을 알았다고 보아야 하고, 따라서 그에 대한 취소소송은 그 날로부터 90일 이내에 제기하여야 한다(대판 2006.4.14, 2004두3847).

4. **특정인에 대한 행정처분을 주소불명 등의 이유로 송달할 수 없어 관보 등에 공고한 경우에는 상대방이 당해 처분이 있었다는 사실을 현실적으로 안 날에 그 처분이 있음을 알았다고 보아야 한다.**

   행정소송법 제20조 제1항 소정의 제소기간 기산점인 '처분이 있음을 안 날'이라 함은 당사자가 통지, 공고 기타의 방법에 의하여 당해 처분이 있었다는 사실을 현실적으로 안 날을 의미하는 바, 특정인에 대한 행정처분을 주소불명 등의 이유로 송달할 수 없어 관보·공보·게시판·일간신문 등에 공고한 경우에는, 공고가 효력을 발생하는 날에 상대방이 그 행정처분이 있음을 알았다고 볼 수는 없고, 상대방이 당해 처분이 있었다는 사실을 현실적으로 안 날에 그 처분이 있음을 알았다고 보아야 한다(대판 2006.4.28, 2005두14851).

(2) 있은 날로부터 1년과 관계

'안 날'로부터 90일과 '있은 날'로부터 1년은 선택적인 것이 아니라, 둘 중 어느 한 기간이 경과하면 제소기간이 만료된다.

(3) 정당한 사유

정당한 사유란 불확정적 개념으로 제소기간 경과의 원인 등 여러 사정을 종합하여 기간경과 후 제소를 허용하는 것이 사회통념상 상당하다고 할 수 있는가에 의해 판단하여야 한다. 판례는 민사소송법 제173조의 '당사자가 그 책임을 질 수 없는 사유'나 행정심판법 제18조 제2항 소정의 '천재, 지변, 사변 그 밖에 불가항력적인 사유'보다는 넓은 개념으로 풀이한다.

3. 행정심판을 거친 경우

① 행정심판을 거친 경우 제소기간은 재결서의 정본을 송달받은 날로부터 90일 이내에 제기하여야 한다. 이 경우에도 재결이 있은 날로부터 1년을 경과하면 취소소송을 제기할 수 없다. 다만, 정당한 사유가 있는 때에는 그러하지 아니하다.

② 처분이 있음을 안 날로부터 90일이 경과하여 청구한 부적법한 심판청구에 대해서는 재결서의 정본을 송달받은 날로부터 90일 이내에 취소소송을 제기하더라도 제소기간을 준수한 것으로 보지 않는다(대판 2011.11.24, 2011두18786).

4. 행정청의 이의신청을 거친 경우

행정청의 처분에 대해 이의신청을 거친 경우 이의신청에 대한 결과를 통지받은 날로부터 90일 이내에 행정심판 또는 행정소송을 제기할 수 있다.

행정기본법

제36조(처분에 대한 이의신청)

① 행정청의 처분(「행정심판법」 제3조에 따라 같은 법에 따른 행정심판의 대상이 되는 처분을 말한다. 이하 이 조에서 같다)에 이의가 있는 당사자는 처분을 받은 날부터 30일 이내에 해당 행정청에 이의신청을 할 수 있다.

③ 제1항에 따라 이의신청을 한 경우에도 그 이의신청과 관계없이 「행정심판법」에 따른 행정심판 또는 「행정소송법」에 따른 행정소송을 제기할 수 있다.

④ 이의신청에 대한 결과를 통지받은 후 행정심판 또는 행정소송을 제기하려는 자는 그 결과를 통지받은 날(제2항에 따른 통지기간 내에 결과를 통지받지 못한 경우에는 같은 항에 따른 통지기간이 만료되는 날의 다음 날을 말한다)부터 90일 이내에 제1항의 처분(이의신청 결과 처분이 변경된 경우에는 변경된 처분으로 한다)에 대하여 행정심판 또는 행정소송을 제기할 수 있다.

5. 소의 변경의 경우

(1) 소의 종류의 변경

소의 종류의 변경의 경우에는 새로운 소에 대한 제소기간의 준수는 변경된 처음의 소가 제기된 때를 기준으로 하여야 한다(행정소송법 제21조 제4항).

(2) 소의 교환적 변경

청구취지를 교환적 변경하여 구소가 취하되고 새로운 소가 제기된 것으로 변경된 경우에는 새로운 소에 대한 제소기간의 준수 등은 원칙적으로 소의 변경이 있은 때를 기준으로 한다(대판 2004.11.25, 2004두7023).

(3) 소의 추가적 병합의 경우

관련 판례

1. 추가적으로 병합된 소의 제소기간은 원칙상 추가병합신청이 있은 때를 기준으로 하여야 한다.

보충역편입처분취소처분의 효력을 다투는 소에 공익근무요원복무중단처분, 현역병입영대상편입처분 및 현역병입영통지처분의 취소를 구하는 청구를 추가적으로 병합한 경우, 공익근무요원복무중단처분, 현역병입영대상편입처분 및 현역병입영통지처분의 취소를 구하는 소의 소제기 기간의 준수 여부는 각 그 청구취지의 추가·변경신청이 있은 때를 기준으로 개별적으로 판단하여야 한다(대판 2004.12.10, 2003두12257).

2. 동일한 행정처분에 대한 무효확인의 소에 그 처분의 취소를 구하는 소를 추가적으로 병합한 경우, 주된 청구인 무효확인의 소가 적법한 취소소송 제소기간 내에 제기되었다면 추가로 병합된 취소청의 소도 적법하게 제기된 것으로 보아야 한다.

> 동일한 행정처분에 대하여 무효확인의 소를 제기하였다가 그 후 그 처분의 취소를 구하는 소를 추가적으로 병합한 경우, 주된 청구인 무효확인의 소가 적법한 제소기간 내에 제기되었다면 추가로 병합된 취소청구의 소도 적법하게 제기된 것으로 봄이 상당하다(대판 2005.12.23, 2005두3554).

(4) 선행처분의 취소소송계속 중 후행 처분의 취소를 구하는 청구취지를 추가한 경우

> **관련 판례**
>
> **1. 선행 처분이 후행 처분에 흡수되어 소멸되는 관계에 있는 경우에는 최초의 소가 제기된 때를 기준으로 한다.**
>
> 선행 처분의 취소를 구하는 소를 제기하였다가 이후 후행 처분의 취소를 구하는 청구취지를 추가한 경우에도, <u>선행 처분이 종국적 처분을 예정하고 있는 일종의 잠정적 처분으로서 후행 처분이 있을 경우 선행 처분은 후행 처분에 흡수되어 소멸되는 관계에 있고, 당초 선행 처분에 존재한다고 주장되는 위법사유가 후행 처분에도 마찬가지로 존재할 수 있는 관계여서 선행 처분의 취소를 구하는 소에 후행 처분의 취소를 구하는 취지도 포함되어 있다고 볼 수 있다면, 후행 처분의 취소를 구하는 소의 제소기간은 선행 처분의 취소를 구하는 <u>최초의 소가 제기된 때를 기준</u>으로 정하여야 한다(대판 2018.11.15, 2016두48737).
>
> **2. 선행 처분이 후행 처분에 의하여 변경되지 아니한 범위 내에서 존속하는 경우 후행처분에 관한 제소기간 준수 여부는 청구변경 당시를 기준으로 판단한다.**
>
> <u>선행처분이 후행처분에 의하여 변경되지 아니한 범위 내에서 존속하고 후행처분은 선행처분의 내용 중 일부를 변경하는 범위 내에서 효력을 가지는 경우에, 선행처분의 취소를 구하는 소를 제기한 후 후행처분의 취소를 구하는 청구를 추가하여 청구를 변경하였다면 후행처분에 관한 제소기간 준수 여부는 <u>청구변경 당시를 기준</u>으로 판단하여야 하나, 선행처분에만 존재하는 취소사유를 이유로 후행처분의 취소를 청구할 수는 없다(대판 2012.12.13, 2010두20782·20799).

(5) 민사소송으로 잘못 제기하였다가 이송된 후 항고소송으로 소를 변경한 경우

민사소송으로 잘못 제기하였다가 이송결정에 따라 이송된 뒤 항고소송으로 소를 변경한 경우 판례는 제소기간 준수여부는 처음에 소를 제기한 때를 기준으로 판단한다는 입장이다(대판 2022.11.17, 2021두44425).

(6) 처분의 경정과 심판청구 기간

당초 처분을 전부 변경하는 변경처분에 대한 취소소송의 제소기간은 변경처분시를 기준으로 한다. 일부변경이나 증액의 경우 문제된다.

1) 감액경정

원처분을 양적으로 감경하는 경정처분을 하는 경우에는 원처분의 일부가 취소되는 것이므로 취소소송의 대상이 되는 것은 일부 취소되고 남은 당초의 처분이 대상이 된다. 제소기간의 기산일도 당초처분을 기준으로 한다.

> **관련 판례** 원처분이 유리하게 변경된 경우의 제소기간은 유리하게 변경되고 남은 당초 처분을 기준으로 한다.
>
> 행정청이 식품위생법령에 따라 영업자에게 행정제재처분을 한 후 그 처분을 영업자에게 유리하게 변경하는 처분을 한 경우, 변경처분에 의하여 당초 처분은 소멸하는 것이 아니고 당초부터 유리하게 변경된 내용의 처분으로 존재하는 것이므로, 변경처분에 의하여 유리하게 변경된 내용의 행정제재가 위법하다 하여 그 취소를 구하는 경우 그 취소소송의 대상은 변경된 내용의 당초 처분이지 변경처분은 아니고, 제소기간의 준수 여부도 변경처분이 아닌 변경된 내용의 당초 처분을 기준으로 판단하여야 한다(대판 2007.4.27, 2004두9302).

2) 증액경정

원처분을 증액하는 경정처분의 경우에는 당초처분은 증액경정처분에 흡수되어 증액경정처분만 남게 되므로 증액경정처분을 대상으로 취소소송을 제기해야 한다. 제소기간의 기산은 증액경정처분을 기준으로 한다.

(7) 이의신청에 대한 재조사결정

> **관련 판례** 납세자의 이의신청에 의한 재조사결정에 따른 행정소송의 제소기간은 이의신청인 등이 후속 처분의 통지를 받은 날부터 기산된다.
>
> 재조사결정은 처분청의 후속 처분에 의하여 그 내용이 보완됨으로써 이의신청 등에 대한 결정으로서의 효력이 발생한다고 할 것이므로, 재조사결정에 따른 심사청구기간이나 심판청구기간 또는 행정소송의 제소기간은 이의신청인 등이 후속 처분의 통지를 받은 날부터 기산된다고 봄이 상당하다(대판 2014.7.24, 2011두14227).

Ⅱ 무효확인소송과 부작위위법확인소송

1. 원칙

무효확인소송은 취소소송과 달리 중대하고 명백한 하자 있는 무효인(처음부터 효력이 없는) 처분을 대상으로 하고 있다는 점에서 취소소송의 예외적 행정심판전치주의나 제소기간의 규정들이 준용되지 않는다. 무효확인소송의 경우에는 제소기간의 제한이 없다.

2. 무효선언 의미의 취소소송

(1) 의의

당사자가 취소소송을 제기하였으나 심리결과 처분의 하자가 중대하고 명백하여 당연무효의 사유로 밝혀진 때에 법원은 무효선언으로서의 취소판결을 할 수 있다고 한다. 이를 「무효선언 의미의 취소소송」이라 한다. 인정 여부에 대한 견해의 대립이 있으나 판례는 긍정한다.

(2) 제소요건

> **관련 판례** **당연무효선언 의미의 취소소송에서도 전치절차와 제소기간의 준수가 요구된다.**
>
> 행정처분의 당연무효를 선언하는 의미에서 취소를 구하는 행정소송을 제기한 경우에도 전치절차와 제소기간의 준수 등 제소요건을 갖추어야 한다(대판 1993.3.12, 92누11039).

3. 부작위위법확인소송

① 행정소송법상 부작위위법확인소송의 경우 무효확인소송과 달리 취소소송의 제기기간의 준용 규정이 있다.

② 판례는 행정심판을 거친 경우에만 제소기간의 제한 규정이 준용된다는 입장이다.

> **관련 판례** **부작위위법확인소송의 제소기간제한 여부(행정심판을 거친 경우에만 적용)**
>
> 부작위위법확인의 소는 부작위상태가 계속되는 한 그 위법의 확인을 구할 이익이 있다고 보아야 하므로 원칙적으로 제소기간의 제한을 받지 않는다. 그러나 행정소송법 제38조 제2항이 제소기간을 규정한 같은 법 제20조를 부작위위법확인소송에 준용하고 있는 점에 비추어 보면, 행정심판 등 전심절차를 거친 경우에는 행정소송법 제20조가 정한 제소기간 내에 부작위위법확인의 소를 제기하여야 한다(대판 2009.7.23, 2008두10560).

Ⅲ 제3자에 대한 특칙

제3자에게는 행정청이 처분을 통지하지 않으므로 처분이 있음을 알 수 없는 경우가 보통이다. 때문에 통상 제3자의 취소쟁송제기기간은 처분이 있은 날로부터 1년 이내가 기준이 된다. 제3자의 경우 처분이 있은 날로부터 1년이 경과했더라도 특별한 사정이 없는 한 정당한 사유가 있는 경우에 해당한다고 봐서 취소쟁송제기기간 경과 후에도 쟁송을 제기할 수 있다는 것이 판례이다.

> **관련 판례** **제3자의 특례**
>
> 행정처분의 상대방이 아닌 제3자는 일반적으로 처분이 있는 것을 바로 알 수 있는 처지에 있지 아니하므로 처분이 있은 날로부터 180일이 경과하더라도 특별한 사유가 없는 한 구 행정심판법 제18조 제3항 단서 소정의 정당한 사유가 있는 것으로 보아 심판청구가 가능하다고 할 것이나, 그 제3자가 어떤 경위로든 행정처분이 있음을 알았거나 쉽게 알 수 있는 등 행정심판법 제18조 제1항 소정의 심판청구기간 내에 심판청구가 가능하였다는 사정이 있는 경우에는 그 때로부터 60일 이내에 행정심판을 청구하여야 한다 (대판 1997.9.12, 96누14661).

Ⅳ 당사자 소송

1. 원칙

당사자소송에는 취소소송의 제소기간에 관한 규정이 준용되지 않는다. 다만, 다른 법령에서 제소기간의 규정이 정해져 있는 경우에는 이를 불변기간으로 한다(법 제41조).

2. 다른 법률의 규정

공익사업을 위한 토지 등의 취득 및 보상에 관한 법률상 토지수용위원회의 보상금재결에 대해 행정소송을 제기하는 경우 형식적 당사자소송으로 재결에 대하여 불복이 있는 때에는 재결서를 받은 날부터 90일 이내에, 이의신청을 거친 때에는 이의신청에 대한 재결서를 받은 날부터 60일 이내에 각각 행정소송을 제기할 수 있다.

● 제34회 2025년 기출

【문제 1】 직업능력개발 훈련비용 지원금과 관련한 아래 질문에 답하시오. 50점

〈사례 2〉

근로자 乙은 B지방고용노동청장(이하 'B청장')에게 '직업능력개발 훈련비용 지원금(이하 '지원금')'을 신청하여 이를 지급받았다. 그 후 B청장은 내부 규정에 따라 지원금의 지급 및 환수 권한을 소속 담당부서장에게 내부위임하였다. 한편, 지원금 수급현황 정기실태조사를 실시한 담당부서장은 부정한 방법으로 수령한 지원금을 환수한다는 내용의 환수처분을 자신의 명의로 乙에게 발령하였고, 乙은 이를 반환하였다. 그런데 乙은 지원금의 반환 후 위 환수처분에 발령 주체 상의 하자가 있음을 알게되었다.

물음 2) 乙은 환수처분의 발령 주체 상의 하자를 이유로, 환수처분에 대한 항고소송을 제기하여 담당부서장이 환수한 지원금을 다시 반환받고자 한다. ⅰ) 乙이 제기할 수 있는 구체적인 소송유형과 그 피고, ⅱ) 해당 소송의 인용판결을 통하여 乙이 지원금을 반환받을 수 있는 논거를 각각 설명하시오. 25점

【문제 2】 개업노무사로 업무를 수행하고 있는 甲은 2024.3. 한 달 동안 3차례에 걸쳐 노동 관계 법령에 위반되는 행위에 관한 지도·상담을 하다가 관할 지방 고용노동청에 적발되었다. 이에 고용노동부장관 A는 공인노무사자격심의·징계위원회의 징계의결에 따라 2024.8.26. 甲에게 6월의 직무정지처분을 하였고, 甲은 다음 날 그 처분서를 수령하였다. 甲은 2024.9.30. 6월의 직무정지처분이 재량권을 일탈·남용하였다며 관할 행정심판위원회에 6월의 직무정지처분의 취소심판을 청구하였다. 행정심판위원회는 2024.11.4. "A가 甲에 대하여 한 6월의 직무정지처분을 3월의 직무정지처분으로 변경하라"는 일부인용의 이행재결을 하였으며, 2024.11.18. 그 재결서 정본이 甲에게 도달하였다. A는 재결의 취지에 따라 2024.11.25. 甲에게 "6월의 직무정지처분을 3월의 직무정지처분으로 변경한다"는 취지의 후속 변경처분을 하였으나, 甲은 이 또한 과도한 제재처분이라면서 2024.11.25.자 3월

의 직무정지처분을 대상으로 관할 행정심판위원회를 피고로 하여 2024.12.10. 취소소송을 제기하였다. 이 경우 甲이 제기한 취소소송의 대상 적격과 피고적격 그리고 제소기간의 준수 여부에 관하여 각각 검토하시오. 25점

● 제33회 2024년 기출

【문제 3】 A시장은 「감염병의 예방 및 관리에 관한 법률」에 근거한 집합금지명령을 2024.5.1. 공고하면서 관내 다중이용시설을 대상으로 2024.5.6.부터 매일 22시에서 다음날 06시 사이의 영업을 제한하였는바, 그에 대하여 유흥주점 업주 甲은 2024.5.27. 취소소송을 제기하였고 2024.9.5. 현재 소송 계속 중이다. 한편, 예방조치에도 불구하고 감염병 확산세가 급등하자 A시장은 2024.5.31.부터 관내 다중이용시설의 영업제한 시간을 매일 20시에서 다음날 07시까지로 늘리는 내용의 집합금지명령을 2024.5.29. 공고하였다. 음식점 업주 乙은 해외에 체류하다가 귀국하여 2024.6.8. 자신의 업소에 부착된 공고문 및 안내문을 보고 비로소 그 명령을 알게 되었고, 2024.8.30. 그에 대하여 취소소송을 제기하였다. 甲의 소송이 대상적격을 갖춘 것인지와 乙의 소송이 적법한 기간 내 제소된 것인지를 검토하시오. 25점

● 제32회 2023년 기출

【문제 1】 A시는 택지개발예정지구 지정 공람공고가 이루어진 P사업지구에서 택지 개발사업을 시행하고 있으며, 甲은 P사업지구에 주택을 소유하고 있는 자이다. A시는 택지개발사업과 관련한 이주대책을 수립·공고하였는데, 이에 의하면 이주대책 대상자 요건을 '택지개발예정지구 지정 공람공고일 1년 이전부터 보상계약체결일 또는 수용재결일까지 계속하여 P사업지구 내 주택을 소유하고 계속 거주한 자로, A시로부터 그 주택에 대한 보상을 받고 이주하는 자'로 정하고 있다. 甲은 A시에 이주대책 대상자 선정 신청을 하였으나, A시는 '기준일 이후 주택 취득'을 이유로 甲을 이주대책 대상에서 제외하는 결정을 하였고, 이 결정은 2023.6.28. 甲에게 통보되었다(이하 '1차 결정'이라 함). 이에 甲은 A시에 이의신청을 하면서, 이의신청서에 이주대책 대상자 선정요건을 충족함을 증명할 수 있는 마을주민확인서, 수도개설 사용, 전력 개통사용자 확인 등 증빙서류를 새롭게 추가로 첨부하여 제출하였다. 그러나 A시는 추가된 증빙자료만으로 법적 소유관계를 확인할 수 없다는 이유로 甲의 이의신청을 기각하고 甲을 이주대책 대상에서 제외한다는 결정을 하였으며, 이 결정은 2023.8.31. 甲에게 통보되었다(이하 '2차 결정'이라 함). 다음 각 물음에 답하시오. (각 물음은 상호 관련성이 없는 별개의 상황임) 50점

물음 1) 甲이 자신을 이주대책 대상에서 제외한 A시의 결정에 대해 취소소송으로 다투려는 경우, 소의 대상 및 제소기간의 기산점에 대해 설명하시오. 25점

◆ 제29회 2020년 기출

【문제 1】 甲은 2018.11.1.부터 A시 소재의 3층 건물의 1층에서 일반음식점을 운영해 왔는데, 관할 행정청인 A시의 시장 乙은 2019.12.26. 甲이 접대부를 고용하여 영업을 했다는 이유로 甲에 대하여 3월의 영업정지처분을 하였다. 이에 대하여 甲은 문제가 된 여성은 접대부가 아니라 일반 종업원이라는 점을 주장하면서 3월의 영업정지처분의 취소를 구하는 행정심판을 청구했다. 관할 행정심판위원회는 2020.3.6. 甲에 대한 3월의 영업정지처분을 1월의 영업정지처분으로 변경하라는 일부인용재결을 하였고, 2020.3.10. 그 재결서 정본이 甲에게 도달하였다. 乙은 행정심판위원회의 재결내용에 따라 2020.3.17. 甲에 대하여 1월의 영업정지처분을 하였고, 향후 같은 위반사유로 제재처분을 받을 경우 식품위생법 시행규칙 별표의 행정처분기준에 따라 가중적 제재처분이 내려진다는 점까지 乙은 甲에게 안내했다. 행정심판을 통해서 구제를 받지 못했다고 생각한 甲은 2020.6.15. 취소소송을 제기하고자 한다. 다음 물음에 답하시오. 50점

물음 1) 甲이 제기하는 취소소송의 대상적격, 피고적격, 제소기간에 대하여 논하시오. 30점

제8절　행정심판전치주의

행정소송법

제18조(행정심판과의 관계)

① 취소소송은 법령의 규정에 의하여 당해 처분에 대한 행정심판을 제기할 수 있는 경우에도 이를 거치지 아니하고 제기할 수 있다. 다만, 다른 법률에 당해 처분에 대한 행정심판의 재결을 거치지 아니하면 취소소송을 제기할 수 없다는 규정이 있는 때에는 그러하지 아니하다.

② 제1항 단서의 경우에도 다음 각호의 1에 해당하는 사유가 있는 때에는 행정심판의 재결을 거치지 아니하고 취소소송을 제기할 수 있다.

　1. 행정심판청구가 있은 날로부터 60일이 지나도 재결이 없는 때

　2. 처분의 집행 또는 절차의 속행으로 생길 중대한 손해를 예방하여야 할 긴급한 필요가 있는 때

　3. 법령의 규정에 의한 행정심판기관이 의결 또는 재결을 하지 못할 사유가 있는 때

　4. 그 밖의 정당한 사유가 있는 때

③ 제1항 단서의 경우에 다음 각호의 1에 해당하는 사유가 있는 때에는 행정심판을 제기함이 없이 취소소송을 제기할 수 있다.

　1. 동종사건에 관하여 이미 행정심판의 기각재결이 있은 때

　2. 서로 내용상 관련되는 처분 또는 같은 목적을 위하여 단계적으로 진행되는 처분 중 어느 하나가 이미 행정심판의 재결을 거친 때

　3. 행정청이 사실심의 변론종결후 소송의 대상인 처분을 변경하여 당해 변경된 처분에 관하여 소를 제기하는 때

　4. 처분을 행한 행정청이 행정심판을 거칠 필요가 없다고 잘못 알린 때

④ 제2항 및 제3항의 규정에 의한 사유는 이를 소명하여야 한다.

［Ⅰ］ 행정심판전치 일반

1. 행정심판전치주의의 의의

행정소송의 제기에 앞서서 행정청에 대해 먼저 행정심판의 제기를 통해 처분의 시정을 구하고, 그 시정에 불복이 있을 때 소송을 제기하는 것을 행정심판전치라 하고, 행정심판의 전치를 행정소송제기의 필수적 절차로 하는 원칙을 행정심판전치주의라 한다.

2. 현행법상 행정심판의 전치

현행법은 행정심판의 전치를 임의적인 절차를 원칙으로 하고 예외적으로 필수적 전치주의를 취하고 있다(행정소송법 제18조 제1항).

Ⅱ 임의적 행정심판전치(원칙)

1. 행정소송법 제18조 본문

'취소소송은 법령의 규정에 의해 당해 처분에 대한 행정심판을 제기할 수 있는 경우에도 이를 거치지 아니하고 제기할 수 있다.'고 규정하여 임의적 행정심판전치를 원칙적으로 규정하고 있다.

2. 행정심판의 범위

행정심판이란 행정심판법에 따른 행정심판 외에 특별법상 심판도 포함한다. 판례는 민원접수라 하더라도 그 내용이 행정청의 처분에 대한 불만의 표시로서 그 시정을 구하는 취지라면 그 민원이 해당 행정청에 이관된 때에 행정심판을 청구한 것으로 볼 수 있다고 하여 행정심판전치를 형식이 아닌 실질적으로 판단한다.

Ⅲ 필수적 행정심판전치(예외)

1. 행정소송법 제18조 단서

행정소송법 제18조 제1항은 단서에 "다른 법률에 당해 처분에 대한 행정심판의 재결을 거치지 아니하면 취소소송을 제기할 수 없다는 규정이 있는 때에는 그러하지 아니하다."고 하여 예외적으로 필수적 행정심판전치주의를 규정하고 있다.

2. 개별법상 필수적 행정심판전치주의

(1) 국세·관세·지방세의 경우

① 「국세기본법」과 「관세법」에서는 이의신청(임의적) ⇨ 심사청구 또는 심판청구(필수적) ⇨ 행정소송의 순서를 거치도록 규정하고 있다. 감사원에 심사청구 한 경우에는 이를 특별행정심판으로 보고 행정소송 제기가 가능하다.

② 「지방세기본법」에서는 이의신청(임의적) ⇨ 심판청구(필수적) ⇨ 행정소송의 순서를 거치도록 규정하고 있다.

(2) 공무원 징계처분 등

「국가공무원법」과 「지방공무원법」에서는 소청심사청구 ⇨ 행정소송의 단계를 거치도록 하고 있다.

(3) 교원의 징계처분 등

「교원지위 향상 및 교육활동 보호를 위한 특별법」에서는 소청심사위원회 소청심사 ⇨ 행정소송의 단계를 거치도록 규정하고 있다.

(4) 노동위원회의 결정

「노동위원회법」과 「노동조합 및 노동관계조정법」에서는 중앙노동위원회에 재심신청 ⇨ 행정소송의 단계를 거치도록 규정하고 있다.

(5) 운전면허의 취소·정지처분 등

「도로교통법」에서는 행정심판 ⇨ 행정소송을 거치도록 규정하고 있다.

3. 행정심판전치주의의 요건

(1) 심판청구의 적법성

행정심판전치를 요하는 경우 행정심판은 적법하게 청구되어 본안에 대한 재결을 받을 수 있어야 한다. 심판청구가 부적법하여 요건심리의 결과 각하된 경우에는 전치의 요건을 충족하였다고 볼 수 없다.

관련 판례

1. 행정심판청구가 기간도과로 인하여 부적법한 경우에는 행정소송 역시 전치의 요건을 충족치 못한 것이 되어 부적법 각하하여야 한다.

행정처분의 취소를 구하는 항고소송의 전심절차인 행정심판청구가 기간도과로 인하여 부적법한 경우에는 행정소송 역시 전치의 요건을 충족치 못한 것이 되어 부적법 각하를 면치 못하는 것이고, 이 점은 행정청이 행정심판의 제기기간을 도과한 부적법한 심판에 대하여 그 부적법을 간과한 채 실질적 재결을 하였다 하더라도 달라지는 것이 아니다(대판 1991.6.25, 90누8091).

2. 적법한 심판청구를 재결청이 잘못 각하한 경우에는 행정심판전치의 요건을 충족한 것으로 보아야 한다.

당사자가 과세처분에 대한 심사청구를 함에 있어서 구체적인 부당사유를 일일이 열거하지 아니하고 국세청장의 보정요구에도 응하지 아니하여 심사청구가 각하되고, 같은 이유로 심판청구가 각하되었다고 하더라도 그 과세처분에 대하여 전부 불복임을 표시하였고 처분청이 심사청구에 대한 의견서로서 구체적 처분사유를 기재함으로써 국세청장이 불복사유를 알 수 있었으며, 또한 그후 심판청구를 하면서 이를 제대로 보정하였다면 그 하자는 치유되는 것으로 봄이 타당하므로 위 과세처분에 대한 적법한 전심절차를 거친 것으로 볼 수 있다(대판 1990.10.12, 90누2383).

---

(2) 행정심판의 청구인과 취소소송의 원고의 동일성 여부

행정심판전치주의의 취지가 당해 행정처분에 대한 행정청의 재심사를 구하는 데 있다는 점에서 특정처분에 대한 행정심판의 재결이 있으면 행정심판전치의 요건을 충족시키는 것이고 행정심판의 청구인과 행정소송의 원고가 동일할 필요는 없다.

(3) 심판대상과 소송대상의 동일성

행정심판의 대상으로서의 행정처분과 행정소송의 대상으로서의 행정처분은 원칙적으로 동일한 것이어야 심판전치의 요건을 충족한다. 다만 행정소송법은 서로 내용상 관련되는 처분 또는 동일한 목적을 위해 단계적으로 진행되는 처분 중 어느 하나가 이미 행정심판의 재결을 거친 때에는 행정심판을 제기하지 않고 취소소송을 제기할 수 있는 예외를 인정하고 있다.

(4) 주장사유의 관련성

전심절차에서의 주장과 행정소송에서의 주장이 전혀 별개의 것이 아닌 한 그 주장이 반드시 일치하여야 하는 것은 아니고, 당사자는 전심절차에서 미처 주장하지 아니한 사유를 공격방어방법으로 제출할 수 있다(대판 1999.11.26, 99두9407).

(5) 전치요건의 흠결과 하자의 치유

행정심판을 거치지 않고 소를 제기하였으나 그 뒤 사실심 변론종결 전까지 행정심판전치의 요건을 갖추었다면 흠이 치유된다(대판 1963.3.9, 63누9).

Ⅳ 필수적 행정심판전치주의의 적용범위

1. 항고소송의 종류와 적용범위

행정소송법은 취소소송에 대해 예외적 행정심판전치주의를 규정한 후 이를 부작위위법확인소송에 준용하고 있다. 무효등확인소송과 당사자소송에는 행정심판전치주의가 적용되지 않는다.

2. 무효선언의미의 취소소송

(1) 학설

① 행정행위의 무효사유와 취소사유가 객관적으로 명백하지 않고 상대적이라는 점에서 비록 무효선언을 의미하더라도 그 소송의 형식이 취소소송을 취하는 한 행정심판전치주의가 적용된다는 견해(적용긍정설)

② 그 형식만 취소소송일뿐, 원고가 요구하는 판결은 무효임을 확인하는 무효확인소송이므로 행정심판전치주의의 적용이 없다는 견해(적용부정설)

(2) 판례

행정처분의 당연무효를 선언하는 의미에서 취소를 구하는 행정소송을 제기한 경우에도 전치절차와 제소기간의 준수 등 제소요건을 갖추어야 한다(대판 1993.3.12, 92누11039).

3. 2단계 이상의 행정심판절차가 규정되어 있는 경우

관계법령이 하나의 처분에 대해 2단계 이상의 행정심판절차를 규정하고 있는 경우에 당해 절차를 모두 거칠 필요가 없고 그 중의 하나만 거치면 심판전치주의의 요건은 충족된다는 것이 다수설이다.

4. 제3자효 행정행위

(1) 문제의 소재

처분의 상대방이 아닌 제3자가 취소소송을 제기하는 경우 행정심판전치주의가 적용되는지 문제된다.

(2) 학설

① 처분의 직접 상대방이 아닌 제3자가 제소하는 경우 행정심판 청구기간의 준수가 어려우므로 원칙적 적용이 없다는 견해(적용부정설)

② 개별법이 필수적 행정심판전치를 규정한 경우에는 이는 처분의 직접 상대방이 아닌 제3자에게도 적용된다고 봄이 일반적이다(적용긍정설).

(3) 판례

제3자가 심판청구를 하는 경우에도 원칙적 행정심판전치절차를 요한다는 입장이다.

> **관련 판례** 처분의 직접 상대방이 아닌 제3자의 경우에도 행정심판전치가 적용된다.
>
> 행정소송법 제20조 제2항은 행정심판을 제기하지 아니하거나 그 재결을 거치지 아니하는 사건을 적용대상으로 한 것임이 규정 자체에 의하여 명백하고, 행정처분의 상대방이 아닌 제3자가 제기하는 사건은 같은 법 제18조 제3항 소정의 행정심판을 제기하지 아니하고 제소할 수 있는 사건에 포함되어 있지 않으므로 같은 법 제20조 제2항 단서를 적용하여 제소에 관한 제척기간의 규정을 배제할 수는 없다(대판 1989.5.9, 88누5150).

Ⅴ 필수적 행정심판전치주의의 적용예외

1. 행정심판의 재결을 거칠 필요가 없는 경우

행정소송법 제18조 제2항은 ① 행정심판청구가 있은 날로부터 60일이 지나도 재결이 없는 때, ② 처분의 집행 또는 절차의 속행으로 생길 중대한 손해를 예방하여야 할 긴급한 필요가 있는 때, ③ 법령의 규정에 의한 행정심판기관이 의결 또는 재결을 하지 못할 사유가 있는 때, ④ 그 밖의 정당한 사유가 있는 때에는 그에 대한 재결을 기다릴 필요 없이 취소소송을 제기할 수 있도록 규정하고 있다.

2. 행정심판을 제기할 필요가 없는 경우

행정소송법 제18조 제3항은 ① 동종사건에 관하여 이미 행정심판의 기각재결이 있는 때, ② 서로 내용상 관련되는 처분 또는 같은 목적을 위하여 단계적으로 진행되는 처분 중 어느 하나가 이미 행정심판의 재결을 거친 때, ③ 행정청이 사실심의 변론종결 후 소송의 대상인 처분을 변경하여 당해 변경된 처분에 관하여 소를 제기하는 때, ④ 처분을 행한 행정청이 행정심판을 거칠 필요가 없다고 잘못 알린 때에는 행정심판 자체가 필요없이 곧바로 취소소송을 제기할 수 있도록 규정하고 있다.

> **관련 판례**
>
> **1. '동종사건'에는 당해 사건은 물론이고, 당해 사건과 기본적인 점에서 동질성이 인정되는 사건도 포함된다.**
>
> 행정소송법 제18조 제3항 제1호 소정의 '동종사건'에는 당해 사건은 물론이고, 당해 사건과 기본적인 점에서 동질성이 인정되는 사건도 포함되는 것으로서, 당해 사건에 관하여 타인이 행정심판을 제기하여 그에 대한 기각재결이 있었다든지 당해 사건 자체는 아니더라도 그 사건과 기본적인 점에서 동질성을

인정할 수 있는 다른 사건에 대한 행정심판의 기각재결이 있을 때도 여기에 해당한다(대판 1993.9.28, 93누9132).

2. 국세의 납세고지처분에 대하여 적법한 전심절차를 거친 이상 가산금 및 중가산금 징수처분에 대하여 따로이 전심절차를 거치지 않았다 하더라도 행정소송으로 이를 다툴 수 있다.

국세징수법 제21조, 제22조 규정에 따른 가산금 및 중가산금 징수처분은 국세의 납세고지처분과 별개의 행정처분이라고 볼 수 있다 하더라도, 위 국세채권의 내용이 구체적으로 확정된 후에 비로소 발생되는 징수권의 행사이므로 국세의 납세고지처분에 대하여 적법한 전심절차를 거친 이상 가산금 및 중가산금 징수처분에 대하여 따로이 전심절차를 거치지 않았다 하더라도 행정소송으로 이를 다툴 수 있다(대판 1986.7.22, 85누297).

3. 동일한 행정처분에 의하여 동일한 의무를 부담하는 수인 중 1인이 전심절차를 거친 경우 나머지 사람도 전심절차를 다시 거칠 필요가 없다.

동일한 행정처분에 의하여 여러사람이 동일한 의무를 부담하는 경우 그 중 한 사람이 행정심판을 제기하여 기각재결을 받은 때 나머지 사람은 행정심판 제기 없이 행정소송을 제기할 수 있다(대판 1988.2.23, 87누704).

제 9 절 관련청구소송의 이송 및 병합

행정소송법

제10조(관련청구소송의 이송 및 병합)

① 취소소송과 다음 각호의 1에 해당하는 소송(이하 "관련청구소송"이라 한다)이 각각 다른 법원에 계속되고 있는 경우에 관련청구소송이 계속된 법원이 상당하다고 인정하는 때에는 당사자의 신청 또는 직권에 의하여 이를 취소소송이 계속된 법원으로 이송할 수 있다.

  1. 당해 처분 등과 관련되는 손해배상·부당이득반환·원상회복등 청구소송

  2. 당해 처분 등과 관련되는 취소소송

② 취소소송에는 사실심의 변론종결시까지 관련청구소송을 병합하거나 피고외의 자를 상대로 한 관련청구소송을 취소소송이 계속된 법원에 병합하여 제기할 수 있다.

제15조(공동소송)

수인의 청구 또는 수인에 대한 청구가 처분등의 취소청구와 관련되는 청구인 경우에 한하여 그 수인은 공동소송인이 될 수 있다.

Ⅰ 관련청구소송의 의의

1. 의의

서로 관련되는 수 개의 청구를 병합하여 하나의 소송절차에서 통일적으로 심판하는 것을 관련청구소송의 이송·병합이라고 한다.

2. 당해 처분이나 재결과 관련되는 손해배상·부당이득반환·원상회복등 청구소송

(1) 관련의 의미

'관련'이란 청구의 내용 또는 원인이 법률상·사실상 공통되지만, 병합되는 청구가 당해 행정처분에 의한 경우 또는 당해 행정처분의 취소·변경을 선결문제로 하는 경우를 의미한다.

(2) 처분이나 재결이 원인이 되어 발생한 청구

위법한 영업정지처분에 있어서 처분의 취소소송과 이에 대한 손해배상청구소송의 경우처럼 위법한 처분을 원인으로 하는 손해배상이나 결과제거청구소송이 해당한다.

(3) 처분이나 재결의 취소·변경을 선결문제로 하는 청구

과세처분에 대한 과세처분취소소송과 부당이득반환청구처럼 처분의 효력부정을 선결문제로 하는 경우의 청구가 이에 해당한다.

(4) 항고소송과 당사자소송간에 병합

항고소송에 당사자소송도 양 청구가 서로 관련이 있는 경우 병합할 수 있고, 반대로 당사자소송에 항고소송을 병합할 수도 있다.

> **관련 판례**
>
> **1. '당해 처분 등과 관련되는 손해배상·부당이득반환·원상회복 등의 청구'의 의미**
>
> 행정소송법 제10조 제1항 제1호는 행정소송에 병합될 수 있는 관련청구에 관하여 '당해 처분 등과 관련되는 손해배상·부당이득반환·원상회복 등의 청구'라고 규정함으로써 그 병합요건으로 본래의 행정소송과의 관련성을 요구하고 있는바, 이는 행정소송에서 계쟁 처분의 효력을 장기간 불확정한 상태에 두는 것은 바람직하지 않다는 관점에서 병합될 수 있는 청구의 범위를 한정함으로써 사건의 심리범위가 확대·복잡화되는 것을 방지하여 그 심판의 신속을 도모하려는 취지라 할 것이므로, 손해배상청구 등의 민사소송이 행정소송에 관련청구로 병합되기 위해서는 그 청구의 내용 또는 발생원인이 행정소송의 대상인 처분 등과 법률상 또는 사실상 공통되거나, 그 처분의 효력이나 존부 유무가 선결문제로 되는 등의 관계에 있어야 함이 원칙이다(대판 2000.10.27, 99두561).
>
> **2. 사업인정 전의 사업시행으로 인하여 재산권이 침해되었음을 원인으로 한 손해배상청구가 토지수용사건에 관련청구로서 병합요건을 갖춘 것으로 보아야 한다.**
>
> 공공사업의 시행을 위한 토지수용사건에 있어서 심리의 대상으로 되는 적법한 수용에 따른 손실보상청구권과 당해 공공사업과 관련하여 사업인정 전에 사업을 시행하여 타인의 재산권을 침해하게 됨에 따라 발생하게 된 손해배상청구권은 위 각 권리가 적법한 행위에 의하여 발생한 것인가 아닌가의 차이가 날 뿐 그것들이 하나의 동일한 공공사업의 시행과 관련하여 타인의 재산권을 침해한 사실로 인하여 발생하였다는 점에서 위 각 청구의 발생원인은 법률상 또는 사실상 공통된다 할 것이고, 토지수용사건에 이러한 손해배상청구사건을 병합하여 함께 심리·판단함으로써 얻게 되는 당사자의 소송경제와 편의 등의 효용에 비하여 심리범위를 확대·복잡화함으로써 심판의 신속을 해치는 폐단이 통상의 경우보다 크다고 할 수도 없으므로, 이와 같은 경우 토지수용사건에 병합된 손해배상청구는 행정소송법 제10조 제2항, 제1항 제1호, 제44조 제2항에 따른 관련청구로서의 병합요건을 갖춘 것으로 보아야 한다(대판 2000.10.27, 99두561).

3. 당해 처분 등과 관련되는 취소소송

(1) '관련'의 의미

당해 처분과 하나의 절차를 구성한다거나, 당해 처분의 취소를 구하는 다른 사람의 취소소송 등이 포함된다.

(2) 당해 처분과 하나의 절차를 구성하는 다른 처분의 취소를 구하는 소송

조세처납처분에 있어서의 압류처분과 공매처분처럼 체납처분절차로 결합된 서로 다른 처분 간의 소송이 해당한다.

(3) 당해 처분에 관한 재결의 취소를 구하는 소송 또는 재결의 대상인 처분의 취소소송

원처분과 재결에 대한 소송이 서로 다른 법원에 계속되는 경우 하나의 취소소송법원에서 병합심리할 수 있다.

(4) 당해 처분이나 재결의 취소·변경을 구하는 다른 사람의 취소소송

불특정다수인에 대한 일반처분에 대해 다수인이 각각 별개의 취소소송을 제기한 경우 하나의 법원에서 병합심리할 수 있다.

Ⅱ 관련청구소송의 이송

1. 의의

취소소송과 관련청구소송이 각각 다른 법원에 계속되고 있는 경우에 관련청구소송이 계속된 법원은 당사자의 신청 또는 직권에 의해 이를 취소소송이 계속된 법원으로 사건을 옮길 수 있는데 이를 이송이라 한다.

2. 이송의 요건

(1) 취소소송과 관련청구소송이 각각 다른 법원에 계속중일 것

관련청구소송의 이송은 당해 관련청구소송이 내용상 일정한 관련성을 가지는 취소소송과 병합하여 심리할 수 있도록 하려는 것이므로 취소소송과 그에 이송·병합할 관련청구소송이 서로 다른 법원에 계속되어 있어야 한다.

(2) 법원이 상당하고 인정한 때

관련청구소송이 당연히 이송되는 것은 아니고 관련청구소송이 계속된 법원이 이를 취소소송이 계속된 법원에 이송하여 병합·심리하는 것이 상당하다고 인정하는 경우에 한하여 이송이 가능하다.

(3) 당사자의 신청 또는 법원의 직권

이송신청을 할 수 있는 자는 당해 관련청구소송의 원고·피고와 참가인도 해당한다.

3. 이송결정의 효력

(1) 이송받은 법원을 기속

이송결정은 당해 관련청구소송을 이송받은 법원을 기속하며, 이송받은 법원은 당해 소송을 다른 법원에 이송하지 못한다(민사소송법 제38조).

(2) 결정에 대한 불복

이송결정과 이송신청의 각하결정에 대하여는 즉시항고를 할 수 있다(민사소송법 제39조).

(3) 이송결정확정의 효력

이송결정이 확정되면 당해 소송은 처음부터 이송받은 법원에 계속된 것으로 본다(민사소송법 제40조 제1항).

Ⅲ 관련청구소송의 병합

1. 의의

청구의 병합이란 1개의 소송절차에서 수 개의 청구에 대해 함께 심판이 이루어지는 것을 뜻한다. 취소소송에는 사실심 변론종결시까지 관련청구소송을 병합하거나 피고 이외의 자를 상대로 관련청구소송을 취소소송이 계속된 법원에 병합하여 제기할 수 있다(행정소송법 제10조).

2. 병합의 유형

(1) 병합의 형태 개요

분류기준		종류
사건을 기준	객관적 병합	하나의 소송절차에서 수개의 청구를 병합하는 것
	주관적 병합	하나의 소송절차에서 다수인의 당사자가 병합되는 것
시간을 기준	원시적 병합	취소소송 제기 시에 병합하여 제기하는 경우
	추가적 병합	취소소송 계속 중 후발적 병합하는 경우
순위를 기준	선택적 병합	순위를 매기지 않고 단순히 병합하여 제기하는 경우
	주위적 병합	서로 양립할 수 없는 여러 개의 청구에 대한 주된 청구

> **관련 판례**
>
> **1. 동일한 행정처분에 대하여 무효확인의 소를 제기했다가 그 후 그 처분의 취소를 구하는 소를 추가적으로 병합한 경우, 주된 청구인 무효확인의 소가 적법한 제소기간 내에 제기되었다면 추가로 병합된 취소청구의 소도 적법하게 제기된 것으로 볼 수 있다.**
>
> 하자 있는 행정처분을 놓고 이를 무효로 볼 것인지 아니면 단순히 취소할 수 있는 처분으로 볼 것인지는 동일한 사실관계를 토대로 한 법률적 평가의 문제에 불과하고, 행정처분의 무효확인을 구하는 소에는 특단의 사정이 없는 한 그 취소를 구하는 취지도 포함되어 있다고 보아야 하는 점 등에 비추어 볼 때, 동일한 행정처분에 대하여 무효확인의 소를 제기하였다가 그 후 그 처분의 취소를 구하는 소를 추가적으로 병합한 경우, 주된 청구인 무효확인의 소가 적법한 제소기간 내에 제기되었다면 추가로 병합된 취소청구의 소도 적법하게 제기된 것으로 봄이 상당하다(대판 2005.12.23, 2005두3554).
>
> **2. 무효확인과 취소청구 사이에 선택적 청구로서의 병합이나 단순병합은 허용되지 아니한다.**
>
> 행정처분에 대한 무효확인과 취소청구는 서로 양립할 수 없는 청구로서 주위적·예비적 청구로서만 병합이 가능하고 선택적 청구로서의 병합이나 단순병합은 허용되지 아니한다(대판 1999.8.20, 97누6889).
>
> **3. 국가유공자 요건 또는 보훈보상대상자 요건에 해당함을 이유로 국가유공자 비해당결정처분과 보훈보상대상자 비해당결정처분의 취소를 청구하는 것은 동시에 인정될 수 없는 양립불가능한 관계에 있다.**
>
> 국가유공자법과 보훈보상자법은 사망 또는 상이의 주된 원인이 된 직무수행 또는 교육훈련이 국가의 수호·안전보장 또는 국민의 생명·재산 보호와 직접적인 관련이 있는지에 따라 국가유공자와

> 보훈보상대상자를 구분하고 있으므로, 국가유공자 요건 또는 보훈보상대상자 요건에 해당함을 이
> 유로 국가유공자 비해당결정처분과 보훈보상대상자 비해당결정처분의 취소를 청구하는 것은 동시
> 에 인정될 수 없는 양립불가능한 관계에 있다고 보아야 하고, 이러한 두 처분의 취소 청구는 원칙적
> 으로 국가유공자 비해당결정처분 취소청구를 주위적 청구로 하는 주위적·예비적 관계에 있다고
> 보아야 한다(대판 2016.8.17, 2015두48570).
>
> **4. 주위적 청구를 인용한 제1심판결에 대해 피고가 항소한 경우 예비적 청구도 이심되며 항소심이 제1
> 심에서 인용되었던 주위적 청구를 배척할 때에는 다음 순위의 예비적 청구에 관하여 심판하여야
> 한다.**
>
> 청구의 예비적 병합이란 병합된 수개의 청구 중 주위적 청구(제1차 청구)가 인용되지 않을 것에
> 대비하여 그 인용을 해제조건으로 예비적 청구(제2차 청구)에 관하여 심판을 구하는 병합형태로서,
> 이와 같은 예비적 병합의 경우에는 원고가 붙인 순위에 따라 심판하여야 하며 주위적 청구를 배척
> 할 때에는 예비적 청구에 대하여 심판하여야 하나 주위적 청구를 인용할 때에는 다음 순위인 예비
> 적 청구에 대하여 심판할 필요가 없는 것이므로, 주위적 청구를 인용하는 판결은 전부판결로서 이
> 러한 판결에 대하여 피고가 항소하면 제1심에서 심판을 받지 않은 다음 순위의 예비적 청구도 모두
> 이심되고 항소심이 제1심에서 인용되었던 주위적 청구를 배척할 때에는 다음 순위의 예비적 청구
> 에 관하여 심판을 하여야 하는 것이다(대판 2000.11.16, 98다22253).

3. 병합의 요건

(1) 본체인 취소소송의 적법성

관련청구의 병합은 그 청구를 병합할 본체인 취소소송을 전제로 그 취소소송에 관련된 청구
를 병합하는 것이므로 그 본체인 취소소송이 그 자체로서 소송요건을 구비한 적법한 것임을
전제로 한다.

(2) 관련청구의 범위

본체인 취소소송의 대상인 처분등과 관련되는 손해배상·부당이득반환·원상회복 등 청구소
송이거나, 본체인 취소소송의 대상인 처분 등과 관련되는 취소소송이다.

(3) 병합의 시기

관련청구의 병합은 사실심 변론종결전에 하여야 한다.

(4) 관할법원

병합은 취소소송이 계속된 법원에 하여야 한다.

4. 병합요건의 조사

병합요건은 법원의 직권조사사항이다.

5. 관련청구소송에서의 판결

(1) 주된 청구가 부적법하여 각하된 경우

판례는 주된 청구가 소송요건을 구비하지 못하여 각하된 경우 병합된 관련청구도 각하되어야 한다는 입장이다.

> **관련 판례**
>
> **1. 본래의 항고소송이 부적법하여 각하되면 그에 병합된 관련청구도 부적합한 것으로 각하되어야 한다.**
>
> 행정소송법 제38조, 제10조에 의한 관련청구소송의 병합은 본래의 항고소송이 적법할 것을 요건으로 하는 것이어서 본래의 항고소송이 부적법하여 각하되면 그에 병합된 관련청구도 소송요건을 흠결한 부적합한 것으로 각하되어야 한다(대판 2001.11.27, 2000두697).
>
> **2. 주된 청구인 당사자소송이 소송요건을 갖추지 못하여 부적법하여 각하되면 그에 병합된 관련 청구도 원칙적 각하하여야 한다.**
>
> 행정소송법 제44조, 제10조에 의한 관련청구소송 병합은 본래의 당사자소송이 적법할 것을 요건으로 하는 것이어서 본래의 당사자소송이 부적법하여 각하되면 그에 병합된 관련청구소송도 소송요건을 흠결하여 부적합하므로 각하되어야 한다(대판 2011.9.29, 2009두10963).

(2) 취소소송 등에 당사자소송이 병합된 경우

취소소송 등이 부적법하다면 당사자소송은 각하할 것이 아니라 병합청구 당시 유효한 소의 변경청구가 있는 것으로 봐서 이를 허가한다는 입장이다.

> **관련 판례** **취소소송에 당사자소송을 관련 청구로서 병합한 경우 취소소송 등이 부적법하다면 소변경청구가 있었던 것으로 받아들여 이를 허가함이 타당하다.**
>
> 취소소송 등을 제기한 당사자가 당해 처분 등에 관계되는 사무가 귀속되는 국가 또는 공공단체에 대한 당사자소송을 행정소송법 제10조 제2항에 의하여 관련 청구로서 병합한 경우 위 취소소송 등이 부적법하다면 당사자는 위 당사자소송의 병합청구로서 같은 법 제21조 제1항에 의한 소변경을 할 의사를 아울러 가지고 있었다고 봄이 상당하고, 이러한 경우 법원은 청구의 기초에 변경이 없는 한 당초의 청구가 부적법하다는 이유로 병합된 청구까지 각하할 것이 아니라 병합청구 당시 유효한 소변경청구가 있었던 것으로 받아들여 이를 허가함이 타당하다(대판 1992.12.24, 92누3335).

(3) 처분의 취소소송에 당해 처분의 취소를 선결문제로 하는 부당이득반환청구가 병합된 경우

부당이득반환청구가 인용되려면 그 소송절차에서 판결에 의해 당해 처분이 취소되면 충분하고 당해 처분의 취소가 확정되어야 하는 것은 아니다.

> **관련 판례** 취소소송에서 부당이득반환청구소송이 병합된 경우 부당이득반환청구가 인용되려면 취소판결이 확정되어야 하는 것은 아니다.
>
> 행정소송법 제10조는 처분의 취소를 구하는 취소소송에 당해 처분과 관련되는 부당이득반환소송을 관련 청구로 병합할 수 있다고 규정하고 있는바, 이 조항을 둔 취지에 비추어 보면, 취소소송에 병합할 수 있는 당해 처분과 관련되는 부당이득반환소송에는 당해 처분의 취소를 선결문제로 하는 부당이득반환청구가 포함되고, 이러한 부당이득반환청구가 인용되기 위해서는 그 소송절차에서 판결에 의해 당해 처분이 취소되면 충분하고 그 처분의 취소가 확정되어야 하는 것은 아니라고 보아야 한다(대판 2009.4.9, 2008두23153).

● 제30회 2021년 기출

【문제 1】 중기계를 생산하는 제조회사에 근무하는 甲은 골절 등의 업무상 사고로 인하여 상해를 입었음을 이유로 근로복지공단으로부터 휴업급여와 장해 급여 등의 지급결정을 받았다. 그 후 근로복지공단은 甲이 실제 상해를 입지 않았음에도 허위로 지급신청서를 작성하여 급여지급결정을 받은 사실을 들어 甲에 대한 급여지급결정을 취소하였고, 甲은 급여지급결정의 취소처분서를 2021.1.7. 직접 수령하였다. 이와 함께 근로복지공단은 이미 甲에게 지급된 급여액에 해당하는 금액을 부당이득으로 징수하였다. 한편, 甲은 위 급여지급결정 취소처분이 위법함을 이유로 2021.5.7. 급여지급결정 취소처분에 대한 무효확인소송을 제기하였다. 다음 물음에 답하시오. (단, 각 물음은 상호 관련성이 없는 별개의 문항임) 50점

물음 2) 위 무효확인소송의 계속 중 甲은 추가적으로 급여지급결정 취소처분의 취소를 구하는 소를 병합하여 제기할 수 있는가? 20점

● 제27회 2018년 기출

【문제 3】 사업자 甲은 위법을 이유로 행정청으로부터 2개월 영업정지처분을 받았다. 이에 대한 甲의 처분취소소송과 그 처분으로 인한 영업 손해에 대한 국가배상청구소송이 병합될 수 있는지 설명하시오. 25점

제10절　소송참가

Ⅰ 제3자의 소송참가

행정소송법

제16조(제3자의 소송참가)
① 법원은 소송의 결과에 따라 권리 또는 이익의 침해를 받을 제3자가 있는 경우에는 당사자 또는 제3자의 신청 또는 직권에 의하여 결정으로써 그 제3자를 소송에 참가시킬 수 있다.
② 법원이 제1항의 규정에 의한 결정을 하고자 할 때에는 미리 당사자 및 제3자의 의견을 들어야 한다.
③ 제1항의 규정에 의한 신청을 한 제3자는 그 신청을 각하한 결정에 대하여 즉시항고할 수 있다.
④ 제1항의 규정에 의하여 소송에 참가한 제3자에 대하여는 민사소송법 제67조의 규정을 준용한다.

1. 의의

행정소송법 제16조 제1항은 '법원은 소송의 결과에 따라 권리 또는 이익의 침해를 받을 제3자가 있는 경우에는 당사자 또는 제3자의 신청 또는 직권에 의하여 결정으로써 그 제3자를 소송에 참가시킬 수 있다.'고 규정하고 있는데 이를 제3자의 소송참가라 한다.

2. 요건

(1) 타인간의 소송이 계속중일 것

소송계속중이라면 어느 심급에 있는 가는 불문한다.

(2) 소송의 결과에 따라 권리 또는 이익의 침해를 받을 제3자일 것

1) 제3자

제3자란 당해 소송의 당사자 이외의 자를 뜻하며, 국가나 공공단체도 포함된다. 행정청은 당사자 능력이 없기 때문에 이에 포함되지 않는다.

2) 소송의 결과

소송의 결과란 판결주문에 있어서의 소송물 자체에 대한 판단을 말하며, 단순히 이유중의 판단은 이에 해당되지 않는다.

3) 권리나 이익의 침해

여기서 이익이란 단순한 경제상의 이익이 아니라 법률상 이익을 의미한다.

> **관련 판례** 사실상, 경제상 또는 감정상의 이해관계로는 소송참가가 인정되지 않는다.
>
> 특정 소송사건에서 당사자 일방을 보조하기 위하여 보조참가를 하려면 당해 소송의 결과에 대하여 이해관계가 있어야 하고, 여기서 말하는 이해관계라 함은 사실상, 경제상 또는 감정상의 이해관계가 아니라 법률상의 이해관계를 가리킨다(대판 2000.9.8, 99다26924).

3. 소송참가의 절차

제3자의 소송참가는 당사자 또는 제3자의 신청 또는 직권에 의한다.

(1) 신청에 의한 참가

참가신청이 있으면 법원은 결정으로써 허가 또는 각하의 재판을 하고 참가결정을 하는 법원은 미리 당사자 및 제3자의 의견을 들어야 한다.

(2) 직권에 의한 참가

법원은 직권으로 제3자에게 참가를 명할 수 있다. 이를 명하는 결정을 하기 전에는 미리 당사자 및 제3자의 의견을 들어야 한다.

(3) 불복

참가신청을 한 제3자는 신청에 대한 각하결정에 대하여 즉시항고할 수 있다.

4. 소송참가인의 지위

행정소송법은 참가인에 대해 민사소송법 제67조의 규정을 준용하므로 참가인은 피참가인과 필요적 공동소송에 있어서의 공동소송인에 준하는 지위에 있다. 그러나 당사자에 대해 독자적인 청구를 하는 것은 아니므로 그 성질은 강학상 공동소송적 보조참가와 비슷하다.

> **관련 판례** 행정소송사건에서 참가인이 한 보조참가가 행정소송법에 규정한 제3자의 소송참가에 해당하지 않는 경우에도 그 참가는 민사소송법상 공동소송적 보조참가이다.
>
> 행정소송 사건에서 참가인이 한 보조참가가 행정소송법 제16조가 규정한 제3자의 소송참가에 해당하지 않는 경우에도, 판결의 효력이 참가인에게까지 미치는 점 등 행정소송의 성질에 비추어 보면 그 참가는 민사소송법 제78조에 규정된 공동소송적 보조참가이다(대판 2013.3.28, 2011두13729).

5. 판결의 효력

① 소송참가인으로서 지위를 취득한 제3자는 실제 소송에 참가하여 소송행위를 하였는지 여부를 불문하고 판결의 효력을 받는다.

② 참가인이 된 제3자는 판결확정후 「행정소송법」 제31조에 의한 재심을 청구할 수 없다.

Ⅱ 행정청의 소송참가

행정소송법

제17조(행정청의 소송참가)

① 법원은 다른 행정청을 소송에 참가시킬 필요가 있다고 인정할 때에는 당사자 또는 당해 행정청의 신청 또는 직권에 의하여 결정으로써 그 행정청을 소송에 참가시킬 수 있다.

② 법원은 제1항의 규정에 의한 결정을 하고자 할 때에는 당사자 및 당해 행정청의 의견을 들어야 한다.

③ 제1항의 규정에 의하여 소송에 참가한 행정청에 대하여는 민사소송법 제76조의 규정을 준용한다.

1. 의의

법원은 다른 행정청을 소송에 참가시킬 필요가 있다고 인정할 때에는 당사자 또는 당해 행정청의 신청 또는 직권에 의하여 결정으로써 그 행정청을 소송에 참가시킬 수 있다.

2. 소송참가요건

(1) 타인간의 소송계속 중

어느 심급에 소송이 있는가를 불문하고, 소가 적법하게 계속 중이어야 한다.

(2) 다른 행정청일 것

피고행정청 이외의 행정청으로 다툼이 있는 처분이나 재결에 관계있는 행정청을 말한다.

(3) 참가시킬 필요성이 있을 것

다른 행정청을 소송에 참가시킴으로써, 사건의 적정한 심리·재판을 실현하기 위한 필요성이 있어야 한다.

3. 절차

법원이 참가결정을 하고자 할 때에는 당사자 및 당해 행정청의 의견을 들어야 한다.

4. 참가인의 지위

참가하는 행정청은 민사소송법 제76조의 규정이 준용되므로 보조참가인에 준하는 지위에서 소송을 수행한다. 따라서 행정청의 소송행위가 피참가인의 소송행위와 저촉되는 때에는 효력을 상실한다.

> **관련 판례** 행정청은 민사소송법상 보조참가를 할 수 없고 행정소송법상 행정청의 소송참가를 할 수 있을 뿐이다.
>
> 타인 사이의 항고소송에서 소송의 결과에 관하여 이해관계가 있다고 주장하면서 민사소송법 제71조에 의한 보조참가를 할 수 있는 제3자는 민사소송법상의 당사자능력 및 소송능력을 갖춘 자이어야 하므로 그러한 당사자능력 및 소송능력이 없는 행정청으로서는 민사소송법상의 보조참가를 할 수는 없고 다만 행정소송법 제17조 제1항에 의한 소송참가를 할 수 있을 뿐이다(대판 2002.9.24, 99두1519).

제11절 소의 변경

Ⅰ 소변경의 의의

1. 개념

소의 변경은 소송의 계속 중에 당사자, 청구의 취지, 청구의 원인변경 등 전부 또는 일부를 변경하는 것을 뜻한다. 단순한 공격·방어방법의 변경은 소의 변경이 아니다.

2. 소변경의 종류

소의 변경은 교환적 변경과, 추가적 변경으로 대별된다. 「교환적 변경」은 종래의 청구를 철회하고 새로운 청구를 하는 것이고, 「추가적 변경」은 종래의 청구는 그대로 두고 새로운 청구를 추가하는 것이다.

Ⅱ 「행정소송법」상 소의 변경

1. 소의 종류의 변경

행정소송법

제21조(소의 변경)
① 법원은 취소소송을 당해 처분 등에 관계되는 사무가 귀속하는 국가 또는 공공단체에 대한 당사자소송 또는 취소소송 외의 항고소송으로 변경하는 것이 상당하다고 인정할 때에는 청구의 기초에 변경이 없는 한 사실심의 변론종결시까지 원고의 신청에 의하여 결정으로써 소의 변경을 허가할 수 있다.
② 제1항의 규정에 의한 허가를 하는 경우 피고를 달리하게 될 때에는 법원은 새로이 피고로 될 자의 의견을 들어야 한다.
③ 제1항의 규정에 의한 허가결정에 대하여는 즉시항고할 수 있다.
④ 제1항의 규정에 의한 허가결정에 대하여는 제14조 제2항·제4항 및 제5항의 규정을 준용한다.

(1) 의의

법원은 취소소송을 당해 처분 등에 관계되는 사무가 귀속하는 국가 또는 공공단체에 대한 당사자소송 또는 취소소송 외의 항고소송으로 변경하는 것이 상당하다고 인정할 때에는 청구의 기초에 변경이 없는 한 사실심 변론종결시까지 원고의 신청에 의하여 결정으로써 소의 변경을 허가할 수 있다. 이를 소종류의 변경이라고 한다.

(2) 소종류 변경의 유형

1) 취소소송을 다른 소송으로 변경

취소소송을 다른 항고소송인 무효등확인소송이나 부작위위법확인소송으로 변경하거나 또는 당사자소송으로 변경하는 경우가 있다.

2) 다른 소송을 취소소송으로 변경

무효등확인소송 또는 부작위위법확인소송을 각각 다른 항고소송으로 변경하거나 당사자소송을 취소소송으로 변경하는 경우가 있다.

관련 판례

1. 취소소송을 제기한 당사자가 국가 또는 공공단체에 대한 당사자소송을 행정소송법 제10조 제2항에 의하여 관련 청구로서 병합하였으나 위 취소소송이 부적법한 경우 법원은 소변경청구로 보아 청구의 기초에 변경이 없는 한 이를 허가하여야 한다.

취소소송 등을 제기한 당사자가 당해 처분 등에 관계되는 사무가 귀속되는 국가 또는 공공단체에 대한 당사자소송을 행정소송법 제10조 제2항에 의하여 관련 청구로서 병합한 경우 위 취소소송 등이 부적법하다면 당사자는 위 당사자소송의 병합청구로서 같은 법 제21조 제1항에 의한 소변경을 할 의사를 아울러 가지고 있었다고 봄이 상당하고, 이러한 경우 법원은 청구의 기초에 변경이 없는 한 당초의 청구가 부적법하다는 이유로 병합된 청구까지 각하할 것이 아니라 병합청구 당시 유효한 소변경청구가 있었던 것으로 받아들여 이를 허가함이 타당하다(대판 1992.12.24, 92누3335).

2. 항고소송을 제기할 사건을 민사소송으로 잘못 제기한 경우 원고로 하여금 항고소송으로 소변경을 하도록 하여 심리판단하여야 한다.

원고가 고의 또는 중대한 과실 없이 행정소송으로 제기하여야 할 사건을 민사소송으로 잘못 제기한 경우 수소법원으로서는 만약 그 행정소송에 대한 관할도 동시에 가지고 있는 경우라면, 행정소송으로서의 전심절차 및 제소기간을 도과하였거나 행정소송의 대상이 되는 처분 등이 존재하지도 아니한 상태에 있는 등 행정소송으로서의 소송요건을 결하고 있음이 명백하여 행정소송으로 제기되었더라도 어차피 부적법하게 되는 경우가 아닌 이상, 원고로 하여금 항고소송으로 소 변경을 하도록 하여 그 1심법원으로 심리·판단하여야 한다(대판 1999.11.26, 97다42250).

---

(3) 요건

1) 취소소송이 계속되어 있을 것

적법한 취소소송의 계속 중에 소변경이 허용된다.

2) 사실심 변론종결시까지 원고의 신청이 있을 것

변경의 대상이 되는 소가 사실심에 계속되어 있고, 사실심 변론종결전이어야 한다. 상고심은 법률심이므로 상고심에서는 소의 변경이 허용되지 않는다. 원고의 신청 없이 소변경을 법원이 직권으로 할 수는 없다.

3) 청구의 기초에 변경이 없을 것

청구의 기초는 신·구청구간의 관련성을 의미하는데 취소소송에 의해 구제받으려고 하는 원고의 권리·이익의 동일성의 유지를 의미한다.

4) 변경신청에 상당한 이유가 있을 것

변경신청에 대해 법원이 상당한 이유가 있다고 인정하는 경우 허용된다.

(4) 절차

법원의 허가가 있어야 한다. 법원은 소의 변경을 허가함에 있어 피고를 변경하는 경우에는 새로이 피고로 될 자의 의견을 들어야 하며, 허가결정이 있게 되면 결정의 정본을 새로운 피고에게 송달하여야 한다.

(5) 효과

소변경으로 새로운 소는 변경된 소를 처음부터 소를 제기한 때에 제기된 것으로 보며 아울러 종전의 피고에 대한 소송은 취하된 것으로 본다. 구소하에 소송절차는 신소에 승계된다.

(6) 불복

① 소의 변경을 허가하는 결정에 대하여 새로운 소의 피고와 변경된 소의 피고는 즉시항고할 수 있다(행정소송법 제21조 제3항).

② 불허가결정에 대하여는 독립하여 항고할 수 없고 종국판결에 대한 상소로써만 다툴 수 있다(대판 1992.9.25, 92누5096).

> **관련 판례** 취소소송을 제기하였다가 나중에 당사자 소송으로 변경하는 경우에는 당초의 취소소송이 적법한 기간 내에 제기된 경우에는 당사자소송의 제소기간을 준수한 것으로 보아야 한다.
>
> 취소소송을 제기하였다가 나중에 당사자 소송으로 변경하는 경우에는 행정소송법 제21조 제4항, 제14조 제4항에 따라 처음부터 당사자 소송을 제기한 것으로 보아야 하므로 당초의 취소소송이 적법한 기간 내에 제기된 경우에는 당사자소송의 제소기간을 준수한 것으로 보아야 할 것이다(대판 1992.12.24, 92누3335).

2. 처분변경으로 인한 소의 변경

행정소송법

제22조(처분변경으로 인한 소의 변경)

① 법원은 행정청이 소송의 대상인 처분을 소가 제기된 후 변경한 때에는 원고의 신청에 의하여 결정으로써 청구의 취지 또는 원인의 변경을 허가할 수 있다.

② 제1항의 규정에 의한 신청은 처분의 변경이 있음을 안 날로부터 60일 이내에 하여야 한다.

③ 제1항의 규정에 의하여 변경되는 청구는 제18조 제1항 단서의 규정에 의한 요건을 갖춘 것으로 본다.

(1) 의의

법원은 행정청이 소송의 대상인 처분을 소가 제기된 후에 변경한 때에는 원고의 신청에 의하여 결정으로써 청구의 취지 또는 원인의 변경을 허가할 수 있다.

(2) 요건

1) 처분의 변경이 있을 것

법행정청이 소송의 대상인 처분을 소가 제기된 후에 변경하였어야 한다(데 소송계속 중 처분청에 의해 처분이 일부취소되거나 변경된 경우).

2) 처분의 변경이 있음을 안 날로부터 60일 이내일 것

원고는 처분이 변경이 있음을 안 날로부터 60일 이내에 소변경을 신청하여야 한다.

3) 변경되는 신소가 적법할 것

구소가 계속중이고 사실심 변론종결전이어야 하며, 변경되는 신소가 적법하여야 한다. 변경 전의 처분에 대해 행정심판전치절차를 거쳤다면 새로운 처분에 대해서 별도의 전치절차를 거치지 않아도 된다(행정소송법 제22조 제3항).

> **관련 판례** 소송진행 중 처분을 절차상 하자를 이유로 취소하고 이를 보완하여 다시 처분한 경우 소의 변경이 인정된다.
>
> 피고(남원시장)가 원고에게 하천점용료 부과처분을 하였다가 절차상 하자를 이유로 이를 취소하고 다시 동일한 내용의 처분을 한 경우에, 원고가 당초의 부과처분에 대한 취소청구를 새로운 부과처분에 대한 취소청구로 변경하더라도 두 처분이 모두 동일한 내용의 하천점용료를 대상으로 한 것으로서 별개의 두 부과처분이 병존하는 것이 아닌 이상 그 청구의 기초에 변경이 없다고 볼 것이다(대판 1984.2.28, 83누638).

(3) 효과

변경된 신소가 처음부터 제기된 것으로 보고 구소는 취하된 것으로 본다.

(4) 부작위위법확인소송에 준용여부

부작위위법확인소송에는 처분변경으로 인한 소의 변경이 준용되지 않는다.

제12절 **처분사유의 추가·변경**

I 의의

1. 의의

처분사유의 추가·변경은 소송의 계속 중에 그 대상처분의 사유를 추가하거나 잘못 제시된 사실상의 근거 또는 법률적 근거를 변경하는 것을 뜻한다. 소의 변경이 소송물을 변경하는 것과 차이가 있다.

2. 구별개념

(1) 처분근거법령의 추가·변경

① 처분사유의 추가·변경이란 처분의 기초가 되는 사실관계의 추가변경을 말하므로, 처분근거법령의 추가·변경은 처분사유의 추가·변경에 해당하지 않는다.

② 처분청은 처분 당시에 적시한 구체적 사실을 변경하지 않는 범위 안에서 그 처분의 근거법령만을 추가·변경하는 것은 가능하다는 것이 판례의 입장이다.

> **관련 판례** **처분의 근거법령만을 추가·변경하는 것은 처분사유의 추가·변경이라 할 수 없다.**
>
> 행정처분이 적법한가의 여부는 특별한 사정이 없는 한 처분 당시의 사유를 기준으로 판단하면 되는 것이고 처분청이 처분 당시에 적시한 구체적 사실을 변경하지 아니하는 범위 안에서 단지 그 처분의 근거법령만을 추가·변경하는 것은 새로운 처분사유의 추가라고 볼 수 없으므로 이와 같은 경우에는 처분청이 처분 당시에 적시한 구체적 사실에 대하여 처분 후에 추가·변경한 법령을 적용하여 그 처분의 적법 여부를 판단하여도 무방하다(대판 1988.1.19, 87누603).

(2) 이유부기의 하자의 치유와 구별

① **처분사유의 추가·변경** : 처분사유의 추가·변경은 처분시에 이미 법령상 요구되는 처분사유가 존재하고 있었으나 그것이 내용상 적절한 방법으로 이루어지지 않아 이를 소송계속 중에 추가·변경하는 것이다.

② **이유부기의 하자의 치유** : 처분시에 이유제시가 전혀 이루어지지 않았거나 법령상 요구되는 정도로 이루어지지 않은 하자가 있어 이를 사후에 보완하여 치유하는 것을 말한다.

(3) 하자 있는 행정행위의 전환

① **흠 있는 행정행위의 전환** : 행정행위의 전환은 하자 있는 행정행위를 하자 없는 행정행위로 전환을 통해 종전과는 다른 법적 규율이 가해지는 것이어서 처분의 동일성은 유지되지 못한다.

② **처분사유의 추가·변경** : 처분사유의 추가·변경은 행정행위의 전환과 달리 그 처분의 동일성이 그대로 유지된다.

Ⅱ 인정기준

1. 행정소송규칙

행정소송규칙

제9조(처분사유의 추가·변경)

행정청은 사실심 변론을 종결할 때까지 당초의 처분사유와 기본적 사실관계가 동일한 범위 내에서 처분사유를 추가 또는 변경할 수 있다.

2. 기본적 사실관계의 동일성이 유지될 것

① 당초에 삼은 처분의 근거사유와 기본적 사실관계의 동일성이 인정되는 범위 내에서만 인정된다는 입장이면서, 과세처분의 경우에는 처분의 동일성이 인정되는 범위 내에서 인정하고 있다.

> **관련 판례**
>
> **1. 기본적 사실관계의 동일성 유무는 사회적 사실관계의 동일성 유무를 기준으로 한다.**
>
> 기본적 사실관계의 동일성 유무는 처분사유를 법률적으로 평가하기 이전의 구체적 사실에 착안하여 그 기초인 사회적 사실관계가 기본적인 점에서 동일한지에 따라 결정되므로, 추가 또는 변경된 사유가 처분 당시에 이미 존재하고 있었다거나 당사자가 그 사실을 알고 있었다고 하여 당초의 처분사유와 동일성이 있다고 할 수 없다(대판 2011.11.24, 2009두19021).
>
> **2. 처분청이 거부처분에 대한 항고소송에서 기존의 처분사유와 기본적 사실관계가 동일하지 않은 사유를 처분사유로 추가·변경한 것에 대하여 법원의 심리방법**
>
> 처분청이 기본적 사실관계의 동일성이 인정되지 않는 별개의 사실을 들어 처분사유로 주장하는 것이 허용되지 않는다고 해석하는 이유는 행정처분의 상대방의 방어권을 보장함으로써 실질적 법치주의를 구현하고 행정처분의 상대방에 대한 신뢰를 보호하고자 하는 데에 취지가 있음을 고려하면, 처분청이 거부처분에 대한 항고소송에서 기존의 처분사유와 기본적 사실관계가 동일하지 않은 사유를 처분사유로 추가·변경한 것에 대하여 처분상대방이 추가·변경된 처분사유의 실체적 당부에 관하여 해당 소송 과정에서 심리·판단하는 것에 명시적으로 동의하는 경우에는, 법원으로서는 그 처분사유가 기존의 처분사유와 기본적 사실관계가 동일한지와 무관하게 예외적으로 이를 허용할 수 있다. 처분상대방으로서는 처분청이 별개의 사실을 바탕으로 새롭게 주장하는 처분사유까지 동일 소송절차 내에서 판단을 받음으로써 분쟁을 한꺼번에 해결하는 것을 유효·적절한 수단으로서 선택할 수도 있으므로, 처분상대방의 그러한 절차적 선택을 존중하는 것이 처분사유 추가·변경 제한 법리의 기본취지와도 부합하기 때문이다. 그렇다면 법원은, 처분상대방의 명시적 동의에 따라 처분사유의 추가·변경을 허용할 경우, 추가·변경된 거부처분사유가 당초 거부처분사유와 기본적 사실관계의 동일성이 인정되지 않더라도 처분사유 추가·변경 제한 법리에 따라 처분청의 주장을 형식적으로 배척할 것이 아니라 추가·변경된 거부처분사유의 실체적 당부에 관하여 심리·판단해야 한다. 그 결과 추가·변경된 거부처분사유도 실체적으로 위법하여 처분을 취소하는 판결이 선고·확정되는 경우 추가·변경된 거부처분사유에 관한 법원의 판단에 대해서까지 취소판결의 기속력이 미친다고 보아야 한다. 이와 달리 처분상대방의 명시적인 동의가 없다면, 법원으로서는 처분사유 추가·변경 제한 법리의 원칙으로 돌

> 아가 처분청의 거부처분사유 추가·변경을 허용해서는 안 된다.
> 따라서 처분청이 거부처분에 대한 항고소송에서 당초 거부처분사유와 기본적 사실관계의 동일성이 인정되지 않는 다른 거부처분사유를 주장한 것에 대하여 처분상대방이 아무런 의견을 밝히지 않고 있다면 법원은 적절하게 석명권을 행사하여 처분상대방에게 처분사유 추가·변경 제한 법리의 원칙이 그대로 적용될 것을 주장하는지, 아니면 추가·변경된 거부처분사유의 실체적 당부에 관한 법원의 판단을 구하는지에 관하여 의견을 진술할 수 있도록 기회를 주어야 한다. 그리고 법원이 기본적 사실관계가 동일하지 않은 사유의 실체적 당부에 관한 처분상대방의 명시적인 동의 없이 추가·변경된 거부처분사유를 심리·판단하여 이를 근거로 거부처분이 적법하다고 판단하는 것은 행정소송법상 직권심리주의의 한계를 벗어난 것으로 허용될 수 없다(대판 2024.11.28, 2023두61349).

② 판례는 조세항고소송에서의 소송물은 처분의 위법성이 아니라 '정당한 세액의 객관적 존부'이므로 조세항고소송에서는 소송물의 범위내에서는 기본적 사실관계의 동일성이라는 제한 없이 처분사유의 추가·변경이 이루어진다고 본다.

> **관련 판례** **종합소득세 부과처분에서 과세대상 소득에 대하여 이자소득이 아니라 대금업에 의한 사업소득으로 변경하는 것은 처분의 동일성이 유지되는 범위내에서 처분사유 변경에 해당한다.**
>
> 과세관청이 과세대상 소득에 대하여 이자소득이 아니라 대금업에 의한 사업소득에 해당한다고 처분사유를 변경한 것은 처분의 동일성이 유지되는 범위 내에서의 처분사유 변경에 해당하여 허용되며, 또 그 처분사유의 변경이 국세부과의 제척기간이 경과한 후에 이루어졌는지 여부에 관계없이 국세부과의 제척기간이 경과되었는지 여부는 당초의 처분시를 기준으로 판단하여야 한다(대판 2002.3.12, 2000두2181).

3. 법적 근거의 변경의 문제

① 처분의 법적 근거가 변경됨으로써 처분의 사실관계가 변경되고, 사실관계의 기본적 동일성이 인정되지 않는 경우에는 처분의 법적 근거의 변경이 인정될 수 없다.

② 처분의 사실관계에 변경이 없는 한 적용법령을 추가하거나 변경하는 것은 항상 가능하고 법원은 추가·변경된 법령에 기초하여 처분의 적법여부를 판단할 수 있다.

> **관련 판례**
>
> **1. 처분청이 처분 당시에 적시한 구체적 사실을 변경하지 아니하는 범위 내에서 단지 그 처분의 근거 법령만을 추가·변경하는 것은 처분사유를 추가하거나 변경하는 것이라 볼 수 없다.**
>
> 처분청이 처분 당시에 적시한 구체적 사실을 변경하지 아니하는 범위 내에서 단지 그 처분의 근거 법령만을 추가·변경하거나 당초의 처분사유를 구체적으로 표시하는 것에 불과한 경우에는 새로운 처분사유를 추가하거나 변경하는 것이라고 볼 수 없으므로 이와 같은 경우에는 처분청이 처분 당시 적시한 구체적 사실에 대하여 처분 후 추가·변경한 법령을 적용하여 처분의 적법 여부를 판단하여도 무방하다(대판 2008.2.28, 2007두13791·13807).

> 2. 행정청이 당초 처분의 근거로 삼은 사유와 사회적 사실관계의 기본적 동일성이 인정되더라도 그에 대한 규범적 평가와 처분의 근거 법령 변경으로 당초 처분의 내용을 변경할 필요성이 제기되는 경우, 행정처분의 적법성과 효력을 다투는 항고소송에서 당초 처분의 내용을 그대로 유지한 채 근거 법령만 추가·변경하는 것이 허용되는지 여부(소극)
>
> 행정처분의 적법성과 효력을 다투는 항고소송에서는 처분청이 당초 처분의 근거로 삼은 사유와 기본적 사실관계의 동일성이 인정되지 않는 별개의 사유를 주장하는 것은 원칙적으로 허용되지 않는다(이를 '처분사유 추가·변경 제한 법리'라고 한다). 여기서 기본적 사실관계의 동일성 유무는 처분사유를 법률적으로 평가하기 이전의 구체적인 사실에 착안하여 그 기초가 되는 사회적 사실관계가 기본적인 점에서 동일한지에 따라 판단하는 것이 원칙이고, 행정청이 처분 당시에 제시한 구체적 사실을 변경하지 않는 범위 내에서 단지 처분의 근거 법령만을 추가·변경하거나 당초의 처분사유를 구체적으로 표시하는 것에 불과한 경우에는 새로운 처분사유를 추가하거나 변경하는 것이라고 볼 수 없다. 그러나 사회적 사실관계의 기본적 동일성이 인정되는 경우라고 하더라도 그에 대한 규범적 평가와 처분의 근거 법령의 변경으로, 예를 들어 기속행위가 재량행위로 변경되는 경우와 같이, 당초 처분의 내용을 변경할 필요성이 제기되는 경우에는 해당 처분을 취소한 후 처분청으로 하여금 다시 처분절차를 거쳐 새로운 처분을 하도록 하여야 할 것이지 당초 처분의 내용을 그대로 유지한 채 근거 법령만 추가·변경하는 것은 허용될 수 없다(대판 2024.11.28, 2023두61349).

4. 처분 당시 존재했던 사유

위법판단의 기준 시에 관하여 처분시설을 취하는 경우 위법성 판단은 처분 시를 기준으로 하므로 추가사유나 변경사유는 처분 시에 객관적으로 존재하던 사유이어야 한다. 처분 이후에 발생한 새로운 사실적·법적 사유를 추가·변경할 수는 없다.

> **관련 판례** 허가신청 반려처분 취소소송 중 사정변경을 이유로 반려처분을 직권취소하는 경우 반려처분의 취소를 구하는 소는 소의 이익이 없게 된다.
>
> 행정청이 당초의 분뇨 등 관련영업 허가신청 반려처분의 취소를 구하는 소의 계속 중, 사정변경을 이유로 위 반려처분을 직권취소함과 동시에 위 신청을 재반려하는 내용의 재처분을 한 경우, 당초의 반려처분의 취소를 구하는 소는 더 이상 소의 이익이 없게 된다(대판 2006.9.28, 2004두5317).

5. 시간적 한계

행정청은 기본적 사실관계의 동일성이 있다고 인정되는 한도 내에서만 다른 처분사유를 추가, 변경할 수 있다고 할 것이나 이는 사실심 변론종결시까지만 허용된다(대판 1999.8.20, 98두17043).

Ⅲ 구체적 사례

1. 기본적 사실관계의 동일성이 부정되는 경우

관련 판례

**1. 충전소설치예정지로부터 80미터에 위치한 전주 이씨 제각 소유주의 동의가 없다는 이유와 충전소설치
예정지역 인근도로가 낭떠러지에 접한 S자 커브의 언덕길로 되어 있어서 교통사고로 인한 충전소 폭발
의 위험이 있다는 사유는 기본적 사실관계의 동일성이 부정된다.**

충전소설치예정지로부터 80미터에 위치한 전주 이씨 제각 소유주의 동의가 없다는 이유로 충전소설치
허가를 거부했다가 충전소설치예정지역 인근도로가 낭떠러지에 접한 S자 커브의 언덕길로 되어 있어서
교통사고로 인한 충전소 폭발의 위험이 있어 허가하지 아니하였다는 것이나, 이는 원심에서 주장하지
아니한 것으로서 상고이유에서 비로소 지적하는 새로운 사실이므로 적법한 상고이유가 될 수 없다. 뿐
만 아니라 피고가 당초 위 반려처분의 근거로 삼은 사유와는 그 기본적 사실관계에 있어서 동일성이
인정되지 아니하는 별개의 사유라 할 것이므로 이제 와서 이를 들어 원고의 신청이 허가요건을 구비하
지 아니하였다고 내세울 수도 없는 것이다(대판 1992.5.8, 91누13274).

**2. 사업지구 내 가옥소유자가 아니라는 이유로 거부처분한 것과 원고가 이주대책신청기간이나 소정의 이
주대책실시(시행)기간을 모두 도과하여 실기한 이주대책신청을 하였다는 사유는 기본적 사실관계의 동
일성이 없다.**

원고가 이주대책신청기간이나 소정의 이주대책실시(시행)기간을 모두 도과하여 실기한 이주대책신청을
하였으므로 원고에게는 이주대책을 신청할 권리가 없고, 사업시행자가 이를 받아들여 택지나 아파트공
급을 해 줄 법률상 의무를 부담한다고 볼 수 없다는 피고의 상고이유의 주장은 원심에서는 하지 아니한
새로운 주장일 뿐만 아니라 사업지구 내 가옥 소유자가 아니라는 이 사건 처분사유와 기본적 사실관계
의 동일성도 없으므로 적법한 상고이유가 될 수 없다(대판 1999.8.20, 98두17043).

**3. 온천으로서의 이용가치, 기존의 도시계획 및 공공사업에의 지장 여부 등을 고려하여 온천발견신고수리
를 거부한 것과 규정온도가 미달되어 온천에 해당하지 않는다는 사유는 기본적 사실관계의 동일성이
인정되지 않는다.**

원심이 온천으로서의 이용가치, 기존의 도시계획 및 공공사업에의 지장 여부 등을 고려하여 이 사건
온천발견신고수리를 거부한 것은 적법하다는 취지의 피고의 주장에 대하여 아무런 판단도 하지 아니한
것은 소론이 지적하는 바와 같으나 기록에 의하면 그와 같은 사유는 피고가 당초에 이 사건 거부처분의
사유로 삼은 바가 없을 뿐만 아니라 규정온도가 미달되어 온천에 해당하지 않는다는 당초의 이 사건
처분사유와는 기본적 사실관계를 달리하여 원심으로서도 이를 거부처분의 사유로 추가할 수는 없다 할
것이므로 원심이 이 부분에 대하여 판단을 하지 아니하였다 하여도 이는 판결에 영향이 없다고 할 것이
다(대판 1992.11.24, 92누3052).

**4. 기존 공동사업장과의 거리제한규정에 저촉된다는 사실과 최소주차용지에 미달한다는 사실은 기본적 사
실관계의 동일성이 인정되지 않는다.**

피고의 이 사건 처분사유인 기존 공동사업장과의 거리제한규정에 저촉된다는 사실과 피고 주장의 최소
주차용지에 미달한다는 사실은 기본적 사실관계를 달리하는 것임이 명백하여 피고가 이를 새롭게 처분

사유로서 주장할 수는 없는 것이므로 원심이 피고의 위 주장에 대하여 명시적인 판단을 하지 아니하였다고 하여 원심판결에 아무런 영향이 없는 것이다(대판 1995.11.21, 95누10952).

5. 정당한 이유 없이 계약을 이행하지 않은 사실과 관계 공무원에게 뇌물을 준 사실은 기본적 사실관계의 동일성이 인정되지 않는다.

입찰참가자격을 제한시킨 당초의 처분 사유인 정당한 이유 없이 계약을 이행하지 않은 사실과 항고소송에서 새로 주장한 계약의 이행과 관련하여 관계 공무원에게 뇌물을 준 사실은 기본적 사실관계의 동일성이 없다(대판 1999.3.9, 98두18565).

6. 무자료 주류판매 및 위장거래 금액이 부가가치세 과세기간별 총 주류판매액의 100분의 20 이상에 해당한다는 이유와 무면허판매업자에게 주류를 판매한 때 해당한다는 사실은 기본적 사실관계의 동일성이 인정되지 않는다.

주류면허 지정조건 중 제6호 무자료 주류판매 및 위장거래 항목을 근거로 한 면허취소처분에 대한 항고소송에서, 지정조건 제2호 무면허판매업자에 대한 주류판매를 새로이 그 취소사유로 주장하는 것은 기본적 사실관계가 다른 사유를 내세우는 것으로서 허용될 수 없다(대판 1996.9.6, 96누7427).

7. 당초의 처분사유인 중기취득세의 체납과 그 후 추가된 처분사유인 자동차세의 체납은 기본적 사실관계의 동일성이 인정되지 않는다.

이 사건에서 당초의 처분사유인 중기취득세의 체납과 그 후 추가된 처분사유인 자동차세의 체납은 각 세목, 과세년도, 납세의무자의 지위(연대납세의무자와 직접의 납세의무자) 및 체납액 등을 달리하고 있어 기본적 사실관계가 동일하다고 볼 수 없고, 중기취득세의 체납이나 자동차세의 체납이 다같이 지방세의 체납이고 그 과세대상도 다같은 지입중기에 대한 것이라는 점만으로는 기본적 사실관계의 동일성을 인정하기에 미흡하다(대판 1989.6.27, 88누6160).

8. 공공기관의 정보공개에 관한 법률상의 비공개사유 간에는 기본적 사실관계의 동일성이 인정되지 않는다.

당초의 정보공개거부 처분사유인 구 공공기관의 정보공개에 관한 법률 제7조 제1항 제2호, 제4호, 제6호의 사유와 같은 항 제1호의 사유는 기본적 사실관계의 동일성이 인정되지 않으므로, 정보비공개결정 취소소송에서 같은 항 제1호의 처분사유의 추가가 허용되지 않는다(대판 2006.1.13, 2004두12629).

2. 기본적 사실관계의 동일성이 인정되는 경우

관련 판례

1. **구 법인세법 시행령에 근거하여 소득금액을 지급한 것으로 의제하는 소득처분을 한 후 소득금액이 대표이사나 출자자에게 현실적 소득으로 귀속되었다는 주장은 그 소득의 원천만을 달리 주장하는 것으로 기본적 사실관계의 동일성이 인정된다.**

   과세관청이 법인의 익금이 임원 또는 주주들에게 사외유출된 것으로 보아 구 법인세법 시행령 제94조의2 규정에 근거하여 소득금액을 지급한 것으로 의제하는 소득처분을 한 후 그에 대한 과세처분취소소송의 사실심 변론종결 시까지 위 소득처분과는 별도로, 당해 원천징수소득세 징수처분의 정당성을 뒷받침하기 위하여 같은 소득금액이 대표이사나 출자자에게 현실적 소득으로 귀속되었다는 주장과 함께 합산과세되는 종합소득의 범위 안에서 그 소득의 원천만을 달리 주장하는 것은 처분의 동일성이 유지되는 범위 내의 처분사유 변경에 해당하여 허용된다 할 것이다(대판 2000.3.28, 98두16682).

2. **모든 허가기준에 의거하여 허가기준에 맞지 않아 허가신청을 반려한다는 사유와 이격거리 기준위배를 반려사유로 주장하는 것은 그 처분의 사유를 구체적으로 표시하는 것이지 새로운 처분사유를 추가하는 것은 아니다.**

   동래구청장은 원고가 제출한 이 사건 허가신청에 대하여 관계법 및 부산시 고시 동래구 허가기준에 의거 검토한 결과 허가기준에 맞지 않아 허가신청을 반려한다고 하였는바, 위에서 본 모든 허가기준에 의거하여 검토한 결과 그 허가기준(원고에 대하여는 이격거리에 관한 허가기준을 나타내는 것이라 함은 위에서 본 바와 같다)에 맞지 아니하여 반려한다는 것으로 이해되는 바이니 피고가 이 사건에서 이격거리 기준위배를 반려사유로 주장하는 것은 그 처분의 사유를 구체적으로 표시하는 것이지 당초의 처분사유와 기본적 사실관계와 동일성이 없는 별개의 또는 새로운 처분사유를 추가하거나 변경하는 것이라고 할 수는 없다(대판 1989.7.25, 88누11926).

● 제30회 2021년 기출

【문제 3】 국가공무원 甲은 업무시간 중 민원인으로부터 골프접대 등의 뇌물을 수수하였다는 이유로 징계권자로부터 해임의 징계처분을 받고, 그 징계처분에 대하여 소청심사를 거쳐 취소소송을 제기하였다. 피고 행정청은 취소소송의 계속 중 甲이 뇌물수수뿐만 아니라 업무시간 중 골프접대를 받는 등 직무를 태만히 한 것도 징계사유의 하나라고 소송절차에서 주장하였다. 이러한 피고의 주장이 허용되는지 설명하시오. 25점

● 제28회 2019년 기출

【문제 1】 사용자인 乙주식회사는 소속 근로자인 甲에 대해 유인물 배포 등 행위와 성명서 발표 및 기사 게재로 인한 乙주식회사에 대한 명예훼손행위를 근거로 감봉 3월의 징계처분을 하였다. 甲과 A노동조합은 2018.9.7. B지방노동위원회에 위 징계처분이 부당징계 및 부당노동행위에 해당한다고 주장하면서 구제신청을 하였다. 그러나 B지방노동위원회는 2018.11.6. 위 구제신청을 모두 기각하였다. 甲과 A노동조합은 B지방노동위원회의 기각결정에 불복하여 2018.12.20. 중앙노동위원회에 재심을 신청하였다. 중앙노동위원회는 2019.3.5. 유인물 배포 등 행위가 징계사유에 해당할 뿐만 아니라 징계 양정이 적정하고, 노동조합 및 노동관계조정법 제81조 제1호의 부당노동 행위에 해당하지 않는다는 이유로 재심신청을 모두 기각하였다. 이에 甲은 중앙노동위원 회의 재심에 불복하여 취소소송을 제기하려고 한다. 甲은 중앙노동위원회가 재심판정을 하면서 관계 법령상 개의 및 의결 정족수를 충족하지 않았다고 주장한다. 다음 물음에 답하시오. (단, 행정쟁송법과 무관한 노동법적인 쟁점에 대해서는 서술하지 말 것) 50점

물음 2) 중앙노동위원회는 이 소송의 계속 중에 甲과 A노동조합의 유인물 배포행위가 정당하지 않은 노동조합행위에 해당하여 징계사유에 해당한다고 추가적으로 주장한다. 이러한 중앙노동위원회의 주장이 타당한지를 논하시오. 25점

● 제24회 2015년 기출

【문제 1】 甲은 2015.1.16. 주택신축을 위하여 개발행위허가를 신청하였다. 이에 관할 행정청 乙은 「국토의 계획 및 이용에 관한 법률」의 규정에 의거하여 "해당 개발행위에 따른 기반시설의 설치나 그에 필요한 용지의 확보계획이 적절하지 않다"라는 사유로 2015.1.22. 개발행위 불허가 처분을 하였고, 그 다음날 甲은 그 사실을 알게 되었다. 그런데 乙은 위 불허가 처분을 하면서 甲에게 그 처분에 대하여 행정심판을 청구할 수 있는지 여부와 행정심판을 청구하는 경우의 심판청구 절차 및 심판청구기간을 알리지 아니하였다. 甲은 개발행위 불허가 처분에 불복하여 2012.5.7. 행정심판위원회에 취소심판을 청구하였다. 아울러 甲은 적법한 제소요건을 갖추어 취소소송도 제기하였다. 50점

물음 2) 乙은 취소소송의 계속 중 "국토 및 자연의 유지와 환경보전 등 중대한 공익상의 필요가 있고 주변 환경이나 경관과 조화를 이루지 못한다."라는 처분사유를 새로이 추가할 수 있는가? 30점

● 제20회 2011년 기출

【문제 2】 甲은 정당한 이유 없이 계약을 이행하지 않았음을 이유로 입찰참가자격 제한처분을 받았다. 이에 대해 甲이 취소소송으로 다투던 중 처분청은 당초 처분사유 외에 위 계약 당시 관계 공무원에게 뇌물을 준 사실을 처분사유로 추가하였다. 처분청의 행위는 소송상 허용되는가? 25점

제13절　행정소송법상 가구제

행정소송법

제23조(집행정지)

① 취소소송의 제기는 처분등의 효력이나 그 집행 또는 절차의 속행에 영향을 주지 아니한다.

② 취소소송이 제기된 경우에 처분등이나 그 집행 또는 절차의 속행으로 인하여 생길 회복하기 어려운 손해를 예방하기 위하여 긴급한 필요가 있다고 인정할 때에는 본안이 계속되고 있는 법원은 당사자의 신청 또는 직권에 의하여 처분등의 효력이나 그 집행 또는 절차의 속행의 전부 또는 일부의 정지(이하 "집행정지"라 한다)를 결정할 수 있다. 다만, 처분의 효력정지는 처분등의 집행 또는 절차의 속행을 정지함으로써 목적을 달성할 수 있는 경우에는 허용되지 아니한다.

③ 집행정지는 공공복리에 중대한 영향을 미칠 우려가 있을 때에는 허용되지 아니한다.

④ 제2항의 규정에 의한 집행정지의 결정을 신청함에 있어서는 그 이유에 대한 소명이 있어야 한다.

⑤ 제2항의 규정에 의한 집행정지의 결정 또는 기각의 결정에 대하여는 즉시항고할 수 있다. 이 경우 집행정지의 결정에 대한 즉시항고에는 결정의 집행을 정지하는 효력이 없다.

⑥ 제30조 제1항의 규정은 제2항의 규정에 의한 집행정지의 결정에 이를 준용한다.

제24조(집행정지의 취소)

① 집행정지의 결정이 확정된 후 집행정지가 공공복리에 중대한 영향을 미치거나 그 정지사유가 없어진 때에는 당사자의 신청 또는 직권에 의하여 결정으로써 집행정지의 결정을 취소할 수 있다.

② 제1항의 규정에 의한 집행정지결정의 취소결정과 이에 대한 불복의 경우에는 제23조 제4항 및 제5항의 규정을 준용한다.

Ⅰ　집행정지제도

1. 집행부정지의 원칙

행정소송법은 "취소소송의 제기는 처분 등의 효력이나 그 집행 또는 절차의 속행에 영향을 주지 아니한다(법 제23조 제1항)."고 규정하여 소제기의 효과로서 처분에 대해 원칙적으로 집행부정지의 원칙을 채택하고 있다.

2. 예외적 집행정지

집행부정지원칙만을 고수하게 되면 행정소송 제기 후 승소판결이 있다 하더라도 이미 처분이 집행되어 그로 인한 손해가 회복할 수 없게 되는 경우 권리구제가 되지 못하는 경우가 있다. 이를 예방하기 위해 잠정적으로 그 집행을 정지할 수 있는 예외를 인정하고 있다.

3. 이론적 근거

집행부정지원칙의 이론적 근거에 대해서는 처분의 공정력에서 구하는 견해도 있으나 다수설은 국민의 권리구제와 행정의 계속적 수행 중 어느 것을 중시할 것인가에 대한 입법정책의 문제로 본다.

4. 집행정지의 법적 성질

(1) 사법절차에 의한 구제조치

집행정지에 대해 행정작용설도 있지만 집행정지는 사법절차에 의한 구제조치의 일종으로 사법작용이라는 설이 다수설이다.

(2) 민사집행법상 가처분과 구별

집행정지는 소극적으로 계쟁처분의 효력이나 집행을 정지하는 데 그친다는 점에서 다툼이 있는 권리관계에 대해 임시의 지위를 정하기 위해서도 인정되는 민사집행법상의 가처분과 구별된다.

Ⅱ 집행정지의 요건

집행정지의 적극적 요건은 신청인이 주장·소명하고, 소극적 요건은 행정청이 주장·소명해야 한다.

적극적 요건	① 정지대상인 처분의 존재 ② 적법한 본안소송의 계속 ③ 회복하기 어려운 손해발생의 우려 ④ 긴급한 필요성
소극적 요건	① 공공복리에 중대한 영향을 미칠 우려가 없을 것 ② 원고청구가 이유없음이 명백하지 않을 것

1. 적극적 요건

(1) 정지의 대상인 처분 등의 존재

부작위 또는 기간의 경과로 처분이 소멸된 뒤에는 집행정지로 회복시킬 대상이 없으므로 허용되지 아니한다. 때문에 취소소송과 무효확인소송은 집행정지가 허용될 수 있으나 부작위위법확인소송은 제외된다.

(2) 거부처분의 집행정지 인정 여부

1) 문제의 소재

당사자의 신청에 대한 행정청의 거부는 적극적 처분이 아닌 신청에 대한 반려라는 점에서 집행정지의 대상이 되는지 문제된다.

2) 학설

① 집행정지는 행정처분이 없었던 것과 같은 상태를 만드는 것을 의미하며, 그 이상으로 행정청에게 처분을 명하는 등 적극적인 상태를 만드는 것은 대상이 될 수 없다는 점에서 부정하는 견해(부정설)

② 집행정지결정에는 기속력이 인정되므로 거부처분의 집행정지에 따라 행정청에게 잠정적인 재처분의무가 생긴다고 볼 수 있으므로 거부처분도 집행정지의 대상이 된다고 보는 견해(긍정설)

③ 거부처분의 집행정지에 의하여 거부처분이 행하여 지지 아니한 상태로 복귀됨에 따라 신청인에게 어떠한 법적 이익이 있다고 인정되는 경우가 있을 수 있고, 이러한 경우에는 예외적으로 인정된다는 견해(제한적 긍정설)

3) 판례

거부처분의 효력정지는 그 거부처분으로 인해 신청인에게 생길 손해를 방지하는 데 아무런 보탬이 되지 않는다고 하여 집행정지를 구할 이익이 없다는 입장이다.

> **관련 판례** **거부처분에 대한 효력정지는 인정되지 않는다.**
>
> 신청에 대한 거부처분의 효력을 정지하더라도 거부처분이 없었던 것과 같은 상태, 즉 거부처분이 있기 전의 신청시의 상태로 되돌아가는 데에 불과하고 행정청에게 신청에 따른 처분을 하여야 할 의무가 생기는 것이 아니므로, 거부처분의 효력정지는 그 거부처분으로 인하여 신청인에게 생길 손해를 방지하는 데 아무런 보탬이 되지 아니하여 그 효력정지를 구할 이익이 없다(대결 1995.6.21, 95두26).

(3) 적법한 본안소송의 계속

① 집행정지는 본안소송이 법원에 계속중인 것을 요건으로 한다. 일반적으로는 본안소송의 제기와 집행정지의 신청이 동시에 이루어진다. 계속된 본안소송은 소송요건을 갖춘 적법한 것이어야 한다.

② 본안이 계속 중 법원이라면 1심 법원에 국한하지 않고 각급 법원이 집행정지결정의 관할 법원이 된다.

> **관련 판례** **본안소송이 취하되어 소송이 계속하지 아니한 경우 집행정지결정의 효력도 실효된다.**
>
> 행정처분의 집행정지는 행정처분집행부정지의 원칙에 대한 예외로서 인정되는 일시적인 응급처분이라 할 것이므로 집행정지결정을 하려면 이에 대한 본안소송이 법원에 제기되어 계속 중임을 요건으로 하는 것이므로 집행정지결정을 한 후에라도 본안소송이 취하되어 소송이 계속하지 아니한 것으로 되면 집행정지결정은 당연히 그 효력이 소멸되는 것이고 별도의 취소조치를 필요로 하는 것이 아니다(대판 1975.11.11, 75누97).

(4) 본안소송의 당사자

집행정지를 신청할 수 있는 자는 본안소송의 당사자이다. 처분에 대한 법률상 이익이 아닌 사실적·경제적 이해관계를 가지는 데 불과한 경우는 이에 포함되지 않는다.

(5) 회복하기 어려운 손해발생의 우려

회복하기 어려운 손해에 대해 판례는 금전배상이 불가능한 경우와 사회통념상 원상회복이나 금전배상이 가능하더라도 금전배상만으로는 받아들이기 어렵거나 받아들이기 어려운 유형·무형의 손해를 의미한다고 본다.

관련 판례

1. 회복하기 어려운 손해의 의미

행정소송법 제23조 제2항 소정의 행정처분 등의 효력이나 집행을 정지하기 위한 요건으로서의 '회복하기 어려운 손해'라 함은 특별한 사정이 없는 한 금전으로 보상할 수 없는 손해로서 이는 금전보상이 불가능한 경우뿐만 아니라 금전보상으로는 사회관념상 행정처분을 받은 당사자가 참고 견딜 수 없거나 또는 참고 견디기가 현저히 곤란한 경우의 유형·무형의 손해를 일컫는다(대결 2004.5.17, 2004무6).

2. 기업의 손해가 회복하기 어려운 손해에 해당하기 위한 요건

당사자가 처분 등이나 그 집행 또는 절차의 속행으로 인하여 재산상의 손해를 입거나 기업 이미지 및 신용이 훼손당하였다고 주장하는 경우에 그 손해가 금전으로 보상될 수 없어 '회복하기 어려운 손해'에 해당한다고 하기 위해서는 그 경제적 손실이나 기업 이미지 및 신용의 훼손으로 인하여 사업자의 자금사정이나 경영전반에 미치는 파급효과가 매우 중대하여 사업자체를 계속할 수 없거나 중대한 경영상의 위기를 맞게 될 것으로 보이는 등의 사정이 존재하여야 한다(대결 2003.10.9, 2003무23).

3. 과징금납부명령의 처분이 사업자의 자금사정이나 경영전반에 미치는 파급효과가 매우 중대하다는 이유로 그로 인한 손해는 효력정지 내지 집행정지의 적극적 요건인 '회복하기 어려운 손해'에 해당한다.

사업여건의 악화 및 막대한 부채비율로 인하여 외부자금의 신규차입이 사실상 중단된 상황에서 285억 원 규모의 과징금을 납부하기 위하여 무리하게 외부자금을 신규차입하게 되면 주거래은행과의 재무구조개선약정을 지키지 못하게 되어 사업자가 중대한 경영상의 위기를 맞게 될 것으로 보이는 경우, 그 과징금납부명령의 처분으로 인한 손해는 효력정지 내지 집행정지의 적극적 요건인 '회복하기 어려운 손해'에 해당한다(대결 2001.10.10, 2001무29).

4. 지방의회의원에 대한 제명의결에 대한 소송에서 의원으로서의 제명은 사회관념상 회복하기 어려운 손해에 해당된다.

신청인의 이 사건 본안소송이 이유 없음이 분명하지도 아니하여 만일 본안소송에서 승소한다면 신청인이 그 기간 동안 지방의회 의원으로서의 업무를 수행할 수 없어 신분과 명예상의 불이익을 입게 되고 상당한 정신적 고통을 받게 될 것임은 짐작하기 어렵지 아니하며 이와 같은 손해는 쉽게 금전으로 보상할 수 있는 성질의 것도 아니어서 사회관념상 회복하기 어려운 손해에 해당된다고 보여지고, 또한 이와 같은 손해를 예방하기 위하여 이 사건 처분의 효력을 정지시킬 긴급한 필요 역시 인정된다(대결 1997.9.9, 97두29).

5. 병역의무의 중복의무이행으로 입는 불이익은 회복하기 어려운 손해에 해당한다.

행정소송법 제23조 제2항 소정의 '회복하기 어려운 손해'의 의의나 현역병입영처분의 효력이 정지되지 아니한 채 본안소송이 진행된다면 특례보충역으로 방위산업체에 종사하던 신청인은 입영하여 다시 현역병으로 복무하지 않을 수 없는 결과 병역의무를 중복하여 이행하는 셈이 되어 불이익을 입게 되고 상당한 정신적 고통을 받게 될 것이므로 이는 사회관념상 위 '가항의 '회복하기 어려운 손해'에 해당된다(대결 1992.4.29, 92두7).

> 6. 유흥접객영업허가의 취소처분으로 5,000여만 원의 시설비를 회수하지 못하게 된다면 생계까지 위
> 협받게 되는 결과가 초래된다는 사정은 회복하기 어려운 손해에 해당하지 않는다.
>
> 유흥접객영업허가의 취소처분으로 5,000여만 원의 시설비를 회수하지 못하게 된다면 생계까지 위
> 협받게 되는 결과가 초래될 수 있다는 등의 사정은 위 처분의 존속으로 당사자에게 금전으로 보상
> 할 수 없는 손해가 생길 우려가 있는 경우라고 볼 수 없다(대판 1991.3.2, 91두1).

(6) 긴급한 필요가 있을 것

긴급한 필요란 회복하기 어려운 손해가 발생할 가능성이 절박하여 본안소송에 대한 판결을
기다릴 여유가 없음을 의미한다.

2. 소극적 요건

(1) 공공복리에 중대한 영향이 없을 것

집행정지는 공공복리에 중대한 영향을 미칠 우려가 있는 경우에는 허용되지 아니한다. 공공
복리는 그 처분의 집행과 관련된 구체적이고 개별적인 공익을 말하고 이에 대한 주장·소명
은 행정청에게 있다.

(2) 본안청구가 이유없음이 명백하지 아니할 것

1) 문제의 소재

집행정지제도의 취지상 본안청구가 이유없음이 명백하여 원고가 패소할 것이 확실한 경우
에도 집행정지를 허용할 것인지에 대해 견해가 대립된다.

2) 학설

① 집행정지는 승소가능성과 무관한 임시적 보전절차라는 점에서 포함되지 않는다는 견해
(부정설).

② 소송경제와 본안이 이유없음이 명백함에도 처분등의 집행정지를 감수케 하는 것은 바
람직 하지 않다는 견해(긍정설)

3) 판례

판례는 효력정지나 집행정지사건 자체에 의하여도 신청인의 본안청구가 이유 없음이 명백
하지 않아야 한다는 것도 요건에 포함시켜야 한다는 입장이다.

> **관련 판례**
>
> **1. 집행정지사건 자체에 의하여도 신청인의 본안청구가 적법한 것이어야 한다.**
>
> 행정처분의 효력정지나 집행정지를 구하는 신청사건에 있어서는 행정처분 자체의 적법 여부는 궁
> 극적으로 본안재판에서 심리를 거쳐 판단할 성질의 것이므로 원칙적으로 판단할 것이 아니고, 그
> 행정처분의 효력이나 집행을 정지할 것인가에 관한 행정소송법 제23조 제2항 소정의 요건의 존부
> 만이 판단의 대상이 된다고 할 것이지만, 나아가 집행정지는 행정처분의 집행부정지원칙의 예외로
> 서 인정되는 것이고 또 본안에서 원고가 승소할 수 있는 가능성을 전제로 한 권리보호수단이라는

> 점에 비추어 보면 집행정지사건 자체에 의하여도 신청인의 본안청구가 적법한 것이어야 한다는 것을 집행정지의 요건에 포함시켜야 할 것이다(대결 1995.2.28, 94두36).
>
> **2. 본안청구가 이유없음이 명백하지 않아야 집행정지가 허용된다.**
>
> 행정처분의 효력정지나 집행정지제도는 신청인이 본안 소송에서 승소판결을 받을 때까지 그 지위를 보호함과 동시에 후에 받을 승소판결을 무의미하게 하는 것을 방지하려는 것이어서 본안 소송에서 처분의 취소가능성이 없음에도 처분의 효력이나 집행의 정지를 인정한다는 것은 제도의 취지에 반하므로 효력정지나 집행정지사건 자체에 의하여도 신청인의 본안 청구가 이유 없음이 명백하지 않아야 한다는 것도 효력정지나 집행정지의 요건에 포함시켜야 한다(대결 2004.5.17, 2004무6).

Ⅲ 집행정지결정의 절차와 불복

1. 집행정지의 절차

집행정지결정은 당사자의 신청이나 법원의 직권에 의해 개시된다. 관할법원은 본안이 계속된 법원이다. 다만, 처분등의 집행 또는 절차의 속행을 정지함으로써 목적을 달성할 수 있는 경우에는 처분의 효력정지는 인정되지 아니한다.

2. 집행정지 결정의 취소

집행정지의 결정이 확정된 후 집행정지가 공공복리에 중대한 영향을 미치거나 그 정지사유가 없어진 때에는 당사자의 신청 또는 직권에 의하여 결정으로써 집행정지의 결정을 취소할 수 있다. 정지결정의 취소로 처분의 원래의 효과가 발생한다.

3. 집행정지 결정에 대한 불복

집행정지의 결정이나 기각결정에 대하여는 즉시항고할 수 있다. 이 경우 집행정지결정에 대한 즉시항고에는 결정의 집행을 정지하는 효력이 없다.

Ⅳ 집행정지의 대상

1. 처분의 효력정지

처분의 효력정지에 의하여 당사자에 대한 효과에 있어서 당해 처분이 잠정적으로 존재하지 아니한 상태를 가져온다. 처분의 효력정지는 처분 등의 집행 또는 절차의 속행을 정지함으로써 그 목적을 달성할 수 있을 때에는 허용되지 않는 보충적 성질을 가진다. (예 강제징수절차와 같은 일련의 계속적인 절차에서 그 절차의 속행을 정지함으로써 집행정지의 목적을 달성할 수 있으므로, 과세처분의 효력을 정지할 필요성이 없다.)

2. 처분의 집행정지

처분의 집행정지란 처분내용의 강제적 실현을 위한 공권력 행사의 정지를 말한다. (예 강제퇴거명령에 따른 강제퇴거의 정지)

3. 절차의 집행정지

소송의 대상인 처분의 효력은 유지하면서 당해 처분의 후속절차를 잠정적으로 정지하게 하는 것을 말한다. (예 체납처분절차에서 압류의 효력을 다투는 경우에 매각을 정지시키는 것)

V 집행정지결정의 효력

1. 형성력

집행정지는 공정력을 바탕으로 한 처분의 구속력을 일시적으로 정지시킴으로써 당해 처분 등이 없었던 것과 같은 상태를 실현시키므로 이러한 범위 안에서 형성력이 있다.

2. 대세효

집행정지결정은 신청인 및 피신청인 외에 관계행정청과 제3자에게도 효력을 미친다.

3. 기속력

① 집행정지결정은 그 사건에 관하여 당사자인 행정청과 그 밖의 관계행정청을 기속하므로 집행정지결정에 반하는 행정행위는 무효가 된다.

② 거부처분의 취소확정판결의 기속력인 재처분의무(행정소송법 제30조 제1항)는 집행정지에 준용되지 않는다.

4. 시간적 효력

행정소송규칙

제10조(집행정지의 종기)

법원이 법 제23조 제2항에 따른 집행정지를 결정하는 경우 그 종기는 본안판결 선고일부터 30일 이내의 범위에서 정한다. 다만, 법원은 당사자의 의사, 회복하기 어려운 손해의 내용 및 그 성질, 본안 청구의 승소가능성 등을 고려하여 달리 정할 수 있다.

집행정지결정의 효력은 집행정지결정시점부터 발생하는 것이고 소급하는 것은 아니다. 집행정지결정의 효력은 당해 결정의 주문에 정해진 시기까지 존속함이 원칙이며 주문에 특별한 정함이 없는 경우에는 본안소송에 관한 판결이 확정될 때까지 존속한다.

> **관련 판례**
>
> **1. 영업정지처분에 대해 집행정지결정 후 판결이 선고되면 당초의 영업정지처분의 효력이 당연히 부활되어 이때부터 다시 진행한다.**
>
> 행정소송법 제23조에 의한 집행정지 결정의 효력은 그 결정주문에서 정한 시기까지 존속하며 그 시기의 도래와 동시에 효력이 당연히 소멸하는 것이므로, 일정기간 동안 영업을 정지할 것을 명한 행정청의 영업정지처분에 대하여 법원이 집행정지 결정을 하면서 그 주문에서 당해 법원에 계속중인 본안소송의 판결 선고 시까지 처분의 효력을 정지한다고 선언하였을 경우에는 처분에서 정한 영업정지 기간의 진행은 그때까지 저지되는 것이고, 본안소송의 판결 선고에 의하여 당해 정지결정의 효력은 소멸하고 이

와 동시에 당초의 영업정지처분의 효력이 당연히 부활되어 처분에서 정하였던 정지기간(정지결정 당시 이미 일부 집행되었다면 그 나머지 기간)은 이때부터 다시 진행한다(대판 2017.7.11, 2013두25498).

2. 일정한 납부기한을 정한 과징금부과처분에 대한 집행정지결정이 내려진 경우 그 집행정지기간 동안 납부기간이 진행되지 않는다.

일정한 납부기한을 정한 과징금부과처분에 대하여 '회복하기 어려운 손해'를 예방하기 위하여 긴급한 필요가 있고 달리 공공복리에 중대한 영향을 미치지 아니한다는 이유로 집행정지결정이 내려졌다면 그 집행정지기간 동안은 과징금부과처분에서 정한 과징금의 납부기간은 더 이상 진행되지 아니하고 집행정지결정이 당해 결정의 주문에 표시된 시기의 도래로 인하여 실효되면 그 때부터 당초의 과징금부과처분에서 정한 기간(집행정지결정 당시 이미 일부 진행되었다면 그 나머지 기간)이 다시 진행하는 것으로 보아야 한다(대판 2003.7.11, 2002다48023).

3. 보조금 교부결정의 일부를 취소한 행정청의 처분에 대한 효력정지결정의 효력이 소멸하여 보조금 교부결정 취소처분의 효력이 되살아난 경우, 취소처분에 의하여 취소된 부분의 보조사업에 대하여 효력정지기간 동안 교부된 보조금의 반환을 명하여야 한다.

보조금 교부결정의 일부를 취소한 행정청의 처분에 대하여 법원이 보조금교효력정지결정을 하면서 주문에서 그 법원에 계속 중인 본안소송의 판결 선고 시까지 처분의 효력을 정지한다고 선언하였을 경우, 본안소송의 판결 선고에 의하여 정지결정의 효력은 소멸하고 이와 동시에 당초의 보조금 교부결정 취소처분의 효력이 당연히 되살아난다. 따라서 효력정지결정의 효력이 소멸하여 보조금 교부결정 취소처분의 효력이 되살아난 경우, 특별한 사정이 없는 한 행정청으로서는 보조금법 제31조 제1항에 따라 취소처분에 의하여 취소된 부분의 보조사업에 대하여 효력정지기간 동안 교부된 보조금의 반환을 명하여야 한다(대판 2017.7.11, 2013두25498).

Ⅵ 민사집행법상 가처분의 인정 여부

1. 문제의 소재

현행 행정소송법은 행정처분에 대해 가처분에 관한 민사집행법상의 규정을 적용할지 여부에 대한 명시적 규정이 없다. "행정소송에 관하여 이 법에 특별한 규정이 없는 사항에 대하여는 법원조직법과 민사소송법 및 민사집행법의 규정을 준용한다."는 행정소송법 제8조 제2항의 해석과 관련하여 민사집행법상 가처분을 준용할 수 있는지에 대해 견해의 대립이 있다.

2. 학설

① 거부처분에 대해 행정청의 수익적 처분을 잠정적으로 실현시키는 가처분 등은 의무이행소송 등이 인정되어 있음을 전제로 하는데 우리 행정소송법은 의무이행소송을 인정하고 있지 않다는 점에서 부정하는 견해(부정설)

② 현행 행정소송법이 가처분을 배제하는 규정을 특별히 두고 있지 않으므로 이는 행정소송법 제8조 제2항의 해석으로 해결할 수 있고, 가처분을 통해 국민의 권리를 구제하는 것은 헌법상 재판받을 권리에 포함된다는 점에서 인정하는 견해(긍정설)

③ 집행정지제도를 통해 목적을 달성할 수 있는 경우에는 인정될 여지가 없지만, 집행정지제도로는 가구제가 안 되는 경우에는 가처분제도를 활용하여 행정처분에 따르는 불이익을 잠정적이나마 배제할 필요가 있다는 점에서 제한적 인정하는 견해(제한적 긍정설)

3. 판례

민사소송법의 행정소송법에 대한 준용은 성질상 허용되는 경우에만 인정되는 것인데 가처분은 성질상 허용되지 않는다는 입장이다.

> **관련 판례** **민사소송법상의 가처분은 항고소송에서 허용되지 않는다.**
>
> 민사소송법의 보전처분은 민사판결절차에 의하여 보호받을 수 있는 권리에 관한 것이므로, 민사소송법상의 가처분으로써 행정청의 어떠한 행정행위의 금지를 구하는 것은 허용될 수 없는 것이다(대판 1992.7.6, 92마54).

● 제25회 2016년 기출

【문제 1】다음 질문에 답하시오. 50점

(단, 행정쟁송법과 무관한 노동법적인 쟁점에 대해서는 서술하지 말 것)

물음 1) A회사에 근무하는 근로자 甲은 사용자와의 임금인상에 관한 문제를 해결하고 근로조건의 개선을 도모하고자 A회사에 노동조합을 조직하고 관할 시장 乙에게 설립신고서를 제출하였다. 이에 관할시장 乙은 A회사 노동조합설립신고에는 'A회사로부터 해고되어 노동위원회에 부당노동행위의 구제신청을 하고 중앙노동위원회의 재심판정이 있기 전의 자'를 조합원으로 가입시킬 수 있다고 명시되어 있어, 이는 「노동조합 및 노동관계조정법」 제2조 제4호 라목의 '근로자가 아닌 자의 가입을 허용하는 경우'에 해당한다는 이유로 甲의 설립신고서를 반려하였다. 관할시장 乙의 설립신고서 반려행위에 대하여 취소소송을 통한 권리구제 방안을 논하시오. 35점

제14절 취소소송의 심리

I 서론

1. 소송심리의 의의

법원이 소송에 대한 판결을 하기 위하여 그 기초가 되는 소송자료를 수집하는 절차를 소송의 심리라 한다. 소송심리의 원칙으로 당사자주의와 직권주의가 있다.

2. 소송심리의 원칙

(1) 당사자주의의 원칙

소송의 심리에 있어서 소송의 개시, 심판대상의 특정, 증거조사, 소송진행 및 종료 등에 관하여 당사자에게 주도권을 부여하는 심리원칙을 뜻한다. 당사자주의는 처분권주의와 변론주의를 내용으로 한다. 처분권주의는 당사자의 소송물에 대한 처분자유를 뜻하는 것이고 변론주의는 소송자료에 대한 수집책임을 뜻하는 것으로 구별된다.

(2) 예외적 직권주의

직권주의라 함은 소송절차에 있어서 법원에게 심판에 관한 여러 권한을 집중시키는 원칙을 뜻한다. 변론주의에 대응하는 것으로 직권심리주의라 하는데 이는 사실의 탐지의 면을 강조할 때 직권탐지주의라 하고 법원이 필요하다고 인정할 때 직권으로 증거조사를 행할 수 있는 소송의 원칙을 직권증거조사라 한다. 행정소송은 당사자주의가 원칙이나 행정소송의 공익성에 비추어 직권주의가 민사소송에 비하여 널리 인정되고 있다.

II 심리의 내용

1. 소송요건심리

(1) 의의

요건심리는 제기된 소가 소송요건을 갖춘 적법한 것인지의 여부를 심리하는 것으로 직권조사사항에 해당한다.

(2) 소송요건의 내용

소송요건은 ① 관할권, ② 제소기간, ③ 처분성, ④ 원고적격, ⑤ 소의 이익, ⑥ 피고적격, ⑦ 심판전치절차, ⑧ 중복소송이 아닐 것, ⑨ 기판력에 반하지 않을 것 등이 있다.

(3) 소송요건 존부에 대한 판단

소송요건의 존부는 사실심 변론종결시까지 구비하면 된다. 소송요건을 결여한 경우 법원은 보정을 명하고, 보정할 수 없으면 그 소는 부적법한 것으로 각하된다.

2. 본안심리

(1) 본안심리의 의의

본안심리란 요건심리의 결과 소송요건이 구비된 경우 사건의 본안에 대하여 실체적으로 심사하는 것을 말한다.

(2) 본안심리에 대한 판단

본안심리의 결과 청구가 이유 있다고 인정되면 청구인용판결을 하고, 청구가 이유 없다고 인정되면 청구기각판결을 한다.

Ⅲ 본안심리의 범위

1. 불고불리의 원칙

(1) 의의

불고불리의 원칙이란 법원은 소송의 제기가 없으면 재판할 수 없고, 소송의 제기가 있는 경우에도 당사자가 신청한 사항에 대하여 신청의 범위내에서 심리·판단하여야 한다는 원칙을 말한다.

(2) 취소소송에서 심리범위

다수설은 처분의 위법성 일반과 계쟁처분의 취소가 소송물이라 한다. 처분의 동일성 내에서 개개의 위법사유는 심판의 범위에 속한다고 본다. 일부취소를 청구하였음에도 전부를 취소하는 것은 심판의 범위에 벗어난다. 사정판결을 할 것인가도 심판범위에 포함된다.

2. 행정청의 재량행위의 심리

행정소송법

제27조(재량처분의 취소)

행정청의 재량에 속하는 처분이라도 재량권의 한계를 넘거나 그 남용이 있는 때에는 법원은 이를 취소할 수 있다.

(1) 재량행위의 소송대상 여부

재량행위도 재량권의 일탈·남용이 있는 경우에는 부당에 그치는 것이 아니고 위법하게 되는 것이므로 취소소송의 대상이 된다. 판례도 재량행위에 대해 취소소송이 제기된 경우 각하할 것이 아니라 본안심리를 하여 재량권의 일탈·남용여부를 판단하여야 한다는 입장이다.

(2) 부당한 재량권의 행사

법원은 재량권 행사가 부당한 경우 이를 취소할 수 없다. 행정소송은 위법한 처분에 의한 권리구제를 목적으로 하기 때문이다. 행정소송법 제27조는 "행정청의 재량에 속하는 처분이라도 재량권의 한계를 넘거나 그 남용이 있는 때에는 법원은 이를 취소할 수 있다."고 규정하고 있다.

(3) 재량행위의 사법심사방법

판례는 재량행위는 기속행위와 달리 행정청의 공익판단의 여지를 감안하여 법원이 사건심리 후 일정한 결론을 도출함이 없이 당해 행위에 재량권의 일탈·남용이 있는지 여부만을 심사하게 된다고 한다.

> **관련 판례**
>
> **1. 기속행위와 재량행위의 사법심사방법과 범위**
>
> 행정행위를 기속행위와 재량행위로 구분하는 경우 양자에 대한 사법심사는, 전자의 경우 그 법규에 대한 원칙적인 기속성으로 인하여 법원이 사실인정과 관련 법규의 해석·적용을 통하여 일정한 결론을 도출한 후 그 결론에 비추어 행정청이 한 판단의 적법 여부를 독자의 입장에서 판정하는 방식에 의하게 되나, 후자의 경우 행정청의 재량에 기한 공익판단의 여지를 감안하여 법원은 독자의 결론을 도출함이 없이 당해 행위에 재량권의 일탈·남용이 있는지 여부만을 심사하게 되고, 이러한 재량권의 일탈·남용 여부에 대한 심사는 사실오인, 비례·평등의 원칙 위배 등을 그 판단 대상으로 한다(대판 2005.7.14, 2004두6181).
>
> **2. 재량권의 일탈·남용·불행사**
>
> 영업정지 기간의 감경에 관한 참작 사유가 있음에도 이를 전혀 고려하지 않은 나머지 영업정지 기간을 감경하지 아니하였다면 그 영업정지처분은 위법하다(대판 2016.8.29, 2014두45956).

3. 법률문제·사실문제

(1) 의의

법률문제란 행정작용이 행정의 법률적합성의 원칙에 부합되는가의 문제이고, 사실문제란 어떤 사실 내지 사실관계가 법률요건에 해당되는지의 판단을 말한다.

(2) 심리의 대상

법원은 소송의 대상이 된 처분 등의 모든 법률문제와 사실문제에 대해 처음부터 새롭게 다시 심사할 수 있다.

Ⅳ 소송의 심리절차

1. 심리의 일반원칙

(1) 민사소송법의 준용

행정소송법은 직권심리나 행정심판기록의 제출명령을 제외하고 특별한 규정이 없으면 민사소송법, 법원조직법, 민사집행법상의 심리원칙을 준용하여 공개심리주의, 쌍방심리주의, 구술심리주의, 변론주의 등이 행정소송의 심리에도 적용된다.

(2) 공개심리주의

공개심리주의라 함은 재판의 심리와 판결의 선고를 일반인이 방청할 수 있는 상태에서 행하는 소송원칙을 말한다. 다만 국가의 안전보장, 안녕질서 또는 선량한 풍속을 해할 염려가 있을 때에는 결정으로 공개를 정지할 수 있으며 이 경우에는 이유를 개시하여야 한다(법원조직법 제57조 제1항·제2항).

(3) 쌍방심리주의

쌍방심리주의라 함은 소송의 심리에 있어서 당사자 쌍방에게 평등하게 진술할 기회를 주는 소송의 원칙으로 '당사자평등의 원칙' 또는 '무기평등의 원칙'이라고도 한다. 행정소송에 있어서 입증자료가 피고인 행정청에 편재되어 있다는 점에서 당사자평등의 실질적 평등을 위한 노력이 요구된다. 현행 행정소송법은 행정심판기록제출명령제도를 두고 있다.

(4) 구술심리주의

구술심리주의란 심리에 있어서 당사자 및 법원의 소송행위, 특히 변론 및 증거조사를 구술로 행하는 원칙으로서 서면심리주의에 대립되는 원칙이다. 현행법은 구술심리주의를 원칙으로 하면서 서면심리주의로써 그 결점을 보완하고 있다.

(5) 변론주의

변론주의라 함은 재판의 기초가 되는 자료의 수집·제출을 당사자의 권능과 책임으로 하는 소송원칙을 말한다. 현행 행정소송법은 행정소송의 공익관련성을 고려하여 법원의 직권심리를 보충적으로 인정하고 있다.

2. 행정소송법상의 특수한 소송절차

(1) 직권심리주의

행정소송은 공익과 관련되어 있다는 점에서 당사자의 노력에 의해 실체적 진실이 밝혀지지 않는 경우에는 법원이 적극적으로 개입하여 실체적 진실을 밝혀 적정한 재판이 되도록 하여야 한다. 행정소송법 제26조는 "법원이 필요하다고 인정할 때에는 직권으로 증거조사를 할 수 있고, 당사자가 주장하지 아니한 사실에 대하여 판단할 수 있다."라고 규정하고 있다.

행정소송법

제26조(직권심리)

법원은 필요하다고 인정할 때에는 직권으로 증거조사를 할 수 있고, 당사자가 주장하지 아니한 사실에 대하여도 판단할 수 있다.

---

(2) 직권탐지의 인정 여부

1) 문제의 소재

행정소송법 제26조가 법원에게 직권증거조사만을 인정한 것인지 아니면 직권증거조사와 직권탐지까지 인정한 것인지에 대해 학설의 대립이 있다.

2) 직권증거주의설

행정소송법 제26조는 당사자가 주장하는 사실에 대한 당사자의 입증활동이 불충분하여 심증을 얻기 어려운 경우에 당사자의 증거신청에 의하지 아니하고 직권으로 증거조사를 할 수 있음을 의미한다고 보는 견해이다.

3) 직권탐지주의설

행정소송법 제26조 후단이 '당사자가 주장하지 아니한 사실에 대하여 판단할 수 있다'라고 규정한 것을 논거로 당사자가 주장하지 않은 사실에 대하여도 직권으로 증거를 조사하여 이를 판단의 자료로 삼는 직권탐지주의를 인정하고 있다는 견해이다(판례).

(3) 변론주의와의 관계

1) 문제의 소재

직권탐지주의설에는 직권탐지주의가 원칙인가 변론주의가 원칙인가에 대한 견해대립이 있다.

2) 학설

① 당사자가 주장하는 사실에 대한 당사자의 입증활동이 불충분하여 심증을 얻기 어려운 경우에, 당사자의 증거신청에 의하지 아니하고 직권으로 증거를 조사할 수 있다는 견해(변론주의보충설)

② 당사자가 주장한 사실에 대해서 보충적으로 증거조사를 할 수 있을 뿐만 아니라 당사자가 주장하지 않은 사실에 대하여도 직권으로 이를 탐지하여 재판의 자료로 삼을 수 있다는 견해(직권탐지주의원칙설)

3) 판례

판례는 변론주의에 대한 보충규정으로 보고 있다.

> **관련 판례**
>
> **1. 법원의 직권증거조사는 기록에 현출되어 있는 사항에 한한다.**
>
> 행정소송법 제26조가 법원은 필요하다고 인정할 때에는 직권으로 증거조사를 할 수 있고, 당사자가 주장하지 아니한 사실에 대하여도 판단할 수 있다고 규정하고 있지만, 이는 행정소송의 특수성에 연유하는 당사자주의, 변론주의에 대한 일부 예외 규정일 뿐 법원이 아무런 제한 없이 당사자가 주장하지 아니한 사실을 판단할 수 있는 것은 아니고, 일건 기록에 현출되어 있는 사항에 관하여서만 직권으로 증거조사를 하고 이를 기초로 하여 판단할 수 있을 따름이고, 그것도 법원이 필요하다고 인정할 때에 한하여 청구의 범위내에서 증거조사를 하고 판단할 수 있을 뿐이다(대판 1994.10.11, 94누4820).
>
> **2. 기록상 자료가 나타나 있음에도 당사자가 주장하지 아니하였다는 이유로 판단하지 아니한 것은 위법하다.**
>
> 행정소송에서 기록상 자료가 나타나 있다면 당사자가 주장하지 않았더라도 판단할 수 있고, 당사자가 제출한 소송자료에 의하여 법원이 처분의 적법 여부에 관한 합리적인 의심을 품을 수 있음에도

단지 구체적 사실에 관한 주장을 하지 아니하였다는 이유만으로 당사자에게 석명을 하거나 직권으로 심리·판단하지 아니함으로써 구체적 타당성이 없는 판결을 하는 것은 행정소송법 제26조의 규정과 행정소송의 특수성에 반하므로 허용될 수 없다(대판 2010.2.11, 2009두18035).

3. 원고의 청구범위를 유지하면서 그 범위 내에서 필요에 따라 주장 외의 사실에 관하여 판단할 수 있다.

행정소송법 제26조는 법원이 필요하다고 인정할 때에는 직권으로 증거조사를 할 수 있고 당사자가 주장하지 아니한 사실에 대하여 판단할 수 있다고 규정하고 있으나, 이는 행정소송에 있어서 원고의 청구범위를 초월하여 그 이상의 청구를 인용할 수 있다는 뜻이 아니라 원고의 청구범위를 유지하면서 그 범위 내에서 필요에 따라 주장 외의 사실에 관하여 판단할 수 있다는 뜻이고 또 법원의 석명권은 당사자의 진술에 모순, 흠결이 있거나 애매하여 그 진술의 취지를 알 수 없을 때 이를 보완하여 명료하게 하거나 입증책임 있는 당사자에게 입증을 촉구하기 위하여 행사하는 것이지 그 정도를 넘어 당사자에게 새로운 청구를 할 것을 권유하는 것은 석명권의 한계를 넘어서는 것이다 (대판 1992.3.10, 91누6030).

4. 법원이 기본적 사실관계의 동일성이 없는 사실을 직권으로 심사하는 것은 직권심사주의의 한계를 벗어난 것으로 위법하다.

같은 국가유공자 비해당결정이라도 그 사유가 공무수행과 상이 사이에 인과관계가 없다는 것과 본인 과실이 경합되어 있어 지원대상자에 해당할 뿐이라는 것은 기본적 사실관계의 동일성이 없다고 보아야 한다. 따라서 처분청이 공무수행과 사이에 인과관계가 없다는 이유로 국가유공자 비해당결정을 한 데 대하여 법원이 그 인과관계의 존재는 인정하면서 직권으로 본인 과실이 경합된 사유가 있다는 이유로 그 처분이 정당하다고 판단하는 것은 행정소송법이 허용하는 직권심사주의의 한계를 벗어난 것으로서 위법하다(대판 2013.8.22, 2011두26589).

(4) 행정심판기록제출명령

행정소송법

제25조(행정심판기록의 제출명령)
① 법원은 당사자의 신청이 있는 때에는 결정으로써 재결을 행한 행정청에 대하여 행정심판에 관한 기록의 제출을 명할 수 있다.
② 제1항의 규정에 의한 제출명령을 받은 행정청은 지체없이 당해 행정심판에 관한 기록을 법원에 제출하여야 한다.

1) 기록제출명령의 절차

행정심판기록의 제출명령은 당사자의 신청에 의해 법원이 재결을 행한 행정청에 대하여 결정으로써 행한다. 제출명령을 받은 행정청은 지체 없이 해당 기록을 법원에 제출할 의무가 있다.

2) 제출명령의 대상이 되는 기록

제출명령의 대상이 되는 행정심판기록은 해당 행정심판에 관한 모든 기록으로 행정심판청구서와 답변서 및 재결서뿐만 아니라, 행정심판위원회의 회의록, 기타 행정심판위원회의 심리를 위하여 제출된 모든 증거와 기타의 자료를 포괄한다.

$\boxed{V}$ 주장책임과 입증책임

1. 주장책임

(1) 의의

변론주의하에서 당사자가가 유리한 사실을 주장하지 않으면 그 사실은 판결의 기초로 삼을 수 없고, 사실은 없는 것으로 취급되어 불이익한 판단을 받게 되는데 이 경우에 있어서의 해당 당사자의 불이익을 받는 지위를 말한다.

(2) 주장책임과 입증책임의 관계

1) 문제의 소재

주장책임은 주요사실의 존부에 관한 입증이 문제되기 이전에 먼저 주요사실의 주장이 있어야 한다는 점에서 입증책임과는 별개의 문제로서 독자적 의미를 가진다. 주장책임의 분배와 입증책임의 분배에 대해서는 일치 여부에 대해 견해대립이 있다.

2) 학설

① 주장책임은 주요사실에 대하여 입증책임을 지는 자가 부담하는 것이 원칙이므로 입증책임의 분배와 일치한다는 견해(입증책임분배와 일치설)

② 자기에게 유리한 사실이 심리에 현출되지 않는 한에서 불이익을 받는다는 것과 일정한 사실의 진위불명시에 받는 불이익은 논리적으로 항상 동일한 분배기준에 의하여야 할 것은 아니라는 견해(입증책임분배와 별도 결정설)

2. 입증책임

(1) 의의

입증책임이라 함은 소송상 증명을 요하는 어느 사실의 존부가 확정되지 않은 경우 당해 사실이 존재하지 않는 것으로 취급되어 불리한 법률판단을 받게 되는 당사자 일방의 위험 또는 불이익을 말한다.

(2) 취소소송에서 입증책임의 분배

1) 학설

① 행정행위에는 공정력이 있어 처분의 적법성이 추정되므로, 처분의 위법사유에 관한 입증책임은 원고에게 있다는 견해(원고책임설)

② 법치행정의 원칙상 행정기관은 스스로 자신의 적법성을 보장해야 하므로 피고인 행정청에 그에 대한 입증책임이 있다는 견해(피고책임설)

③ 소송상 당사자의 지위는 대등한 것이므로 취소소송에서도 민사소송의 일반원칙에 따라 입증책임을 분배해야 한다는 견해(법률요건분배설). 권리를 주장하는 자는 그에게 유리한 권리에 대한 근거규정의 요건사실을 입증하여야 하고 그 권리를 부인하는 상대방은 권리의 발생을 방해·소멸 및 저지하는 규정에 관한 요건사실에 대한 입증책임을 각각 부담하게 된다.

④ 행정소송과 민사소송은 목적과 성질의 차이, 행위규범과 재판규범의 차이가 있으므로 이를 독자적으로 정해야 한다(행정소송법 독자분배설). 침익적 행정의 경우에는 행정청이 그 적법성에 대한 입증책임을 지고, 개인이 자기의 권리·이익에 대한 영역 확장을 구하는 소송에서는 원고가 그 입증책임을 지며, 행정청의 재량행위에 대한 일탈·남용을 이유로 한 취소소송에서는 원고가 그에 대한 입증책임을 진다.

2) 판례

판례는 행정소송상 입증책임은 원칙적으로 민사소송의 일반원칙에 따라 당사자간에 분배하되 항고소송의 특성도 고려하여야 한다는 입장이다.

관련 판례

1. 행정소송에서 입증책임은 원칙적으로 민사소송의 일반원칙에 따라 당사자간에 분배된다.

민사소송법의 규정이 준용되는 행정소송에 있어서 입증책임은 원칙적으로 민사소송의 일반원칙에 따라 당사자간에 분배되고 항고소송의 경우에는 그 특성에 따라 당해 처분의 적법을 주장하는 피고에게 그 적법사유에 대한 입증책임이 있다 할 것인바 피고가 주장하는 당해 처분의 적법성이 합리적으로 수긍할 수 있는 일응의 입증이 있는 경우에는 그 처분은 정당하다 할 것이며 이와 상반되는 주장과 입증은 그 상대방인 원고에게 그 책임이 돌아간다고 할 것이다(대판 1984.7.24. 84누124).

2. 항고소송에 있어서 원고는 전심절차에서 주장하지 아니한 공격방어방법을 소송절차에서 주장할 수 있다.

항고소송에 있어서 원고는 전심절차에서 주장하지 아니한 공격방어방법을 소송절차에서 주장할 수 있고 법원은 이를 심리하여 행정처분의 적법 여부를 판단할 수 있는 것이므로, 원고가 전심절차에서 주장하지 아니한 처분의 위법사유를 소송절차에서 새롭게 주장하였다고 하여 다시 그 처분에 대하여 별도의 전심절차를 거쳐야 하는 것은 아니다(대판 1996.6.14. 96누754).

---

(3) 증명의 정도

행정소송에서 사실의 증명은 추호의 의혹도 없어야 한다는 자연과학적 증명을 의미하는 것은 아니다.

관련 판례

1. 민사소송이나 행정소송에서 사실의 증명은 추호의 의혹도 없어야 한다는 자연과학적 증명이 아니고, 어떤 사실이 있었다는 점을 시인할 수 있는 고도의 개연성을 증명하는 것이면 충분하다.

민사소송이나 행정소송에서 사실의 증명은 추호의 의혹도 없어야 한다는 자연과학적 증명이 아니고, 특별한 사정이 없는 한 경험칙에 비추어 모든 증거를 종합적으로 검토하여 볼 때 어떤 사실이 있었다는 점을 시인할 수 있는 고도의 개연성을 증명하는 것이면 충분하다. 민사책임과 형사책임은 지도이념과 증명책임, 증명의 정도 등에서 서로 다른 원리가 적용되므로, 징계사유인 성희롱 관련 형사재판에서 성희롱 행위가 있었다는 점을 합리적 의심을 배제할 정도로 확신하기 어렵다는 이유로 공소사실에 관하여 무죄가 선고되었다고 하여 그러한 사정만으로 행정소송에서 징계사유의 존

> 재를 부정할 것은 아니다(대판 2018.4.12, 2017두74702).
>
> **2. 피고가 주장하는 당해 처분의 적법성이 합리적으로 수긍할 수 있는 일응의 입증이 있는 경우에는 그 처분은 정당하다.**
>
> 피고가 주장하는 당해 처분의 적법성이 합리적으로 수긍할 수 있는 일응의 입증이 있는 경우에는 그 처분은 정당하다 할 것이며 이와 상반되는 주장과 입증은 그 상대방인 원고에게 그 책임이 돌아간다고 할 것이다(대판 1984.7.24, 84누124).

(4) 입증책임의 구체적 검토

1) 권한근거규정의 요건사실

적극적 처분에 있어서는 피고가 입증책임을 지며(예 영업정지처분에 해당한다는 요건사실), 소극적 처분에 있어서는 원고가 권한근거규정의 요건사실의 입증책임을 진다(예 신청에 대한 거부처분에 대해 처분을 해야할 요건에 해당한다는 요건사실).

2) 권한장애규정의 요건사실

적극적 처분에 있어서는 원고가 권한장애규정의 요건사실의 입증책임을 진다(예 조세부과처분에 있어서 면세자에 해당한다는 사실). 소극적 처분에 있어서는 피고가 권한장애규정의 요건사실의 입증책임을 진다(정보공개거부처분 취소소송에서 비공개사유의 입증).

3) 소송요건

소송요건은 직권조사사항이지만 존부가 불분명한 경우에는 원고가 불이익을 받게 되므로 원고에게 입증책임이 있다.

4) 무효확인소송

행정처분의 당연무효를 주장하여 그 무효확인을 구하는 행정소송에 있어서는 원고에게 그 행정처분이 무효인 사유를 주장·입증할 책임이 있다(대판 2010.5.13, 2009두3460).

5) 부작위위법확인소송

① **원고입증책임** : 원고는 신청사실 및 신청권의 존재가 소송요건에 해당하므로 이를 입증해야 한다.

② **피고입증책임** : 상당한 기간이 경과하였음에도 신청에 따른 처분을 하지 못한 것을 정당화하는 사유에 대하여 행정청이 주장·입증책임을 진다.

◉ 제30회 2021년 기출

【문제 1】 중기계를 생산하는 제조회사에 근무하는 甲은 골절 등의 업무상 사고로 인하여 상해를 입었음을 이유로 근로복지공단으로부터 휴업급여와 장해 급여 등의 지급결정을 받았다. 그 후 근로복지공단은 甲이 실제 상해를 입지 않았음에도 허위로 지급신청서를 작성하여 급여지급결정을 받은 사실을 들어 甲에 대한 급여지급결정을 취소하였고, 甲은 급여지급결정의 취소처분서를 2021.1.7. 직접 수령하였다. 이와 함께 근로복지공단은 이미 甲에게 지급된 급여액에 해당하는 금액을 부당이득으로 징수하였다. 한편, 甲은 위 급여지급결정 취소처분이 위법함을 이유로 2021.5.7. 급여지급결정 취소처분에 대한 무효확인소송을 제기하였다. 다음 물음에 답하시오. (단, 각 물음은 상호 관련성이 없는 별개의 문항임) 50점

물음 1) 위 무효확인소송에서 급여지급결정 취소처분이 무효라는 점에 대한 입증책임은 누가 부담하는가? 10점

제15절 위법성의 판단 기준시

Ⅰ 「행정기본법」상 법 적용의 기준

행정기본법

제14조(법 적용의 기준)
① 새로운 법령등은 법령등에 특별한 규정이 있는 경우를 제외하고는 그 법령등의 효력 발생 전에 완성되거나 종결된 사실관계 또는 법률관계에 대해서는 적용되지 아니한다.
② 당사자의 신청에 따른 처분은 법령등에 특별한 규정이 있거나 처분 당시의 법령등을 적용하기 곤란한 특별한 사정이 있는 경우를 제외하고는 처분 당시의 법령등에 따른다.
③ 법령등을 위반한 행위의 성립과 이에 대한 제재처분은 법령등에 특별한 규정이 있는 경우를 제외하고는 법령등을 위반한 행위 당시의 법령등에 따른다. 다만, 법령등을 위반한 행위 후 법령등의 변경에 의하여 그 행위가 법령등을 위반한 행위에 해당하지 아니하거나 제재처분 기준이 가벼워진 경우로서 해당 법령등에 특별한 규정이 없는 경우에는 변경된 법령등을 적용한다.

Ⅱ 취소소송에서의 위법판단의 기준시

1. 문제의 소재

처분은 처분 당시의 사실상태 및 법률상태를 기준으로 행해진다. 처분 등이 이루어진 뒤에 당해 처분 등의 근거가 된 법령이 개폐되거나 법령상의 처분요건인 사실상태에 변동이 있는 경우, 어느 때를 '위법판단의 기준시점'으로 할 것인가가 문제된다.

2. 학설

① 위법성의 판단은 '처분 당시'의 법령 및 사실상태를 기준으로 하여야 한다는 견해(처분시설)
② 취소소송의 본질은 처분으로 인해 형성된 위법상태를 배제하는 데 있으므로, 처분의 위법 여부의 판단은 판결시 즉 구두변론 종결시의 사실 및 법률상태를 기준으로 한다는 견해(사실심변론종결시설)
③ 원칙적으로 처분시설이나, 계속적 효과를 지닌 처분이나 미집행의 처분에 대한 소송에 있어서는 판결시설을 기준으로 하여야 한다는 견해(절충설)

3. 판례

(1) 처분시설

행정처분의 적법 여부는 처분 당시의 사유와 사정을 기준으로 판단하여야 하고 처분청이 처분 이후에 추가한 새로운 사유로 해당 처분의 흠을 치유할 수 없다고 하여 처분시설을 취한다.

> **관련 판례**
>
> **1. 행정소송에서 행정처분의 위법 여부는 행정처분이 행하여졌을 때의 법령과 사실상태를 기준으로 판단함이 원칙**
>
> 행정소송에서 행정처분의 위법 여부는 행정처분이 행하여졌을 때의 법령과 사실상태를 기준으로 판단함이 원칙이고, 공정거래위원회의 과징금 납부명령 등이 재량권 일탈·남용으로 위법한지는 다른 특별한 사정이 없는 한 과징금 납부명령 등이 행하여진 '의결일' 당시의 사실상태를 기준으로 판단하여야 한다(대판 2017.4.26, 2016두32688).
>
> **2. 행정처분의 부담이 처분 당시 법령을 기준으로 적법한 경우 행정처분의 근거법령이 개정됨으로써 행정청이 더 이상 부담을 붙일 수 없게 되었다고 하여 곧바로 위법하거나 효력이 소멸하는 것이 아니다.**
>
> 행정청이 수익적 행정처분을 하면서 부가한 부담의 위법 여부는 처분 당시 법령을 기준으로 판단하여야 하고, 부담이 처분 당시 법령을 기준으로 적법하다면 처분 후 부담의 전제가 된 주된 행정처분의 근거 법령이 개정됨으로써 행정청이 더 이상 부관을 붙일 수 없게 되었다 하더라도 곧바로 위법하게 되거나 그 효력이 소멸하게 되는 것은 아니다(대판 2009.2.12, 2005다65500).

(2) 처분시설의 의미

행정처분이 있을 때의 법령과 사실상태를 기준으로 하여 위법 여부를 판단한다는 것이지 처분 당시 보유하였던 처분자료나 행정청에 제출되었던 자료만으로 위법 여부를 판단한다는 의미는 아니다.

> **관련 판례**
>
> **1. 법원은 행정처분 당시 행정청이 알고 있었던 자료뿐만 아니라 사실심 변론종결 당시까지 제출된 모든 자료를 종합하여 처분 당시 존재하였던 객관적 사실을 확정하고 그 사실에 기초하여 처분의 위법 여부를 판단할 수 있다.**
>
> 행정처분의 위법 여부는 행정처분이 있을 때의 법령과 사실 상태를 기준으로 판단하여야 하며, 법원은 행정처분 당시 행정청이 알고 있었던 자료뿐만 아니라 사실심 변론종결 당시까지 제출된 모든 자료를 종합하여 처분 당시 존재하였던 객관적 사실을 확정하고 그 사실에 기초하여 처분의 위법 여부를 판단할 수 있다. 행정청으로부터 행정처분을 받았으나 나중에 그 행정처분이 행정쟁송절차에서 취소되었다면, 그 행정처분은 처분 시에 소급하여 효력을 잃게 된다(대판 2019.7.25, 2017두55077).
>
> **2. 과세처분취소소송에 있어 소송 당사자는 사실심 변론종결시까지 과세원인과 과세표준액 등에 관한 모든 자료를 제출할 수 있고 그 자료에 의하여 과세처분의 적법 여부를 주장할 수 있다.**
>
> 행정처분의 적법여부는 처분 당시의 사유와 사정을 기준으로 판단하여야 하고 처분청이 처분 이후에 추가한 새로운 사유를 보태어서 당처처분의 흠을 치유시킬 수 없다고 할 것이지만, 이는 과세처분의 사유의 추가와 과세처분사유를 뒷받침 할 수 있는 과세원인과 과세표준액 등에 관한 자료의 추가제출과는 구별되는 개념이므로, 과세처분취소소송에 있어 소송 당사자는 사실심 변론종결 시까지 과세원인과 과세표준액 등에 관한 모든 자료를 제출할 수 있고 그 자료에 의하여 과세처분의 적법 여부를 주장할 수 있다(대판 1988.6.7, 87누1079).

> **3. 소청심사 단계에서 이미 주장된 사유만을 행정소송의 판단대상으로 삼을 것은 아니다.**
>
> 교원소청심사위원회가 한 결정의 취소를 구하는 소송에서 그 결정의 적부는 결정이 이루어진 시점을 기준으로 판단하여야 하지만, 그렇다고 하여 소청심사 단계에서 이미 주장된 사유만을 행정소송의 판단대상으로 삼을 것은 아니다. 따라서 소청심사 결정 후에 생긴 사유가 아닌 이상 소청심사 단계에서 주장하지 아니한 사유도 행정소송에서 주장할 수 있고, 법원도 이에 대하여 심리·판단할 수 있다(대판 2018.7.12. 2017두65821).

Ⅲ 거부처분 취소소송과 위법판단의 기준시

1. 문제의 소재

거부처분의 취소소송에서 위법판단의 기준시를 처분시로 보게 되면, 거부처분 이후 법령이 개정된 경우 원고는 거부처분 취소소송에서 승소하여도 행정청이 개정된 법령에 따라 새로운 사유를 들어 다시 이전의 허가신청을 거부하여도 판결에 위반되지 않는다는 문제점이 발생한다.

2. 학설

① 일반적인 취소소송과 마찬가지로 처분 시를 기준으로 위법 여부를 판단하여야 한다는 견해(처분시설)
② 거부처분은 판결의 기속력에 의해 의무이행소송과 유사한 성격을 갖는다는 점에서 이행소송의 일반적인 법리에 따라 판결 시를 기준으로 판단하여야 한다는 견해(사실심 변론종결시설)
③ 거부처분의 위법은 처분 시를 기준으로 하되 인용판결은 판결 시를 기준으로 판단하여야 한다는 견해(위법성판단과 인용판결구별설)

3. 판례

판례는 적극적 처분에 대한 취소소송과 마찬가지로 그 위법판단의 기준시를 일률적으로 거부처분 시로 보고 있다.

> **관련 판례** 난민 인정 거부처분의 취소를 구하는 취소소송에서 그 거부처분을 한 후 국적국의 정치적 상황이 변화하였다고 하여 처분의 적법 여부가 달라지는 것은 아니다.
>
> 행정소송에서 행정처분의 위법 여부는 행정처분이 행하여졌을 때의 법령과 사실 상태를 기준으로 하여 판단하여야 하고, 처분 후 법령의 개폐나 사실상태의 변동에 의하여 영향을 받지는 않으므로, 난민 인정 거부처분의 취소를 구하는 취소소송에서도 그 거부처분을 한 후 국적국의 정치적 상황이 변화하였다고 하여 처분의 적법 여부가 달라지는 것은 아니다(대판 2008.7.24. 2007두3930).

Ⅳ 처분의 위법성 판단기준시에 따른 문제

1. 소송물

다수설과 판례는 처분 당시의 위법성을 전제로 소를 제기하는 것이므로 처분의 위법성 일반을 소송물로 본다. 당자자의 주장 그 자체(개개의 사유)를 소송물로 보는 반대견해도 있다.

2. 처분사유의 추가변경의 인정범위

처분시설에 의하면 처분 당시의 위법사유로 한정되게 되어 그 인정범위가 사실심 변론종결시설에 의할 때보다 축소된다.

3. 판결의 기속력

판결의 기속력을 처분시로 보는 경우 처분시 이후의 별개의 사유에 근거하여 거부처분을 하더라도 판결의 기속력에 위반되지 않는다.

● 제31회 2022년 기출

【문제 3】 甲은 산업입지 및 개발에 관한 법령 등에 따라 관할 행정청 도지사 乙에 의해 지정된 산업단지 내에서 산업단지개발계획상 녹지용지로 되어있던 토지의 소유자이다. 甲은 해당 토지에서 폐기물처리사업을 하기 위하여 乙에게 사업부지에 관한 개발계획을 당초 녹지용지에서 폐기물처리시설 용지로 변경해 달라는 내용의 신청을 하였다. 당시 위 법령에 따르면 폐기물처리시설용지로의 변경이 불가능하게 되어 있었다. 이에 따라 乙은 위 변경신청을 거부하는 처분을 하였고, 甲은 이에 대하여 취소소송을 제기하였다. 그런데 거부처분 이후 폐기물처리시설용지로의 변경이 가능하도록 법령의 개정이 있었다고 할 때, 법원이 어느 시점을 기준으로 위법성을 판단하여야 하는지에 관하여 설명하시오. 25점

제**16**절 **판결의 종류**

I 서론

1. 판결의 의의

판결이라 함은 법원이 원칙적으로 변론을 거쳐 구체적인 법률상 쟁송을 해결하기 위하여 법적 판단을 선언하는 행위를 뜻한다.

2. 판결의 종류의 분류

판결은 그 분류기준에 따라 종국판결과 중간판결, 소송판결과 본안판결, 전부판결과 일부판결, 확인판결·형성판결·이행판결, 인용판결·기각판결·사정판결로 분류할 수 있다.

II 판결의 종류

1. 중간판결과 종국판결

(1) 종국판결

종국판결은 당해 소송의 전부나 일부를 그 심급으로서 종료시키는 판결을 뜻한다. 종국판결에는 전부판결과 일부판결이 있다.

(2) 중간판결

중간판결은 종국판결을 하기에 앞서 소송진행중 당사자간에 쟁점이 된 사항에 대하여 미리 정리·판단하여 종국판결을 용이하게 하고 이를 준비하는 판결을 의미한다(예 취소소송이 불복제기기간을 도과하였다는 피고의 주장을 이유 없다고 하는 판결). 중간판결사항을 중간판결로 정리하느냐, 종국판결의 이유 속에서 판단할 것인가는 법원의 재량에 속한다.

2. 전부판결과 일부판결

(1) 전부판결

전부판결은 동일소송절차에서 심판되는 사건의 전부를 동시에 완결시키는 종국판결을 뜻한다.

(2) 일부판결

동일한 소송절차로 계속되어 있는 사건의 일부를 다른 부분으로부터 분리하여 종료시키는 종국판결이다. 병합된 수 개의 청구 중 어느 하나의 청구에 대하여 심리가 완료된 경우 등에 일부판결을 할 수 있다. 일부판결을 할 것인가는 법원의 재량에 속하나 일부판결도 종국판결이므로 독립하여 상소할 수 있다.

3. 소송판결과 본안판결

(1) 소송판결

소송의 적부에 대한 판결을 소송판결이라 한다. 요건심리의 결과 소송요건이 결여되면 당해 소송을 부적법한 것으로 각하하는 판결을 한다.

(2) 본안판결

소송에 의한 청구의 당부에 대한 판결을 본안판결이라 한다. 본안심리의 결과 청구의 전부 또는 일부를 인용하거나 기각함을 내용으로 하는 판결이다.

4. 확인판결 · 형성판결 · 이행판결

(1) 형성판결

일정한 법률관계를 형성 · 변경 또는 소멸시키는 것을 내용으로 하는 판결을 말한다. 취소소송에서 인용판결을 들 수 있다. 법률관계를 적극적으로 형성하느냐 소극적으로 형성하느냐에 따라 적극적 형성판결과 소극적 형성판결로 구별할 수 있다.

(2) 확인판결

확인판결은 확인의 소에서 일정한 법률관계나 법률사실의 존부를 확인하는 판결을 말한다. 무효확인소송에서의 인용판결을 예로 들 수 있다.

(3) 이행판결

이행판결은 피고에 대해 일정한 행위를 명하는 판결로 현행법상 항고소송에서는 이를 인정하기 어렵고 당사자소송에서는 국가 또는 공공단체에 대하여 일정한 행위를 명하는 이행판결이 있을 수 있다.

5. 인용판결 · 기각판결 · 사정판결

(1) 기각판결

처분의 취소청구가 이유없다고 하여 원고의 청구를 배척하는 내용의 판결을 기각판결이라 한다.

(2) 인용판결

본안심리의 결과 원고의 주장이 이유있다고 하여 그 청구의 전부 또는 일부를 인용하는 판결을 인용판결이라 한다.

(3) 사정판결

원고의 청구가 이유 있다고 인정하는 경우에도 그 처분을 취소 또는 변경하는 것이 현저히 공공복리에 적합하지 아니하다고 인정하는 때에 법원이 원고의 청구를 기각하는 판결을 사정판결이라 한다.

1. 처분의 적극적 변경가능성

(1) 문제의 소재

행정소송법 제4조 제1호에서 취소소송을 행정청의 위법한 처분 등을 취소 또는 변경하는 소송으로 정의하고 있는데, 여기에서 '변경'이 소극적 변경을 의미하는지 아니면 적극적 변경을 의미하는지의 문제가 제기된다(예 6월의 영업정지처분이 비례의 원칙상 3개월이 적법하다고 판단되어 법원이 직접 3월의 영업정지처분으로 변경하는 판결을 할 수 있을 것인지).

(2) 학설

① 행정소송법 제4조 제1호의 '변경'을 적극적 변경을 포함하는 것으로 해석하고, 권력분립주의를 실질적으로 이해하면 법원이 위법한 처분을 취소하고 새로운 처분을 내용으로 하는 판결을 하는 것도 가능하다는 견해(적극적 변경설)

② 적극적 형성판결은 권력분립적 관점에서 이해판결에 비해 보다 문제가 있다는 점, 현행 행정소송법이 의무이행소송을 규정하고 있지 않다는 점을 고려하여 취소소송에서의 '변경'은 소극적 변경으로서 전부취소 아니면 일부취소만 허용된다는 견해(소극적 변경설)

(3) 판례

판례는 변경의 의미를 소극적 변경, 즉 일부취소를 의미하는 것으로 보고 있다.

2. 일부취소(일부인용)판결

(1) 의의

원고의 청구 중 일부에 대해서만 이유가 있는 경우에는 법원은 일부취소판결을 할 수 있다. 일부취소판결이 허용되기 위해서는 일부취소의 가능성은 일부취소의 대상이 되는 부분의 분리가능성에 따라 결정되어야 한다.

(2) 일부취소판결의 허용요건

일부취소판결이 허용되기 위해서는 대상처분이 분리가능하고 일부취소의 대상에 대해서만 위법성이 인정되어야 한다. 따라서 불가분처분이나 재량처분의 경우에는 원칙적으로 일부취소판결을 할 수 없고 전부취소판결을 하여야 한다.

> **관련 판례**
>
> **1. 재량행위의 취소는 전부취소만 가능하다.**
>
> 법원으로서는 영업정지처분이 재량권남용이라고 판단될 때에는 위법한 처분으로서 그 처분의 취소를 명할 수 있을 뿐이고, 재량권의 한계내에서 어느 정도가 적정한 영업정지 기간인지를 가리는 일은 사법심사의 범위를 벗어나는 것이며, 그 권한 밖의 일이라고 할 것이므로, 이 사건 영업정지처분 중 적정한 영업정지 기간을 초과하는 부분만 취소하지 아니하고 전부를 취소하는 것은 이유모순이라는 논지도 받아들일 수 없다(대판 1982.9.28, 82누2).

2. 적법하게 부과될 금액을 당사자의 주장과 자료를 통해 산출할 수 있는 경우에는 일부취소를 허용한다.

과세처분취소소송에 있어 처분의 적법 여부는 정당한 세액을 초과하느냐의 여부에 따라 판단되는 것으로서, 당사자는 사실심 변론종결시까지 객관적인 조세채무액을 뒷받침하는 주장과 자료를 제출할 수 있고, 이러한 자료에 의하여 적법하게 부과될 정당한 세액이 산출되는 때에는 그 정당한 세액을 초과하는 부분만 취소하여야 할 것이고 그 전부를 취소할 것이 아니다(대판 2001.6.12, 99두8930).

3. 정당한 부과금액을 산출할 수 없을 경우에는 부과처분 전부를 취소하여야 한다.

개발부담금부과처분 취소소송에 있어 당사자가 제출한 자료에 의하여 적법하게 부과될 정당한 부과금액이 산출할 수 없을 경우에는 부과처분 전부를 취소할 수밖에 없으나, 그렇지 않은 경우에는 그 정당한 금액을 초과하는 부분만 취소하여야 한다(대판 2004.7.22, 2002두868).

4. 제1종 보통, 대형 및 특수 면허를 가지고 있는 자가 레이카크레인을 음주운전한 행위는 제1종 특수 면허의 취소사유에 해당될 뿐이다.

제1종 보통, 대형 및 특수 면허를 가지고 있는 자가 레이카크레인을 음주운전한 행위는 제1종 특수 면허의 취소사유에 해당될 뿐 제1종 보통 및 대형 면허의 취소사유는 아니므로, 3종의 면허를 모두 취소한 처분 중 제1종 보통 및 대형 면허에 대한 부분은 이를 이유로 취소하면 될 것이나, 제1종 특수면허에 대한 부분은 원고가 재량권의 일탈·남용하여 위법하다는 주장을 하고 있음에도, 원심이 그 점에 대하여 심리·판단하지 아니한 채 처분 전체를 취소한 조치는 위법하다(대판(전합) 1995.11.16, 95누8850).

5. 여러 개의 상이에 대한 국가유공자요건비해당처분에 대한 취소소송에서 그 중 일부 상이가 국가유공자요건이 인정되는 상이에 해당하는 경우 그 비해당처분 전부를 취소할 수는 없다.

여러 개의 상이에 대한 국가유공자요건비해당처분에 대한 취소소송에서 그 중 일부 상이가 국가유공자요건이 인정되는 상이에 해당하더라도 나머지 상이에 대하여 위 요건이 인정되지 아니하는 경우에는 국가유공자요건비해당처분 중 위 요건이 인정되는 상이에 대한 부분만을 취소하여야 할 것이고, 그 비해당처분 전부를 취소할 수는 없다고 할 것이다(대판 2012.3.29, 2011두9263).

Ⅳ 사정판결

1. 서론

(1) 의의

원고의 청구가 이유있다고 인정하는 경우에도 처분 등을 취소하는 것이 현저히 공공복리에 적합하지 아니하다고 인정하는 때에는 법원이 원고의 청구를 기각하는 판결을 사정판결이라 한다. 이는 기각판결의 일종이다.

(2) 법치행정과 사정판결

사정판결은 위법한 처분 등을 취소하지 않고 그대로 유지하는 것이기 때문에 법치행정의 원리 및 재판을 통한 국민의 권익보장이라는 헌법이념에 비추어 엄격한 비교형량을 통하여 제한적으로 인정되어야 한다는 것이 지배적 견해이다.

> **관련 판례** 사정판결을 하기 위한 요건인 '현저히 공공복리에 적합하지 아니한가' 여부의 판단 방법
>
> 행정처분이 위법한 때에는 이를 취소함이 원칙이고 그 위법한 처분을 취소·변경하는 것이 도리어 현저히 공공의 복리에 적합하지 않은 경우에 극히 예외적으로 위법한 행정처분의 취소를 허용하지 않는다는 사정판결을 할 수 있으므로, 사정판결의 적용은 극히 엄격한 요건 아래 제한적으로 하여야 하고, 그 요건인 '현저히 공공복리에 적합하지 아니한가'의 여부를 판단할 때에는 위법·부당한 행정처분을 취소·변경하여야 할 필요와 그 취소·변경으로 발생할 수 있는 공공복리에 반하는 사태 등을 비교·교량하여 그 적용 여부를 판단하여야 한다(대판 2009.12.10, 2009두8359).

2. 사정판결의 요건

행정소송법

제28조(사정판결)

① 원고의 청구가 이유있다고 인정하는 경우에도 처분등을 취소하는 것이 현저히 공공복리에 적합하지 아니하다고 인정하는 때에는 법원은 원고의 청구를 기각할 수 있다. 이 경우 법원은 그 판결의 주문에서 그 처분등이 위법함을 명시하여야 한다.

(1) 원고청구가 이유 있다고 인정될 것

본안심리를 통하여 원고의 청구가 이유가 이유 있다고 인정되어야 한다. 즉 처분의 위법성이 인정되고 이로 인해 원고의 법률상의 이익의 침해가 인정되어야 한다.

(2) 처분의 취소가 현저히 공공복리에 적합하지 아니할 것

현저한 공공복리의 적합 여부는 위법한 행정처분을 취소·변경하여야 할 필요와 그 취소·변경으로 인하여 발생할 수 있는 공공복리에 반하는 사태 등을 비교·교량하여 판단하여야 한다.

(3) 판결시 사정판결의 필요성의 존재

사정판결의 경우 처분 등의 위법 여부는 처분 시를 기준으로 판단하고, 공공복리를 위한 사정판결의 필요성은 변론종결시(판결시)를 기준으로 판단하여야 한다.

(4) 피고 행정청의 신청의 존재 여부

행정소송법상의 명문의 규정은 없지만 공익과 사익의 신중한 형량을 위하여, 행정청의 신청을 기다려 그 허용여부가 결정되어야 한다는 학설도 있으나 판례는 당사자의 명백한 주장이 없는 경우에도 기록에 나타난 여러 사정을 기초로 직권으로 판단할 수 있다는 입장이다.

3. 사정판결의 절차

행정소송법

제28조(사정판결)

② 법원이 제1항의 규정에 의한 판결을 함에 있어서는 미리 원고가 그로 인하여 입게 될 손해의 정도와 배상방법 그 밖의 사정을 조사하여야 한다.

③ 원고는 피고인 행정청이 속하는 국가 또는 공공단체를 상대로 손해배상, 제해시설의 설치 그 밖에 적당한 구제방법의 청구를 당해 취소소송등이 계속된 법원에 병합하여 제기할 수 있다.

(1) 원고의 사정조사

법원이 사정판결을 함에 있어서는 미리 원고가 그로 인하여 입게 될 손해의 정도와 배상방법 그 밖의 사정을 조사하여야 한다.

(2) 주장입증책임

사정판결의 예외성에 비추어 피고행정청이 부담하여야 한다. 판례는 당사자의 주장이 없더라도 직권으로 사정판결을 할 수 있다고 본다.

(3) 판단의 기준시점

처분의 위법성 여부는 처분 시를 기준으로 하고, 사정판결의 필요성 여부는 판결시를 기준으로 한다.

행정소송규칙

제14조(사정판결)

법원이 법 제28조 제1항에 따른 판결을 할 때 그 처분등을 취소하는 것이 현저히 공공복리에 적합하지 아니한지 여부는 사실심 변론을 종결할 때를 기준으로 판단한다.

---

(4) 판결의 주문에 위법함을 명시

사정판결을 하는 경우 법원은 그 판결의 주문에서 그 처분 등의 위법함을 명시하여야 한다.

4. 사정판결의 효과

(1) 기각판결

사정판결은 원고의 청구를 기각하는 판결이므로 취소소송의 대상인 처분 등은 당해 처분이 위법함에도 그 효력이 유지된다.

(2) 피고행정청의 소송비용 부담

사정판결은 원고의 청구가 이유 있음에도 불구하고 그 청구를 기각하는 것이므로 일반적인 소송비용부담의 경우와는 달리 승소한 피고가 부담하게 된다.

(3) 원고의 권익구제

1) 손해배상청구의 인정

사정판결로 해당처분이 적법하게 되는 것은 아니므로 원고는 손해배상청구를 할 수 있다.

2) 적당한 구제방법청구의 병합제기

원고는 피고인 행정청이 속하는 국가 또는 공공단체를 상대로 손해배상, 재해시설의 설치 그 밖에 적당한 구제방법의 청구를 당해 취소소송 등이 계속된 법원에 병합하여 제기할 수 있다.

5. 사정판결의 적용범위

(1) 문제의 소재

행정소송법상 사정판결은 취소소송에만 인정되고, 무효등확인소송과 부작위위법확인소송에는 준용되고 있지 않다. 사정판결이 무효등확인소송에도 인정되는지 문제된다.

(2) 학설

① 처분의 무효와 취소의 구별이 상대적이고, 무효인 처분에도 공익상 기성사실을 존중할 필요가 있는 경우가 있으므로 긍정된다는 견해(긍정설)

② 무효등확인소송에 사정판결을 준용하는 규정이 없고, 무효의 경우에는 애초부터 효력이 없는 것이므로 이를 인정할 수 없다는 견해(부정설)

(3) 판례

판례는 당연무효인 처분은 존치시킬 효력이 있는 처분이 없다는 점을 들어 사정판결을 할 수 없다는 입장이다.

> **관련 판례**   **당연무효처분에는 사정판결을 할 수 없다.**
>
> 당연무효의 행정처분을 소송목적물로 하는 행정소송에서는 존치시킬 효력이 있는 행정행위가 없기 때문에 행정소송법 제28조 소정의 사정판결을 할 수 없다(대판 1982.9.28, 82누2).

Ⅴ 화해와 조정

1. 민사소송법상 화해의 준용

항고소송의 공익적 특성상 민사소송법상의 화해에 관한 규정이 준용될 수 없다. 당사자소송에서는 민사소송법상 화해에 관한 규정이 준용된다는 것이 일반적 견해이다.

민사소송법

제225조(결정에 의한 화해권고)

① 법원·수명법관 또는 수탁판사는 소송에 계속중인 사건에 대하여 직권으로 당사자의 이익, 그 밖의 모든 사정을 참작하여 청구의 취지에 어긋나지 아니하는 범위안에서 사건의 공평한 해결을 위한 화해권고결정(和解勸告決定)을 할 수 있다.

제231조(화해권고결정의 효력)

화해권고결정은 다음 각호 가운데 어느 하나에 해당하면 재판상 화해와 같은 효력을 가진다.

---

2. 조정권고

행정소송규칙에서 조정권고를 규정하고 있다.

행정소송규칙

제15조(조정권고)

① 재판장은 신속하고 공정한 분쟁 해결과 국민의 권익 구제를 위하여 필요하다고 인정하는 경우에는 소송계속 중인 사건에 대하여 직권으로 소의 취하, 처분등의 취소 또는 변경, 그 밖에 다툼을 적정하게 해결하기 위해 필요한 사항을 서면으로 권고할 수 있다.

② 재판장은 제1항의 권고를 할 때에는 권고의 이유나 필요성 등을 기재할 수 있다.

③ 재판장은 제1항의 권고를 위하여 필요한 경우에는 당사자, 이해관계인, 그 밖의 참고인을 심문할 수 있다.

● 제33회 2024년 기출

【문제 1】 甲은 X주식회사에 근무하던 중 2021.12.1. 자녀를 출산하여 2022.1.1.부터 12개월 동안 육아휴직을 하였다. 甲은 2024.7.1. 위 휴직기간에 대한 육아휴직급여를 Y지방고용노동청 Z지청장(이하 'A'라고 한다)에게 신청하였으나, A는 2024.7.15. 甲이「고용보험법」제70조 제2항에서 정한 '육아휴직이 끝난 날 이후 12개월'이 지나 신청을 하였다는 이유로 그 지급을 거부하였다. 그리고 甲의 배우자 乙은 Y광역시의 경력직 공무원으로서, 2024.1.1.부터 같은 해 6.30.까지에 해당하는「지방공무원 수당 등에 관한 규정」제15조에 따른 시간외근무수당을 예산이 부족하다는 이유로 시간외근무시간에 미치지 못하는 금액으로 지급받았다. 50점

물음 2) 甲은 소송의 계속 중에 조정이 성립하여 소를 취하하고 육아휴직급여의 전액을 지급받았다. 이후 甲이 육아휴직기간 중 8개월 동안 해외에서 체류하여 해당 영유아와 동거하지 아니한 사실(이는「남녀고용평등과 일·가정 양립 지원에 관한 법률 시행령」제14조에서 정하는 육아휴직 종료 사유이다)이 적발되었다. A는 甲에게 8개월에 해당하는 육아휴직급여의 반환명령 및 그 100/100에 해당하는 추가징수를 처분하였다. 甲이 추가징수 처분이 생계를 현저히 곤란하게 하므로 위법하다는 이유로 그 취소를 구하는 행정소송을 제기하는 경우 법원이 처분의 일부를 취소할 수 있는지를 설명하시오. 20점

● 제22회 2013년 기출

【문제 1】 甲은 乙이 대표이사로 있는 A운수주식회사에서 운전기사로 근무하고 있는데, A회사의 노사간에 체결된 임금협정에는 운전기사의 법령위반행위로 회사에 과징금이 부과되면 추후 당해 운전기사에 대한 상여금 지급시 그 과징금 상당액을 공제하기로 하는 내용이 포함되어 있다. 다음 물음에 답하시오. 50점

물음 2) 과징금부과처분에 대한 취소소송에서 법원이 A회사에 대한 과징금의 금액이 지나치게 과다하다고 판단할 경우, 법원은 적정하다고 판단하는 한도 내에서 과징금부과처분의 일부를 취소할 수 있는가? 20점

제17절   판결의 효력

Ⅰ 자박력(선고법원에 대한 효력)

법원이 판결을 일단 선고하면, 선고법원 자신도 그 내용을 취소·변경할 수 없는 구속을 받게 되는데 이를 자박력이라 한다. 불가변력이라고도 한다. 자박력이 인정되는 것은 법원의 판결이 당해 분쟁의 대상이 된 법률관계에 대한 공권적인 판단으로서의 성질을 가지기 때문이다.

Ⅱ 불가쟁력(당사자에 대한 효력)

판결에 대한 상소기간의 경과나 상소의 포기 등으로 더 이상 다툴 수 없게 된 상태를 판결의 불가쟁력이라 한다. 형식적 확정력이라고도 한다. 형식적 확정력은 당사자가 책임질 수 없는 사유로 상소기간을 경과하거나 상소의 추완이 인정되는 경우 및 재심이 인정되는 경우에는 배제된다.

Ⅲ 판결의 형성력과 대세효

1. 판결의 형성력의 의의

(1) 형성력의 개념

취소판결이 발생하면 처분 등의 효력은 처분청의 별도의 행위를 기다릴 것 없이 처분시에 소급하여 그 효력이 소멸되어 처분이 없었던 것과 같은 상태로 된다. 이를 판결의 형성력이라 한다.

(2) 인정근거

취소판결의 형성력을 인정한 명문의 규정은 없으나 취소판결의 제3자효를 규정한 제29조 제1항은 이를 전제로 한 규정으로 해석된다.

행정소송법

제29조(취소판결등의 효력)

① 처분등을 취소하는 확정판결은 제3자에 대하여도 효력이 있다.

② 제1항의 규정은 제23조의 규정에 의한 집행정지의 결정 또는 제24조의 규정에 의한 그 집행정지 결정의 취소결정에 준용한다.

---

2. 형성력의 내용

(1) 소급효

취소판결의 효과는 처분 시에 소급하는데, 이를 취소판결의 소급효라 한다. 소급효가 발생한 결과 취소된 처분을 전제로 형성된 법률관계는 모두 효력을 상실한다.

(2) 대세효(제3자효)

취소판결의 취소의 효력은 소송에 관여하지 않은 제3자에 대해서도 효력을 발생하는데 이를 대세효라하며 행정소송법 제29조 제1항은 이를 명문으로 인정하고 있다.

3. 판결의 효력이 미치는 제3자 범위

취소판결의 효력이 미치는 제3자를 소송참가인 및 그 판결과 법적 이해관계를 맺는 자를 의미하는 것으로 보는 견해도 있으나 일반적으로는 모든 제3자를 의미하는 것으로 본다.

4. 처분을 기초로 이루어진 법률관계의 효력

(1) 「처분에 의해 형성된 법률관계」의 효력상실

취소처분의 소급효와 대세효로 인하여 취소된 처분에 의해 형성된 법률관계는 그 효력을 상실한다(**예** 환지처분이 취소되면 환지취득자는 환지처분에 의해 취득한 소유권을 상실하고 종전의 토지에 대한 소유권을 취득한다). 다만, 예외적으로 보호할 이익이 있는 경우 그 효력을 유지할 수 있다.

> **관련 판례** 주택재개발사업조합의 조합설립인가처분이 법원의 재판에 의하여 취소된 경우 그 조합설립인가처분은 소급하여 효력을 상실하지만, 종전에 결의 등 처분의 법률효과를 다투는 소송에서의 당사자지위까지 함께 소멸한다고 할 수는 없다.
>
> 도시 및 주거환경정비법상 주택재개발사업조합의 조합설립인가처분이 법원의 재판에 의하여 취소된 경우 그 조합설립인가처분은 소급하여 효력을 상실하고, 이에 따라 당해 주택재개발사업조합 역시 조합설립인가처분 당시로 소급하여 도시정비법상 주택재개발사업을 시행할 수 있는 행정주체인 공법인으로서의 지위를 상실하므로, 당해 주택재개발사업조합이 조합설립인가처분 취소 전에 도시정비법상 적법한 행정주체 또는 사업시행자로서 한 결의 등 처분은 달리 특별한 사정이 없는 한 소급하여 효력을 상실한다고 보아야 한다. 다만 그 효력 상실로 인한 잔존사무의 처리와 같은 업무는 여전히 수행되어야 하므로, 종전에 결의 등 처분의 법률효과를 다투는 소송에서의 당사자지위까지 함께 소멸한다고 할 수는 없다(대판 2012.3.29, 2008다95885).

(2) 「처분을 기초로 하여 형성된 법률관계」의 효력상실

취소처분의 소급효와 대세효로 인하여 취소된 처분을 기초로 하여 형성된 법률관계도 그 효력을 상실한다(**예** 공매처분이 취소되면 공매처분을 기초로 하여 체결된 사법상 매매계약은 효력을 상실하며 그에 의해 형성된 경락인의 소유권취득도 그 효력을 상실한다).

(3) 취소판결의 형성력에 대한 제3자의 용인

취소된 처분에 의해 형성된 법률관계를 기초로 하여 행해진 사법상 행위에 의하여 권리를 취득한 자는 선의·악의를 불문하고 취소판결의 대세효에 대항할 수 없고 이를 용인하여야 한다. 이는 제3자의 권리까지 당연히 그 행정처분 전의 상태로 환원되는 것은 아니며 소송당사자가 아니었던 제3자라 할지라도 이를 용인하지 않으면 아니 된다는 것을 의미하는 데 불과하다.

> **관련 판례** **판결의 형성력에 따른 대세효의 의미**
>
> 행정처분을 취소하는 확정판결이 제3자에 대하여도 효력이 있다고 하더라도 일반적으로 판결의 효력
> 은 주문에 포함한 것에 한하여 미치는 것이니 그 취소판결 자체의 효력으로써 그 행정처분을 기초로
> 하여 새로 형성된 제3자의 권리까지 당연히 그 행정처분 전의 상태로 환원되는 것이라고는 할 수 없
> 고, 단지 취소판결의 존재와 취소판결에 의하여 형성되는 법률관계를 소송당사자가 아니었던 제3자라
> 할지라도 이를 용인하지 않으면 아니된다는 것을 의미하는 것에 불과하다 할 것이며, 따라서 취소판
> 결의 확정으로 인하여 당해 행정처분을 기초로 새로 형성된 제3자의 권리관계에 변동을 초래하는 경
> 우가 있다 하더라도 이는 취소판결 자체의 형성력에 기한 것이 아니라 취소판결의 위와 같은 의미에
> 서의 제3자에 대한 효력의 반사적 효과로서 그 취소판결이 제3자의 권리관계에 대하여 그 변동을 초
> 래할 수 있는 새로운 법률요건이 되는 까닭이라 할 것이다(대판 1986.8.19, 83다카2022).

5. 제3자의 소송참가와 재심

취소판결이 미치게 되는 제3자의 불측의 손해를 막기 위해 행정소송법은 소송에 관여하지 않은
제3자의 소송참가를 인정하고 있다. 또한 제3자가 귀책사유 없이 소송에 참가하지 못한 경우를
대비해 행정소송법은 아울러 취소의 인용판결이 확정된 뒤에도 제3자가 자신의 권익침해를 주장
할 수 있도록 제3자의 재심청구제도를 마련하고 있다.

행정소송법

제31조(제3자에 의한 재심청구)

① 처분등을 취소하는 판결에 의하여 권리 또는 이익의 침해를 받은 제3자는 자기에게 책임없는 사유로
소송에 참가하지 못함으로써 판결의 결과에 영향을 미칠 공격 또는 방어방법을 제출하지 못한 때에는
이를 이유로 확정된 종국판결에 대하여 재심의 청구를 할 수 있다.

② 제1항의 규정에 의한 청구는 확정판결이 있음을 안 날로부터 30일 이내, 판결이 확정된 날로부터 1년
이내에 제기하여야 한다.

③ 제2항의 규정에 의한 기간은 불변기간으로 한다.

Ⅳ 기판력(법원과 양 당사자에 대한 효력)

1. 의의

(1) 개념

재판이 확정된 경우 법원은 동일한 소송물에 있어서 종전의 판단에 저촉되는 판단을 할 수
없고 소송의 당사자 및 그 승계인들도 그에 반하는 주장을 하여 다투는 것이 허용되지 않는
효력을 뜻한다. 실질적 확정력이라고도 한다.

(2) 인정근거

기판력은 소송절차의 반복과 모순된 재판의 방지라는 법적 안정성의 요청에 따라 인정되는
효력이다.

> **관련 판례** **확정판결의 기판력의 의의**
>
> 확정판결의 기판력이라 함은 확정판결의 주문에 포함된 법률적 판단의 내용은 이후 그 소송당사자의 관계를 규율하는 새로운 기준이 되는 것이므로 동일한 사항이 소송상문제가 되었을 때 당사자는 이에 저촉되는 주장을 할 수 없고 법원도 이에 저촉되는 판단을 할 수 없는 기속력을 의미하는 것이고 이 경우 적극당사자(원고)가 되어 주장하는 경우는 물론이고 소극당사자(피고)로서 항변하는 경우에도 그 기판력에 저촉되는 주장은 할 수 없다(대판 1987.6.9, 86다카2756).

2. 기판력의 범위

(1) 주관적 범위(인적 범위)

취소소송의 기판력은 당사자 및 이와 동일시할 수 있는 자(승계인)에게만 미치며 제3자에게는 미치지 않는다. 피고 행정청이 속하는 국가나 공공단체에도 기판력은 미친다.

(2) 객관적 범위(물적 범위)

1) 판결주문

확정판결(確定判決)은 주문에 포함된 것에 한하여 기판력(既判力)을 가진다(민사소송법 제216조 제1항). 판결이유 중에서 판단된 사실인정, 선결적 법률관계, 항변 또는 법규의 해석적용에 대해서는 기판력이 미치지 않음이 원칙이다.

> **관련 판례** **기판력의 객관적 범위**
>
> 기판력의 객관적 범위는 그 판결의 주문에 포함된 것 즉 소송물로 주장된 법률관계의 존부에 관한 판단의 결론 그 자체에만 미치는 것이고 판결이유에 설시된 그 전제가 되는 법률관계의 존부에까지 미치는 것은 아니다(대판 1987.6.9, 86다카2756).

2) 취소소송의 인용판결

① 취소소송의 소송물은 위법성의 일반으로 보는 경우 인용판결의 경우에는 당해 처분이 위법하다는 점에 기판력을 가진다.

② 기각판결의 경우에는 당해 처분이 적법하다는 점에 기판력을 가진다.

③ 사정판결의 경우 당해 처분이 위법하다는 점에 기판력을 가진다. 기각판결이 난 경우 원고는 다른 위법사유를 들어 당해 처분의 효력을 다툴 수 없다.

3) 무효확인소송과의 관계

① 취소소송의 기각판결이 확정되면 처분은 적법한 것으로 기판력이 발생하므로 동일한 처분에 대해 무효등확인소송을 제기할 수 없다.

② 반대로 전소인 무효등확인소송에서의 기각판결이 선고되어 확정되었더라도, 이는 처분이 무효가 아니라는 점, 즉 유효하다는 점에 대해서만 기판력이 발생하므로 당해 처분에 대한 취소를 구하는 소송을 제기할 수 있다는 것이 다수설이다.

> **관련 판례** **취소소송의 기각판결의 기판력은 무효확인소송에도 미친다.**
>
> 과세처분 취소청구를 기각하는 판결이 확정되면 그 처분이 적법하다는 점에 관하여 기판력이 생기고 그 후 원고가 이를 무효라 하여 무효확인을 소구할 수 없는 것이어서 과세처분의 취소소송에서 청구가 기각된 확정판결의 기판력은 그 과세처분의 무효확인을 구하는 소송에도 미친다(대판 2003.5.16, 2002두3669).

(3) 시간적 범위

기판력은 사실심 변론종결 시를 표준으로 하여 발생한다. 당사자는 사실심 변론종결 시까지 소송자료를 제출할 수 있고, 종국판결도 그때까지 발생한 자료를 기초로 하여 행하는 것이므로, 그 시점을 기점으로 기판력이 발생하게 된다.

3. 국가배상소송과 관계

취소소송의 판결의 기판력이 그 후에 제기된 국가배상소송에 미치는가가 문제된다.

(1) 취소소송의 소송물을 위법성 일반으로 보는 경우

① 청구기각판결의 경우 국가배상에서 그 처분의 위법성을 주장할 수 없게 되고, 청구인용판결의 경우 국가배상청구소송 법원은 처분의 위법성을 인정해야 한다는 견해(긍정설)

② 국가배상청구소송의 위법성과 취소소송의 위법성은 다른 것으로 취소판결의 기판력이 국가배상청구소송에 미치지 않는다는 견해(부정설)

③ 국가배상청구소송의 위법 개념을 취소소송의 위법개념보다 넓게 봐서 인용판결의 기판력은 국가배상소송에 미치지만, 기각판결의 기판력은 국가배상소송에 미치지 않는다는 견해(인용판결과 기각판결구별설)

(2) 처분의 위법사유마다 소송물이 다르다는 견해

청구기각판결의 경우에 원고는 후소인 국가배상청구소송에서 전소인 취소소송에서 주장한 것과 다른 위법사유를 주장할 수 있다.

(3) 시간적 범위

기판력은 사실심 변론종결 시를 표준으로 하여 발생한다. 당사자는 사실심 변론종결 시까지 소송자료를 제출할 수 있고, 종국판결도 그때까지 발생한 자료를 기초로 하여 행하는 것이므로, 그 시점을 기점으로 기판력이 발생하게 된다.

Ⅴ 기속력(행정기관에 대한 효력)

1. 의의

기속력이란 행정청에 대하여 판결의 취지에 따라 행동하도록 당사자인 행정청과 그 밖의 관계행정청을 구속하는 효력을 말한다.

제30조(취소판결등의 기속력)

① 처분등을 취소하는 확정판결은 그 사건에 관하여 당사자인 행정청과 그 밖의 관계행정청을 기속한다.

② 판결에 의하여 취소되는 처분이 당사자의 신청을 거부하는 것을 내용으로 하는 경우에는 그 처분을 행한 행정청은 판결의 취지에 따라 다시 이전의 신청에 대한 처분을 하여야 한다.

③ 제2항의 규정은 신청에 따른 처분이 절차의 위법을 이유로 취소되는 경우에 준용한다.

2. 기속력과 기판력의 관계

(1) 문제점

기속력의 법적 성질과 관련하여 기판력과 동일한 효력으로 볼 것인가 아니면 기판력과 구별되는 특수한 효력으로 볼 것인가에 대해 견해의 대립이 있다.

(2) 학설

① 기속력은 취소판결의 기판력이 행정 측에 미치는 것에 지나지 않으며 그 본질은 기판력과 같다는 견해(기판력설)

② 기판력은 법적안정성을 위하여 후소의 재판을 구속하여 모순된 재판을 금하는 소송법상의 효력인 데 반하여 기속력은 판결의 실효성을 확보하기 위하여 판결의 취지에 따라 행동하도록 관계행정청을 구속하는 실체법상의 효과를 발생시키는 효력이므로 양자는 본질을 달리 한다는 견해(특수효력설)

(3) 판례

판례의 태도는 명확하지 않지 않으나 기판력과 기속력을 혼용하여 사용하고 있다.

3. 기속력의 내용

(1) 개요

기속력은 행정청이 취소판결의 취지에 따라 일정한 행위를 할 의무를 지게 된다. 소극적 효력과 적극적 효력으로 나눠 볼 수 있다.

(2) 소극적 효력(반복금지효)

1) 의의

취소판결이 확정되면 행정청은 동일한 사실관계 아래에서 동일한 당사자에 대하여 종전과 동일한 내용의 처분 등을 반복할 수 없다. 기속력은 인용판결에만 발생하며 기각판결에는 인정되지 않는다.

2) 동일한 내용의 처분금지

① 처분의 사실관계가 동일하지 않으면 취소판결이 확정된 후 동일 당사자에 대하여 동일한 내용의 처분을 하여도 기속력에 반하는 것이 아니다.

② 처분의 기본적 사실관계가 동일한 이상 적용 법규정을 달리하거나 처분사유를 변경하여 동일한 내용의 처분을 하는 것은 기속력에 반한다.

③ 취소사유가 절차 또는 형식의 흠인 경우에 행정청이 적법한 절차 또는 형식을 갖추어 행한 동일한 내용의 처분은 새로운 처분으로 취소된 처분과 동일한 처분이 아니다.

3) 기속력에 반하는 처분의 효력

> **관련 판례** **기속력에 저촉되는 처분은 당연무효이다.**
>
> 주택건설사업 승인신청 거부처분의 취소를 명하는 판결이 확정되었음에도 행정청이 그에 따른 재처분을 하지 않은 채 위 취소소송 계속 중에 도시계획법령이 개정되었다는 이유를 들어 다시 거부처분을 한 사안에서, 개정된 도시계획법령에 그 시행 당시 이미 개발행위허가를 신청중인 경우에는 종전 규정에 따른다는 경과규정을 두고 있으므로 위 사업승인신청에 대하여는 종전 규정에 따른 재처분을 하여야 함에도 불구하고 개정 법령을 적용하여 새로운 거부처분을 한 것은 확정된 종전 거부처분 취소판결의 기속력에 저촉되어 당연무효이다(대결 2002.12.11, 2002무22).

(3) 재처분 의무

1) 의의

① 거부처분이 판결에 의하여 취소된 경우 그 처분을 한 행정청은 판결의 취지에 따라 다시 이전의 신청에 대한 처분을 하여야 한다. 즉 당사자가 처분을 받기 위해 신청을 다시 할 필요는 없다.

② 행정청의 재처분의 내용은 판결의 취지를 존중하는 것이지 반드시 원고가 신청한 내용대로 처분해야 하는 것은 아니다.

> **관련 판례** **행정청이 판결의 취지에 따라 도시계획을 수립한 경우 취소판결의 기속력에 따른 재처분의 의무를 이행한 것이다.**
>
> 주민 등의 도시관리계획 입안 제안을 거부한 처분에 이익형량의 하자가 있어 위법하다고 판단하여 취소하는 판결이 확정된 경우, 행정청에 그 입안 제안을 그대로 수용하는 내용의 도시관리계획을 수립할 의무가 있는 것은 아니며, 행정청이 다시 새로운 이익형량을 하여 도시관리계획을 수립한 경우, 취소판결의 기속력에 따른 재처분의 의무를 이행한 것이다(대판 2020.6.25, 2019두56135).

2) 거부처분이 절차상 이유로 취소된 경우

처분청은 반드시 원고가 신청한 내용으로 재처분을 해야 하는 것은 아니다. 판결의 취지에 따라 동일한 절차상의 위법을 반복하지 않고 다시 재처분을 하면 된다. 행정청은 당초의 거부처분과 다른 이유로 거부처분을 할 수도 있다.

> **관련 판례** **절차상 또는 형식상 하자로 인하여 무효인 행정처분이 있은 후 행정청이 관계 법령에서 정한 절차 또는 형식을 갖추어 다시 동일한 행정처분을 하였다면 당해 행정처분은 종전의 무효인 행정처분과 관계없이 새로운 행정처분이라고 보아야 한다.**
>
> 원심은 그 채택 증거를 종합하여 판시와 같은 사실을 인정한 다음, 이 사건 처분은 새로운 국방・군사시설사업 실시계획 승인처분으로서의 요건을 갖춘 새로운 처분일 뿐, 종전처분과 동일성을 유

지하되 종전처분의 내용을 일부 수정하거나 새로운 사항을 추가하는 것에 불과한 종전처분의 변경
처분이 아니므로, 비록 종전처분에 하자가 있더라도 이 사건 처분이 관계 법령에 규정된 절차를
거쳐 그 요건을 구비한 이상 판결의 기속력에 위반되지 않는다(대판 2014.3.13, 2012두1006).

3) 거부처분이 실체법상 위법을 이유로 취소된 경우

① 위법판단의 기준시를 처분시로 보는 경우

　㉠ 원칙적으로 신청을 인용하는 처분을 하여야 하고 처분시 이전의 동일한 사유로 다시
　　 거부처분을 할 수 없다.

　㉡ 거부처분 이후의 사유를 이유로 다시 거부처분을 하는 것은 재처분 의무를 이행한
　　 것이 된다.

　㉢ 법령 개정의 경우 처분시의 개정 전 법령의 존속에 대한 국민의 신뢰가 거부처분
　　 후 개정된 법령의 적용에 관한 공익 사이의 이익형량의 결과 처분시의 개정 전 법령
　　 의 존속에 대한 국민의 신뢰가 큰 경우에는 국민의 신뢰를 보호하기 위하여 개정
　　 전 법령을 적용하여야 한다.

관련 판례

**1. 취소소송에서 소송의 대상이 된 거부처분을 실체법상의 위법사유에 기하여 취소하는 판결이 확
정된 경우에는 당해 거부처분을 한 행정청은 원칙적으로 신청을 인용하는 처분을 하여야 한다.**

취소소송에서 소송의 대상이 된 거부처분을 실체법상의 위법사유에 기하여 취소하는 판결이 확
정된 경우에는 당해 거부처분을 한 행정청은 원칙적으로 신청을 인용하는 처분을 하여야 하고,
사실심 변론종결 이전의 사유를 내세워 다시 거부처분을 하는 것은 확정판결의 기속력에 저촉되
어 허용되지 아니한다(대판 2001.3.23, 99두5238).

**2. 행정처분의 적법 여부는 행정처분이 행하여진 때의 법령과 사실을 기준으로 판단하는 것이므로
확정판결의 당사자인 처분 행정청은 종전 처분 후에 발생한 새로운 사유를 내세워 다시 거부처
분을 할 수 있다.**

행정소송법 제30조 제2항에 의하면, 행정청의 거부처분을 취소하는 판결이 확정된 경우에는 처
분을 행한 행정청이 판결의 취지에 따라 이전 신청에 대하여 재처분을 할 의무가 있다. 행정처분
의 적법 여부는 행정처분이 행하여진 때의 법령과 사실을 기준으로 판단하는 것이므로 확정판결
의 당사자인 처분 행정청은 종전 처분 후에 발생한 새로운 사유를 내세워 다시 거부처분을 할
수 있고, 그러한 처분도 위 조항에 규정된 재처분에 해당한다(대판 2011.10.27, 2011두14401).

**3. 새로운 사유인지는 종전 처분에 관하여 위법한 것으로 판결에서 판단된 사유와 기본적 사실관계
의 동일성이 인정되는 사유인지에 따라 판단되어야 한다.**

여기에서 '새로운 사유'인지는 종전 처분에 관하여 위법한 것으로 판결에서 판단된 사유와 기본
적 사실관계의 동일성이 인정되는 사유인지에 따라 판단되어야 하고, 기본적 사실관계의 동일성
유무는 처분사유를 법률적으로 평가하기 이전의 구체적인 사실에 착안하여 그 기초인 사회적
사실관계가 기본적인 점에서 동일한지에 따라 결정되며, 추가 또는 변경된 사유가 처분 당시에

그 사유를 명기하지 않았을 뿐 이미 존재하고 있었고 당사자도 그 사실을 알고 있었다고 하여 당초 처분사유와 동일성이 있는 것이라고 할 수는 없다(대판 2011.10.27, 2011두14401).

4. 거부처분 후에 법령이 개정된 경우 개정된 법령을 새로운 사유로 들어 다시 거부처분을 할 수 있다.

행정소송법 제30조 제2항의 규정에 의하면 행정청의 거부처분을 취소하는 판결이 확정된 때에는 그 처분을 행한 행정청이 판결의 취지에 따라 이전의 신청에 대하여 재처분할 의무가 있으나, 이 때 확정판결의 당사자인 처분 행정청은 그 확정판결에서 적시된 위법사유를 보완하여 새로운 처분을 할 수 있다. 행정처분의 적법 여부는 그 행정처분이 행하여진 때의 법령과 사실을 기준으로 하여 판단하는 것이므로 거부처분 후에 법령이 개정·시행된 경우에는 개정된 법령 및 허가 기준을 새로운 사유로 들어 다시 이전의 신청에 대한 거부처분을 할 수 있으며 그러한 처분도 행정소송법 제30조 제2항에 규정된 재처분에 해당된다(대결 1998.1.7, 97두22).

5. 확정판결의 기속력에 저촉된 행정처분은 그 하자가 명백하고 중대하여 무효이다.

어떠한 행정처분에 위법한 하자가 있다는 이유로 그 취소를 소구한 행정소송에서 그 행정처분을 취소하는 판결이 선고되어 확정된 경우에 처분행정청이 그 행정소송의 사실심 변론종결 이전의 사유를 내세워 다시 확정판결에 저촉되는 행정처분을 하는 것은 확정판결의 기판력에 저촉되어 허용될 수 없고 이와 같은 행정처분은 그 하자가 명백하고 중대한 경우에 해당되어 당연무효이다(대판 1989.12.8, 92누6891).

② 위법판단의 기준시를 판결시로 보는 경우

사실심 변론종결 시 이전의 사유를 내세워 다시 거부처분을 할 수 없다.

③ 사실심 변론종결 이후 사유

어느 학설에 의하든 사실심 변론종결 이후에 발생한 새로운 사유를 근거로 다시 이전의 신청에 대한 거부처분을 할 수 있다.

> **관련 판례** 사실심 변론종결 이후에 발생한 새로운 사유를 들어 다시 거부처분을 하는 것은 기속력에 반하지 않는다.
>
> 행정소송법 제30조 제2항에 의하면, 행정청의 거부처분을 취소하는 판결이 확정된 경우에는 그 처분을 행한 행정청은 판결의 취지에 따라 이전의 신청에 대하여 재처분할 의무가 있고, 이 경우 확정판결의 당사자인 처분 행정청은 그 행정소송의 사실심 변론종결 이후 발생한 새로운 사유를 내세워 다시 이전의 신청에 대하여 거부처분을 할 수 있으며, 그러한 처분도 이 조항에 규정된 재처분에 해당한다(대판 1999.12.28, 98두1895).

④ 거부처분시 이전에 존재하던 다른 사유

거부처분시 이전에 존재하던 다른 사유를 근거로 다시 거부처분을 할 수 있는지 문제된다. 거부처분 이전에 존재하던 사유 중 처분사유와 다른 사유를 근거로 다시 거부처분을 하는 것이 가능하다는 것이 판례이다.

> **관련 판례** 종전 확정판결의 행정소송 과정에서 한 주장 중 처분사유가 되지 아니하여 판결의 판
> 단대상에서 제외된 부분을 행정청이 그후 새로이 행한 처분의 적법성과 관련하여 새로운 소송에서
> 다시 주장하는 것이 위 확정판결의 기속력에 저촉되지 않는다.
>
> 기히 원고의 승소로 확정된 판결은 원고 출원의 광구 내에서의 불석채굴이 공익을 해한다는 이유
> 로 한 피고의 불허가처분에 대하여 그것이 공익을 해한다고는 보기 어렵다는 이유로 이를 취소한
> 내용으로서 이 소송과정에서 피고가 원고 출원의 위 불석광은 광업권이 기히 설정된 고령토광과
> 동일광상에 부존하고 있어 불허가대상이라는 주장도 하였으나 이 주장 부분은 처분사유로 볼 수
> 없다는 점이 확정되어 판결의 판단대상에서 제외되었다면, 피고가 그 후 새로이 행한 처분의 적법
> 성과 관련하여 다시 위 주장을 하더라도 위 확정판결의 기판력에 저촉된다고 할 수 없다(대판
> 1991.8.9, 90누7326).

(4) 원상회복의무

취소판결이 확정되면 행정청은 취소된 처분에 의해 초래된 위법상태를 제거하여 원상회복할
의무를 진다(예 재산압류처분이 취소되면 행정청은 당해 재산을 반환해야 할 의무를 지며,
파면처분이 취소되면 파면되었던 원고를 복직시켜야 한다.).

4. 기속력의 범위

(1) 주관적 범위

기속력은 당사자인 처분행정청뿐만 아니라 그 밖의 관계행정청에도 미친다. 관계행정청은 취
소된 처분 등과 관련된 모든 행정청을 뜻한다.

(2) 객관적 범위

기속력은 판결주문 및 그 전제로 된 요건사실의 인정과 효력의 판단에만 미치고, 판결의 결론
과 관계없이 생각하는대로 거리낌 없이 하는 의논이나 간접사실의 판단에는 미치지 않는다.

(3) 시간적 범위

기속력은 처분시설에 따라 처분 당시까지의 위법사유에 대해서만 미친다.

Ⅵ 간접강제

1. 간접강제제도 의의

행정청이 거부처분의 취소판결의 취지에 따라 처분을 하지 아니하는 때에는 1심 수소법원은 당
사자의 신청에 의하여 결정으로서 상당한 기간을 정하고 행정청이 그 기간 내에 이행하지 아니하
는 때에는 그 지연기간에 따라 일정한 배상을 할 것을 명하거나 즉시 손해배상할 것을 명할 수
있다(행정소송법 제34조 제1항). 이를 간접강제결정이라 한다.

행정소송법

제34조(거부처분취소판결의 간접강제)

① 행정청이 제30조 제2항의 규정에 의한 처분을 하지 아니하는 때에는 제1심 수소법원은 당사자의 신청에 의하여 결정으로써 상당한 기간을 정하고 행정청이 그 기간 내에 이행하지 아니하는 때에는 그 지연기간에 따라 일정한 배상을 할 것을 명하거나 즉시 손해배상을 할 것을 명할 수 있다.

② 제33조와 민사집행법 제262조의 규정은 제1항의 경우에 준용한다.

2. 간접강제의 행사요건

(1) 거부처분의 취소에 대한 인용판결이 확정되었을 것

거부처분에 대한 취소의 확정판결이 있음에도 행정청이 아무런 재처분을 하지 아니하는 경우에 간접강제신청의 필요요건이 충족된다.

(2) 행정청의 상당한 기간 내에 거부처분취소판결의 취지에 따른 재처분의무를 다하지 아니할 것

재처분을 하지 않았다는 것은 아무런 재처분을 하지 않은 것뿐만 아니라 재처분이 기속력에 반하여 당연무효인 경우를 포함한다.

> **관련 판례** **재처분이 기속력에 반하여 무효인 경우에도 간접강제신청이 가능하다.**
>
> 거부처분에 대한 취소의 확정판결이 있음에도 행정청이 아무런 재처분을 하지 아니하거나, 재처분을 하였다 하더라도 그것이 종전 거부처분에 대한 취소의 확정판결의 기속력에 반하는 등으로 당연무효라면 이는 아무런 재처분을 하지 아니한 때와 마찬가지라 할 것이므로 이러한 경우에는 행정소송법 제30조 제2항, 제34조 제1항 등에 의한 간접강제신청에 필요한 요건을 갖춘 것으로 보아야 한다(대결 2002.12.11, 2002무22).

3. 간접강제의 내용과 결정에 대한 불복

(1) 내용

제1심 수소법원은 당사자의 신청에 의하여 결정으로써 상당한 기간을 정하고, 행정청이 그 기간 내에 이행하지 아니한 때에는, 그 지연기간에 따라 일정한 배상을 할 것을 명하거나, 즉시 손해배상을 할 것을 명할 수 있다.

(2) 간접강제의 결정과 불복

1) 간접강제 결정의 효력

결정의 효력은 피고 또는 참가인이었던 행정청이 속하는 국가 또는 공공단체에 그 효력을 미친다. 간접강제의 결정에도 불구하고 당해 행정청이 판결의 취지에 따른 처분을 하지 않는 경우 신청인은 간접강제결정을 채무명의로 하여 집행문을 부여받아 이행강제금을 강제집행 할 수 있다.

2) 간접강제 결정에 대한 불복

간접강제신청에 대한 기각결정이나 인용결정에 대하여는 즉시항고할 수 있다.

4. 간접강제의 적용범위

(1) 부작위위법확인소송

간접강제제도는 부작위위법확인소송에도 준용되고 있다(행정소송법 제38조 제2항).

(2) 무효확인소송에의 적용여부

1) 문제의 소재

현행행정소송법은 간접강제 규정을 부작위위법확인소송에는 준용하고 있지만, 무효등확인소송에는 준용을 하고 있지 않다. 무효확인판결의 경우 간접강제가 허용되는지 문제된다.

2) 판례

무효확인소송에는 준용규정이 없다는 것을 이유로 무효확인판결에는 간접강제가 허용되지 않는다고 보고 있다.

> **관련 판례** **무효확인판결에 대해서는 간접강제가 허용되지 않는다.**
>
> 행정소송법 제38조 제1항이 무효확인 판결에 관하여 취소판결에 관한 규정을 준용함에 있어서 같은 법 제30조 제2항을 준용한다고 규정하면서도 같은 법 제34조는 이를 준용한다는 규정을 두지 않고 있으므로, 행정처분에 대하여 무효확인 판결이 내려진 경우에는 그 행정처분이 거부처분인 경우에도 행정청에 판결의 취지에 따른 재처분의무가 인정될 뿐 그에 대하여 간접강제까지 허용되는 것은 아니라고 할 것이다(대결 1998.12.24, 98무37).

3) 입법적 불비설

거부처분 취소판결의 기속력을 규정한 행정소송법 제30조 제2항을 무효등확인소송에 준용하면서 간접강제에 관한 준용규정을 두고 있지 않은 것은 입법적 불비라고 본다.

5. 배상금의 성질과 추심

(1) 배상금의 성질

배상금은 확정판결의 취지에 따른 재처분의 지연에 대한 제재나 손해배상이 아니고 재처분의 이행에 관한 심리적 강제수단에 불과하다는 것이 판례이다. 때문에 의무이행기한이 경과한 후에라도 확정판결의 취지에 따른 재처분의 이행이 있으면 행정청의 심리적 강제를 꾀할 목적이 상실되어 처분상대방이 더 이상 배상금을 추심하는 것은 허용되지 않는다.

> **관련 판례** **의무이행기한이 경과한 후에라도 재처분의 이행이 있으면 배상금 추심이 허용되지 않는다.**
>
> 행정소송법 제34조 소정의 간접강제결정에 기한 배상금은 거부처분취소판결이 확정된 경우 그 처분을 행한 행정청으로 하여금 확정판결의 취지에 따른 재처분의무의 이행을 확실히 담보하기 위한 것으로서, 특별한 사정이 없는 한 간접강제결정에서 정한 의무이행기한이 경과한 후에라도 확정판결의 취지에 따른 재처분의 이행이 있으면 배상금을 추심함으로써 심리적 강제를 꾀할 목적이 상실되어 처분상대방이 더 이상 배상금을 추심하는 것은 허용되지 않는다(대판 2004.1.15, 2002두2444).

(2) 배상금의 추심

간접강제의 결정에도 불구하고 당해 행정청이 판결의 취지에 따른 처분을 하지 않는 경우 신청인은 민사집행법 제22조의 준용규정을 둔 행정소송법 제33조에 따라 간접강제결정을 채무명의로 하여 집행문을 부여받아 배상금을 강제집행 할 수 있다.

● 제34회 2025년 기출

【문제 1】직업능력개발 훈련비용 지원금과 관련한 아래 질문에 답하시오. 50점

〈사례 1〉

근로자 甲은 A지방고용노동청장(이하 'A청장')에게 '직업능력개발 훈련비용 지원금(이하 '지원금')'을 신청하였다. A청장은 "甲이 참여하는 훈련 프로그램은 훈련비 지원 관련 규정의 취지에 비추어 직업능력개발 훈련의 목적에 부합하지 않는다(이하 '〈처분사유1〉')"는 사유로 甲의 신청을 거부하였다. 이에 甲은 거부처분취소소송을 제기하였는데, 소송의 계속 중 A청장은 거부처분 사유로 기존의 〈처분사유1〉 이외에 "甲이 제출한 훈련비용 지원서에는 관계 법규에 따라 기재하여야 하는 사항 중 일부가 누락되어 유효한 신청서로 볼 수 없다(이하 '〈처분사유2〉')"라는 새로운 사유를 추가하였다. 관할 법원은 甲에게 〈처분사유2〉는 기존 〈처분사유1〉과 사회적 사실관계가 다른 별개의 사항이지만 처분사유의 추가에 동의하는지를 물었고, 甲은 위취소소송을 통하여 지원금 지급 여부에 관한 법적 다툼을 한꺼번에 해결하려는 의도로 처분사유의 추가에 대한 동의서를 법원에 제출하였다. 법원은 甲의 동의에 따라 처분사유의 추가를 허용하였고, 두 가지 처분사유를 종합적으로 심리한 결과 甲의 소송상 청구를 인용하였으며, 해당 판결은 상고심에서 그대로 확정되었다.

물음 1) 甲의 취소소송에서 인용판결이 확정된 후 A청장은 〈처분사유2〉는 〈처분사유1〉과 사회적 사실관계가 다른 별개의 사유임에 착안하여 이전의 甲의 지원금 신청에 대하여 〈처분사유2〉를 들어 다시 거부처분을 하였고, 이에 대하여 甲은 간접강제를 신청하였다. 甲의 간접강제 신청에 대한 법원의 인용 여부에 관하여 논하시오. 25점

● 제32회 2023년 기출

【문제 1】 A시는 택지개발예정지구 지정 공람공고가 이루어진 P사업지구에서 택지 개발사업을 시행하고 있으며, 甲은 P사업지구에 주택을 소유하고 있는 자이다. A시는 택지개발사업과 관련한 이주대책을 수립 · 공고하였는데, 이에 의하면 이주대책 대상자 요건을 '택지개발 예정지구 지정 공람공고일 1년 이전부터 보상계약체결일 또는 수용재결일까지 계속하여 P사업지구 내 주택을 소유하고 계속 거주한 자로, A시로부터 그 주택에 대한 보상을 받고 이주하는 자'로 정하고 있다. 甲은 A시에 이주대책 대상자 선정 신청을 하였으나, A시는 '기준일 이후 주택 취득'을 이유로 甲을 이주대책 대상에서 제외하는 결정을 하였고, 이 결정은 2023.6.28. 甲에게 통보되었다(이하 '1차 결정'이라 함). 이에 甲은 A시에 이의신청을 하면서, 이의신청서에 이주대책 대상자 선정요건을 충족함을 증명할 수 있

는 마을주민확인서, 수도개설 사용, 전력 개통사용자 확인 등 증빙서류를 새롭게 추가로 첨부하여 제출하였다. 그러나 A시는 추가된 증빙자료만으로 법적 소유관계를 확인할 수 없다는 이유로 甲의 이의신청을 기각하고 甲을 이주대책 대상에서 제외한다는 결정을 하였으며, 이 결정은 2023.8.31. 甲에게 통보되었다(이하 '2차 결정'이라 함). 다음 각 물음에 답하시오. (각 물음은 상호 관련성이 없는 별개의 상황임) 50점

물음 2) 甲이 1차 결정에 대해 무효확인소송을 제기하였고, 甲이 기준일 이전에 주택을 취득한 것이 인정되어 청구를 인용하는 법원의 판결이 확정되었다. A시는 甲을 이주대책 대상자로 선정하여야 하는지 여부 및 A시가 아무런 조치를 하지 않는 경우 「행정소송법」상 강제수단에 대하여 설명하시오. 25점

◉ 제30회 2021년 기출

【문제 1】 중기계를 생산하는 제조회사에 근무하는 甲은 골절 등의 업무상 사고로 인하여 상해를 입었음을 이유로 근로복지공단으로부터 휴업급여와 장해 급여 등의 지급결정을 받았다. 그 후 근로복지공단은 甲이 실제 상해를 입지 않았음에도 허위로 지급신청서를 작성하여 급여지급결정을 받은 사실을 들어 甲에 대한 급여지급결정을 취소하였고, 甲은 급여지급결정의 취소처분서를 2021.1.7. 직접 수령하였다. 이와 함께 근로복지공단은 이미 甲에게 지급된 급여액에 해당하는 금액을 부당이득으로 징수하였다. 한편, 甲은 위 급여지급결정 취소처분이 위법함을 이유로 2021.5.7. 급여지급결정 취소처분에 대한 무효확인소송을 제기하였다. 다음 물음에 답하시오.(단, 각 물음은 상호 관련성이 없는 별개의 문항임) 50점

물음 3) 위 무효확인소송에서 기각판결이 확정된 경우 甲이 급여지급결정 취소처분의 '법령 위반'을 이유로 국가배상청구소송을 제기한 경우, 무효확인소송의 기각판결의 효력과 관련하여 국가배상청구소송의 수소법원은 급여지급결정 취소처분의 '법령 위반'을 인정할 수 있는가? 20점

◉ 제28회 2019년 기출

【문제 1】 사용자인 乙주식회사는 소속 근로자인 甲에 대해 유인물 배포 등 행위와 성명서 발표 및 기사 게재로 인한 乙주식회사에 대한 명예훼손행위를 근거로 감봉 3월의 징계처분을 하였다. 甲과 A노동조합은 2018.9.7. B지방노동위원회에 위 징계 처분이 부당징계 및 부당노동행위에 해당한다고 주장하면서 구제신청을 하였다. 그러나 B지방노동위원회는 2018.11.6. 위 구제신청을 모두 기각하였다. 甲과 A노동조합은 B지방노동위원회의 기각결정에 불복하여 2018.12.20. 중앙노동위원회에 재심을 신청하였다. 중앙노동위원회는 2019.3.5. 유인물 배포 등 행위가 징계사유에 해당할 뿐만 아니라 징계 양정이 적정하고, 노동조합 및 노동관계조정법 제81조 제1호의 부당노동 행위에 해당하지

않는다는 이유로 재심신청을 모두 기각하였다. 이에 甲은 중앙노동위원 회의 재심에 불복하여 취소소송을 제기하려고 한다. 甲은 중앙노동위원회가 재심판정을 하면서 관계 법령상 개의 및 의결 정족수를 충족하지 않았다고 주장한다. 다음 물음에 답하시오. (단, 행정쟁송법과 무관한 노동법적인 쟁점에 대해서는 서술하지 말 것) 50점

물음 1) 중앙노동위원회의 재심판정에 절차상 하자가 있음을 이유로 이를 취소하는 판결이 확정되었다. 중앙노동위원회가 이러한 확정판결에 기속되는 경우에 어떠한 의무를 부담하는지를 논하시오. 25점

● 제27회 2018년 기출

【문제 1】 甲은 A국 국적으로 대한민국에서 취업하고자 관련법령에 따라 2009년 4월 경 취업비자를 받아 대한민국에 입국하였고, 2010년 4월 체류기간이 만료되었다. 乙은 같은 A국 출신으로, 대한민국 국적 남성과 혼인하고 2015년 12월 귀화하였으나, 2016년 10월 협의이혼 하였다. 이후 甲은 2017년 7월 乙과 혼인신고를 하고, 2017년 8월 관할 행정청인 X에게 대한민국 국민의 배우자(F-6-1)자격으로 체류자격 변경허가 신청을 하였다. 그러나 甲은 당시 7년여의 '불법체류'를 하고 있음이 적발되었고, 이는 관련법령 및 사무처리지침(이하 '지침 등'이라 함)상 허가요건 중 하나인 '국내합법체류자'요건을 결여하게 되어 X는 2017년 8월 甲의 신청을 반려하는 처분을 하였다. 한편 甲과 乙은 최근 자녀를 출산하였다. 甲은 위 허가를 받지 못하면 당장 A국으로 출국하여야 하고, 자녀 양육에 어려움을 겪는 등 가정이 파탄될 위험이 생기므로 위 반려처분은 위법하다고 주장한다. 50점

물음 2) 위 반려처분에 대하여 甲이 취소소송을 제기하여 승소판결이 확정되었다. 그러나 X는 위 '지침 등'에 따른 체류자격 변경허가를 위한 또 다른 요건 중의 하나인 '배우자가 국적을 취득한 후 3년 이상일 것'을 충족하지 못한다는 것을 이유로 다시 체류자격 변경허가를 거부하고자 한다. 이 거부처분이 적법한지에 관하여 논하시오. 30점

● 제25회 2016년 기출

【문제 2】 甲회사는 대형할인점 건물을 신청하기 위한 건축허가 신청을 하였다가 행정청으로부터 거부처분을 받자 그 거부처분의 취소를 구하는 소송을 제기하여 승소하고 그 판결이 확정되었다. 그 이후 甲회사의 대형할인점 건물부지 인근에서 고등학교를 운영하는 학교법인 乙이 위 판결에 대하여 재심을 청구하였다. 이 청구는 적법한가? 25점

● 제21회 2012년 기출

【문제 1】 다음 질문에 답하시오(단, 행정쟁송법과 무관한 노동법적인 쟁점에 대해서는 서술하지
말 것). 50점

물음 2) 위 취소소송의 관할법원은 "구직 중에 있는 자도 「노동조합및 노동관계조정법」상 근로
자의 지위를 가지고 노동조합에 가입할 수 있다."는 이유로 乙시장의 설립신고서 반려를
취소하였고 그 판결은 확정되었다. 그러나 乙시장은 또다시 설립 신고서를 반려하면서,
甲노동조합이 "주로 정치운동을 목적으로 하는 경우"(「노동조합 및 노동관계조정법」 제
2조 제4호 마목)에 해당함을 그 사유로 제시하였다. 이에 甲노동조합은 다시 취소 소송
을 제기하고자 하는바, 그 청구는 본안에서 인용될 수 있는가? 25점

03 | 무효확인소송

행정소송법

제35조(무효등 확인소송의 원고적격)
무효등 확인소송은 처분등의 효력 유무 또는 존재 여부의 확인을 구할 법률상 이익이 있는 자가 제기할 수 있다.

제37조(소의 변경)
제21조의 규정은 무효등 확인소송이나 부작위위법확인소송을 취소소송 또는 당사자소송으로 변경하는 경우에 준용한다.

제38조(준용규정)
① 제9조, 제10조, 제13조 내지 제17조, 제19조, 제22조 내지 제26조, 제29조 내지 제31조 및 제33조의 규정은 무효등 확인소송의 경우에 준용한다.

Ⅰ 서론

1. 의의

무효등확인소송이란 행정청의 처분 등의 효력 유무 또는 존재 여부를 확인하는 소송을 말한다. 무효확인소송·유효확인소송·실효확인소송·존재확인소송·부존재확인소송 등이 있다. 판례는 무효인 처분의 무효확인을 취소소송의 형식으로 제기할 수 있다고 보며, 아울러 무효등확인소송에는 취소를 구하는 취지까지 포함된 것으로 새긴다.

2. 필요성

원래 처분이 무효이면 공정력이 없으므로 누구든지 당해 처분의 효력을 부인할 수 있으나 무효인 처분의 경우에도 외관은 존재하고 무효와 취소의 구별이 절대적인 것은 아니므로 행정청에 의하여 집행될 염려가 있다. 따라서 무효인 처분의 상대방이나 이해관계인은 그 처분의 무효임을 공적으로 확인받을 필요가 있다.

3. 성질

무효등확인소송의 성질에 관하여는 종래 당사자소송설·항고소송설·준항고소송설로 나뉘어 있었으나 행정소송법은 항고소송의 일종으로 규정하고 있다.

4. 적용법규

무효등확인소송은 취소소송에 관한 행정법상 규정이 대부분 준용된다. 그러나 ① 예외적 행정심판전치주의, ② 제소기간, ③ 재량처분의 취소, ④ 사정판결, ⑤ 간접강제에 관한 규정은 준용되지 않는다.

Ⅱ 취소소송과의 관계

1. 무효와 취소의 구별상대성

현행법상 취소소송과 무효등확인소송은 서로 다른 별개의 행정소송으로 규정되어 있다. 그러나 행정처분의 무효 또는 취소사유의 구별이 상대화되어 감에 따라 실제 소송의 제기와 위법사유가 불일치하는 경우 법원이 어떠한 판결을 하여야 하는가 문제된다.

2. 취소사유의 처분을 무효확인소송으로 제기한 경우

(1) 취소소송의 요건이 결여된 경우

취소소송의 제기에 필요한 요건을 갖추지 못한 경우에는 당해 무효등확인소송에서도 기각판결을 내려야 한다는 것이 판례이다.

(2) 취소소송의 요건이 구비된 경우

1) 학설
① 무효확인청구에 취소청구가 당연히 포함되어 있다고 볼 수 없음을 이유로 기각되어야 된다는 견해(기각판결설)
② 법원은 석명권을 행사하여 무효확인소송을 취소소송으로 변경한 연후에 취소판결을 하여야 한다는 견해(소변경설)
③ 무효확인청구에는 원고의 명시적인 반대의사표시가 없는 한 취소청구도 당연히 포함되어 있다고 보아 법원은 취소판결을 할 수 있다는 견해(취소판결설)

2) 판례
판례는 행정처분의 무효확인을 구하는 소에는 그 처분이 당연무효가 아니라면 그 취소를 구하는 취지도 포함되어 있다고 보아야 한다는 입장이다.

3) 검토
양 소송의 차별성을 강조하여 기각판결을 하는 경우 동일한 처분에 대한 반복제소의 불합리가 발생하므로 원고의 권리구제와 소송경제의 측면에서 취소판결설이 타당하다고 본다.

행정소송규칙

제16조(무효확인소송에서 석명권의 행사)
재판장은 무효확인소송이 법 제20조에 따른 기간 내에 제기된 경우에는 원고에게 처분등의 취소를 구하지 아니하는 취지인지를 명확히 하도록 촉구할 수 있다. 다만, 원고가 처분등의 취소를 구하지 아니함을 밝힌 경우에는 그러하지 아니하다.

관련 판례 **무효확인을 구하는 소에는 처분이 당연무효가 아니라면 그 취소를 구하는 취지도 포함되어 있다.**

일반적으로 행정처분의 무효확인을 구하는 소에는 원고가 그 처분의 취소를 구하지 아니한다고 밝히지 아니한 이상 그 처분이 만약 당연무효가 아니라면 그 취소를 구하는 취지도 포함되어 있는 것으로 보아야 한다(대판 1994.12.23, 94누477).

3. 무효선언의미의 취소소송

(1) 의의

당사자가 취소소송을 제기하였으나 심리결과 처분의 하자가 중대·명백하여 당연무효의 사유로 밝혀진 때에 법원이 무효선언으로서의 취소판결을 하는 것을 무효선언의미의 취소소송이라 한다.

(2) 판례

판례는 무효선언의미의 취소판결을 할 수 있다는 입장이다. 다만 취소소송의 전치절차와 그 제소기간의 준수 등 취소소송의 제소요건을 갖추어야 한다고 한다.

4. 취소소송과 무효등확인소송의 병합

행정처분에 대한 무효확인과 취소청구는 서로 양립할 수 없는 청구로서 주위적·예비적 청구로서만 병합이 가능하고 선택적 청구로서의 병합이나 단순병합은 허용되지 아니한다.

Ⅲ 재판관할

취소소송과 마찬가지로 피고행정청의 소재지를 관할하는 행정법원에 제1심 관할권이 있다.

Ⅳ 당사자

1. 원고적격

무효등확인소송은 처분 등의 효력 유무 또는 존재 여부의 확인을 구할 법률상 이익이 있는 자가 제기할 수 있다.

(1) 문제의 소재

법률상 이익의 의미에 대해서 민사소송법상의 확인의 소에서 요구되는 확인의 이익도 요하는지 문제된다.

(2) 학설

① 무효확인소송에서의 원고적격에 관한 법률상의 이익을 취소소송과 동일한 것으로 파악하는 견해(법적 보호이익설)
② 민사소송법상의 확인의 이익이 필요하다는 견해로서 '현존하는 불안이나 위험을 제거하기 위하여 확인판결을 받는 것이 필요하고 또한 적절한 때', 즉 즉시확정의 이익이 있는 때에 원고적격이 인정된다.

(3) 판례

항고소송의 성질상 취소소송과 동일하게 법률상 이익이 있는 경우 원고적격이 인정되고 별도로 즉시확정의 이익이나 보충적 이익과 같은 확인의 이익은 필요하지 않다는 입장이다.

관련 판례 변경 전 판례

1. 즉시확정의 이익의 의미

행정처분에 대한 무효확인의 소에 있어서 확인의 이익은 그 대상인 법률관계에 관하여 당사자 사이에 분쟁이 있고, 그로 인하여 원고의 권리 또는 법률상의 지위에 불안·위험이 있어 **판결로써 그 법률관계의 존부를 확정하는 것이 위 불안·위험을 제거하는 데 필요하고도 적절한 경우에 인정되는 것이므로**, 과세처분과 압류 및 공매처분이 무효라 하더라도 직접 민사소송으로 체납처분에 의하여 충당된 세액에 대하여 부당이득으로 반환을 구하거나 공매처분에 의하여 제3자 앞으로 경료된 소유권이전등기에 대하여 말소를 구할 수 있는 경우에는 위 과세처분과 압류 및 공매처분에 대하여 소송으로 무효확인을 구하는 것은 분쟁해결에 직접적이고도 유효·적절한 방법이라 할 수 없어 소의 이익이 없다(대판 1998.9.22. 98두4375).

2. 과세처분에 따라 부과세액을 납부한 경우 그 과세처분의 무효확인을 구할 법률상 이익이 없다.

무효임을 주장하는 과세처분에 따라 그 부과세액을 납부하여 이미 그 처분의 집행이 종료된 것과 같이 되어 버렸다면 그 과세처분이 존재하고 있는 것과 같은 외관이 남아 있음으로써 장차 이해관계인에게 다가올 법률상의 불안이나 위험은 전혀 없다 할 것이고, 다만 남아 있는 것은 이미 이루어져 있는 위법상태의 제거 즉 납부효과가 발생한 세금의 반환을 구하는 문제뿐이라고 할 것인 바, 이와 같은 위법상태의 제거방법으로서 그 위법상태를 이룬 원인에 관한 처분의 무효확인을 구하는 방법은 과세관청이 그 무효확인판결의 구속력을 존중하여 납부한 세금의 환급을 하여 줄 것을 기대하는 간접적인 방법이라 할 것이므로, **민사소송에 의한 부당이득반환청구의 소로써 직접 그 위법상태의 제거를 구할 수 있는 길이 열려 있는 이상 위와 같은 과세처분의 무효확인의 소는 분쟁해결에 직접적이고도 유효적절한 해결방법이라 할 수 없어 확인을 구할 법률상 이익이 없다**(대판 1991.9.10. 91누3840).

관련 판례 변경 후 판례

무효확인의 소에서 보충적 소익으로서 즉시확정의 이익은 불요하다.

행정처분의 근거 법률에 의하여 보호되는 직접적이고 구체적인 이익이 있는 경우에는 행정소송법 제35조에 규정된 '무효확인을 구할 법률상 이익'이 있다고 볼 수 있으며, 이와 별도로 무효확인을 구할 **필요가 있는지 여부에 관한 무효확인소송의 보충성이 요구되는 것은 아니다.** 이와 다른 취지로 판시한 종전 대법원 판결들은 이 판결의 견해에 배치되는 범위 내에서 변경한다(대판(전합) 2008.3.20. 2007두6342).

---

2. 피고적격

취소소송과 같이 처분을 행정청을 피고로 한다.

3. 기타

공동소송, 제3자의 소송참가, 행정청의 소송참가 등 취소소송의 당사자에 관한 규정들이 준용되고 있다.

1. 단기제소기간의 배제

취소소송과 달리 무효등확인소송은 소제기기간의 제한이 없다.

2. 집행부정지원칙의 준용

취소소송과 같이 무효등확인소송에도 집행부정지원칙이 적용된다. 집행정지결정도 또한 같다.

3. 관련청구의 이송·병합 및 소의 변경

취소소송의 관련청구의 이송·병합 및 소의 변경이 무효등확인소송에도 준용된다.

1. 변론주의

취소소송과 마찬가지로 처분권주의와 변론주의가 인정된다.

2. 직권증거조사주의

행정심판기록제출명령제도나 직권탐지주의·직권조사주의가 무효등확인소송에도 적용된다.

3. 입증책임

다수설은 법률요건분배설에 따라 권한발생근거에 대해서는 피고가 입증책임을 지고 효력발생을 저지하는 무효사유에 대해서는 원고가 입증을 진다고 본다. 판례는 무효는 법률상 예외에 속하고 무효원인인 중대·명백한 위법은 실체규정의 예외적 요건사실의 성질을 가지는 것이므로 그 입증책임은 원칙적으로 원고에게 있다고 보고 있다.

> **관련 판례** **원고입증책임설**
>
> 행정처분의 당연무효를 주장하여 그 무효확인을 구하는 행정소송에 있어서는 원고에게 그 행정처분이 무효인 사유를 주장, 입증할 책임이 있다(대판 1992.3.10, 91누6030).

1. 위법판단의 기준시

위법판단의 기준시는 취소소송과 마찬가지로 처분시설이 통설·판례이다.

2. 판결의 효력

취소판결의 효력 및 기속력에 관한 규정이 준용된다(반복금지 및 재처분의무).

3. 간접강제

취소소송의 간접강제에 대해서는 판례는 부정하나, 견해대립이 있다.

4. 사정판결

취소소송에 있어서의 사정판결의 규정은 적용될 여지가 없다.

5. 기판력

무효등확인판결의 기판력은 처분등의 효력 유무와 존부에만 미칠 뿐이다.

● 제34회 2025년 기출

【문제 1】 직업능력개발 훈련비용 지원금과 관련한 아래 질문에 답하시오. 50점

〈사례 2〉

근로자 乙은 B지방고용노동청장(이하 'B청장')에게 '직업능력개발 훈련비용 지원금(이하 '지원금')'을 신청하여 이를 지급받았다. 그 후 B청장은 내부 규정에 따라 지원금의 지급 및 환수 권한을 소속 담당부서장에게 내부위임하였다. 한편, 지원금 수급 현황 정기실태조사를 실시한 담당부서장은 부정한 방법으로 수령한 지원금을 환수한다는 내용의 환수처분을 자신의 명의로 乙에게 발령하였고, 乙은 이를 반환하였다. 그런데 乙은 지원금의 반환 후 위 환수처분에 발령 주체 상의 하자가 있음을 알게 되었다.

물음 2) 乙은 환수처분의 발령 주체 상의 하자를 이유로, 환수처분에 대한 항고소송을 제기하여 담당부서장이 환수한 지원금을 다시 반환받고자 한다. ⅰ) 乙이 제기할 수 있는 구체적인 소송유형과 그 피고, ⅱ) 해당 소송의 인용 판결을 통하여 乙이 지원금을 반환받을 수 있는 논거를 각각 설명하시오. 25점

【문제 3】 A지방고용노동청장(이하 'A청장')은 민원인의 이용 편의를 위하여 청사 지하 1층에 편의점을 위탁운영하기로 결정하고, '청사 내 편의시설(편의점) 운영자 선정 입찰 공고'를 하였다. 입찰 결과 甲이 낙찰자로 결정되었고, A청장은 2022.12.20. 甲과 계약기간은 2023.1.1.부터 2024.12.31.까지(2년간), 연 사용료 1억 원 등을 내용으로 하는 '청사 편의점 운영권 위탁계약(이하 '위탁운영계약')'을 체결하여 편의점 운영자 선정 절차가 완료되었다. 그 후 甲은 편의점을 1년 이상 운영하면서 납부기한까지 사용료를 납부하지 않았고, 이에 A청장은 2024.2.29.「국유재산법」의 규정을 근거로 위탁운영계약을 해지하였다. 甲은 위탁운영계약 해지에 무효사유에 해당하는 하자가 있음을 발견하여, 이를 소송상 다투고자 한다. 甲이 제기하여야 하는 소송을 설명하시오. (단, 위탁운영계약 체결 관련 사항은 A청장에게 위임되어 있음) 25점

● 제30회 2021년 기출

【문제 1】 중기계를 생산하는 제조회사에 근무하는 甲은 골절 등의 업무상 사고로 인하여 상해를 입었음을 이유로 근로복지공단으로부터 휴업급여와 장해 급여 등의 지급결정을 받았다. 그 후 근로복지공단은 甲이 실제 상해를 입지 않았음에도 허위로 지급신청서를 작성하여 급여지급결정을 받은 사실을 들어 甲에 대한 급여지급결정을 취소하였고, 甲은 급여지급결정의 취소처분서를 2021.1.7. 직접 수령하였다. 이와 함께 근로복지공단은 이미 甲에게 지급된 급여액에 해당하는 금액을 부당이득으로 징수하였다. 한편, 甲은 위 급여지급결정 취소처분이 위법함을 이유로 2021.5.7. 급여지급결정 취소처분에 대한 무효확인소송을 제기하였다. 다음 물음에 답하시오.(단, 각 물음은 상호 관련성이 없는 별개의 문항임) 50점

물음 1) 위 무효확인소송에서 급여지급결정 취소처분이 무효라는 점에 대한 입증책임은 누가 부담하는가? 10점

물음 2) 위 무효확인소송의 계속 중 甲은 추가적으로 급여지급결정 취소처분의 취소를 구하는 소를 병합하여 제기할 수 있는가? 20점

물음 3) 위 무효확인소송에서 기각판결이 확정된 후 甲이 급여지급결정 취소처분의 '법령 위반'을 이유로 국가배상청구소송을 제기한 경우, 무효확인소송의 기각판결의 효력과 관련하여 국가배상청구소송의 수소법원은 급여지급결정 취소처분의 '법령 위반'을 인정할 수 있는가? 20점

● 제27회 2018년 기출

【문제 2】 건축사업자 甲은 X시장으로부터 건축허가를 받아 건물의 신축공사를 진행하던 중 건축법령상의 의무위반을 이유로 X시장으로부터 공사중지명령을 받았다. 甲은 해당법령의 무위반을 하지 않았다고 판단하고, 공사중지명령처분은 위법하다고 주장하며 공사중지명령처분의 무효확인소송을 제기하였다. 법원은 사건의 심리결과 해당 처분에 '중대한' 위법이 있음이 인정되지만 '명백한' 위법은 아닌 것으로 판단하였다. 법원은 어떠한 판결을 내려야 하는지 설명하시오. 25점

04 | 부작위위법확인소송

행정소송법

제36조(부작위위법확인소송의 원고적격)

부작위위법확인소송은 처분의 신청을 한 자로서 부작위의 위법의 확인을 구할 법률상 이익이 있는 자만이 제기할 수 있다.

제37조(소의 변경)

제21조의 규정은 무효등 확인소송이나 부작위위법확인소송을 취소소송 또는 당사자소송으로 변경하는 경우에 준용한다.

제38조(행정청의 소송참가)

② 제9조, 제10조, 제13조 내지 제19조, 제20조, 제25조 내지 제27조, 제29조 내지 제31조, 제33조 및 제34조의 규정은 부작위위법확인소송의 경우에 준용한다.

Ⅰ 개요

1. 의의

행정청이 당사자의 신청에 대하여 상당한 기간 내에 일정한 처분을 하여야 할 법률상 의무가 있음에도 불구하고 이를 하지 아니하는 경우 그 위법확인을 구하는 소송이다(제2조 제1항 제1호).

2. 성질

부작위위법확인소송은 주관적 소송으로서 부작위위법의 확인을 구하는 확인의 소이며 그 판결은 확인판결이다.

3. 소송의 대상

일반적 견해는 부작위위법확인소송의 소송물을 부작위의 위법성으로 본다.

4. 적용법규

취소소송의 대부분의 규정이 준용되고 있으나 부작위위법확인소송은 적극적인 처분이 없기 때문에 ① 적극적인 처분의 존재를 전제로 한 제소기간 제한, ② 처분변경으로 인한 소의 변경, ③ 집행부정지원칙, ④ 사정판결 등의 규정은 준용되지 않는다.

1. 당사자의 처분에 대한 신청이 있을 것

신청 자체가 행정청의 처분을 신청하여야 한다.

> **관련 판례** 입법부작위는 부작위위법확인소송의 대상이 되지 않는다.
>
> 행정소송은 구체적 사건에 대한 법률상 분쟁을 법에 의하여 해결함으로써 법적 안정을 기하자는 것이므로 부작위위법확인소송의 대상이 될 수 있는 것은 구체적 권리의무에 관한 분쟁이어야 하고 **추상적인 법령에 관하여 제정의 여부 등은 그 자체로서 국민의 구체적인 권리의무에 직접적 변동을 초래하는 것이 아니어서 그 소송의 대상이 될 수 없다**(대판 1992.5.8, 91누11261).

2. 처분을 하여야 할 법률상 의무의 존재

부작위는 행정청이 어떠한 처분을 하여야 할 법률상 의무가 있음에도 행정청이 처분을 하지 않는 경우 성립한다.

3. 상당한 기간이 지났을 것

부작위가 위법이 되기 위해서는 상당기간이 경과하도록 아무런 처분이 없는 경우 인정된다.

4. 처분을 하지 않았을 것 – 거부처분이나 간주거부는 제외

① 행정청이 아무런 처분을 하지 않을 때 문제가 된다. 행정청이 인용처분을 하거나 거부처분을 하였다면 부작위의 문제는 생기지 않는다.

② 법령이 일정기간 동안 아무런 처분이 없는 경우 거부처분을 한 것으로 간주하는 간주거부의 경우에도 거부처분취소소송을 제기하여야 한다고 본다.

> **관련 판례** 거부처분의 경우 부작위위법확인의 소는 부적법하다.
>
> 행정청이 당사자의 신청에 대하여 거부처분을 한 경우에는 항고소송의 대상인 위법한 부작위가 있다고 볼 수 없어 그 부작위위법확인의 소는 부적법하다고 할 것이다(대판 1998.1.23, 96누12641).

5. 법규상·조리상 신청권이 있을 것

> **관련 판례** 법규상·조리상 신청권이 있는 자가 제기할 수 있다.
>
> 부작위위법확인소송은 처분의 신청을 한 자로서 **부작위가 위법하다는 확인을 구할 법률상의 이익이 있는 자만이 제기할 수 있는 것이므로, 당사자가 행정청에 대하여 어떠한 행정처분을 하여 줄 것을 요청할 수 있는 법규상 또는 조리상의 권리를 갖고 있지 아니하거나 부작위의 위법확인을 구할 법률상의 이익이 없는 경우에는 항고소송의 대상이 되는 위법한 부작위가 있다고 볼 수 없거나 원고적격이 없어 그 부작위위법확인의 소는 부적법하다**(대판 2000.2.25, 99두11455).

Ⅲ 원고적격과 확인의 이익

1. 의의

부작위위법확인소송은 처분의 신청을 한 자로서 부작위의 위법을 구할 법률상의 이익이 있는 자만이 제기할 수 있다(행정소송법 제36조).

2. 법규상·조리상의 신청권

다수설과 판례는 일반 국민에게 법규상·조리상의 신청권이 있어야 한다.

3. 확인의 이익

① 판결시까지 행정청이 그 신청에 대해 처분이나 거부를 한 경우에는 부작위상태가 해소되어 소의 이익을 상실하게 된다.

② 부작위위법확인을 받더라도 종국적으로 침해되거나 방해받은 권리와 이익을 보호·구제받는 것이 불가능하게 된 경우 부작위위법의 확인을 구할 이익이 없고 소익은 상실된다.

관련 판례

1. 부작위상태가 해소된 경우 부작위위법확인소송은 소의 이익을 상실하게 되어 각하된다.

소제기의 전후를 통하여 판결시까지 행정청이 그 신청에 대하여 적극 또는 소극의 처분을 함으로써 부작위상태가 해소된 때에는 소의 이익을 상실하게 되어 당해 소는 각하를 면할 수가 없는 것이다(대판 1990.9.25, 89누4758).

2. 부작위가 위법하다는 확인을 받는다고 하더라도 권리를 구제받는 것이 불가능하게 되었다면 확인을 구할 이익은 없다.

당사자의 신청이 있은 이후 당사자에게 생긴 사정의 변화로 인하여 위 부작위가 위법하다는 확인을 받는다고 하더라도 종국적으로 침해되거나 방해받은 권리와 이익을 보호·구제받는 것이 불가능하게 되었다면 그 부작위가 위법하다는 확인을 구할 이익은 없다(대판 2002.6.28, 2000두4750).

3. 지방자치단체가 조례를 통하여 노동운동이 허용되는 사실상의 노무에 종사하는 공무원의 구체적 범위를 규정하지 않고 있는 것에 대하여 버스전용차로 통행위반 단속업무에 종사하는 자가 부작위위법확인의 소를 제기하였으나 상고심 계속중에 정년퇴직한 경우, 위 조례를 제정하지 아니한 부작위가 위법하다는 확인을 구할 소의 이익이 상실된다.

지방자치단체가 조례를 통하여 노동운동이 허용되는 사실상의 노무에 종사하는 공무원의 구체적 범위를 규정하지 않고 있는 것에 대하여 버스전용차로 통행위반 단속업무에 종사하는 자가 부작위위법확인의 소를 제기하였으나 상고심 계속중에 정년퇴직한 경우, 피고가 위 조례를 제정하지 아니한 것이 위법한 부작위에 해당한다고 하더라도 그 확인으로 인하여 원고가 종국적으로 구제를 받는 것이 불가능하게 되었다 할 것이므로 결국 위 조례를 제정하지 아니한 부작위가 위법하다는 확인을 구할 소의 이익은 상실되었다 할 것이다(대판 2002.6.28, 2000두4750).

Ⅳ 행정심판전치

취소소송과 마찬가지로 예외적 행정심판전치주의가 적용된다. 개별법에 의해 예외적 행정심판을 거치는 경우 당사자는 의무이행심판을 거친 후 소송으로서 부작위위법확인소송을 제기하게 된다.

Ⅴ 제소기간

1. 문제의 소재

부작위위법확인소송에 취소소송의 제소기간이 준용된다. 행정심판을 거쳐 재결이 있는 경우에는 준용되는 것이 당연하나 행정심판을 거치지 아니하고 부작위위법확인소송을 제기하는 경우에는 처분이 없기 때문에 제소기간의 제한이 적용되는지가 문제된다.

2. 학설

① 부작위개념의 성립요소인 신청 후 상당기간이 경과하면 그 때에 처분이 있는 것으로 보고 행정소송법 제20조 제2항에 따라 그때부터 1년 내에 제소할 수 있다는 견해(제한 긍정설).
② 처분이 존재하지 않으므로 제소기간에 제한이 없다는 견해(제한 부정설)

3. 판례

판례는 부작위 상태가 계속되는 한 부작위위법의 확인을 구할 이익이 있다고 보아야 하므로 제소기간의 제한을 받지 않지만 행정심판 등 전심절차를 거친 경우에는 제소기간의 제한이 준용된다고 본다.

> **관련 판례** **부작위위법확인소송의 제소기간제한 여부**
>
> 부작위위법확인의 소는 부작위상태가 계속되는 한 그 위법의 확인을 구할 이익이 있다고 보아야 하므로 원칙적으로 제소기간의 제한을 받지 않는다. 그러나 행정소송법 제38조 제2항이 제소기간을 규정한 같은 법 제20조를 부작위위법확인소송에 준용하고 있는 점에 비추어 보면, 행정심판 등 전심절차를 거친 경우에는 행정소송법 제20조가 정한 제소기간 내에 부작위위법확인의 소를 제기하여야 한다(대판 2009.7.23, 2008두10560).

Ⅵ 심리

1. 심리권의 범위

(1) 문제의 소재

법원이 행정청의 처분할 법률상 의무(실체적 내용)까지 심리할 수 있는지에 대해 견해대립이 있다.

(2) 학설

1) 적극설(절차적 심리설)

부작위의 위법뿐만 아니라 행정청의 특정 작위의무의 존부까지도 심리·판단할 수 있다는 견해이다. 위법확인판결의 기속력도 기속행위의 경우에는 신청에 따른 특정처분을 하도록 판시하여야 하고, 재량행위의 경우에는 재량하자로 인한 부작위의 위법성을 적시하여 재량하자 없는 처분을 할 것을 판시해야 한다고 본다.

2) 소극설(실체적 심리설)

부작위위법확인소송은 의무이행소송과 달리 법원은 부작위의 위법 여부를 확인하는 데 그칠 뿐, 행정청이 할 처분의 내용까지 심리판단 할 수는 없다는 견해이다. 위법확인판결의 기속력도 행정청에게 응답의무가 있다는 점에만 미친다고 보고 행정청이 이전신청에 대한 거부처분을 하여도 기속력에 반하지 않는다고 한다.

(3) 판례

절차적 심리설에 따라 부작위의 위법성이 판단의 대상이라고 한다.

> **관련 판례**
>
> **1. 부작위의 위법성이 판단대상이고 실체적 처분의 내용까지는 심리할 수 없다는 입장이다.**
>
> 행정소송법 제4조 제3호에 규정된 부작위위법확인의 소는 행정청이 당사자의 법규상 또는 조리상의 권리에 기한 신청에 대하여 상당한 기간 내에 그 신청을 인용하는 적극적 처분 또는 각하하거나 기각하는 등의 소극적 처분을 하여야 할 법률상의 응답의무가 있음에도 불구하고 이를 하지 아니하는 경우에 **그 부작위가 위법하다는 것을 확인함으로써 행정청의 응답을 신속하게 하여 부작위 또는 무응답이라고 하는 소극적인 위법상태를 제거하는 것을 목적으로 하는 것이고**, 나아가 당해 판결의 구속력에 의하여 행정청에게 처분 등을 하게 하고, 다시 당해 처분 등에 대하여 불복이 있는 때에는 그 처분 등을 다투게 함으로써 최종적으로 국민의 권리·이익을 보호하려는 제도이다(대판 1992.7.28, 91누7361).
>
> **2. 행정청이 상대방의 신청에 대하여 아무런 적극적 또는 소극적 처분을 하지 않고 있는 이상 행정청의 부작위는 그 자체로 위법하다.**
>
> 행정청이 행한 공사중지명령의 상대방은 그 명령 이후에 그 원인사유가 소멸하였음을 들어 행정청에게 공사중지명령의 철회를 요구할 수 있는 조리상의 신청권이 있다 할 것이고, 상대방으로부터 그 신청을 받은 행정청으로서는 상당한 기간 내에 그 신청을 인용하는 적극적 처분을 하거나 각하 또는 기각하는 등의 소극적 처분을 하여야 할 법률상의 응답의무가 있다고 할 것이며, 행정청이 상대방의 신청에 대하여 아무런 적극적 또는 소극적 처분을 하지 않고 있는 이상 행정청의 부작위는 그 자체로 위법하다고 할 것이고, 구체적으로 그 신청이 인용될 수 있는지 여부는 소극적 처분에 대한 항고소송의 본안에서 판단하여야 할 사항이라고 할 것이다(대판 2005.4.14, 2003두7590).

(4) 검토

의무이행소송이 인정되지 않는다는 점에서 절차적 심리설이 타당하다.

2. 입증책임

부작위위법소송에서 일정한 처분의 신청을 한 자만이 원고적격을 가지므로 그 신청한 것에 대한 입증책임은 원고에게 있다. 행정청이 상당한 기간의 경과를 정당화할 만한 특별한 사유에 대한 입증책임은 피고인 행정청이 진다.

Ⅶ 판결

1. 위법판단의 기준시

취소소송에는 처분시설이 통설·판례이나 부작위위법확인소송에서는 처분이 존재하지 아니하므로 판결시(사실심구두변론종결시)를 기준으로 위법 여부를 판단하여야 할 것이다. 부작위위법확인소송은 이미 이루어진 처분을 다투는 것이 아니고 다투는 시기에 행정청에 법상의 의무가 있음을 다투는 것이기 때문이다.

> **관련 판례** **부작위의 판단기준시는 사실심구두변론종결시이다.**
>
> 부작위 위법 여부의 판단기준시는 사실심의 구두변론종결시이므로 행정청이 원심판결선고 이후에 위 신고인의 위 신청에 대하여 거부처분을 함으로써 부작위 상태가 해소되었다 하더라도 달리 볼 것은 아니다(대판 1999.4.9, 98두12437).

2. 사정판결

부작위위법확인소송에는 사정판결에 관한 행정소송법 제28조가 준용되지 않는다.

3. 판결의 효력

(1) 인용판결의 일반적 효력

① 부작위위법확인판결은 형성력이 없다.

② 부작위위법확인판결도 취소소송의 기속력과 간접강제가 준용된다.

(2) 기속력의 범위

1) 문제의 소재

기속력의 범위 중 재처분의무의 내용에 대해서는 견해대립이 있다.

2) 학설

① 부작위위법확인판결에 의해 행정청의 재처분의무는 행정청의 응답의무라고 보는 견해이다. 행정청이 부작위위법확인판결에 대해 거부처분을 한 경우 재처분의무를 이행한 것으로 본다(응답의무설).

② 부작위위법확인판결에 의해 행정청의 재처분의무는 당초 신청된 특정처분을 해야 할 의무라는 견해이다(특정처분의무설).

3) 판례

판례는 행정청의 재처분의무는 행정청의 응답의무라고 본다.

4) 검토

부작위위법확인소송의 성격이 행정청의 응답을 신속하게 하려는 취지라는 점에서 응답의
무설이 타당하다.

● 제29회 2020년 기출

【문제 3】 A시 시장인 乙은 甲이 A시에서 진행하고 있는 공사가 관련 법령을 위반하였다는 이유
로 해당 공사를 중지하는 명령을 하였다. 甲은 그 명령 이후에 그 원인사유가 소멸하였
음을 들어 乙에 대하여 공사중지명령의 철회를 신청하였다. 그러나 乙은 그 원인사유
가 소멸되지 않았다고 판단하여 甲의 신청에 대하여 아무런 응답을 하지 않고 있다.
乙의 행위가 위법한 부작위에 해당하는지에 대하여 설명하시오. 25점

05 | 당사자소송

행정소송법

제39조(피고적격)

당사자소송은 국가·공공단체 그 밖의 권리주체를 피고로 한다.

제40조(재판관할)

제9조의 규정은 당사자소송의 경우에 준용한다. 다만, 국가 또는 공공단체가 피고인 경우에는 관계행정청의 소재지를 피고의 소재지로 본다.

제41조(제소기간)

당사자소송에 관하여 법령에 제소기간이 정하여져 있는 때에는 그 기간은 불변기간으로 한다.

제42조(소의 변경)

제21조의 규정은 당사자소송을 항고소송으로 변경하는 경우에 준용한다.

제43조(가집행선고의 제한)

국가를 상대로 하는 당사자소송의 경우에는 가집행선고를 할 수 없다.

제44조(준용규정)

① 제14조 내지 제17조, 제22조, 제25조, 제26조, 제30조 제1항, 제32조 및 제33조의 규정은 당사자소송의 경우에 준용한다.
② 제10조의 규정은 당사자소송과 관련청구소송이 각각 다른 법원에 계속되고 있는 경우의 이송과 이들 소송의 병합의 경우에 준용한다.

Ⅰ 개요

1. 의의

당사자소송이란 행정청의 처분 등을 원인으로 하는 법률관계에 관한 소송, 그 밖에 공법상의 법률관계에 관한 소송으로서 그 법률관계의 한쪽 당사자를 피고로 하는 소송을 말한다(행정소송법 제3조 제2호).

2. 구별개념

(1) 항고소송

항고소송은 행정청의 우월적 지위를 전제로 한 공권력의 행사·불행사와 관련된 소송인 데 반해 당사자소송은 대등한 당사자 간의 공법상의 권리·의무에 관한 소송이라는 점에서 구별된다.

(2) 민사소송

당사자소송은 공법상의 법률관계를 소송의 대상으로 하는 점에서 사법상의 법률관계를 소송의 대상으로 하는 민사소송과 다르다.

Ⅱ 당사자소송의 종류

1. 실질적 당사자소송

(1) 의의

대등당사자 사이의 공법상의 권리관계에 관한 소송으로 행정소송법에 규정된 당사자소송이 이에 해당한다.

1) 처분등을 원인으로 하는 법률관계에 관한 소송

과세처분의 무효를 전제로 이미 납부한 세금의 반환을 구한다거나, 공무원의 직무상 불법행위로 인한 손해배상청구소송등을 들 수 있다. 판례는 민사소송의 대상으로 본다. 다만 최근 판례는 하천법상 손실보상청구는 공법상 권리임을 전제로 당사자소송에 의하여야 한다고 보고 있다.

2) 그 밖의 공법상의 법률관계에 관한 소송

① 공법상 계약의 불이행시 제기하는 소송, ② 공법상 금전지급청구소송, ③ 공법상의 지위나 신분확인을 구하는 소송, ④ 공법상 결과제거청구소송 등이 이에 해당한다.

(2) 공법상 금전지급청구소송

1) 행정청의 결정에 의해 금전채권이 확정되는 경우

행정청의 결정은 항고소송의 대상이 되는 처분에 해당하므로 행정청의 기각결정에 대해 항소소송을 제기하여 구체적 권리를 인정받은 다음 당사자소송으로 그 급여의 지급을 구하여야 한다.

2) 법령에 의해 금전채권이 확정되는 경우

법령에 의해 직접 구체적인 금전채권이 발생한 경우에는 당사자소송을 제기할 수 있다. 판례도 광주민주화운동관련자 보상 등에 관한 법률에 의한 보상금지급청구소송, 석탄사업법상 재해위로금지급청구소송, 법령개정에 따른 미지급퇴직연금의 지급을 구하는 소송은 당사자소송에 의한다고 한다.

> **관련 판례** **법률상 인정되는 손실보상청구권의 확인을 구하는 소송은 당사자소송이다.**
>
> 하천법 부칙 제2조 등 위 규정들에 의한 손실보상청구권은 토지가 하천구역으로 된 경우에는 당연히 발생되는 것이지, 관리청의 보상금지급결정에 의하여 비로소 발생하는 것은 아니므로, 위 규정들에 의한 손실보상금의 지급을 구하거나 손실보상청구권의 확인을 구하는 소송은 행정소송법 제3조 제2호의 소정의 당사자소송에 의하여야 한다(대판 2006.5.18, 2004다6207).

2. 형식적 당사자소송

(1) 의의

소송의 내용은 처분 등에 불복하여 다투는 것이지만, 소송형식은 당사자소송인 것이 형식적 당사자소송이다.

(2) 명문의 규정으로 인정되는 경우

「공익사업을 위한 토지 등의 취득 및 보상에 관한 법률」 제85조 제2항에 따른 보상금의 증감(增減)에 관한 소송이 대표적이다.

(3) 명문의 규정이 없는 경우 인정 여부

개별법상 명문의 규정이 없는 경우에는 이를 인정할 수 없다고 보는 것이 일반적이다.

3. 행정소송규칙상 당사자소송

행정소송규칙

제19조(당사자소송의 대상)

당사자소송은 다음 각 호의 소송을 포함한다.

1. 다음 각 목의 손실보상금에 관한 소송
    가. 「공익사업을 위한 토지 등의 취득 및 보상에 관한 법률」 제78조 제1항 및 제6항에 따른 이주정착금, 주거이전비 등에 관한 소송
    나. 「공익사업을 위한 토지 등의 취득 및 보상에 관한 법률」 제85조 제2항에 따른 보상금의 증감(增減)에 관한 소송
    다. 「하천편입토지 보상 등에 관한 특별조치법」 제2조에 따른 보상금에 관한 소송
2. 그 존부 또는 범위가 구체적으로 확정된 공법상 법률관계 그 자체에 관한 다음 각 목의 소송
    가. 납세의무 존부의 확인
    나. 「부가가치세법」 제59조에 따른 환급청구
    다. 「석탄산업법」 제39조의3 제1항 및 같은 법 시행령 제41조 제4항 제5호에 따른 재해위로금 지급청구
    라. 「5·18민주화운동 관련자 보상 등에 관한 법률」 제5조, 제6조 및 제7조에 따른 관련자 또는 유족의 보상금 등 지급청구
    마. 공무원의 보수·퇴직금·연금 등 지급청구
    바. 공법상 신분·지위의 확인
3. 처분에 이르는 절차적 요건의 존부나 효력 유무에 관한 다음 각 목의 소송
    가. 「도시 및 주거환경정비법」 제35조 제5항에 따른 인가 이전 조합설립변경에 대한 총회결의의 효력 등을 다투는 소송
    나. 「도시 및 주거환경정비법」 제50조 제1항에 따른 인가 이전 사업시행계획에 대한 총회결의의 효력 등을 다투는 소송
    다. 「도시 및 주거환경정비법」 제74조 제1항에 따른 인가 이전 관리처분계획에 대한 총회결의의 효력 등을 다투는 소송
4. 공법상 계약에 따른 권리·의무의 확인 또는 이행청구 소송

4. 당사자소송에 해당한다는 판례

판례는 공법상 계약에 관한 소송이나 공법상 법률관계에 관한 소송의 경우 당사자소송에 의하고 있다.

(1) 공법상 계약에 관한 소송

관련 판례

1. 중소기업 정보화지원사업에 따른 지원금 출연을 위하여 중소기업청장이 체결하는 협약은 공법상 계약이고 협약의 해지 및 그에 따른 환수통보는 공권력 행사로서 처분에 해당한다고 볼 수 없다.

중소기업 정보화지원사업에 따른 지원금 출연을 위하여 중소기업청장이 체결하는 협약은 공법상 대등한 당사자 사이의 의사표시의 합치로 성립하는 공법상 계약에 해당하는 점, 달리 지원금 환수에 관한 구체적인 법령상 근거가 없는 점 등을 종합하면, 협약의 해지 및 그에 따른 환수통보는 공법상 계약에 따라 행정청이 대등한 당사자의 지위에서 하는 의사표시로 보아야 하고, 이를 행정청이 우월한 지위에서 행하는 공권력의 행사로서 행정처분에 해당한다고 볼 수는 없다(대판 1992.1.21, 91누1264).

2. 서울특별시립무용단 단원의 위촉은 공법상의 계약이라고 할 것이고, 따라서 그 단원의 해촉에 대하여는 공법상의 당사자소송으로 그 무효확인을 청구할 수 있다.

서울특별시립무용단원의 공연 등 활동은 지방문화 및 예술을 진흥시키고자 하는 서울특별시의 공공적 업무수행의 일환으로 이루어진다고 해석될 뿐 아니라, 단원으로 위촉되기 위하여는 일정한 능력요건과 자격요건을 요하고, 계속적인 재위촉이 사실상 보장되며, 공무원연금법에 따른 연금을 지급받고, 단원의 복무규율이 정해져 있으며, 정년제가 인정되고, 일정한 해촉사유가 있는 경우에만 해촉되는 등 서울특별시립무용단원이 가지는 지위가 공무원과 유사한 것이라면, 서울특별시립무용단 단원의 위촉은 공법상의 계약이라고 할 것이고, 따라서 그 단원의 해촉에 대하여는 공법상의 당사자소송으로 그 무효확인을 청구할 수 있다(대판 1995.12.22, 95누4636).

3. 광주광역시문화예술회관장의 단원 위촉은 공법상 근로계약에 해당한다고 보아야 할 것이다.

광주광역시문화예술회관장의 단원 위촉은 광주광역시문화예술회관장이 행정청으로서 공권력을 행사하여 행하는 행정처분이 아니라 공법상의 근무관계의 설정을 목적으로 하여 광주광역시와 단원이 되고자 하는 자 사이에 대등한 지위에서 의사가 합치되어 성립하는 공법상 근로계약에 해당한다고 보아야 할 것이므로, 광주광역시립합창단원으로서 위촉기간이 만료되는 자들의 재위촉 신청에 대하여 광주광역시문화예술회관장이 실기와 근무성적에 대한 평정을 실시하여 재위촉을 하지 아니한 것을 항고소송의 대상이 되는 불합격처분이라고 할 수는 없다(대판 2001.12.11, 2001두7794).

4. 공중보건의사채용계약 해지의 의사표시에 대하여는 대등한 당사자간의 소송형식인 공법상의 당사자소송으로 그 의사표시의 무효확인을 청구할 수 있다.

현행 실정법이 전문직공무원인 공중보건의사의 채용계약 해지의 의사표시는 일반공무원에 대한 징계처분과는 달라서 항고소송의 대상이 되는 처분 등의 성격을 가진 것으로 인정되지 아니하고, 일정한 사유가 있을 때에 관할 도지사가 채용계약 관계의 한쪽 당사자로서 대등한 지위에서 행하는 의사표시로 취급하고 있는 것으로 이해되므로, 공중보건의사 채용계약 해지의 의사표시에 대하여는 대등한 당사자간의 소송형식인 공법상의 당사자소송으로 그 의사표시의 무효확인을 청구할 수 있는 것이지, 이를 항고소송의 대상이 되는 행정처분이라는 전제하에서 그 취소를 구하는 항고소송을 제기할 수는 없다(대판 1996.5.31, 95누10617).

5. 지방전문직공무원 채용계약 해지의 의사표시에 대하여는 대등한 당사자간의 소송형식인 공법상 당사자소송으로 그 의사표시의 무효확인을 청구할 수 있다.

현행 실정법이 지방전문직공무원 채용계약 해지의 의사표시를 일반공무원에 대한 징계처분과는 달리 항고소송의 대상이 되는 처분 등의 성격을 가진 것으로 인정하지 아니하고, 지방전문직공무원규정 제7조 각호의 1에 해당하는 사유가 있을 때 지방자치단체가 채용계약관계의 한쪽 당사자로서 대등한 지위에서 행하는 의사표시로 취급하고 있는 것으로 이해되므로, 지방전문직공무원 채용계약 해지의 의사표시에 대하여는 대등한 당사자간의 소송형식인 공법상 당사자소송으로 그 의사표시의 무효확인을 청구할 수 있다(대판 1993.9.14, 92누4611).

(2) 법률규정에 의해 직접 인정되는 권리에 관한 소송

> **관련 판례**
>
> **1. 법령의 개정에 따른 국방부장관의 퇴역연금금액 감액조치는 항고소송으로 다툴 것이 아니라 당사자소송으로 다툴 수 있다.**
>
> 국방부장관의 인정에 의하여 퇴역연금을 지급받아 오던 중 군인보수법 및 공무원보수규정에 의한 호봉이나 봉급액의 개정 등으로 퇴역연금액이 변경된 경우에는 법령의 개정에 따라 당연히 개정규정에 따른 퇴역연금액이 확정되는 것이지 구 군인연금법 제18조 제1항 및 제2항에 정해진 국방부장관의 퇴역연금액 결정과 통지에 의하여 비로소 그 금액이 확정되는 것이 아니므로, 법령의 개정에 따른 국방부장관의 퇴역연금액 감액조치에 대하여 이의가 있는 퇴역연금수급권자는 항고소송을 제기하는 방법으로 감액조치의 효력을 다툴 것이 아니라 직접 국가를 상대로 정당한 퇴역연금액과 결정, 통지된 퇴역연금액과의 차액의 지급을 구하는 공법상 당사자소송을 제기하는 방법으로 다툴 수 있다(대판 2003.9.5, 2002두3522).
>
> **2. 구 공무원연금법령의 개정 등으로 퇴직연금 중 일부 금액의 지급이 정지된 경우 공무원연금관리공단이 퇴직연금 중 일부금액에 대한 지급거부의 의사표시는 행정처분으로 볼 수 없고 당사자소송으로 그 지급을 구하여야 한다.**
>
> 구 공무원연금법소정의 퇴직연금 등의 급여는 급여를 받을 권리를 가진 자가 당해 공무원이 소속하였던 기관장의 확인을 얻어 신청하는 바에 따라 공무원연금관리공단이 그 지급결정을 함으로써 그 구체적인 권리가 발생하는 것이므로, 공무원연금관리공단의 급여에 관한 결정은 국민의 권리에 직접 영향을 미치는 것이어서 행정처분에 해당할 것이지만, 공무원연금관리공단의 인정에 의하여 퇴직연금을 지급받아 오던 중 구 공무원연금법령의 개정 등으로 퇴직연금 중 일부 금액의 지급이 정지된 경우에는 당연히 개정된 법령에 따라 퇴직연금이 확정되는 것이지 같은 법 제26조 제1항에 정해진 공무원연금관리공단의 퇴직연금 결정과 통지에 의하여 비로소 그 금액이 확정되는 것이 아니므로, 공무원연금관리공단이 퇴직연금 중 일부 금액에 대하여 지급거부의 의사표시를 하였다고 하더라도 그 의사표시는 퇴직연금 청구권을 형성·확정하는 행정처분이 아니라 공법상의 법률관계의 한쪽 당사자로서 그 지급의무의 존부 및 범위에 관하여 나름대로의 사실상·법률상 의견을 밝힌

것일 뿐이어서, 이를 행정처분이라고 볼 수는 없고, 이 경우 미지급퇴직연금에 대한 지급청구권은 공법상 권리로서 그의 지급을 구하는 소송은 공법상의 법률관계에 관한 소송인 공법상 당사자소송에 해당한다(대판 2004.7.8, 2004두244).

3. 명예퇴직한 법관이 미지급 명예퇴직수당액의 지급을 구하는 경우 소송의 형식은 당사자소송에 의한다.

명예퇴직수당 지급대상자의 결정과 수당액 산정 등에 관한 구 국가공무원법 제74조의2 제1항, 제4항, 구 법관 및 법원공무원 명예퇴직수당 등 지급규칙 제3조 제1항, 제2항, 제7조, 제4조 [별표 1]의 내용과 취지 등에 비추어 보면, 명예퇴직수당은 명예퇴직수당 지급신청자 중에서 일정한 심사를 거쳐 피고가 명예퇴직수당 지급대상자로 결정한 경우에 비로소 지급될 수 있지만, 명예퇴직수당 지급대상자로 결정된 법관에 대하여 지급할 수당액은 명예퇴직수당규칙 제4조 [별표 1]에 산정 기준이 정해져 있으므로, 위 법관은 위 규정에서 정한 정당한 산정 기준에 따라 산정된 명예퇴직수당액을 수령할 구체적인 권리를 가진다. 따라서 위 법관이 이미 수령한 수당액이 위 규정에서 정한 정당한 명예퇴직수당액에 미치지 못한다고 주장하며 차액의 지급을 신청함에 대하여 법원행정처장이 거부하는 의사를 표시했더라도, 그 의사표시는 명예퇴직수당액을 형성·확정하는 행정처분이 아니라 공법상의 법률관계의 한쪽 당사자로서 지급의무의 존부 및 범위에 관하여 자신의 의견을 밝힌 것에 불과하므로 행정처분으로 볼 수 없다. 결국 명예퇴직한 법관이 미지급 명예퇴직수당액에 대하여 가지는 권리는 명예퇴직수당 지급대상자 결정 절차를 거쳐 명예퇴직수당규칙에 의하여 확정된 공법상 법률관계에 관한 권리로서, 그 지급을 구하는 소송은 행정소송법의 당사자소송에 해당하며, 그 법률관계의 당사자인 국가를 상대로 제기하여야 한다(대판 2016.5.24, 2013두14863).

4. 납세의무자에 대한 국가의 부가가치세환급세액 지급의무에 대응하는 국가에 대한 납세의무자의 부가가치세 환급세액 지급청구소송은 당사자소송의 절차에 따라야 한다.

부가가치세법령의 내용, 형식 및 입법 취지 등에 비추어 보면, 납세의무자에 대한 국가의 부가가치세 환급세액 지급의무는 그 납세의무자로부터 어느 과세기간에 과다하게 거래징수된 세액 상당을 국가가 실제로 납부받았는지와 관계없이 부가가치세법령의 규정에 의하여 직접 발생하는 것으로서, 그 법적 성질은 정의와 공평의 관념에서 수익자와 손실자 사이의 재산상태 조정을 위해 인정되는 부당이득 반환의무가 아니라 부가가치세법령에 의하여 그 존부나 범위가 구체적으로 확정되고 조세 정책적 관점에서 특별히 인정되는 공법상 의무라고 봄이 타당하다. 그렇다면 납세의무자에 대한 국가의 부가가치세 환급세액 지급의무에 대응하는 국가에 대한 납세의무자의 부가가치세 환급세액 지급청구는 민사소송이 아니라 행정소송법 제3조 제2호에 규정된 당사자소송의 절차에 따라야 한다(대판 2013.3.21, 2011다95564).

5. 「광주민주화운동관련자 보상 등에 관한 법률상」의 보상에 관한 권리는 공법상의 권리로서 보상금 지급에 관한 소송은 당사자소송에 의하여야 한다.

광주민주화운동관련자 보상 등에 관한 법률 제15조 본문의 규정에서 말하는 광주민주화운동관련자 보상심의위원회의 결정을 거치는 것은 보상금 지급에 관한 소송을 제기하기 위한 전치요건에 불과하다고 할 것이므로 위 보상심의위원회의 결정은 취소소송의 대상이 되는 행정처분이라고 할 수 없다. 같은 법에 의거하여 관련자 및 유족들이 갖게 되는 보상 등에 관한 권리는 헌법 제23조 제3항에 따른 재산권 침해에 대한 손실보상청구나 국가배상법에 따른 손해배상청구와는 그 성질을 달리하는 것으로서 법률이 특별히 인정하고 있는 공법상의 권리라고 하여야 할 것이므로 그에 관한 소송은 행정소송법 제3조 제2호 소정의 당사자소송에 의하여야 할 것이며 보상금 등의 지급에 관한 법률관계의 주체는 대한민국이다(대판 1992.12.24, 92누3335).

6. 「공익사업을 위한 토지등 취득 및 보상에 관한 법률」상 각종 권리(주거이전비청구권, 농업손실보상 청구권, 사업폐지 등에 대한 보상청구권)는 공법상 권리로서 토지수용위원회 재결을 거쳐 사업자등 을 상대로 형식적 당사자소송을 제기해야 한다.

구 공익사업을 위한 토지 등의 취득 및 보상에 관한 법률 제79조 제2항, 공익사업을 위한 토지 등의 취득 및 보상에 관한 법률 시행규칙 제57조에 따른 사업폐지 등에 대한 보상청구권은 공익사업의 시행 등 적법한 공권력의 행사에 의한 재산상 특별한 희생에 대하여 전체적인 공평부담의 견지에서 공익사업의 주체가 손해를 보상하여 주는 손실보상의 일종으로 공법상 권리임이 분명하므로 그에 관한 쟁송은 민사소송이 아닌 행정소송절차에 의하여야 한다(대판 2012.10.11, 2010다23210).

7. 구 「석탄산업법」상의 석탄가격안정지원금 지급청구의 소는 당사자소송에 해당한다.

석탄가격안정지원금은 석탄의 수요 감소와 열악한 사업환경 등으로 점차 경영이 어려워지고 있는 석탄광업의 안정 및 육성을 위하여 국가정책적 차원에서 지급하는 지원비의 성격을 갖는 것이고, 석탄광업자가 석탄산업합리화사업단에 대하여 가지는 이와 같은 지원금지급청구권은 석탄사업법령 에 의하여 정책적으로 당연히 부여되는 공법상의 권리이므로, 석탄광업자가 석탄산업합리화사업단 을 상대로 석탄산업법령 및 석탄가격안정지원금 지급요령에 의하여 지원금의 지급을 구하는 소송은 공법상의 법률관계에 관한 소송인 공법상의 당사자소송에 해당한다(대판 1997.5.30, 95다28960).

(3) 그 밖에 공법상 법률관계에 관한 소송

관련 판례

1. 지방자치단체가 보조금 지급결정을 하면서 일정 기한 내에 보조금을 반환하도록 하는 교부조건을 부가한 사안에서 보조사업자에 대한 지방자치단체의 보조금반환청구소송

지방자치단체가 보조금 지급결정을 하면서 일정 기한 내에 보조금을 반환하도록 하는 교부조건을 부가한 사안에서, 보조사업자의 지방자치단체에 대한 보조금 반환의무는 행정처분인 위 보조금 지 급결정에 부가된 부관상 의무이고, 이러한 부관상 의무는 보조사업자가 지방자치단체에 부담하는 공법상 의무이므로, 보조사업자에 대한 지방자치단체의 보조금반환청구는 공법상 권리관계의 일방 당사자를 상대로 하여 공법상 의무이행을 구하는 청구로서 행정소송법 제3조 제2호에 규정한 당사 자소송의 대상이다(대판 2011.6.9, 2011다2951).

2. 지방소방공무원이 자신이 소속된 지방자치단체를 상대로 초과근무수당의 지급을 구하는 소송은 당 사자소송에 의한다.

지방자치단체와 그 소속 경력직 공무원인 지방소방공무원 사이의 관계, 즉 지방소방공무원의 근무관 계는 사법상의 근로계약관계가 아닌 공법상의 근무관계에 해당하고, 그 근무관계의 주요한 내용 중 하나인 지방소방공무원의 보수에 관한 법률관계는 공법상의 법률관계라고 보아야 한다. …지방소방 공무원의 초과근무수당 지급청구권은 법령의 규정에 의하여 직접 그 존부나 범위가 정하여지고 법령 에 규정된 수당의 지급요건에 해당하는 경우에는 곧바로 발생한다고 할 것이므로, 지방소방공무원이

자신이 소속된 지방자치단체를 상대로 초과근무수당의 지급을 구하는 청구에 관한 소송은 행정소송법 제3조 제2호에 규정된 당사자소송의 절차에 따라야 한다(대판 2013.3.28, 2012다102629).

3. 텔레비전방송수신료 통합징수권한 부존재확인소송

수신료의 법적 성격, 피고 보조참가인의 수신료 강제징수권의 내용등에 비추어 보면 수신료 부과행위는 공권력의 행사에 해당하므로, 피고가 피고 보조참가인으로부터 수신료의 징수업무를 위탁받아 자신의 고유업무와 관련된 고지행위와 결합하여 수신료를 징수할 권한이 있는지 여부를 다투는 이 사건 쟁송은 민사소송이 아니라 공법상의 법률관계를 대상으로 하는 것으로서 행정소송법 제3조 제2호에 규정된 당사자소송에 의하여야 한다고 봄이 상당하다(대판 2008.7.24, 2007다25261).

4. 구「도시재개발법」에 의한 재개발조합에 대해 조합원 자격확인을 구하는 소송은 공법상 당사자소송에 해당한다는 사례

주택개량재개발조합이 그 조합원임을 주장하는 자의 조합원자격을 부인하는 경우, 조합원임을 주장하는 자는 그의 권리 또는 법적 지위에 현존하는 위험·불안을 제거하는 방법으로 위 조합을 상대로 조합원지위확인을 구할 소의 이익이 있다 할 것이고, 관리처분계획은 분양처분이 이루어지기 전까지는 변경될 수도 있을 뿐만 아니라, 그 계획이 확정되었다고 하여 위와 같은 소의 이익에 관한 법리가 달라지는 것은 아니라 할 것이다(대판 1999.2.5, 97누14606).

Ⅲ 소송요건

1. 관할법원

취소소송의 재판관할규정이 준용된다. 다만, 국가 또는 공공단체가 피고인 경우에는 관계행정청의 소재지를 피고의 소재지로 본다.

2. 당사자 및 참가인

(1) 원고적격

① 행정소송법에 특별한 규정이 없으므로 민사소송법상의 원고적격에 따라 권리보호의 이익이 있는 자가 원고가 된다.

② 이행의 소에서는 이행청구권이 자신에게 있음을 주장하는 자에게 원고적격이 인정되고, 확인의 소에서는 확인의 이익을 가지는 자에게 원고적격이 인정된다. 형성의 소에서는 법령에 규정된 자에게 원고적격이 있다.

(2) 확인의 이익

당사자소송이 확인소송인 경우 항고소송인 무효확인소송과 달리 확인의 이익이 요구된다. 확인의 이익이란 현재의 권리 또는 법률상 지위에 현존하는 불안·위험이 있고 그 불안·위험을 제거하기 위하여 확인판결을 받는 것이 가장 유효적절한 수단일 때에만 인정된다. 즉 확인소송보다 보다 실효적인 구제수단이 있는 경우 확인의 이익이 없다.

관련 판례

1. 확인의 이익

확인의 소에는 권리보호요건으로서 확인의 이익이 있어야 하고, 확인의 이익은 확인판결을 받는 것이 원고의 권리 또는 법률상의 지위에 현존하는 불안·위험을 제거하는 가장 유효적절한 수단일 때에 인정된다(대판 2018.3.15, 2016다275679).

2. 과거의 법률관계라 할지라도 현재의 권리 또는 법률상 지위에 영향을 미치고 있고 현재의 권리 또는 법률상 지위에 대한 위험이나 불안을 제거하기 위하여 필요한 경우 확인의 이익이 인정된다.

원래 확인의 소는 현재의 권리 또는 법률상 지위에 관한 위험이나 불안을 제거하기 위하여 허용되는 것이고, 다만 과거의 법률관계라 할지라도 현재의 권리 또는 법률상 지위에 영향을 미치고 있고 현재의 권리 또는 법률상 지위에 대한 위험이나 불안을 제거하기 위하여 그 법률관계에 관한 확인판결을 받는 것이 유효적절한 수단이라고 인정될 때에는 확인의 이익이 있다(대판 2021.4.29, 2016두39856).

3. 도시 및 주거환경정비법상 주택재건축정비사업조합이 수립한 관리처분계획에 대하여 관할 행정청의 인가·고시가 있은 후에, 관리처분계획안에 대한 총회결의의 무효확인을 구할 확인의 이익이 없다.

도시 및 주거환경정비법(이하 '도시정비법'이라고 한다)상 주택재건축정비사업조합이 도시정비법 제48조에 따라 수립한 관리처분계획에 대하여 관할 행정청의 인가·고시가 있게 되면 관리처분계획은 행정처분으로서 효력이 발생하게 되므로, 총회결의의 하자를 이유로 하여 행정처분의 효력을 다투는 항고소송의 방법으로 관리처분계획의 취소 또는 무효확인을 구하여야 하고, 그와 별도로 행정처분에 이르는 절차적 요건 중 하나에 불과한 총회결의 부분만을 따로 떼어내어 효력 유무를 다투는 확인의 소를 제기하는 것은 특별한 사정이 없는 한 허용되지 않는다(대판 2012.3.29, 2010두7765).

4. 지방자치단체와 채용계약에 의하여 채용된 계약직공무원이 그 계약기간 만료 이전에 채용계약 해지 등의 불이익을 받은 후 그 계약기간이 만료된 때에는 그 채용계약 해지의 의사표시가 무효라고 하더라도 그 무효확인을 구할 이익이 없다.

지방자치단체와 채용계약에 의하여 채용된 계약직공무원이 그 계약기간 만료 이전에 채용계약 해지 등의 불이익을 받은 후 그 계약기간이 만료된 때에는 그 채용계약 해지의 의사표시가 무효라고 하더라도, 지방공무원법이나 지방계약직공무원규정 등에서 계약기간이 만료되는 계약직공무원에 대한 재계약의무를 부여하는 근거 규정이 없으므로 계약기간의 만료로 당연히 계약직공무원의 신분을 상실하고 계약직공무원의 신분을 회복할 수 없는 것이므로, 그 해지의사표시의 무효확인청구는 과거의 법률관계의 확인청구에 지나지 않는다 할 것이고, 한편 과거의 법률관계라 할지라도 현재의 권리 또는 법률상 지위에 영향을 미치고 있고 현재의 권리 또는 법률상 지위에 대한 위험이나 불안을 제거하기 위하여 그 법률관계에 관한 확인판결을 받는 것이 유효 적절한 수단이라고 인정될 때에는 그 법률관계의 확인소송은 즉시확정의 이익이 있다고 보아야 할 것이나, 계약직공무원에 대한 채용계약이 해지된 경우에는 공무원 등으로 임용되는 데에 있어서 법령상의 아무런 제약사유가 되지 않을 뿐만 아니라, 계약기간 만료 전에 채용계약이 해지된 전력이 있는 사람이 공무원 등으로 임용되는 데에 있어서 그러한 전력이 없는 사람보다 사실상 불이익한 장애사유로 작용한다고 하더라도 그것만으로는 법률상의 이익

> 이 침해되었다고 볼 수는 없으므로 그 무효확인을 구할 이익이 없다.
> 이 사건과 같이 이미 채용기간이 만료되어 소송 결과에 의해 법률상 그 직위가 회복되지 않는 이상 채용계약 해지의 의사표시의 무효확인만으로는 당해 소송에서 추구하는 권리구제의 기능이 있다고 할 수 없고, 침해된 급료지급청구권이나 사실상의 명예를 회복하는 수단은 바로 급료의 지급을 구하거나 명예훼손을 전제로 한 손해배상을 구하는 등의 이행청구소송으로 직접적인 권리구제방법이 있는 이상 무효확인소송은 적절한 권리구제수단이라 할 수 없어 확인소송의 또 다른 소송요건을 구비하지 못하고 있다 할 것이며, 위와 같이 직접적인 권리구제의 방법이 있는 이상 무효확인 소송을 허용하지 않는다고 해서 당사자의 권리구제를 봉쇄하는 것도 아니다(대판 2008.6.12, 2006두16328).

(3) 피고적격

항고소송에서 피고가 처분행정청인 것과 달리 당사자 소송은 국가, 공공단체 그 밖의 권리주체가 피고가 된다. 그 밖의 권리주체에는 공무수탁사인도 포함된다.

(4) 소송참가

취소소송의 소송참가의 규정이 준용된다(행정소송법 제44조). 제3자의 소송참가와 행정청의 소송참가가 인정된다.

3. 그 밖의 소송요건

당사자소송에는 취소소송의 제소기간에 관한 규정이 준용되지 않는다. 다만, 개별법에서 제소기간이 정해져 있는 경우 그 기간은 불변기간이다. 취소소송의 전심절차는 당사자 소송에 준용되지 않는다. 관련청구의 병합, 소의 변경, 피고경정, 공동소송등은 당사자 소송에도 준용된다.

Ⅳ 소제기와 소송심리

1. 소제기의 효과

당사자소송에는 취소소송의 관련청구의 이송병합, 소의 변경, 소송참가 규정등이 준용되나, 집행정지에 관한 규정은 준용되지 않는다.

2. 소송심리

취소소송의 행정심판기록의 제출명령, 법원의 직권심리 등이 당사자소송에도 준용된다. 입증책임은 민사소송법상 법률요건분배설에 의한다.

V 판결

1. 판결의 종류

판결의 종류 중 사정판결이 허용되지 않는점을 제외하고 취소소송의 경우와 같다. 각하판결, 기각판결, 인용판결로 구분할 수 있고 내용에 따라 확인판결, 이행판결의 구분이 가능하다.

2. 판결의 효력

당사자소송의 확정판결도 자박력·확정력·기속력을 갖는다. 그러나 취소판결의 제3자효, 재처분의무, 간접강제 등은 당사자소송에 적용이 없다.

3. 가집행선고

① 가집행선고란 미확정의 종국판결에 대해 미리 그것이 확정된 것과 같이 집행력을 부여하는 형성적 재판을 말한다.

② 행정소송법은 "국가를 상대로 하는 당사자소송의 경우에는 가집행선고를 할 수 없다(행정소송법 제43조)"고 규정하고 있으나 헌법재판소의 단순위헌결정에 의해 효력이 상실되었다.

> **관련 판례** 공법상 당사자소송에서 재산권의 청구를 인용하는 판결을 하는 경우 가집행선고를 할 수 있다.
>
> 행정소송법 제8조 제2항에 의하면 행정소송에도 민사소송법의 규정이 일반적으로 준용되므로 법원으로서는 공법상 당사자소송에서 재산권의 청구를 인용하는 판결을 하는 경우 가집행선고를 할 수 있다(대판 2000.11.28, 99두3416).

● 제33회 2024년 기출

【문제 1】 甲은 X주식회사에 근무하던 중 2021.12.1. 자녀를 출산하여 2022.1.1.부터 12개월 동안 육아휴직을 하였다. 甲은 2024.7.1. 위 휴직기간에 대한 육아휴직급여를 Y지방고용노동청 Z지청장(이하 'A'라고 한다)에게 신청하였으나, A는 2024.7.15. 甲이 「고용보험법」 제70조 제2항에서 정한 '육아휴직이 끝난 날 이후 12개월'이 지나 신청을 하였다는 이유로 그 지급을 거부하였다. 그리고 甲의 배우자 乙은 Y광역시의 경력직 공무원으로서, 2024.1.1.부터 같은 해 6.30.까지에 해당하는 「지방공무원 수당 등에 관한 규정」 제15조에 따른 시간외근무수당을 예산이 부족하다는 이유로 시간외근무시간에 미치지 못하는 금액으로 지급받았다. 50점

물음 1) 아래의 각 경우 법원의 판단에 관하여 설명하시오. 30점

(1) 甲은 「고용보험법 시행령」 제94조 제3호에 해당하는 사유(직계비속의 질병)가 끝난 후 30일 이내 신청하였으므로 육아휴직 급여청구권이 있다고 주장하면서, 2024.8.1. 대한민국을 피고로 하여 금전의 지급을 구하는 민사소송의 소장을 서울중앙지방법원

에 제출하여 접수되었다. 국가소송수행자 B는 소송이 적법하지 않으므로 각하판결이 내려져야 한다고 항변한다. 15점

(2) 乙은 2024.8.1. Y광역시를 피고로 하여 시간외근무시간에 미치지 못하는 시간외근무수당의 지급을 구하는 행정소송의 소장을 Y지방법원에 제출하여 접수되었다. 을은 제소에 앞서 「지방공무원법」 제20조의2에 따른 소청절차를 거치지 않았다. Y광역시장 C는 소송이 적법하지 않으므로 각하판결이 내려져야 한다고 항변한다. 15점

● 제32회 2023년 기출

【문제 3】 甲은 자기 소유 토지에 전원주택을 신축하고자 건축업자인 乙과 전원주택 신축공사에 관하여 도급계약을 체결하였고, 乙은 근로복지공단에 고용보험·산재보험관계성립신고를 하면서 신고서에 위 신축공사 사업장의 사업주를 甲으로 기재하여 제출하였다. 甲은 위 사업장에 관한 고용보험료와 산재보험료 중 일부만 납부하였고, 국민건강보험공단은 甲에게 체납된 고용보험료 및 산재보험료를 납부할 것을 독촉하였다. 관련 법령상 보험료의 신고 또는 납부 등 산재보험 및 고용보험에 관한 사업의 주요 업무는 고용노동부장관으로부터 위탁받은 근로복지공단이 수행하고, 다만 보험료 체납관리등 징수업무는 국민건강보험공단이 위탁받아 수행하고 있다. 甲은 건축주가 직접 공사를 하지 않고 공사 전부를 수급인에게 도급을 준 경우에는 근로자를 사용하여 공사를 수행하는 수급인이 원칙적으로 그 공사에 관한 사업주로서 고용보험 및 산재보험의 가입자가 되어 고용보험료 및 산재보험료를 납부할 의무를 부담한다는 것을 알게 되었다. 이에 甲은 국민건강보험공단이 납부를 독촉하는 보험료채무에 대해 그 부존재확인을 구하는 소송과 이미 근로복지공단에 납부한 보험료에 대해 부당이득으로서 반환을 구하는 소송을 제기하고자 한다. 甲은 누구를 상대로 어떤 유형의 소송을 제기하여야 하는지 설명하시오. 25점

● 제28회 2019년 기출

【문제 3】 甲은 부동산의 취득으로 인한 취득세 및 농어촌특별세의 납세의무부존재 확인소송을 제기하려고 한다. 이러한 납세의무부존재확인소송의 법적 성질에 관하여 설명하시오. 25점

06 | 객관적소송

I 의의

항고소송이나 당사자소송이 개인의 권리구제와 행정운영의 적정을 목적으로 하는 것과 달리 객관적 소송은 행정의 적법성 보장이나 공공이익의 일반적 보호를 목적으로 하는 소송이다.

행정소송법

제45조(소의 제기)
민중소송 및 기관소송은 법률이 정한 경우에 법률에 정한 자에 한하여 제기할 수 있다.

제46조(준용규정)
① 민중소송 또는 기관소송으로서 처분등의 취소를 구하는 소송에는 그 성질에 반하지 아니하는 한 취소소송에 관한 규정을 준용한다.
② 민중소송 또는 기관소송으로서 처분등의 효력 유무 또는 존재 여부나 부작위의 위법의 확인을 구하는 소송에는 그 성질에 반하지 아니하는 한 각각 무효등 확인소송 또는 부작위위법확인소송에 관한 규정을 준용한다.
③ 민중소송 또는 기관소송으로서 제1항 및 제2항에 규정된 소송외의 소송에는 그 성질에 반하지 아니하는 한 당사자소송에 관한 규정을 준용한다.

II 종류

1. 민중소송

(1) 의의

국가 또는 공공단체의 기관이 행정법규에 위반되는 행위를 한 때에 일반선거인·일반주민 등이 직접적인 자기의 법률상 이익과 무관하게 선거인 또는 주민의 지위에서 그 시정을 구하기 위하여 제기하는 소송이다. 법률적 쟁송이 아니므로 이를 제기함에는 법률에서 규정이 있어야 한다.

(2) 종류

① 대통령선거 및 국회의원선거에 있어서 선거의 효력에 관한 소송(대법원 관할)(공직선거법 제222조 제1항)
② 지방의회의원 및 지방자치단체의 장의 선거에 있어서 선거의 효력에 관한 소송(고등법원 관할)(공직선거법 제222조 제2항).

공직선거법

제222조(선거소송)

① 대통령선거 및 국회의원선거에 있어서 선거의 효력에 관하여 이의가 있는 선거인·정당(후보자를 추천한 정당에 한한다) 또는 후보자는 선거일부터 30일 이내에 당해 선거구선거관리위원회위원장을 피고로 하여 대법원에 소를 제기할 수 있다.

② 지방의회의원 및 지방자치단체의 장의 선거에 있어서 선거의 효력에 관한 제220조의 결정에 불복이 있는 소청인(당선인을 포함한다)은 해당 소청에 대하여 기각 또는 각하 결정이 있는 경우(제220조 제1항의 기간 내에 결정하지 아니한 때를 포함한다)에는 해당 선거구선거관리위원회 위원장을, 인용결정이 있는 경우에는 그 인용결정을 한 선거관리위원회 위원장을 피고로 하여 그 결정서를 받은 날(제220조 제1항의 기간 내에 결정하지 아니한 때에는 그 기간이 종료된 날)부터 10일 이내에 비례대표시·도의원선거 및 시·도지사선거에 있어서는 대법원에, 지역구시·도의원선거, 자치구·시·군의원선거 및 자치구·시·군의 장 선거에 있어서는 그 선거구를 관할하는 고등법원에 소를 제기할 수 있다.

③ 국민투표의 효력에 관하여 이의가 있는 투표인은 투표인 10만인 이상의 찬성을 얻어 중앙선거관리위원회 위원장을 피고로 하여 투표일로부터 20일 이내에 대법원에 제소할 수 있다(국민투표법 제92조).

국민투표법

제92조(국민투표무효의 소송)

국민투표의 효력에 관하여 이의가 있는 투표인은 투표인 10만인 이상의 찬성을 얻어 중앙선거관리위원회위원장을 피고로 하여 투표일로부터 20일 이내에 대법원에 제소할 수 있다.

④ 지방자치법상 주민감사청구한 주민이 제기하는 주민소송(지방자치법 제22조)

지방자치법

제22조(주민소송)

① 제21조 제1항에 따라 공금의 지출에 관한 사항, 재산의 취득·관리·처분에 관한 사항, 해당 지방자치단체를 당사자로 하는 매매·임차·도급 계약이나 그 밖의 계약의 체결·이행에 관한 사항 또는 지방세·사용료·수수료·과태료 등 공금의 부과·징수를 게을리한 사항을 감사 청구한 주민은 다음 각 호의 어느 하나에 해당하는 경우에 그 감사 청구한 사항과 관련이 있는 위법한 행위나 업무를 게을리한 사실에 대하여 해당 지방자치단체의 장(해당 사항의 사무처리에 관한 권한을 소속 기관의 장에게 위임한 경우에는 그 소속 기관의 장을 말한다. 이하 이 조에서 같다)을 상대방으로 하여 소송을 제기할 수 있다.

(3) 준용규정

민중소송의 성질에 반하지 아니하는 한 항고소송과 당사자소송에 관한 규정을 준용한다.

2. 기관소송

(1) 의의

기관소송이란 국가나 공공단체의 기관상호간에 권한의 존부 또는 그 행사에 관한 다툼이 있을 때에 제기하는 소송을 뜻한다(행정소송법 제3조 제4호).

행정소송법

제3조(행정소송의 종류)

4. 기관소송 : 국가 또는 공공단체의 기관 상호간에 있어서의 권한의 존부 또는 그 행사에 관한 다툼이 있을 때에 이에 대하여 제기하는 소송. 다만, 헌법재판소법 제2조의 규정에 의하여 헌법재판소의 관장사항으로 되는 소송은 제외한다.

(2) 종류

① 지방의회의 재의결이 법령에 위반된다고 판단될 때에 지방자치단체의 장이 대법원에 제소하는 소송(지방자치법 제120조 제3항)

지방자치법

제120조(지방의회의 의결에 대한 재의 요구와 제소)

① 지방자치단체의 장은 지방의회의 의결이 월권이거나 법령에 위반되거나 공익을 현저히 해친다고 인정되면 그 의결사항을 이송받은 날부터 20일 이내에 이유를 붙여 재의를 요구할 수 있다.

② 제1항의 요구에 대하여 재의한 결과 재적의원 과반수의 출석과 출석의원 3분의 2 이상의 찬성으로 전과 같은 의결을 하면 그 의결사항은 확정된다.

③ 지방자치단체의 장은 제2항에 따라 재의결된 사항이 법령에 위반된다고 인정되면 대법원에 소(訴)를 제기할 수 있다. 이 경우에는 제192조 제4항을 준용한다.

② 교육감이 시·도의회의 또는 교육위원회의 재의결된 사항이 법령에 위반된다고 판단되는 경우 대법원에 제소하는 소송(지방교육자치에 관한 법률 제28조)

지방교육자치에 관한 법률

제28조(시·도의회 등의 의결에 대한 재의와 제소)

① 교육감은 교육·학예에 관한 시·도의회의 의결이 법령에 위반되거나 공익을 현저히 저해한다고 판단될 때에는 그 의결사항을 이송받은 날부터 20일 이내에 이유를 붙여 재의를 요구할 수 있다. 교육감이 교육부장관으로부터 재의요구를 하도록 요청받은 경우에는 시·도의회에 재의를 요구하여야 한다.

② 제1항의 규정에 따른 재의요구가 있을 때에는 재의요구를 받은 시·도의회는 재의에 붙이고 시·도의회 재적의원 과반수의 출석과 시·도의회 출석의원 3분의 2 이상의 찬성으로 전과 같은 의결을 하면 그 의결사항은 확정된다.

③ 제2항의 규정에 따라 재의결된 사항이 법령에 위반된다고 판단될 때에는 교육감은 재의결된 날부터 20일 이내에 대법원에 제소할 수 있다.

(3) 적용법규

민중소송의 성질에 반하지 아니하는 한 항고소송과 당사자소송에 관한 규정을 준용한다.

행정심판법

01 | 행정구제 총설

Ⅰ 행정심판의 의의

1. 개념

행정심판은 위법 또는 부당한 처분 기타 공권력의 행사·불행사 등으로 인하여 권리나 이익을 침해당한 자가 행정기관에 대하여 그 시정을 구하는 절차를 말한다(행정심판법 제1조).

2. 성격

행정심판은 준사법적 절차이면서 동시에 행정행위로서의 성질도 아울러 가진다(행정심판의 이중적 성격). 행정심판의 재결은 또한 그 자체가 행정작용의 하나로서 행정행위적인 성질을 가진다.

Ⅱ 이의신청과 구별

1. 「행정기본법」상 이의신청

(1) 의의

행정청의 행정결정에 대한 불복 중 행정심판이 아닌 불복방법을 이의신청이라 한다. 「행정기본법」은 처분에 대한 이의신청을 일반적으로 규정하고 있다.

행정기본법

제36조(처분에 대한 이의신청)

① 행정청의 처분(「행정심판법」 제3조에 따라 같은 법에 따른 행정심판의 대상이 되는 처분을 말한다. 이하 이 조에서 같다)에 이의가 있는 당사자는 처분을 받은 날부터 30일 이내에 해당 행정청에 이의신청을 할 수 있다.

② 행정청은 제1항에 따른 이의신청을 받으면 그 신청을 받은 날부터 14일 이내에 그 이의신청에 대한 결과를 신청인에게 통지하여야 한다. 다만, 부득이한 사유로 14일 이내에 통지할 수 없는 경우에는 그 기간을 만료일 다음 날부터 기산하여 10일의 범위에서 한 차례 연장할 수 있으며, 연장 사유를 신청인에게 통지하여야 한다.

③ 제1항에 따라 이의신청을 한 경우에도 그 이의신청과 관계없이 「행정심판법」에 따른 행정심판 또는 「행정소송법」에 따른 행정소송을 제기할 수 있다.

④ 이의신청에 대한 결과를 통지받은 후 행정심판 또는 행정소송을 제기하려는 자는 그 결과를 통지받은 날(제2항에 따른 통지기간 내에 결과를 통지받지 못한 경우에는 같은 항에 따른 통지기간이 만료되는 날의 다음 날을 말한다)부터 90일 이내에 제1항의 처분(이의신청 결과 처분이 변경된 경우에는 변경된 처분으로 한다)에 대하여 행정심판 또는 행정소송을 제기할 수 있다.

---

(2) 행정심판이 아닌 이의신청

① 「행정기본법」의 제정으로 행정심판의 대상이 되는 모든 처분에 대하여 해당 행정청에 이의신청을 할 수 있도록 하고, 이의신청 결과에 불복하는 경우에는 행정심판이나 행정소송을 제기할 수 있도록 하고 있다.

② 「행정기본법」에서 말하는 이의신청은 행정심판에 해당하지 않는 행정불복절차이다.

2. 이의신청과 행정심판의 구별실익

개별법상 이의신청 또는 심사청구 등이 행정심판인 경우가 있고 행정심판이 아닌 경우가 있다.

(1) 행정심판 제기 여부

① 행정심판 아닌 이의신청은 이의신청을 거친 후에도 명문의 규정이 없는 이상 행정심판을 제기할 수 있다.

② 행정심판인 이의신청을 거친 경우 이에 대해서는 「행정심판법」상 행정심판을 제기할 수 없다.

(2) 이의신청에 대한 결정의 성질

1) 행정심판 아닌 이의신청

① 원처분을 취소 또는 변경하는 결정은 새로운 최종적 처분에 해당한다.

② 이의신청의 대상이 된 기존의 처분을 그대로 유지하는 기각결정은 단순한 사실 행위로서 행정심판의 대상이 되지 않는다(원처분이 행정심판대상).

③ 단, 이의신청에 대한 기각결정이 새로운 신청에 따른 것이거나 별도의 의사결정 과정과 절차를 거쳐 이루어진 독립된 행정처분의 성격을 갖는 경우 행정심판의 대상이 된다.

2) 행정심판인 이의신청

이의신청에 대한 결정에 고유한 위법이 있더라도 행정심판을 청구할 수 없고, 항고소송을 제기하여야 한다.

(3) 처분사유의 추가·변경

① 행정심판 아닌 이의신청에는 행정청은 기본적 사실관계의 동일성이 없는 사유라도 이를 처분사유로 추가·변경할 수 있다.

② 행정심판인 이의신청에는 행정청은 기본적 사실관계의 동일성이 있다고 인정되는 한도 내에서만 처분사유의 추가·변경을 인정한다.

행정청의 내부시정절차에 해당하는 경우 당초 처분의 근거로 삼은 사유와 기본적 사실관계의 동일성이 인정되지 않는 사유라고 하더라도 처분사유로 추가·변경할 수 있다.

산업재해보상보험법상 심사청구에 관한 절차는 보험급여 등에 관한 처분을 한 근로복지공단으로 하여금 스스로의 심사를 통하여 당해 처분의 적법성과 합목적성을 확보하도록 하는 근로복지공단 내부의 시정절차에 해당한다고 보아야 한다. 따라서 처분청이 스스로 당해 처분의 적법성과 합목적성을 확보하고자 행하는 자신의 내부 시정절차에서는 당초 처분의 근거로 삼은 사유와 기본적 사실관계의 동일성이 인정되지 않는 사유라고 하더라도 이를 처분의 적법성과 합목적성을 뒷받침하는 처분사유로 추가·변경할 수 있다고 보는 것이 타당하다(대판 2012.9.13, 2012두3859).

(4) 판단의 기준시

① 행정심판 아닌 이의신청은 이의신청에 대한 결정시의 법령 및 사실상태를 기준으로 한다.
② 행정심판인 이의신청은 처분시의 법령 및 사실상태를 기준으로 처분의 위법 또는 부당을 판단한다.

3. 구별기준

(1) 문제의 소재

개별법률에서 이의신청이나 심사청구라는 명칭을 사용하는 행정불복 중 행정심판에 해당하는 것도 있고 아닌 것도 있다. 이를 구별하는 기준에 대해 견해대립이 있다.

(2) 학설

① 처분청 자체에 제기하는 이의신청은 행정심판이 아닌 이의신청으로 보고, 처분청의 직근 상급 행정청이나 행정심판위원회에 제기하는 이의신청은 행정심판인 이의신청으로 보는 견해(심판기관기준설)
② 기관만을 기준으로 하지 않고 개별법률에서 이의신청 중 준사법절차가 보장되는 것만을 행정심판으로 보고 그렇지 않은 것은 행정심판이 아닌 이의신청으로 보는 견해(불복절차 기준설)

(3) 판례

개별법률상 그 절차 및 담당기관의 차이가 있는지를 기준으로 구별하는 점에서 불복절차기준설을 취하는 것으로 본다.

(4) 검토

「헌법」 제107조 제3항이 행정심판절차는 사법절차가 준용되어야 한다고 규정하고 있는 점에서 준사법절차가 보장되는 것만 행정심판으로 보아야 한다.

Ⅲ 특별행정심판

1. 조세심판

(1) 국세에 대한 행정심판

① 국세부과처분에 대하여 행정소송을 제기하기 전에 국세청장에 대한 심사청구 또는 조세심판 원장에 대한 심판청구를 거쳐야 한다(「국세기본법」 제56조 제2항). 심사청구 및 심판청구는 행정심판의 성질을 갖는다.
② 심사청구 및 심판청구를 하기 전에 세무서장에게 이의신청을 할 수 있으나 행정심판이 아니다.

(2) 지방세에 대한 행정심판

지방세부과처분에 대하여는 행정소송을 제기하기 전에 이의신청을 거치거나 거치지 아니하고 조세심판원장에게 심판청구를 하여야 한다. 심판청구는 행정심판의 성질을 갖는다(「지방세기본법」 제98조 제2항).

2. 노동행정심판

(1) 중재재정에 대한 중앙노동위원회의 재심

관계 당사자는 지방노동위원회 또는 특별노동위원회의 중재재정이 위법이거나 월권에 의한 것이라고 인정하는 경우에는 그 중재재정서의 송달을 받은 날부터 10일 이내에 중앙노동위원회에 그 재심을 신청할 수 있다(「노동조합 및 노동관계조정법」 제69조 제1항). 중앙노동위원회의 재심은 행정심판의 성질을 가진다.

(2) 지방노동위원회의 구제명령 등에 대한 중앙노동위원회의 재심

지방노동위원회 또는 특별노동위원회의 구제명령 또는 기각결정에 불복이 있는 관계 당사자는 그 명령서 또는 결정서의 송달을 받은 날부터 10일 이내에 중앙노동위원회에 그 재심을 신청할 수 있다 (「노동조합 및 노동관계조정법」 제85조 제1항). 중앙노동위원회의 재심은 행정심판의 성질을 가진다.

3. 「산업재해보상보험법」상 보험급여결정

① 국민건강보험공단의 "보험급여 결정등"에 불복하는 자는 공단에 심사청구를 할 수 있다. 보험급여 결정등에 대하여는 「행정심판법」에 따른 행정심판을 제기할 수 없다(「산업재해보상보험법」 제103조 제1항·제5항).

② 심사청구에 대한 결정에 불복하는 자는 산업재해보상보험재심사위원회에 재심사청구를 할 수 있다. 다만, 판정위원회의 심의를 거친 보험급여에 관한 결정에 불복하는 자는 제103조에 따른 심사청구를 하지 아니하고 재심사청구를 할 수 있다(「산업재해보상보험법」 제106조 제1항).

③ 재심사청구에 대한 재결은 「행정소송법」 제18조를 적용할 때 행정심판에 대한 재결로 본다(「산업재해보상보험법」 제111조 제2항).

4. 「국가공무원법」상 소청심사

공무원에 대한 처분, 그 밖에 본인의 의사에 반한 불리한 처분이나 부작위(不作爲)에 관한 행정소송은 소청심사위원회의 심사·결정을 거치지 아니하면 제기할 수 없다(「국가공무원법」 제16조 제1항). 소청심사위원회의 결정은 특별행정심판에 해당한다.

5. 수용재결에 대한 이의신청

① 중앙토지수용위원회의 재결에 이의가 있는 자는 중앙토지수용위원회에 이의를 신청할 수 있다(「공익사업을 위한 토지 등의 취득 및 보상에 관한 법률」 제83조 제1항).

② 지방토지수용위원회의 재결에 이의가 있는 자는 해당 지방토지수용위원회를 거쳐 중앙토지수용위원회에 이의를 신청할 수 있다(「공익사업을 위한 토지 등의 취득 및 보상에 관한 법률」 제83조 제2항).

③ 중앙토지수용위원회에 대한 이의신청은 행정심판의 성질을 가진다.

● 제29회 2020년 기출

【문제 2】 甲은 태양광발전시설을 설치하기 위해 관할 군수 乙에게 개발행위허가를 신청하였으나 乙은 산림훼손 우려가 있다는 이유로 거부처분을 하였다. 甲은 「민원처리에 관한 법률」 제35조에 따라 乙에게 이의신청을 하였다. 乙은 甲의 이의신청을 검토한 후 종전과 동일한 이유로 이의신청을 기각하는 결정을 하였다. 乙의 기각결정을 행정심판의 기각재결로 볼 수 있는지 설명하시오. 25점

제2절　행정심판의 종류

Ⅰ 개관

행정심판의 종류에는 취소심판·무효등확인심판·의무이행심판이 있다.

행정심판법

제5조(행정심판의 종류)

행정심판의 종류는 다음 각 호와 같다.

1. 취소심판 : 행정청의 위법 또는 부당한 처분을 취소하거나 변경하는 행정심판
2. 무효등확인심판 : 행정청의 처분의 효력 유무 또는 존재 여부를 확인하는 행정심판
3. 의무이행심판 : 당사자의 신청에 대한 행정청의 위법 또는 부당한 거부처분이나 부작위에 대하여 일정한 처분을 하도록 하는 행정심판

Ⅱ 취소심판

1. 의의

행정청의 위법 또는 부당한 공권력 행사나 거부 그밖에 이에 준하는 행정작용으로 인하여 권익을 침해당한 자가 그 취소 또는 변경을 구하는 행정심판을 취소심판이라 한다.

2. 성질

형성적쟁송설과 확인적쟁송설의 대립이 있으나 취소심판의 재결로 법률관계의 변경·소멸의 효과가 있으므로 형성적 쟁송으로 보는 것이 다수설·판례이다.

3. 재결

① 행정심판의 청구에 대하여 심리의 결과를 판단하는 행위를 재결이라 한다. 법원의 판결과 비슷한 성질이 있어 준사법행위라고 할 수 있다.

② 각하재결(청구가 적법하지 않은 경우)과 기각재결(청구가 이유 없다고 인정되는 때)이 있다.

③ 취소심판의 청구가 이유 있다고 인정할 때에는 그 심판청구를 인용하는 재결로써 처분을 취소 또는 다른 처분으로 변경하거나 처분을 다른 처분으로 변경할 것을 피청구인에게 명한다. 다만, 위원회는 심판청구가 이유가 있다고 인정하는 경우에도 이를 인용(認容)하는 것이 공공복리에 크게 위배된다고 인정하면 그 심판청구를 기각하는 재결을 할 수 있다.

4. 주요 특징

청구기간의 제한, 집행부정지, 사정재결 등이 적용된다(상세는 후술).

Ⅲ 무효등확인심판

1. 의의

처분의 효력 유무 또는 존재여부에 대한 확인을 구하는 행정심판이다. 무효확인·유효확인·실

효확인·존재확인·부존재확인심판 등이 포함된다.

2. 성질

확인적쟁송설, 형성적쟁송설, 준형성적쟁송설의 대립이 있으나 무효등확인심판은 실질적으로 확인적 쟁송이나 형식적으로는 처분의 효력 유무 등을 직접 소송의 대상으로 한다는 점에서 형성적 쟁송으로서의 성질도 갖는 것으로 보는 것이 다수설이다.

3. 재결

무효등확인심판의 청구가 이유있다고 인정하는 경우에는 심판청구의 대상이 된 처분의 유효·무효 또는 존재·부존재를 확인하는 재결을 한다. 확인재결은 해당 행정심판의 당사자·제3자에게도 효력이 미친다.

4. 주요특징

취소심판과 달리 청구기간의 제한, 사정재결규정이 적용되지 않는다.

Ⅳ 의무이행심판

1. 의의

행정청의 위법 또는 부당한 거부처분이나 부작위에 대하여 일정한 처분을 하도록 하는 행정심판이다. 행정소송법에서는 부작위위법확인심판만 인정되나 행정심판법에서는 의무이행심판을 인정하고 있다. 거부처분이나 부작위처분을 대상으로 한다는 점에서 소극적 행정작용에 대한 권리구제로서의 기능도 수행한다.

2. 성질

의무이행심판은 행정청에 대하여 일정한 처분을 할 것을 명하는 재결을 구하는 행정심판이므로 이행쟁송의 성질을 가진다. 다만, 민사소송과 달리 행정심판은 이행기가 도래하여 현실화된 현재의 이행심판만 가능하다.

3. 재결

행정심판위원회는 심판청구가 이유 있다고 인정할 때에는 지체없이 신청에 따른 처분을 하거나 (형성재결) 처분청에 이행할 것을 명하는 재결(이행재결)을 한다. 이행재결에 대해서는 처분청은 지체없이 재결의 취지에 따른 처분을 하여야 한다. 이 경우 재결청은 해당 행정청이 처분을 하지 아니하는 때에는 당사자의 신청에 따라 기간을 정하여 서면으로 시정을 명하고, 그 기간 내에 이행하지 아니하는 경우에는 해당 처분을 할 수 있다.

4. 주요특징

거부처분에 대한 의무이행심판은 청구기간의 제한을 받지만, 부작위에 대한 의무이행심판은 그러한 제한을 받지 않는다. 집행정지의 대상은 되지 않으며, 사정재결규정은 적용된다.

02 | 행정심판기관

제1절　행정심판위원회의 설치

Ⅰ 개설

현행 「행정심판법」은 행정심판위원회가 심리와 의결 그리고 재결을 모두 수행하게 하고 있다.

Ⅱ 행정심판위원회

1. 의의

행정심판위원회는 행정청의 처분 또는 부작위에 대한 행정심판의 청구를 심리·재결하는 합의제 행정청을 뜻한다.

2. 행정심판위원회의 설치

(1) 해당 행정청 소속 행정심판위원회(행정심판법 제6조 제1항)

> 1. 감사원, 국가정보원장, 그 밖에 대통령령으로 정하는 대통령 소속기관의 장
> 2. 국회사무총장·법원행정처장·헌법재판소사무처장 및 중앙선거관리위원회사무총장
> 3. 국가인권위원회, 그 밖에 지위·성격의 독립성과 특수성 등이 인정되어 대통령령으로 정하는 행정청

　① 제1호의 대통령 소속기관의 장은 대통령비서실장, 국가안보실장, 대통령경호처장 및 방송미디어통신위원회를 말한다.
　② 제3호의 대통령령으로 정하는 행정청은 고위공직자범죄수사처장을 말한다.

(2) 중앙 행정심판위원회(행정심판법 제6조 제2항)

> 1. 제1항에 따른 행정청 외의 국가행정기관의 장 또는 그 소속 행정청
> 2. 특별시장·광역시장·특별자치시장·도지사·특별자치도지사(특별시·광역시·특별자치시·도 또는 특별자치도의 교육감을 포함한다. 이하 "시·도지사"라 한다) 또는 특별시·광역시·특별자치시·도·특별자치도(이하 "시·도"라 한다)의 의회(의장, 위원회의 위원장, 사무처장 등 의회 소속 모든 행정청을 포함한다)
> 3. 「지방자치법」에 따른 지방자치단체조합 등 관계 법률에 따라 국가·지방자치단체·공공법인 등이 공동으로 설립한 행정청. 다만, 제3항 제3호에 해당하는 행정청은 제외한다.

(3) 시·도지사 소속 행정심판위원회(행정심판법 제6조 제3항)

> 1. 시·도 소속 행정청
> 2. 시·도의 관할구역에 있는 시·군·자치구의 장, 소속 행정청 또는 시·군·자치구의 의회(의장, 위원회의 위원장, 사무국장, 사무과장 등 의회 소속 모든 행정청을 포함한다)
> 3. 시·도의 관할구역에 있는 둘 이상의 지방자치단체(시·군·자치구를 말한다)·공공법인 등이 공동으로 설립한 행정청

(4) 처분청의 직근 상급행정기관 소속 행정심판위원회(행정심판법 제6조 제4항)

> 제2항 제1호에도 불구하고 대통령령으로 정하는 국가행정기관 소속 특별지방행정기관의 장의 처분 또는 부작위에 대한 심판청구에 대하여는 해당 행정청의 직근 상급행정기관에 두는 행정심판위원회에서 심리·재결한다.

대통령령으로 정하는 국가행정기관 소속 특별지방행정기관의 장은 법무부 및 대검찰청 소속 특별지방행정기관(직근 상급행정기관이나 소관 감독행정기관이 중앙행정기관인 경우는 제외한다)을 말한다.

PART 02

제2절　행정심판위원의 제척·기피·회피

1. 위원의 제척·기피

(1) 제척

제척은 법정사유가 발생한 경우 당연히 직무집행에서 배제되는 것을 뜻한다. 제척결정은 이를 확인하는 의미이다.

행정심판법

제10조(위원의 제척·기피·회피)

① 위원회의 위원은 다음 각 호의 어느 하나에 해당하는 경우에는 그 사건의 심리·의결에서 제척(除斥)된다. 이 경우 제척결정은 위원회의 위원장(이하 "위원장"이라 한다)이 직권으로 또는 당사자의 신청에 의하여 한다.
   1. 위원 또는 그 배우자나 배우자이었던 사람이 사건의 당사자이거나 사건에 관하여 공동 권리자 또는 의무자인 경우
   2. 위원이 사건의 당사자와 친족이거나 친족이었던 경우
   3. 위원이 사건에 관하여 증언이나 감정(鑑定)을 한 경우
   4. 위원이 당사자의 대리인으로서 사건에 관여하거나 관여하였던 경우
   5. 위원이 사건의 대상이 된 처분 또는 부작위에 관여한 경우

---

(2) 기피

당사자가 공정한 심리·의결을 기대하기 어려운 사정이 있는 경우 위원장에게 스스로 배제를 신청하는 것을 기피라 한다.

행정심판법

제10조(위원의 제척·기피·회피)

② 당사자는 위원에게 공정한 심리·의결을 기대하기 어려운 사정이 있으면 위원장에게 기피신청을 할 수 있다.

---

(3) 제척·기피의 절차

위원에 대한 제척신청이나 기피신청은 그 사유를 소명한 문서로 하여야 한다. 위원장은 제척신청이나 기피신청의 대상이 된 위원에게서 그에 대한 의견을 받을 수 있다. 위원장은 제척신청이나 기피신청을 받으면 제척 또는 기피 여부에 대한 결정을 하고, 지체 없이 신청인에게 결정서 정본을 송달하여야 한다.

2. 회피

행정심판법

제10조(위원의 제척·기피·회피)

⑦ 위원회의 회의에 참석하는 위원이 제척사유 또는 기피사유에 해당되는 것을 알게 되었을 때에는 스스로 그 사건의 심리·의결에서 회피할 수 있다. 이 경우 회피하고자 하는 위원은 위원장에게 그 사유를 소명하여야 한다.

3. 직원에의 준용

행정심판법

제10조(위원의 제척·기피·회피)

⑧ 사건의 심리·의결에 관한 사무에 관여하는 위원 아닌 직원에게도 제1항부터 제6항까지의 규정을 준용한다.

● 제33회 2024년 기출

【문제 2】 甲은 인터넷설치서비스업을 행하는 법인이다. 甲이 2024.1.22. 고객민원 및 직원 간의 불협화음 등을 이유로 甲 소속 근로자 A에게 정직 7개월의 징계처분을 하자, A는 2024.1.26. 관할 지방노동위원회에 구제신청을 하였다. 관할 지방노동위원회는 2024.2.27. 징계사유가 인정되고 징계양정이 과하다고는 볼 수 없다는 이유로 A의 구제신청을 기각하였다. A는 2024.3.4. 관할 지방노동위원회의 판정에 불복하여 중앙노동위원회에게 재심을 신청하였다. 중앙노동위원회는 2024.4.30. 관할 지방노동위원회의 판정을 취소하고 A에게 행한 정직은 부당정직임을 인정하면서 甲에게 판정서를 송달받은 날부터 30일 이내에 A에 대한 정직을 취소하고 정직기간 중 받을 수 있었던 임금상당액을 지급하라고 구제명령(이하 '이 사건 구제명령'이라 한다)을 하였다. 한편, 중앙노동위원회는 2024.8.7. 甲에게 '구제명령 완전 불이행'의 이유로 250만원의 이행강제금 부과처분(이하 '이 사건 부과처분'이라 한다)을 하였다. 한편, 甲은 2024.8.5. 인사위원회를 개최하여 A에 대한 정직 취소를 의결한 바 있다. 甲은 이 사건 부과처분 문서를 2024.8.9. 송달받았다. 甲은 이 사건 부과처분의 위법을 이유로 취소심판을 청구하려고 한다. 이 경우 행정심판기관의 관할과 피청구인 적격에 관하여 검토하시오. 25점

03 | 행정심판의 청구요건

제1절　행정심판의 대상

I 개설

1. 행정심판법의 개괄주의

(1) 원칙

행정심판법 제3조 제1항은 행정청의 처분 또는 부작위에 대하여 다른 법률에 특별한 규정이 있는 경우를 제외하고는 이 법에 의하여 행정심판을 제기할 수 있다고 규정하여, 모든 처분 또는 부작위에 대하여 행정심판을 제기할 수 있는 개괄주의를 채택하고 있다.

(2) 예외

1) 대통령의 처분·부작위 : 대통령의 처분 또는 부작위에 대하여는 다른 법률에 특별한 규정이 있는 경우를 제외하고는 행정심판을 제기할 수 없다(법 제3조 제2항).

2) 심판재결 : 심판청구에 대한 재결이 있으면 그 재결 및 같은 처분 또는 부작위에 대하여 다시 행정심판을 청구할 수 없다(법 제51조).

3) 별도의 구제절차가 마련되어 있는 경우 : 통고처분이나 검사의 불기소처분에 대해서도 별도의 구제절차가 마련되어 있으므로 행정심판의 대상이 되지 않는다.

행정심판법

제3조(행정심판의 대상)

① 행정청의 처분 또는 부작위에 대하여 다른 법률에 특별한 규정이 있는 경우를 제외하고는 이 법에 의하여 행정심판을 제기할 수 있다.

② 대통령의 처분 또는 부작위에 대하여는 다른 법률에 특별한 규정이 있는 경우를 제외하고는 행정심판을 제기할 수 없다.

제51조(행정심판 재청구의 금지)

심판청구에 대한 재결이 있으면 그 재결 및 같은 처분 또는 부작위에 대하여 다시 행정심판을 청구할 수 없다.

Ⅲ 처분과 부작위

처분의 개념, 거부처분과 부작위의 성립요건은 항고소송과 동일하다(행정소송편 참조).

1. 처분

① "처분"이란 행정청이 행하는 구체적 사실에 관한 법집행으로서의 공권력의 행사 또는 그 거부, 그 밖에 이에 준하는 행정작용을 말한다.

② 거부는 취소심판, 무효등확인심판, 의무이행심판의 대상이 된다.

2. 부작위

① "부작위"란 행정청이 당사자의 신청에 대하여 상당한 기간 내에 일정한 처분을 하여야 할 법률상 의무가 있는데도 처분을 하지 아니하는 것을 말한다.

② 부작위는 의무이행심판의 대상이 되고 취소심판이나 무효등확인심판의 대상이 되지 않는다.

<table><tr><td>**제2절**</td><td>**행정심판의 당사자와 관계인**</td></tr></table>

Ⅰ 당사자

1. 청구인

(1) 의의

행정심판의 청구인은 심판청구의 대상인 처분 또는 부작위에 불복하여 그의 취소 또는 변경 등을 구하는 심판을 제기하는 자를 뜻한다. 원칙적으로 자연인 또는 법인이어야 하나 법인이 아닌 사단 또는 재단으로서 대표자나 관리인이 정하여져 있는 경우에는 그 사단이나 재단의 이름으로 심판청구를 할 수 있다.

(2) 청구인적격

① **취소심판** : 처분의 취소 또는 변경을 구할 법률상 이익이 있는 자가 제기할 수 있다. 처분의 효과가 기간의 경과, 처분의 집행 그 밖의 사유로 인하여 소멸된 뒤에도 그 처분의 취소로 인하여 회복되는 법률상 이익이 있는 자의 경우에는 청구인적격이 인정된다.

② **무효등확인심판** : 처분의 효력 유무 또는 존재 여부에 대한 확인을 구할 법률상 이익이 있는 자가 제기할 수 있다.

③ **의무이행심판** : 행정청의 거부처분 또는 부작위에 대하여 일정한 처분을 구할 법률상 이익이 있는 자가 청구인적격을 갖는다.

④ 법률상 이익의 의미는 항고소송에서 법률상 이익과 동일하다.

(3) 선정당사자

여러 명의 청구인이 공동으로 심판청구를 할 때에는 청구인들 중에서 3명 이하의 선정대표자를 선정할 수 있다(행정심판법 제15조).

(4) 청구인의 지위승계

1) 당연승계

청구인이 사망한 때에는 상속인이, 그리고 법인이나 법인 아닌 사단 또는 재단인 청구인 사이에 합병이 있을 때에는 합병 후 존속하거나 설립된 법인 등이 그 청구인의 지위를 승계한다(행정심판법 제16조 제1항·제2항).

2) 허가승계

심판청구의 대상인 처분에 관계되는 권리 또는 이익을 양수한 자는 위원회의 허가를 받아 청구인의 지위를 승계할 수 있다(행정심판법 제16조 제5항).

(5) 임의적 청구인 변경

청구인적격이 없는 자가 제기한 행정심판은 부적법한 것으로 흠결이 보정되지 않는다. 따라서 행정심판절차에서는 임의적인 청구인 변경이 원칙적으로 허용되지 않는다.

2. 피청구인

(1) 피청구인적격

행정심판법상 피청구인은 해당 심판청구의 대상인 처분을 한 처분청 또는 부작위를 한 부작위청이 된다. 그러나 처분이나 부작위가 있은 후 그에 관한 권한이 다른 행정청에 이전되거나 승계된 경우 새로이 그 권한을 양수하거나 승계한 행정청이 피청구인이 된다(행정심판법 제17조 제1항). 권한의 위임 또는 위탁받은 행정기관·공공단체 및 그 기관 또는 사인이 포함된다. 의무이행심판의 경우에는 청구인의 신청을 받은 행정청이 피청구인적격이 있다.

(2) 피청구인의 경정

1) 종류

청구인이 피청구인을 잘못 지정한 경우에는 위원회는 직권으로 또는 당사자의 신청에 의하여 결정으로써 피청구인을 경정할 수 있다(제17조 제2항). 위원회는 행정심판이 청구된 후에 권한승계로 행정청이 변경되는 경우 직권으로 또는 당사자의 신청에 의하여 결정으로써 피청구인을 경정한다(제17조 제5항).

2) 송달

위원회는 피청구인을 경정하는 결정을 하면 결정서 정본을 당사자에게 송달하여야 한다(제17조 제3항).

3) 경정의 효과

피청구인경정 결정이 있으면 종전의 피청구인에 대한 심판청구는 취하되고 종전의 피청구인에 대한 행정심판이 청구된 때에 새로운 피청구인에 대한 행정심판이 청구된 것으로 본다(제17조 제4항).

4) 이의신청

당사자는 위원회의 결정에 대하여 결정서 정본을 받은 날부터 7일 이내에 위원회에 이의신청을 할 수 있다(제17조 제6항).

3. 참가인

(1) 의의

① 행정심판의 결과에 이해관계가 있는 제3자나 행정청은 해당 심판청구에 대한 위원회나 소위원회의 의결이 있기 전까지 그 사건에 대하여 심판참가를 할 수 있다(제20조 제1항).
② 위원회는 필요하다고 인정하면 그 행정심판 결과에 이해관계가 있는 제3자나 행정청에 그 사건 심판에 참가할 것을 요구할 수 있다(제21조 제1항).

(2) 참가인의 지위(법 제22조)

참가인은 행정심판 절차에서 당사자가 할 수 있는 심판절차상의 행위를 할 수 있다.

제3절　행정심판의 청구

Ⅰ　행정심판의 청구기간

1. 원칙적인 심판청구기간

(1) 제척기간

① 행정심판은 처분이 있음을 알게 된 날부터 90일 이내에 청구하여야 한다(행정심판법 제27조 제1항).

② 행정심판은 처분이 있었던 날부터 180일이 지나면 청구하지 못한다. 다만, 정당한 사유가 있는 경우에는 그러하지 아니하다(행정심판법 제27조 제3항).

(2) 처분이 있음을 안 날

처분이 있음을 알게 된 날이란 당사자가 통지·공고 기타의 방법에 의하여 당해 처분이 있었다는 사실을 현실적으로 안 날을 의미하고 추상적으로 알 수 있었던 날이 아니다. 처분을 서면으로 하는 경우 그 서면이 상대방에게 도달한 날, 공시송달의 경우에는 서면이 도달한 것으로 간주되는 날을 말한다.

(3) 처분이 있은 날

처분이 있었던 날이란 처분이 효력을 발생한 날을 말한다.

관련 판례

1. 처분이 있음을 안날이란 당해 처분이 있었다는 사실을 현실적으로 안 날을 의미한다.

행정심판법 제18조 제1항 소정의 심판청구기간 기산점인 '처분이 있음을 안 날'이라 함은 당사자가 통지·공고 기타의 방법에 의하여 당해 처분이 있었다는 사실을 현실적으로 안 날을 의미하고, 추상적으로 알 수 있었던 날을 의미하는 것은 아니라 할 것이며, 다만 처분을 기재한 서류가 당사자의 주소에 송달되는 등으로 사회통념상 처분이 있음을 당사자가 알 수 있는 상태에 놓여진 때에는 반증이 없는 한 그 처분이 있음을 알았다고 추정할 수는 있다(대판 1995.11.24, 95누11535).

2. 고시 또는 공고에 의한 처분의 경우(불특정 다수인)

통상 고시 또는 공고에 의하여 행정처분을 하는 경우에는 그 처분의 상대방이 불특정 다수인이고, 그 처분의 효력이 불특정 다수인에게 일률적으로 적용되는 것이므로, 그에 대한 행정심판 청구기간도 그 행정처분에 이해관계를 갖는 자가 고시 또는 공고가 있었다는 사실을 현실적으로 알았는지 여부에 관계없이 고시가 효력을 발생하는 날인 고시 또는 공고가 있은 후 5일이 경과한 날에 행정처분이 있음을 알았다고 보아야 한다(대판 2000.9.8, 99두11257).

3. 고시 또는 공고에 의한 처분의 경우(특정인)

행정소송법 제20조 제1항 소정의 제소기간 기산점인 '처분이 있음을 안 날'이라 함은 당사자가 통지, 공고 기타의 방법에 의하여 당해 처분이 있었다는 사실을 현실적으로 안 날을 의미하는바, 특정인에

> 대한 행정처분을 주소불명 등의 이유로 송달할 수 없어 관보·공보·게시판·일간신문 등에 공고한
> 경우에는, 공고가 효력을 발생하는 날에 상대방이 그 행정처분이 있음을 알았다고 볼 수는 없고, 상대방
> 이 당해 처분이 있었다는 사실을 현실적으로 안 날에 그 처분이 있음을 알았다고 보아야 한다(대판
> 2006.4.28, 2005두14851).

2. 예외적인 심판청구기간

(1) 알게 된 날로부터 90일의 예외

청구인의 천재지변·전쟁·사변 그 밖에 불가항력으로 인하여 90일 이내에 심판청구를 할
수 없었을 때에는 그 사유가 소멸한 날로부터 14일 이내(국외는 30일)에 심판청구를 제기할
수 있다(제27조 제2항).

(2) 있었던 날로부터 180일 이내의 예외

청구인이 정당한 사유가 있는 경우에는 180일이 경과된 이후라도 심판청구를 제기할 수 있다
(법 제27조 제3항). 정당한 사유는 불가항력보다는 넓은 개념이다.

(3) 제3자효 행정행위의 심판청구기간의 특칙

① 처분의 제3자는 처분에 대한 통지의 대상이 아니어서 통상 처분이 있음을 알지 못하므로
특별한 사유가 없는 한 처분이 있은 날로부터 180일 이내 청구할 수 있고, 기간 내 청구
하지 못했다 하더라도 특별한 이유가 없는 한 정당한 사유가 있는 경우로 봐서 180일이
경과한 후에도 심판 청구가 적법하다고 본다(대판 1988.9.27, 88누29).

② 제3자가 어떤 경위로든 행정처분이 있음을 알았거나 쉽게 알 수 있는 등 심판청구가 가능
하였다는 사정이 있는 경우에는 그때로부터 90일 이내에 행정심판을 청구하여야 한다(대
판 1996.9.6, 95누16233).

3. 심판청구기간의 오고지·불고지

(1) 오고지

행정청이 심판청구기간을 처분이 있음을 알게 된 날로부터 90일보다 긴 기간으로 잘못 알린
경우에는, 그 잘못 알린 기간 내에 심판청구가 있으면 그 심판청구는 90일 내에 제기된 것으
로 본다(법 제27조 제5항).

(2) 불고지

행정청이 심판청구기간을 알리지 않은 경우에는 처분이 있었던 날로부터 180일 이내에 심판
청구를 할 수 있다(법 제27조 제6항).

4. 심판청구기간 적용제외

심판청구기간은 취소심판과 거부에 대한 의무이행심판에 적용되고, 무효등확인심판청구와 부작
위에 대한 의무이행심판청구에는 적용하지 아니한다(행정심판법 제27조 제7항).

Ⅱ 심판청구서의 제출

1. 서면주의

행정심판청구는 일정한 사항을 기재한 서면으로 한다(제28조 제1항). 행정소송의 필수적 전치요건인 행정심판청구는 엄격한 형식을 요하지 아니하는 서면행위로 해석하는 것이 판례이다.

> **관련 판례** 처분의 취소나 변경을 구하는 서면이 제출된 경우 표제와 제출기관의 여하를 불문하고 행정심판청구로 보아야 한다.
>
> 행정심판법 제19조, 제23조의 규정 취지와 행정심판제도의 목적에 비추어 보면 행정소송의 전치요건인 행정심판청구는 엄격한 형식을 요하지 아니하는 서면행위로 해석되므로, 위법·부당한 행정처분으로 인하여 권리나 이익을 침해당한 자로부터 그 처분의 취소나 변경을 구하는 서면이 제출되었을 때에는 그 표제와 제출기관의 여하를 불문하고 이를 행정심판법 제18조 소정의 행정심판청구로 보고, 불비된 사항이 보정가능한 때에는 보정을 명하고 보정이 불가능하거나 보정명령에 따르지 아니한 때에 비로소 부적법 각하를 하여야 할 것이며, 더욱이 심판청구인은 일반적으로 전문적 법률지식을 갖고 있지 못하여 제출된 서면의 취지가 불명확한 경우도 적지 않으나, 이러한 경우에도 행정청으로서는 그 서면을 가능한 한 제출자의 이익이 되도록 해석하고 처리하여야 한다(대판 2000.6.9, 98두2621).

2. 제출기관

(1) 심판청구서의 제출

행정심판을 청구하려는 자는 심판청구서를 작성하여 피청구인이나 위원회에 제출하여야 한다. 이 경우 피청구인의 수만큼 심판청구서 부본을 함께 제출하여야 한다(제23조 제1항).

(2) 오고지·불고지에 따른 잘못된 심판청구의 처리

행정청이 제58조에 따른 고지를 하지 아니하거나 잘못 고지하여 청구인이 심판청구서를 다른 행정기관에 제출한 경우에는 그 행정기관은 그 심판청구서를 지체 없이 정당한 권한이 있는 피청구인에게 보내야 하고, 지체 없이 그 사실을 청구인에게 알려야 한다(제23조 제2항·제3항).

(3) 심판청구기간의 계산

심판청구기간을 계산할 때에는 최초의 행정기관에 심판청구서가 제출되었을 때에 행정심판이 청구된 것으로 본다(제23조 제4항).

> **관련 판례** 고충민원의 신청이 행정심판청구에 해당하는 것으로 볼 수는 없지만 고충처리의 신청서가 행정기관의 처분에 대한 시정을 구하는 취지임이 분명한 것으로 위원회가 이를 처분청에 송부한 경우 행정심판청구로 볼 수 있다.
>
> 가. 국민고충처리위원회에 대한 고충민원의 신청이 행정소송의 전치절차로서 요구되는 행정심판청구에 해당하는 것으로 볼 수는 없다.
>
> 나. 다만 국민고충처리위원회에 접수된 신청서가 행정기관의 처분에 대하여 시정을 구하는 취지임이 내용상 분명한 것으로서 국민고충처리위원회가 이를 당해 처분청 또는 그 재결청에 송부한 경우

> 에 한하여 행정심판법 제17조 제2항, 제7항의 규정에 의하여 그 신청서가 국민고충처리위원회에
> 접수된 때에 행정심판청구가 제기된 것으로 볼 수 있다(대판 1995.9.29, 95누5332).

3. 행정청의 처리

(1) 행정심판위원회에 송부

피청구인이 심판청구서를 접수하거나 송부받으면 10일 이내에 심판청구서와 답변서를 위원회에 보내야 한다. 다만, 청구인이 심판청구를 취하한 경우에는 그러하지 아니하다(제24조 제1항).

(2) 처분의 상대방에 통지

피청구인은 처분의 상대방이 아닌 제3자가 심판청구를 한 경우에는 지체 없이 처분의 상대방에게 그 사실을 알려야 한다. 이 경우 심판청구서 사본을 함께 송달하여야 한다(제24조 제4항).

(3) 청구내용의 인용

심판청구서를 받은 피청구인은 그 심판청구가 이유 있다고 인정하면 심판청구의 취지에 따라 직권으로 처분을 취소·변경하거나 확인을 하거나 신청에 따른 처분을 할 수 있다. 이 경우 서면으로 청구인에게 알려야 한다(제25조 제1항). 피청구인은 직권취소 등을 하였을 때에는 청구인이 심판청구를 취하한 경우가 아니면 심판청구서·답변서를 보낼 때 직권취소 등의 사실을 증명하는 서류를 위원회에 함께 제출하여야 한다(제25조 제2항).

4. 행정심판위원회의 처리

① 위원회는 심판청구서를 받으면 지체 없이 피청구인에게 심판청구서 부본을 보내야 한다(제26조 제1항).

② 위원회는 피청구인으로부터 답변서가 제출된 경우 답변서 부본을 청구인에게 송달하여야 한다(제26조 제2항).

5. 심판청구의 변경

(1) 의의

행정심판청구 후 청구인이 당초 청구한 행정심판사항에 대해 별도의 새로운 심판청구를 제기함이 없이 청구의 취지나 청구이유를 변경하는 것을 말한다.

(2) 청구의 변경

청구인은 청구의 기초에 변경이 없는 범위 안에서 청구의 취지 또는 이유를 변경할 수 있다(제29조 제1항).

(3) 처분변경으로 인한 청구의 변경

피청구인인 행정청이 심판청구 제기 후에 그 대상인 처분을 변경한 때에는 청구인은 변경된 처분에 맞추어 청구취지 또는 청구이유를 변경할 수 있다(제29조 제2항).

(4) 청구변경의 절차

1) 서면에 의한 신청과 송달

청구의 변경은 서면으로 신청하여야 한다. 이 경우 피청구인과 참가인의 수만큼 청구변경 신청서 부본을 함께 제출하여야 한다. 위원회는 청구변경신청서 부본을 피청구인과 참가인에게 송달하여야 한다(제29조 제3항·제4항).

2) 의견제출

위원회는 기간을 정하여 피청구인과 참가인에게 청구변경 신청에 대한 의견을 제출하도록 할 수 있으며, 피청구인과 참가인이 그 기간에 의견을 제출하지 아니하면 의견이 없는 것으로 본다(제29조 제5항).

(5) 청구변경의 결정

1) 결정서의 송달

위원회는 청구변경 신청에 대하여 허가할 것인지 여부를 결정하고, 지체 없이 신청인에게는 결정서 정본을, 당사자 및 참가인에게는 결정서 등본을 송달하여야 한다(제29조 제6항).

2) 이의신청

신청인은 제6항에 따라 송달을 받은 날부터 7일 이내에 위원회에 이의신청을 할 수 있다(제29조 제7항).

(6) 청구변경의 효력

청구의 변경결정이 있으면 처음 행정심판이 청구되었을 때부터 변경된 청구의 취지나 이유로 행정심판이 청구된 것으로 본다(제29조 제8항).

● 제24회 2015년 기출

【문제 1】 甲은 2015.1.16. 주택신축을 위하여 개발행위허가를 신청하였다. 이에 관할 행정청 乙은 「국토의 계획 및 이용에 관한 법률」의 규정에 의거하여 "해당 개발행위에 따른 기반시설의 설치나 그에 필요한 용지의 확보계획이 적절하지 않다"라는 사유로 2015.1.22. 개발행위 불허가 처분을 하였고, 그 다음날 甲은 그 사실을 알게 되었다.
그런데 乙은 위 불허가 처분을 하면서 甲에게 그 처분에 대하여 행정심판을 청구할 수 있는지 여부와 행정심판을 청구하는 경우의 심판청구 절차 및 심판청구기간을 알리지 아니하였다. 甲은 개발행위 불허가 처분에 불복하여 2012.5.7. 행정심판위원회에 취소심판을 청구하였다. 아울러 甲은 적법한 제소요건을 갖추어 취소소송도 제기하였다. 50점

물음 1) 甲의 취소심판은 청구기간이 경과되었는가? 20점

● 제23회 2014년 기출

【문제 1】 A회사의 근로자 甲은 노동조합을 설립하고자 「노동조합 및 노동관계조정법」 제10조에 따라 설립신고를 하였으나, 甲이 설립하려는 노동조합은 경비의 주된 부분을 사용자로부터 원조받는 조직으로, 동법 제2조 제4호에 의해 노동조합으로 보지 아니하는 것이다. 그럼에도 불구하고 관할 행정청은 甲의 조합설립신고를 수리하였고, 이에 A회사는 甲의 조합은 무자격조합임을 이유로 신고수리에 대해 취소심판을 제기하였다. 다음 물음에 답하시오. 50점

물음 1) A회사가 제기한 심판청구의 적법성에 관한 법적 쟁점을 설명하시오. 30점
물음 2) 만약 A회사의 취소심판이 인용되어 취소명령재결이 행해진다면, 甲은 이러한 인용재결에 대해 취소소송으로 다툴 수 있는가? 20점

04 | 심판청구의 효과와 가구제

Ⅰ 행정심판위원회에 대한 효과

행정심판이 청구된 경우 행정심판위원회는 이를 심리 재결할 의무를 진다.

Ⅱ 처분에 대한 효과

1. 집행부정지원칙

심판청구는 처분의 효력이나 그 집행 또는 절차의 속행(續行)에 영향을 주지 아니한다(제29조 제8항). 다수설은 원활한 행정의 필요성과 당사자의 권리보호라는 측면에서 인정하는 입법정책의 문제라고 본다.

2. 예외적 집행정지

집행부정지의 원칙은 국민의 권리구제가 제한되거나 경시된다는 문제점이 있다. 「행정심판법」은 이러한 문제점을 보완하기 위해 위원회가 일정한 요건하에 예외적 집행정지결정을 할 수 있도록 하고 있다.

제 2 절　「행정심판법」상 가구제

I　집행정지

1. 의의

집행정지는 심판이 청구된 경우 대상되는 처분의 효력이나 집행 또는 절차의 속행을 정지시키는 것을 말한다.

2. 집행정지결정의 요건

(1) 적극적 요건

① 집행정지대상인 처분이 존재할 것, ② 심판청구의 계속, ③ 중대한 손해가 생기는 것을 예방할 필요성, ④ 긴급한 필요의 존재를 요건으로 한다.

(2) 소극적 요건

① 집행정지처분으로 인하여 공공복리에 중대한 영향을 미칠 우려가 없어야 한다.
② 판례는 본안청구의 이유 없음이 명백하지 않을 것을 소극적 요건으로 보고 있다.

3. 집행정지결정의 대상

집행정지의 대상은 처분의 효력이나 집행 또는 그 절차의 속행의 전부 또는 일부이다. 다만, 처분의 효력정지는 처분의 집행이나 절차의 속행을 정지함으로써 그 목적을 달성할 수 있을 때에는 허용되지 않는다.

II　임시처분

1. 의의

임시처분이란 처분 또는 부작위에 대하여 인정되는 임시지위를 정하는 가구제이다. 임시처분은 의무이행심판에 의한 권리구제의 실효성을 보장하기 위한 제도이다.

2. 임시처분의 요건

(1) 적극적 요건

① 처분 또는 부작위가 위법·부당하다고 상당히 의심될 것, ② 당사자가 받을 우려가 있는 중대한 불이익이나 당사자에게 생길 급박한 위험의 방지의 필요성, ③ 임시지위를 정할 필요성의 존재를 요건으로 한다.

(2) 소극적 요건

① 임시처분으로 인하여 공공복리에 중대한 영향을 미칠 우려가 없어야 한다.
② 집행정지로 목적을 달성할 수 있는 경우에는 허용되지 아니한다(집행정지에 대한 보충성).

3. 임시처분결정의 취소

위원회는 임시처분을 결정한 후에 임시처분이 공공복리에 중대한 영향을 미치거나 그 임시처분의 사유가 없어진 경우에는 직권으로 또는 당사자의 신청에 의하여 임시처분결정을 취소할 수 있다.

4. 취소심판이나 무효등확인심판에서 인정 여부

거부나 부작위에 대한 의무이행심판에서 임시처분이 가능하다는 것은 논란이 없지만 거부에 대한 취소심판이나 무효등확인심판에서 임시처분이 가능한지 견해대립이 있다. 가구제는 본안청구를 통한 구제 이상을 인정할 수 없으므로 취소심판에서는 인정되지 않는다는 견해도 있지만, 행정심판법이 의무이행심판에만 국한해서 인정하지 않고 있고 거부처분 취소재결에도 행정청의 재처분의무와 간접강제가 가능하다는 점에서 허용된다고 본다.

Ⅲ 거부처분에 대한 가구제

1. 문제의 소재

집행정지의 대상인 처분과 관련 거부처분에 대해 집행정지가 가능한지에 대해서 견해대립이 있다.

1) 학설

① 거부처분에 대해 집행정지를 하더라도 행정청이 신청에 따른 처분을 할 의무를 부담하지 않는다는 점에서 '부정설', ② 원칙적으로 인정되지 않지만 거부처분의 집행정지에 의하여 신청인에게 어떠한 법적 이익이 있다고 인정되는 예외적 경우에는 인정된다는 '예외적 긍정설', ③ 집행정지결정의 기속력에 의해 행정청에게 잠정적인 재처분의무가 생긴다고 볼 수 있다는 점에서 '긍정설'의 견해대립이 있다.

2) 판례

판례는 일률적으로 거부처분에 대한 집행정지를 부정한다.

3) 결론

거부처분은 그 자체를 침익적 처분으로 볼 수 없고 거부처분에 대해서는 임시처분이 가능하다는 점에서 '부정설'이 타당하다.

2. 임시처분의 인정 여부

(1) 임시처분의 의의

임시처분이란 행정심판위원회가 직권 또는 당사자의 신청에 의하여 처분 또는 부작위에 대하여 인정되는 임시지위를 정하는 가구제이다.

(2) 임시처분의 요건

1) 적극적 요건

① 처분 또는 부작위가 위법·부당하다고 상당히 의심될 것, ② 당사자가 받을 우려가 있는 중대한 불이익이나 당사자에게 생길 급박한 위험의 방지의 필요성, ③ 임시지위를 정할 필요성의 존재를 요건으로 한다.

2) 소극적 요건

① 임시처분으로 인하여 공공복리에 중대한 영향을 미칠 우려가 없을 것, ② 집행정지로 목적 달성이 가능하지 않을 것을 요건으로 한다.

(3) 거부처분의 경우

행정청의 거부처분에 대해 임시처분의 요건을 갖춘 경우 위원회의 임시처분이 가능하다.

● 제27회 2018년 기출

【문제 1】 甲은 A국 국적으로 대한민국에서 취업하고자 관련법령에 따라 2009년 4월 경 취업비자를 받아 대한민국에 입국하였고, 2010년 4월 체류기간이 만료되었다. 乙은 같은 A국 출신으로, 대한민국 국적 남성과 혼인하고 2015년 12월 귀화하였으나, 2016년 10월 협의이혼 하였다. 이후 甲은 2017년 7월 乙과 혼인신고를 하고, 2017년 8월 관할행정청인 X에게 대한민국 국민의 배우자(F-6-1)자격으로 체류자격 변경허가 신청을 하였다. 그러나 甲은 당시 7년여의 '불법체류'를 하고 있음이 적발되었고, 이는 관련법령 및 사무처리지침(이하 '지침 등'이라 함)상 허가요건 중 하나인 '국내합법체류자'요건을 결여하게 되어 X는 2017년 8월 甲의 신청을 반려하는 처분을 하였다. 한편 甲과 乙은 최근 자녀를 출산하였다. 甲은 위 허가를 받지 못하면 당장 A국으로 출국하여야 하고, 자녀 양육에 어려움을 겪는 등 가정이 파탄될 위험이 생기므로 위 반려처분은 위법하다고 주장한다. 50점

물음 1) 만일, 甲이 X의 반려처분에 불복하여 행정심판을 제기함과 동시에 임시처분을 신청하는 경우, 임시처분의 인용가능성에 관하여 논하시오. 20점

05 | 행정심판의 심리

제1절 심리의 내용과 범위

Ⅰ 심리의 내용

1. 심리의 의의

행정심판의 심리란 재결의 기초가 되는 사실 및 법률관계를 명백히 하기 위하여 당사자 및 관계인의 주장과 반박을 듣고 증거 기타 자료를 수집·조사하는 절차를 말한다.

2. 내용

(1) 요건심리

요건심리는 당해 심판청구가 적법한 심판청구요건을 갖추었는지를 형식적으로 심리하는 것이다. 요건심리결과 제기요건이 갖추어지지 않은 것으로 인정될 때에는 당해 심판청구는 부적법 각하재결을 내려야 한다.

(2) 본안심리

① 심판청구요건이 적법하게 갖추어진 경우 당해 심판청구의 내용에 관하여 판단한다.
② 본안심리의 결과 심판청구가 이유 있는 경우 인용하고, 그렇지 않은 경우 기각한다.
③ 요건심리와 본안심리는 항상 시간적으로 전·후관계에 있는 것은 아니다. 본안심리 중에도 심판청구의 형식적 요건에 흠이 발견되면 위원회는 언제든 각하할 수 있다.

Ⅱ 심리범위

1. 불고불리 및 불이익변경금지

(1) 불고불리의 원칙

위원회는 심판청구의 대상인 처분 또는 부작위 외의 사항에 대해서는 재결을 하지 못한다(행정심판법 제47조 제1항).

(2) 불이익변경금지의 원칙

위원회는 심판청구의 대상이 되는 처분보다 청구인에게 불리한 재결을 하지 못한다(행정심판법 제47조 제2항).

2. 법률문제·사실문제

행정심판의 심리는 법률문제와 사실문제까지 심리할 수 있다. 법률문제는 처분의 적법·위법의 문제뿐만 아니라 당·부당의 문제까지 심리한다.

3. 재량문제

행정심판은 행정청의 재량처분에 대해 일탈·남용의 위법뿐만 아니라 재량권 발동의 합목적성의 심사인 부당까지 심리할 수 있다.

제2절　심리의 원칙

Ⅰ 심리의 기본원칙

1. 대심주의

「행정심판법」은 청구인과 피청구인이 서로 대등한 입장에서 공격·방어방법을 제출할 수 있게 하고, 행정심판위원회가 제3자적 입장에서 심리를 진행하도록 하는 대심주의를 채택하고 있다.

2. 처분권주의

행정심판은 청구인의 심판청구에 의해 행정심판이 개시되고, 심판대상과 범위가 당사자에 의해 결정되며, 심판절차의 종료도 청구인이 결정할 수 있도록 하여 처분권주의에 입각해 있다. 다만, 청구기간의 제한, 청구인낙의 불인정 등 공익적 견지에서 처분권주의가 많은 제한을 받는다.

3. 직권심리주의

(1) 의의

① 직권심리주의란 심리에 있어서 심판기관이 당사자의 사실의 주장에 근거하지 않거나 그 주장에 구속되지 않고 적극적으로 직권으로 필요한 사실의 탐지 또는 증거조사를 행하는 원칙을 말한다.

② 「행정심판법」은 '직권탐지'와 '직권증거조사'를 인정하고 있다.

(2) 직권탐지

① 위원회는 필요하면 당사자가 주장하지 아니한 사실에 대하여도 심리할 수 있다(행정심판법 제39조).

② 위원회의 직권탐지는 불고불리의 원칙상 당사자가 신청한 사항에 대하여 신청의 범위 내에서만 가능하다.

(3) 직권증거조사

위원회는 사건을 심리하기 위하여 필요하면 직권으로 또는 당사자의 신청에 의하여 증거조사를 할 수 있다.

4. 심리의 방식

행정심판의 심리는 구술심리나 서면심리로 한다. 다만, 당사자가 구술심리를 신청한 경우에는 서면심리만으로 결정할 수 있다고 인정되는 경우 외에는 구술심리를 하여야 한다(행정심판법 제40조 제1항).

5. 비공개주의

심리의 공개 여부에 관한 명문의 규정은 없으나, 직권심리주의·서면심리주의 등을 채택한「행정심판법」의 전체적인 구조로 보아 비공개주의를 원칙으로 하되, 필요한 경우 위원회의 결정으로 심리를 공개할 수 있다고 보는 견해가 다수설이다.

6. 처분사유의 추가·변경

일반적으로 기본적 사실관계의 동일성이 유지되는 한도 내에서 처분사유의 추가·변경을 인정하고 당사자의 명시적 동의가 있다면 기본적 사실관계의 동일성이 없더라도 처분사유의 추가·변경을 인정한다. 취소소송의 논리가 그대로 적용된다.

06 | 행정심판의 재결

 재결의 종류

Ⅰ 의의

① 재결은 심판청구사건에 대한 행정심판위원회의 판단을 말한다(행정심판법 제2조 제3호).
② 행정법상의 다툼에 대해 유권적 판정을 내리는 준사법적 행위인 동시에 확인적 행정행위로서의 성질을 가진다.

Ⅱ 재결의 종류

1. 각하재결

위원회는 심판청구가 적법하지 아니하면 그 심판청구를 각하(却下)한다(행정심판법 제43조 제1항).

2. 기각재결

위원회는 심판청구가 이유가 없다고 인정하면 그 심판청구를 기각(棄却)한다(행정심판법 제43조 제2항).

3. 인용재결

(1) 의의

본안심리의 결과 청구인의 청구가 이유 있다고 인정하여 청구의 취지를 받아들이는 재결을 말한다.

(2) 취소심판의 인용재결

1) 재결의 종류

위원회는 취소심판의 청구가 이유가 있다고 인정하면 처분을 취소 또는 다른 처분으로 변경하거나 처분을 다른 처분으로 변경할 것을 피청구인에게 명한다(행정심판법 제43조 제3항).

2) 취소재결

취소재결에는 해당 처분의 전부취소를 내용으로 하는 전부취소재결과 일부취소를 내용으로 하는 일부취소재결이 있다.

3) 변경재결

변경재결은 처분의 내용을 적극적으로 변경하는 재결을 말한다. 변경재결은 원처분의 일부를 취소하는 것이 아니고, 원처분을 전부 취소하고 새로운 처분을 하는 것으로 보아야 할 것이다.

4) 변경명령재결

변경명령재결은 처분을 다른 처분으로 변경할 것을 피청구인에게 명하는 재결이다. 행정심판 위원회가 직접 변경재결을 하는 것보다는 피청구인인 행정청으로 하여금 최선의 방안을 판단 하여 처분하도록 하는 것이 합리적일 때에는 변경명령재결을 할 수 있다.

(3) 무효등확인심판의 인용재결

위원회는 무효등확인심판의 청구가 이유가 있다고 인정하면 처분의 효력 유무 또는 처분의 존재 여부를 확인한다(행정심판법 제43조 제4항). 처분의 유효 · 무효 · 실효 · 존재 · 부존재 확인 등의 재결이 있다.

(4) 의무이행심판의 인용재결

1) 재결의 종류

위원회는 의무이행심판의 청구가 이유가 있다고 인정하면 지체 없이 신청에 따른 처분을 하거나 처분을 할 것을 피청구인에게 명한다(행정심판법 제43조 제5항).

2) 처분재결과 처분명령재결의 선택

① 처분재결과 처분명령재결 중 어떠한 재결을 하여야 하는가에 대해서는 원칙적 처분명령재결을 해야 하고 예외적 처분재결을 해야 한다는 견해와, 위원회의 선택재량이 인정된다는 견해의 대립이 있다.

② 실무상으로는 처분명령재결을 하고 있고, 처분재결은 극히 예외적으로 인정되고 있다.

3) 특정처분명령재결과 일정처분명령재결

① 기속행위에 대해서는 청구인의 신청내용대로 처분을 하거나 이를 할 것을 명하여야 한다는 것이 일반적 견해이다(특정처분명령재결).

② 재량행위는 처분청의 재량권을 존중하여 하자 없는 재량행사를 명하는 재결을 하여야 한다는 것이 일반적 견해이다. 다만, 재결시를 기준으로 원칙상 특정처분을 해야 할 것이 명백한 경우에는 신청대로 처분을 할 것을 명할 수 있다.

4. 사정재결

① 위원회는 심판청구가 이유가 있다고 인정하는 경우에도 이를 인용하는 것이 공공복리에 크게 위배된다고 인정하면 그 심판청구를 기각하는 재결을 할 수 있다. 이 경우 위원회는 재결의 주문에서 그 처분 또는 부작위가 위법하거나 부당하다는 것을 구체적으로 밝혀야 한다(법 제44조 제1항).

② 위원회는 사정재결을 할 때에는 청구인에 대하여 상당한 구제방법을 취하거나 상당한 구제방법을 취할 것을 피청구인에게 명할 수 있다(법 제44조 제2항).

③ 사정재결은 무효등확인심판에는 적용하지 아니한다(법 제44조 제3항).

제 2 절 재결의 기준과 효력

Ⅰ 재결의 기준시

1. 의의

처분은 원칙적으로 처분 당시의 사실상태와 법률상태를 기초로 하여 행하여진다. 그런데 처분 또는 부작위에 대하여 행정심판이 청구되어 해당 행정심판이 계속 중에 처분 또는 부작위의 근거가 된 법령이 개정되거나 폐지되어 처분 당시의 사실상태와 법률상태에 변화가 생긴 경우 어느 시점의 사실상태와 법률상태를 근거로 하여 심판할 것인가 하는 문제가 발생한다.

2. 취소심판에서의 위법·부당성 판단의 기준시점

(1) 학설

① 행정심판에서 해당 처분의 위법·부당 여부의 판단은 처분 당시의 법령상태와 사실상태를 기준으로 해야 한다는 '처분시설', ② 해당 처분의 위법 여부의 판단은 재결 당시의 법령상태와 사실 상태를 기준으로 해야 한다는 '재결시설', ③ 원칙적으로 처분시설을 취하되, 계속적 효력을 가진 처분이나 미집행의 처분에 대한 심판에 있어서는 재결시를 기준으로 한다는 '절충설'의 견해대립이 있다.

(2) 판례

판례는 '처분시설'에 입각하고 있다. 다만, 제재적 처분의 경우 위법행위 시의 사실관계와 법령에 따라 처분의 적법 여부를 판단하여야 한다는 입장이다.

> **관련 판례** 행정처분의 위법·부당 여부는 원칙적으로 처분시를 기준으로 판단한다.
>
> 행정심판에 있어서 행정처분의 위법·부당 여부는 원칙적으로 처분시를 기준으로 판단하여야 할 것이나, 재결청은 처분 당시 존재하였거나 행정청에 제출되었던 자료뿐만 아니라, 재결 당시까지 제출된 모든 자료를 종합하여 처분 당시 존재하였던 객관적 사실을 확정하고 그 사실에 기초하여 처분의 위법·부당 여부를 판단할 수 있다(대판 2001.7.27, 99두5092).

3. 의무이행심판에서의 위법·부당성 판단의 기준시점

의무이행심판은 핵심이 과거에 행해진 거부처분의 위법·부당 여부를 판단하는 것이 아니라 재결 시점에서 거부처분을 계속 유지하는 것이 위법·부당한지를 판단하는 데 있다. 따라서 의무이행 심판의 목적을 달성하기 위해서는 재결시점에서 해당 거부처분이 위법·부당한지를 판단하는 것이 타당할 것이다.

4. 부작위의 위법·부당성 판단의 기준시점

부작위는 재결시까지 아무런 처분이 없음을 전제로 하는 점, 인용재결의 효력과의 관계를 볼 때 재결시의 법률관계에 있어서의 처분권 행사가 적법한지를 가리는 것이기 때문에 재결시를 기준으로 위법·부당 여부를 판단하여야 한다는 '재결시설'이 판례와 재결례이다.

Ⅱ 재결의 효력

1. 형성력

(1) 의의

① 재결의 형성력이란 재결에 의해 기존의 법률관계에 변동을 가져오는 효력을 뜻한다.

② 처분을 취소하는 내용의 재결이 있으면, 처분의 효력은 처분청의 별도의 행위를 기다릴 것 없이 처분시에 소급하여 소멸되고, 변경재결에 의하여 원래의 처분이 취소되고 이를 대신하는 별도의 처분이 이루어진 뒤에도 새로운 처분의 효력을 즉시 발생하게 되는 것은 모두 재결의 형성력의 효과이다.

(2) 인정범위

형성력은 '재결청이 직접 처분을 취소·변경하는 재결'이나 '신청에 따른 처분을 하는 재결'에만 인정되며, '무효확인재결'이나 '처분청에 일정한 처분을 할 것을 명하는 재결'에는 형성력이 인정되지 않는다.

2. 대세효

재결의 형성력은 당사자뿐만 아니라 제3자에게도 미치며, 이를 대세효라 한다.

3. 기속력

행정심판법

제49조(재결의 기속력 등)

① 심판청구를 인용하는 재결은 피청구인과 그 밖의 관계 행정청을 기속(羈束)한다.

② 재결에 의하여 취소되거나 무효 또는 부존재로 확인되는 처분이 당사자의 신청을 거부하는 것을 내용으로 하는 경우에는 그 처분을 한 행정청은 재결의 취지에 따라 다시 이전의 신청에 대한 처분을 하여야 한다.

③ 당사자의 신청을 거부하거나 부작위로 방치한 처분의 이행을 명하는 재결이 있으면 행정청은 지체 없이 이전의 신청에 대하여 재결의 취지에 따라 처분을 하여야 한다.

④ 신청에 따른 처분이 절차의 위법 또는 부당을 이유로 재결로써 취소된 경우에는 제2항을 준용한다.

(1) 의의

재결의 기속력은 피청구인인 행정청이나 관계행정청으로 하여금 재결의 취지에 따라 행동할 의무를 발생시키는 효력을 뜻한다. 심판청구를 인용하는 재결은 피청구인과 그 밖의 관계행정청을 기속한다.

(2) 기속력의 내용

1) 반복처분금지의무

① 인용재결의 내용에 모순되는 내용의 동일한 처분을 동일한 사실관계하에서 반복할 수 없다.

② 종전 처분시와 다른 사유를 들어 처분을 하는 것은 기속력에 저촉되지 아니한다.

③ 동일한 사유인지 다른 사유인지는 종전 처분에 관하여 위법한 것으로 재결에서 판단된 사유와 기본적 사실관계에서 동일성이 인정되는 사유인지 여부에 따라 판단하여야 한다.

관련 판례

1. 재결의 취지에 따르지 않은 동일한 처분은 위법하다.

당초의 개별공시지가 결정처분을 취소하고 그것을 하향조정하라는 취지의 재결이 있은 후에도 처분청이 다시 당초 처분과 동일한 액수로 개별공시지가를 결정한 처분은 재결청의 재결에 위배되는 것으로서 위법하다(대판 1997.3.14, 95누18482).

2. 재결에 적시된 위법사유를 시정·보완한 처분은 재결의 기속력에 반하지 않는다.

택지초과소유부담금 부과처분을 취소하는 재결이 있는 경우 당해 처분청은 재결의 취지에 반하지 아니하는 한, 즉 당초 처분과 동일한 사정 아래에서 동일한 내용의 처분을 반복하는 것이 아닌 이상, 그 재결에 적시된 위법사유를 시정·보완하여 정당한 부담금을 산출한 다음 새로이 부담금을 부과할 수 있는 것이고, 이러한 새로운 부과처분은 재결의 기속력에 저촉되지 아니한다(대판 1997.2.25, 96누14784).

---

2) 재처분의무(적극적 의무)

① 재결에 의하여 취소되거나 무효 또는 부존재로 확인되는 처분이 당사자의 신청을 거부하는 것을 내용으로 하는 경우에는 그 처분을 한 행정청은 재결의 취지에 따라 다시 이전의 신청에 대한 처분을 하여야 한다(행정심판법 제49조 제2항).

② 당사자의 신청을 거부하거나 부작위로 방치한 처분의 이행을 명하는 재결이 있으면 행정청은 지체 없이 이전의 신청에 대하여 재결의 취지에 따라 처분을 하여야 한다(행정심판법 제49조 제3항).

3) 결과제거의무

명문의 규정은 없으나, 처분의 취소재결 또는 무효확인재결이 있는 경우 행정청은 본래의 처분에 의해 발생한 상태를 제거할 의무를 진다. 예를 들면 압류처분이 취소재결된 경우 압류가 없는 상태로 원상회복을 시켜야 한다.

(3) 기속력의 범위

1) 주관적 범위

인용재결의 기속력은 피청구인인 행정청과 그 밖의 관계행정청을 기속한다.

2) 객관적 범위

재결의 주문 및 그 전제가 되는 요건사실의 인정과 효력의 판단에만 미친다.

3) 시간적 범위

취소재결의 경우 위법판단시인 처분시를 기준으로, 의무이행재결의 경우 재결시의 사실관계나 법령을 전제로 하여 기속력이 인정된다.

관련 판례

1. 재결의 기속력의 효력범위

행정심판법 제37조에서 정하고 있는 행정심판청구에 대한 재결이 행정청과 그 밖의 관계 행정청을 기속하는 효력은 당해 처분에 관하여 재결주문 및 그 전제가 된 요건사실의 인정과 판단에만 미치고 이와 직접 관계가 없는 다른 처분에 대하여는 미치지 아니한다(대판 1998. 2.27, 96누13972).

2. 당해 행정청이 어떠한 처분을 하였다면 그 처분이 재결의 내용을 따르지 아니하였다고 하더라도 재결청이 직접 처분을 할 수는 없다.

행정심판법 제37조 제2항, 같은법 시행령 제27조의2 제1항의 규정에 따라 재결청이 직접 처분을 하기 위하여는 처분의 이행을 명하는 재결이 있었음에도 당해 행정청이 아무런 처분을 하지 아니하였어야 하므로, 당해 행정청이 어떠한 처분을 하였다면 그 처분이 재결의 내용에 따르지 아니하였다고 하더라도 재결청이 직접 처분을 할 수는 없다(대판 2002.7.23, 2000두9151).

Ⅲ 위원회의 직접 처분

행정심판법

제50조(위원회의 직접 처분)

① 위원회는 피청구인이 제49조 제3항에도 불구하고 처분을 하지 아니하는 경우에는 당사자가 신청하면 기간을 정하여 서면으로 시정을 명하고 그 기간에 이행하지 아니하면 직접 처분을 할 수 있다. 다만, 그 처분의 성질이나 그 밖의 불가피한 사유로 위원회가 직접 처분을 할 수 없는 경우에는 그러하지 아니하다.

② 위원회는 제1항 본문에 따라 직접 처분을 하였을 때에는 그 사실을 해당 행정청에 통보하여야 하며, 그 통보를 받은 행정청은 위원회가 한 처분을 자기가 한 처분으로 보아 관계 법령에 따라 관리·감독 등 필요한 조치를 하여야 한다.

---

1. 의의

행정청이 처분명령재결의 취지에 따라 이전의 신청에 대한 처분을 하지 아니하는 때에 위원회가 해당 처분을 직접 행하는 것을 말한다.

2. 요건

(1) 적극적 요건

① 처분이행명령재결이 있을 것, ② 피청구인이 처분을 하지 아니할 것, ③ 당사자의 신청, ④ 위원회가 기간을 정하여 시정을 명할 것, ⑤ 해당 행정청이 그 기간 내에 시정명령을 이행하지 아니하였을 것을 요건으로 한다.

(2) 소극적 요건

처분의 성질이나 그 밖의 불가피한 사유로 위원회가 직접 처분을 할 수 없는 경우에는 직접처분이 허용되지 않는다.

3. 직접 처분의 사후관리

행정심판위원회가 직접 처분을 한 때에는 그 사실을 해당 행정청에 통보하여야 하며, 그 통보를 받은 행정청은 행정심판위원회가 행한 처분을 해당 행정청이 행한 처분으로 보아 관계 법령에 따라 관리·감독 등 필요한 조치를 하여야 한다.

Ⅳ 위원회의 간접강제

행정심판법

제50조의2(위원회의 간접강제)

① 위원회는 피청구인이 제49조 제2항(제49조 제4항에서 준용하는 경우를 포함한다) 또는 제3항에 따른 처분을 하지 아니하면 청구인의 신청에 의하여 결정으로 상당한 기간을 정하고 피청구인이 그 기간 내에 이행하지 아니하는 경우에는 그 지연기간에 따라 일정한 배상을 하도록 명하거나 즉시 배상을 할 것을 명할 수 있다.

② 위원회는 사정의 변경이 있는 경우에는 당사자의 신청에 의하여 제1항에 따른 결정의 내용을 변경할 수 있다.

③ 위원회는 제1항 또는 제2항에 따른 결정을 하기 전에 신청 상대방의 의견을 들어야 한다.

1. 의의

행정청의 거부나 부작위에 대한 인용재결에 의해 행정청이 재처분의무를 이행하지 않는 경우 손해배상을 통해 이행을 강제하는 것을 말한다.

2. 요건

① 거부나 부작위에 대한 취소재결 또는 무효·부존재확인재결이나 의무이행명령재결이 있을 것, ② 피청구인인 행정청이 처분을 하지 아니할 것, ③ 청구인의 신청, ④ 위원회의 상당기간 경과에 대한 지연배상 또는 즉시배상명령이 있을 것을 요건으로 한다.

3. 간접강제 결정의 변경

행정심판위원회는 간접강제의 결정 후에 사정변경이 있는 경우에는 당사자의 신청에 따라 결정의 내용을 변경할 수 있다.

4. 배상금의 추심

① 간접강제 결정이 있은 후에 피청구인이 그 결정에서 정한 상당한 기간 내에 재처분을 하지 않으면, 청구인은 그 결정문 정본을 집행권원으로 하여 집행문을 부여받아 집행할 수 있다.

② 다만, 간접강제 결정에서 정한 의무이행 기한이 경과한 후에라도 재결의 취지에 따른 재처분이 행하여지면 처분 상대방이 더 이상 배상금을 추심하는 것은 허용되지 않는다(대판 2010.12.23, 2009다37725).

● 제28회 2019년 기출

【문제 2】 A국립대학교 법학전문대학원에 지원한 甲은 A국립대학교총장(이하 'A대학 총장'이라 함)에게 자신의 최종입학점수를 공개해 줄 것을 청구하였으나, A대학총장은 영업비밀임을 이유로 공개거부결정을 하였다. 甲이 위 결정에 대하여 행정심판을 청구하였고 B행정심판위원회는 이를 취소하는 재결을 내렸다. 그럼에도 불구하고 A대학 총장은 위 행정심판위원회의 재결을 따르지 아니하고 甲의 최종입학점수를 공개하지 아니하고 있다. 이에 甲이 행정심판법상 취할 수 있는 실효성 확보 수단을 설명하시오. 25점

07 | 고지제도

제1절　고지의 의의와 법적 성격

Ⅰ 고지제도의 의의

1. 의의

고지제도란 행정청이 처분을 함에 있어서 그 상대방에게 해당 처분에 대하여 행정심판을 제기할 경우 필요한 사항을 아울러 고지할 의무를 지우는 제도를 말한다.

2. 「행정심판법」상 고지와 「행정절차법」상 고지

고지제도는 「행정심판법」과 「행정절차법」에 규정되어 있다.

① 「행정심판법」상 고지는 직권고지와 청구에 의한 고지를 규정하고 있으나, 「행정절차법」에는 청구에 의한 고지규정이 없다.

② 「행정심판법」상 고지는 행정심판에 대한 고지이나, 「행정절차법」상 고지는 행정심판뿐만 아니라 행정소송 기타 불복방법까지 고지해야 한다.

Ⅱ 법적 성격

① 고지는 비권력적 사실행위로서 고지 자체로는 아무런 법적 효과도 발생하지 않는다. 이 때문에 행정심판의 고지를 하지 않았다 하여도 당해 처분 자체의 효력에 아무 영향이 없고 이 자체가 행정심판의 대상이 되지 않는다.

② 「행정심판법」에는 행정청의 불고지·오고지에 대해서는 일정한 제재수단 또는 구제수단이 별도로 규정되어 있다.

제2절 고지의 종류와 고지의무 위반

Ⅰ 고지의 종류

1. 처분의 상대방에 대한 고지

행정청이 처분을 할 때에는 처분의 상대방에게 행정심판에 관한 사항을 알려야 한다(행정심판법 제58조 제1항).

2. 이해관계인에 대한 고지

행정청은 이해관계인이 요구하면 행정심판에 관한 사항을 알려주어야 한다(행정심판법 제58조 제2항).

Ⅱ 고지의무 위반의 효과

1. 불고지의 효과

(1) 경유절차에 대한 불고지

① 행정청이 고지를 하지 아니하여 청구인이 심판청구서를 타 행정기관에 제출한 때에는 그 행정기관은 그 심판청구서를 지체 없이 정당한 권한 있는 행정청에 송부하고 그 사실을 청구인에게 통지하여야 한다(행정심판법 제23조 제2항·제3항).

② 이 경우 심판청구기간을 계산함에 있어서는 최초의 행정기관에 심판청구서가 제출된 때에 심판청구가 제기된 것으로 본다(행정심판법 제23조 제4항).

(2) 청구기간의 불고지

행정청이 청구기간을 고지하지 않은 때에는 처분이 있음을 알았는지 여부와 관련없이 처분이 있은 날로부터 180일 이내에 제기하면 된다(행정심판법 제27조 제6항).

2. 오고지의 효과

(1) 경유절차의 오고지

불고지효과와 동일하다.

(2) 청구기간의 오고지

행정청이 고지한 심판청구기간이 착오로 소정의 기간보다 길게 된 때에는 그 고지된 청구기간 내에 심판청구가 있으면 적법한 기간 내에 이루어진 것으로 본다(행정심판법 제27조 제5항).

박문각 공인노무사

임병주 포인트 행정쟁송법
2차 | 기본서

제1판 인쇄 2026. 1. 25. | **제1판 발행** 2026. 1. 30. | **편저자** 임병주

발행인 박 용 | **발행처** (주)박문각출판 | **등록** 2015년 4월 29일 제2019-0000137호

주소 06654 서울시 서초구 효령로 283 서경 B/D 4층 | **팩스** (02)584-2927

전화 교재 문의 (02)6466-7202

이 책의 무단 전재 또는 복제 행위를 금합니다.

정가 16,000원
ISBN 979-11-7519-665-0

저자와의
협의하에
인지생략